本书受到安徽财经大学著作出版基金资助

我国城镇居民信息消费问题研究

沈小玲 著

人民出版社

责任编辑:李椒元
装帧设计:文　冉
责任校对:文　正

图书在版编目(CIP)数据

我国城镇居民信息消费问题研究/沈小玲著.
　—北京:人民出版社,2013.12
ISBN 978－7－01－010502－4

Ⅰ.①我…　Ⅱ.①沈…　Ⅲ.①城市-信息商品-居民消费-研究-
中国　Ⅳ.①F49②F126.1

中国版本图书馆 CIP 数据核字(2011)第 264965 号

我国城镇居民信息消费问题研究
WOGUO CHENGZHEN JUMIN XINXI XIAOFEI WENTI YANJIU

沈小玲　著

人民出版社 出版发行
(100706　北京市东城区隆福寺街 99 号)

北京京华虎彩印刷有限公司印刷　新华书店经销

2013 年 12 月第 1 版　2013 年 12 月北京第 1 次印刷
开本:880 毫米×1230 毫米 1/32　印张:17.75
字数:400 千字　印数:0,001－3,000 册

ISBN 978－7－01－010502－4　定价:38.00 元

邮购地址 100706　北京市东城区隆福寺街 99 号
人民东方图书销售中心　电话 (010)65250042　65289539

目　录

前　言

21世纪是信息经济时代,信息成为个人、组织竞争力的重要构成要素,伴随着信息的不断社会化和社会的不断信息化,信息成了社会的黏合剂和人类实践活动的向导,社会成了信息的栖息地和人类实践活动的信息源,越来越多的人将越来越多地消费信息,消费者将从信息消费中获得越来越多的效用。在信息社会,信息的重要性和价值得到充分体现,受到了关注的"信息"正在改变着人类的生活、工作和思维等的方式,正成为一种新的生产力,改变着社会的发展方式,推动着整个人类社会的发展。因此,信息不仅已经成了重要的生产要素,而且也成了人们日常生活中必不可少的资源,在很大程度上,信息利用决定了社会的进步和发展,显然,信息在什么条件下成为人们的消费对象、信息作为商品消费有何特点、信息消费行为有何规律等问题是我们在探讨信息消费问题时必须要做出回答的。这些问题既是理论探索中提出来的,又是实际消费中要遇到的,所以本书选择对信息及其消费进行深入的研究。

本书是面向居民的信息消费理论与实践问题的探讨性研究。目前关于居民信息消费的研究还处于基础阶段,有学者利用信息科学理论与方法研究信息消费,内容主要着眼于某一领域的信息需求、利用与提供,有学者从消费经济视角研究信息消费,忽视了信息消费的特殊性。本书希望突破单纯的信息科学或经济学研究方法的局限,从信息科学与经济学两个角度及用两种方法关注信息消费相关理论与现实问题,从更为广泛的视角来进一步阐述信息消费活动中涉及的主体需求、心理、认知、行为等问题;进一步分析信息消费品客体的效用、内容、价格、服务等要素作用规律。本书注重内容及数据的新颖性、前沿性,同时又考虑系统性和完整性,并尽量吸收前人的优秀研究成果,反映最新的相关研究内容和技术方法,借鉴了行为科学、认知科学、数理科学的相关理论与方法,客观、系统地对研究问题进行理论抽象和实证分析。

全书共分七章。第一章导言,说明了选题背景和意义,介绍了国内外相关研究成果。第二章信息消费基本理论,阐述涉及信息及其商品的概念、信息商品的分类、信息消费的涵义及范围界定、信息消费的基本特征、信息消费的机理,从情报学视角论述信息行为理论、从信息经济学视角探索信息消费行为。第三章我国城镇居民信息消费的经济研究,利用信息消费支出、收入、价格指数等权威统计数据,基于截面、时序及面板数据分别建立了居民信息消费计量模型,在此基础上,引入消费时间等变量、从消费效用最大化和消费者最优选择行为理论出发,建立了引入时间约束的信息消费理论模型。第四章居民信息消费的影响因素,分别从信息消费主体、消费客体、消费环境三个结构要素分析论述了信息消费的影响因素。第五章我国城镇居民信息消费水平与消费力,着重对信息消费统计指标体系及居民信息消费力问题进行探索并对我国居民信息消费水平与结构现状进行评估。第六章我国城镇居民信息消费特点与问题思考,归纳居民信息消费发展的特点、存在的问题及原因。第七章提高我国居民信息消费水平的对策分析,从居民个体信息消费能力、加强我国信息基础资源建设、提高信息消费服务水平和质量、营造良好的信息消费环境几个方面分析,从中得到启示与对策建议。

　　在本书的撰写过程中,本人参考了大量的相关文献资料,由于篇幅所限,有些文献未能一一列出。在此我一并对所有相关参考文献作者表示真诚的谢意。

　　限于本人能力和条件所限,书中难免有不足和欠妥之处,诚望各位专家、学者和读者批评指正;同时,由于信息消费问题研究是一个较新的研究领域,随着信息消费实践不断发展变化,本书的观点、理论和方法也需要进一步完善,因此,我期待与各位有共同兴趣的同仁一起交流研讨。

沈小玲

2012 年 2 月

第一章 导 言

第一节 选题背景和意义

一、居民信息消费的快速发展

(一)信息活动与社会发展

信息活动伴随着人类的出现而出现,并随人类发展进化而不断从低级向高级进化,人类的发展历史同时也是信息发展进化的历史。人类对信息的识别获取、处理和使用是在实践中不断认识和提高的,并经历了一个漫长的过程,人类的不同发展阶段,信息的作用不同,在生产力比较落后的阶段,信息的作用微弱,没有被人类认识到,到了生产力比较发达的工业社会其作用才逐渐被认识。人类进入 20 世纪,尤其是第二次世界大战以后,以信息技术为核心的第三次技术革命在世界各地蓬勃兴起。正由于此,信息在当今社会发展中所起的作用越来越大,越来越受到人们的广泛关注,不少西方学者提出了信息化时代,信息化社会,信息化革命的概念以强调信息对现代社会的决定性影响。例如,奈斯比特就认为,在"信息社会中起决定作用的不是资本,而是掌握在大多数人手中的信息知识。"首先,随着科学技术的迅猛发展,社会生产越来越要依靠知识和管理,即信息越来越成为重要的生产要素。其次,由于商品市场的不断扩大和商品类型的多样化,因此相距非常遥远的人们也能进行各种形式的商品交换,这就必然会促进通讯事业的发展。再次,随着社会生产力的提高,人们维持正常物质生活所需花费的时间和金钱相对来说越来越少,从而可以把越来越多的时间和金钱花在精神生活上,这样就使社会上越来越多的人可以从事非物质性劳动来谋生。信息的重要性和价值得到充分体现,受到了关注的"信息"正在改变着人类的生活、工作和思维等的方式,正成为一种新的生产力,改变着社会的发展方式,推动着整个人类社会的发展,因此信息决定了社会的进步和发展,没有信息活动就没有人类社会的发展。信息商品之所以受到人们的青睐,得到普遍重视和广泛利用,信息科学之所以与许多学科交叉并结下亲缘关系,其原因在于信息所具有的重要性质以及建立在这些性质基础上的对人类社会生存和发展的重要作用。信息的基本作用在于能够消除人们认识的不确定性,从根本上讲,信息是人类社会生存的条件,是人类社会发展的资源;从发挥认识能力的角度看,信息是主客体的中介、是思维的材料;从人的社会行为与行为目的之间的关系来看,信息是决策的依据,信息是控制的灵魂。

(二)居民信息消费的巨大变化

居民是指在本国长期从事生产和消费的自然人或法人,符合上述情况他国的公民也可能属于本国居民。自然人居民是指那些在本国居住时间长达一年以上的个人,法人居民是指在本国从事经济活动的各级政府机构、企业和非营利团体。居民信息消费是指住户及其成员为满足自身信息需要而购买和使用信息及服务的行为。改革开放30年,我国居民信息消费水平发生了巨大变化,据国家统计数据表明:我国电话数量由1978年的193万户增加到2008年的98203.4万户,增长508.8倍。1978年,我国电话普及率仅为0.38%,不及世界水平的1/10,占世界1/5人口的中国,拥有的话机总数还不到世界话机总数的1%,比美国落后75年,全国电话用户总数不及当时香港的数量;而截至 2008 年年底,我国固定电话每百人拥有量为 25.8 部,移动电话每百人拥有量为 48.5部,一跃成为世界电话数量最多的国家。从上世纪 80 年代初开始,我国用不到 20 年时间实现了交换程控化、传输数字化,跨过了国外电信网技术发展的百年历程。90 年代以来,我国高起点发展移动通信,用十几年时间率先实现了移动通信的数字化和普及化。近 10 年来,我国积极推进信息技术应用和宽带网络的发展,中国宽带用户总数和网民总数已位居世界前列。互联网成为人们社会生活的重要工具。据抽样调查统计,2009 年,中国约有 2.3 亿人经常使用搜索引擎查询各类信息,约 2.4 亿人经常利用即时通信工具进行沟通交流,约 4600 万人利用互联网学习和接受教育,约3500 万人利用互联网进行证券交易,约 1500 万人通过互联网求职,约 1400 万人通过互联网安排旅行。在中国,越来越多的人通过互联网获取信息、丰富知识;越来越多的人通过互联网创业,实现自己的理想;越来越多的人通过互联网交流沟通,密切相互间的关系①。伴随着 IT 产业的发展,尤其是互联网的快速扩张,使得网络经济成为了新的经济活动的主题。截至 2010 年 12 月,中国网民规模达到 4.57 亿,互联网普及率攀升至 34.3%,宽带网民4.5 亿人,宽带普及率达 98.3%,网络规模居全球第一,发展速度也位居世界前列。显示出中国互联网的规模价值在日益放大。社会各界对互联网的需求不断增长。2010 年以来,网络媒体在社会传播中趋于主流化,微博客等互联网应用在资讯传播中的优势凸显,吸引了社会各类群体的参与,互联网向社会各界加速渗透。目

---

① 　中华人民共和国国务院新闻办公室:《中国互联网状况》,人民出版社2010 年版。

前 3G 网络已基本覆盖全国,移动互联网呈现蓬勃发展势头。正如著名的梅特卡尔夫法则①认为,计算机网络的价值等于其节点数的平方,即计算机互联网的数目越多,它对社会经济生活的影响就越大。

二、信息消费的社会效用

要研究居民如何消费信息,就必须了解信息消费对社会及个体产生的效用。信息消费效用作为用户使用信息所取得的效果,表现为信息消费的经济效益、社会效益和文化效益;我们既要注意信息效用的经济效益表现,又要注意其社会效益和文化效益表现。对居民个体而言,每一次信息消费的效用体现为具体的价值形态、实物形态甚至精神层面的收益,对群体而言,信息消费的社会效用从以下方面体现。

(一)信息消费提高经济效益

经济效益是指信息被利用之后所带来的货币收益(产出)与获取和利用这些信息所付出的经济消耗(投入)之差。显然,用户所期望的是产出要大于投入。在市场经济条件下,市场主体之间进行着各种形式的竞争,对于生产者来说,他们之间进行着商品的质量、价格和品种等方面的竞争,对于每一个社会成员来说,他们之间进行着就业的竞争。市场主体如何才能在激烈的市场竞争中站稳脚跟,而不至于被淘汰呢? 不言而喻,最有效的方法就是消费利用信息这种特殊商品。相对于人的无限需求而言,物质和能量都是稀缺资源,因此要想实现经济和社会的可持续发展,就必须要

---

① "梅特卡尔夫法则"认为:计算机网络的价值与联结到网上的计算机的数目的平方成正比。共享信息的人越多,信息的资源就越丰富而不是越贫乏。

解决资源稀缺的瓶颈制约。信息消费能够实现资源的优化配置，并且可以置换稀缺的物质和能量资源。信息具有在一定程度上代替物质资源和劳动力的作用，最明显的事例是通信业的发展可以大大减少人员的流动及实物的流通总量和运输距离。从宏观方面看，节约了整个社会的资源；即使企业把作为生产要素的信息看成是一种创造经济效益的生产投入。

（二）信息消费降低决策的风险

个人通过持续的信息消费活动，可以提高自身的信息素质，增强对事物的判断能力，从而降低决策过程中的风险，减少不确定性的发生，也可以提高其技术水平和工作效率，从微观方面看，节约了自己的资源，对于某一特定的事件，一切有助于行为者选择行为方式的知识和经验都是有用的信息，通过信息的消费可以减少其行为的不确定性。如果人们能够获得全部的有用信息，那么就可以完全消除风险，从而保证决策的准确性。各级政府部门的管理系统就是一个对外界信息的输入、处理、输出和应用的系统，该过程实质上就是政府的信息消费过程。企业、事业单位及非政府组织等在决策的时候，也需要对相关的信息进行充分的调研，以使其决策的风险更小、效益更高；由于市场经济极其复杂，各个事件之间存在着相关性，影响某一行为的外生变量非常广泛，因此决策者做出正确的决策需要大量信息的支持，并且对信息的需求又具有高度的选择性，尽管我们正面临着"信息爆炸"的信息时代，但是具体特定事件的信息供给还是明显不足，所以要通过信息消费来获得决策所需的信息，降低决策的风险。通过信息消费行为，行为主体在降低不确定性和风险的前提下进行决策，实现社会资源的优化配置，实现整个社会效益的最大化。

（三）信息消费促进人的全面发展

信息消费对人们的工作、生活、学习和文化传播方式产生了深刻影响，促进了国民素质的提高和人的全面发展，这是信息消费的最终和最高目标。美国著名心理学家马斯洛把人的需要从低到高分为五个层次：生理需要、安全需要、社交需要、尊重需要和自我实现需要。很明显，人的这些需要是从物质性需要向精神性需要逐渐过渡的。最低层次的生理需要纯粹是物质性需要，而最高层次的自我实现需要则完全是精神性需要。然而从统计学角度上讲，人的不同层次五个需要的实现，强烈地受到社会发展水平的制约。随着社会生产力的提高，人们生活水平的提高，高层次的精神性需要已成为越来越多的人追求的目标，而信息消费的出现不仅为实现这一目标提供了充分的条件，而且还成了人们追求高尚的精神生活的一种巨大的刺激力量。首先，信息消费丰富了人们的精神生活。人们把信息作为商品来消费，从总体上说是满足自己的精神性需要，如欣赏艺术作品，交流感情，接受各种形式的教育等等，由于信息具有共享性，因而与人们的物质和服务消费不同，信息消费不仅使购买者得到了精神上的满足，而且使销售者同样受到其信息内容的感染和熏陶。其次，信息消费促进了人们思想观念的更新。作为商品的信息的消费和流通，既满足了人们精神生活的短期需要，同时又会在人们的思想上打下深深的烙印而产生长期的影响，因此，随着时间的推移，信息消费将会导致人们思想观念发生变化。事实上，当今社会中人们思想观念的变化之所以越来越快，正是由于信息消费范围的不断扩大所致，如人与自然应当保持协调和谐；市场竞争应当公平；政治生活应当民主；科学技术是社会进步的推动力等，与社会发展趋势相吻合、相一致的健康积极的思想观念，随着信息的交换和流通正在被越来越多的人接受。

第三,作为劳动者个体,通过信息消费来获取各种知识、技能,增长了自身才干与竞争力。因此我们说,信息消费促进人的全面发展。

(四)信息消费缩小数字鸿沟

数字鸿沟问题实质上就是由于不同区域的信息化水平、不同经济收入水平的差距,造成落后地区人们由于信息基础设施落后以及信息消费能力的限制,从而导致对信息、知识的占有量明显低于发达地区或者经济富裕的人们,使他们对信息产品、信息服务等信息资源的消费较少或者根本没有消费,从而导致他们的信息素质较低,影响了他们的收入水平,而收入水平的降低又进一步抑制了他们的信息消费,从而形成恶性循环,导致数字鸿沟问题越来越突出。因此贫富差距问题部分是由信息消费差距所导致,知识和信息占有量多的人可以获得更多高收入工作的机会,反之不会获得高收入工作的机会,从而导致了贫富差距的不断扩大,形成了恶性循环。在发达的工业和信息社会,财富和信息、知识紧密相连,高信息素质的人和低信息素质的人对于机会和资金的驾驭能力不同,因此其获得的财富也不同,数字鸿沟问题已经成为阻碍中国经济和社会发展的严重障碍,因此得到了众多学者以及政府的关注。通过信息消费可以逐步提高落后地区居民文化素质,缩小数字鸿沟,有助提高低收入居民的收入水平,解决贫富差距过大的社会问题。

(五)信息消费促进社会和谐稳定

根据系统论的观点,社会是一个非常复杂的大系统,它的稳定主要靠自身的调节功能来达到。然而我们知道,系统的任何调节活动都必须以信息反馈为基础,没有信息反馈就不可能有系统的调节,当然也就不可能有系统的稳定。这就是说,社会系统的自身调节功能和稳定完全取决于社会信息的反馈。而信息的消费恰恰可以使社会中的各种信息能够在社会系统中作立体式的自由流动,信息的这种自由流动最终将以法律的、纪律的、道德的等途径影响社会的各种组织和各个成员,促使其自觉遵守社会规范,保持与社会发展一致。社会组织和社会成员对社会各种信息的能动反应,对社会规范的自觉遵守以及他们之间的良性互动,从本质上说正是社会系统保持稳定的基础。反之,如果没有信息在社会系统内的多向流动,社会系统的调节功能就会大大削弱,这无疑将导致社会的不稳定。概括地讲,信息消费促进社会的稳定主要基于以下两个原因:第一,信息消费使每个社会成员平等自由的获取所需信息,并利用信息各得其所;信息消费给用户的文化水平、认识能力的提高和社会的文化事业的发展带来的益处,人们通过吸收信息中的知识含量,增长知识,开阔视野,提高文化水平,社会也会因知识量的增加、领域的拓宽,不断地科学发展。第二,通过信息消费创造社会就业机会使社会成员各得其所,从而促进了社会稳定。从实际情况看,现代社会中以信息交换和处理为职业的人在全部人口中所占比例越来越高。无疑,每个社会成员对自己社会角色的内心满足可以促使他们对自己角色规范和社会普遍规范的遵守,增强他们的社会责任感,而这正是一个社会保持良性互动,保持和谐和保持稳定的最重要基础,因为社会动荡的产生就是由于人们对自己所处的社会地位和整个社会现状的不满情绪的增长所致。所以说,信息消费对社会秩序和社会发展的益处,集中体现于社会信息化给社会带来的各种好处。比如给人们的工作、生活等方面带来的极大便利,给经济建设注入的极大动力,对人们观念的进步的极大促进等等。

(六)信息消费促进科学文化繁荣

在信息经济社会里,价值的增长主要通过知识实现的。科学技术知识作为一种最重要的信息,无论对企业的生产、管理而言,还是对社会成员的就业而言,都具有决定性的作用。科学技术的进步就是利用、吸收、生产科学知识信息的过程。所以说信息消费有力地推动了科学技术的进步。

文化效益指的是信息消费给用户的文化水平、认识能力的提高和社会的文化事业的发展带来的益处。信息商品与文化之间存在形式上的天然联系。一般来说,信息商品是文化的重要载体,记录、积累、传播着文化,其本身就是一种文化实体,这就决定了信息商品具有深刻的文化属性。这种文化属性不仅表现在信息资源本身形式的历史发展和纵向变化上,而且表现在信息资源内容的丰富性和多样性上,还表现在信息资源参与文化纵向的交流和横向的交往上。作为承载文化的文献信息商品,它的流通是文化的流通,自然是具有文化繁荣效用的。改革开放以来,东西方文化交流空前地繁荣,文献信息商品的流通更加普及,几乎每天都有新的文献产生、新的信息发布、新的信息资源生成。文献信息商品的流通频率之高、流通速度之快、流通范围之广、流通方式之多,都是空前的。鉴于这些优势,信息商品消费已经成为经济全球化和政治格局一体化背景中的东西方文化正式交流、民间交流的重要渠道和形式。这说明信息消费在任何一个时代背景和技术条件下都发挥着自身传承和创新文化的效用力。总之,信息商品流通所表现出来的文化信息性、文化感召性、文化传承性、文化创新性、文化融合性对繁荣文化具有决定性作用。

(七)信息消费是创新的基础和保障

创新是一个民族生存和发展的基石,是社会不断进步的强有力的杠杆,在科技创新、产品创新与管理创新等任何创新活动中,都离不开对信息的利用。信息产品在某种意义上说就是依靠创新而形成的,没有大量的各类创新,就不会出现丰富的信息产品,创新与信息消费的关系可以描述如下:创新首先要消费信息,然后生产创新的结果,信息产品是信息消费者创新的结果,信息消费过程是一个由消费信息到生产信息不断创新的过程,因而信息消费是创新的基础和保障。例如,创新型消费是指将知识类信息应用于生产、生活、工作和管理中,在原有知识基础上经过认知思维加工而创新出新知识、新方法、新工艺和新产品等成果的知识信息消费,在这种信息消费中,消费者不仅仅是掌握、理解和吸收其信息内容,而是为了创新和丰富知识信息。

综上所述,正是因为信息具有物质资料所不可替代的价值和使用价值,人们才把信息作为消费对象,在实际生产和生活中消费信息。信息的有用性决定了信息可以创造财富,随着对信息有用性的认识不断提高,越来越多的人从原来的"物质财富观"转变成"信息财富观",这种财富观的转变,必然导致人类价值取向、行为方式以及社会形态的变化,如人类的经济行为一改以前主要以物质和能量的转换为内容的物质经济活动,而出现以信息形态的转换为主要内容的信息经济活动,追求发展高新技术及其产品。信息成为商品及信息消费成为一种基础性消费是历史发展的必然。随着信息时代的来临,信息消费逐渐成为推动经济增长的新引擎。信息消费不仅创造了大量就业机会,有助于缓解就业压力,保持社会稳定,而且是人力资本再生的绝佳途径,可以大大激发人力资本的活性。信息消费的重要性迫切需要我们加强这方面的理论与实践研究。本书正是在这种背景下展开对居民信息消费问题的研究。

三、选题意义

自 20 世纪 90 年代中期以来,随着社会的发展、技术的进步,人们的物质生活水平得到很大提高,伴随电话、手机、信息家电、电脑、Internet 等在大众生活中的普及,信息消费逐渐成为社会消费的新热点,随着信息经济理论研究的深入,信息消费问题逐渐走入人们的研究视野,国内一些学者开始研究我国的信息消费状况,对于信息消费的研究逐步增多,促进了信息消费问题的研究。近几年来,国家为刺激内需,采取许多措施,但预期效果不佳。而有意思的是,内需中信息消费迅速发展成国内消费的增长点,虽未成为消费总量的支柱,却让消费结构发生了显著的变化,且意义深远,这是由于信息的功能与价值表现在:信息具有使用价值,能够满足人们生活工作方面的信息需求,成为社会发展的资源要素。在信息消费以超常速度发展的背景下,信息消费理论相对落后,而现实又迫切需要信息消费理论指导,所以对信息消费理论问题的研究是必要的,信息消费只有在坚实的理论基础之上,才可能获得更好的发展,因而,当前研究信息消费问题具有重要的理论和现实意义。

(一)选题的理论意义

传统消费理论对人类消费的解释,在工业社会以前基本上是准确而有效的,但是,随着信息社会的到来,尤其是在信息经济领域,传统经济学的解释力已大大下降。当信息成为商品时,它也包含价值和使用价值二因素。随着信息商品化程度越来越高,信息消费的广泛普及,在很大程度上消除了信息生产者与利用者之间的障碍,意味着信息产品生产者劳动价值得到实现,而信息需求者利用信息后获得更大价值。这是信息商品与物质商品在价值表现方面的共性。20 世纪 50 年代末,雅各布·马尔萨克在其《信息经济学评论》一文中,提出了经济学研究特有的信息范畴,正式使用了"信息经济学"一词,此文的发表标志着信息经济学的诞生。艾伦通过其一系列文章,如《相邻信息与不确定条件下代理人特征的分布》(1983)、《(差别)信息的需求》(1986)、《信息的供给》

（1990）和《作为经济商品的信息》1990）等、对信息商品的特征、信息商品在市场上的销售和购买行为，以及信息商品交易对市场均衡的影响等问题进行了探讨，在信息经济学历史上首次系统地勾画出信息作为经济商品在市场上的交易过程及价格形成机制。信息经济学近 20 年来发展迅速，日益引人注目，如 1994 年和 1996 年的诺贝尔经济学奖均授予了信息经济学方面的学者。可以认为，信息消费已经在相当程度上突破了传统经济理论的界域，同时也呼唤着信息消费理论的出现。

信息消费研究从消费角度研究信息活动，利用了很多经济学的理论和方法，研究与信息消费相关的诸多问题，如信息需求、信息、消费者、边际消费倾向、价格弹性、信息消费计量模型、时间成本（机会成本）等等。这些研究将信息、信息产品、信息活动、信息市场、信息环境作为研究对象，成为经济学与信息科学共同关注的问题。信息消费既研究信息商品的物质性消费，更注重研究信息商品精神性消费，涉及学科层面较广，利用了很多学科的理论和方法，通过研究与信息消费相关的诸多问题，其内容将有助于丰富信息经济理论内涵。

（二）选题的现实意义

信息消费属于人们的精神消费领域，是人们精神生活消费的基础和主要内容，信息消费是一个变化的概念，不同的年代，居民信息消费的内涵是不完全相同的，20 世纪 80 年代以前我国居民主要通过图书、报纸、收音机等载体获得信息为主，80 年代后普及了电视机，90 年代电话普及，近 10 年来，随着信息技术革命的深入和信息产业的发展，居民收入水平的提高，移动电话和个人电脑的普及，居民消费支出中信息消费是增长最快的部分，信息消费已在世界范围形成持续的消费热潮；信息生产与消费，成了当今时代最突出的特征之一,它的迅速发展,导致了消费领域里的一场革命,这场革命给世界的消费带来了十分巨大和深刻的变化,正在从根本上改变人类的生活方式。由于信息产品消费普及化、信息技术应用普及化、消费者信息素质普遍提高,信息消费在社会生活、经济生活和科学研究中所起的作用越来越大。近年来,我国居民的信息消费行为和信息消费结构发生了显著的变化,信息消费在总消费支出中的比重加大;整个社会从技术上实现了网络化,我们之所以对信息消费进行研究,是因为目前社会发展环境以及社会生产力等都发生了显著的变化,信息已经成为社会发展的重要资源,信息消费与人们的工作、生活关系极为密切,信息消费已成消费热点和新的经济增长点,尽管信息消费活动随处可见,但是对于信息消费中出现的问题以及如何阐释信息消费还没有统一的共识,仁者见仁、智者见智,信息消费还存在很多需要研究的问题,如信息消费受何种因素影响? 其影响机制如何? 与哪些因素的关联程度大,信息消费与一般商品消费有什么不同,信息消费在全部消费中的比例是否合理;如何减少信息消费的负面影响等等。在现实生活中,过度或过少的信息消费都可能造成其他消费的不合理,所有这些问题已经成为社会关注和学术研究的热点问题。研究居民信息消费问题具有如下现实意义:

1. 认识信息消费活动规律

从现实的信息消费活动中找出具有一般性意义的规律,并上升到理论层次,这对处在转型时期的我国经济有着重要意义。从市场经济的本质和发展趋势来看,理解消费者的决策行为很重要。消费者消费行为是否理性的关键不在于消费者能否搜寻到商品比较充分的信息,而是他是否愿意为搜寻这些信息花费一定的成本(包括时间、努力和金钱成本等)。对消费决策心理机制的深入研究可以帮助引导消费者做出较为合理的购买决策。在当前从卖方市场向买方市场转型时期,对消费者信息搜寻行为的规律、特征和购买决策过程中的影响因素进行全面、深入、系统的研究,掌握消费者购买决策的心理活动过程与活动规律,学会根据消费者的心理活动规律,对生产厂家开发新产品、市场细分,企业营销战略和策略的制定也有着重要的借鉴和帮助。信息消费只有在正确的理论指导下,才可能获得更好的发展。

2. 指导居民合理的信息消费行为

居民作为自主行为、自我约束和自我发展的微观消费主体,其信息消费倾向、消费需求结构和消费产品的选择对信息市场具有决定性的作用,同时对信息产品企业与政府在信息市场中的行为也起着深刻的影响作用,从而一定程度上影响了信息经济增长的规模和质量。研究居民信息消费行为,认识居民信息消费行为的规律,对于我们把握信息市场,科学地实施宏观调控,保证信息经济的健康、持续的发展,对于信息消费品市场的供求平衡,以及对于信息商品市场和其他要素市场的融合,具有重要的作用和深刻的意义。信息消费理论可以指导人们的信息消费活动。信息需求理论、信息商品理论、信息消费者行为理论及信息消费影响因素等,对于信息生产企业根据信息消费者的实际需求,制定有效的营销策略、提高效益意义重大;对居民个体合理选择信息消费提供帮助。

3. 促进信息市场健康发展

信息消费研究促进信息市场发展,首先信息产品与服务是信息市场的客体,信息产品与服务的需求规律是信息消费研究的重要内容,通过研究信息产品需求与供给,合理安排信息市场的容量,如某种信息商品需求越大,进入信息市场的该信息产品与服务就会越多,该产品信息市场发展就越快;其次,信息消费者是信息市场主体,通过对信息消费者行为的研究,可以帮助市场管理者制定有效的监管措施,保护消费者和经营者双方利益,维护信息市场的稳定,并促进其他要素市场合理配置。

4. 有助于调节信息商品的生产与消费

首先信息消费需求理论有助信息生产者根据市场需求,有针对性地生产适用信息产品;其次信息生产者可根据消费者的兴趣与偏好,开发出新的产品,创造新的消费需求。通过对信息消费各要素的影响因素及其影响规律的了解,信息生产者与消费者之间更容易沟通,利用信息消费环境因素理论,能够优化信息消费平台环境,使消费者与生产者可以实现即时互动,既有信息源向受众的信息传播,又有受众向信息源的信息反馈,通过一对一双向交互信息,最终减少信息消费的不对称,提高了信息消费效率。

5. 有助于政府制定信息经济政策

政府制定信息消费政策,必须建立在全面了解信息消费者行为、影响信息消费因素的基础上,否则,政策效果可能要打很大折扣。信息消费研究成果为国家制定各种信息经济政策和法规提供依据,从宏观上制定科学有效的政策法规,促进信息产业发展,提高信息服务水平。

综上所述,研究信息消费理论与实践的学术意义,对于评价信息消费效益,指导信息消费行为,完善信息保障体系,作为提供国家信息政策依据,具有重要的现实意义。

四、本书的基本思路和主要内容

(一)基本思路及其框架结构

本书分为三个部分,如图 1-1 所示:

第一部分是理论研究,对国内外研究现状进行综述,从现有的

我国城镇居民信息消费问题研究

第一部分：理论研究

第一章　导论

第二章　信息消费基本理论阐述

第三章　我国城镇居民信息消费经济研究

第四章　信息消费的影响因素

第五章　我国城镇居民信息消费水平与消费力

第二部分：实践与实证研究

第六章　我国城镇居民信息消费特点与问题思考

第七章　提高我国居民信息消费水平的对策分析

第三部分：问题与对策分析

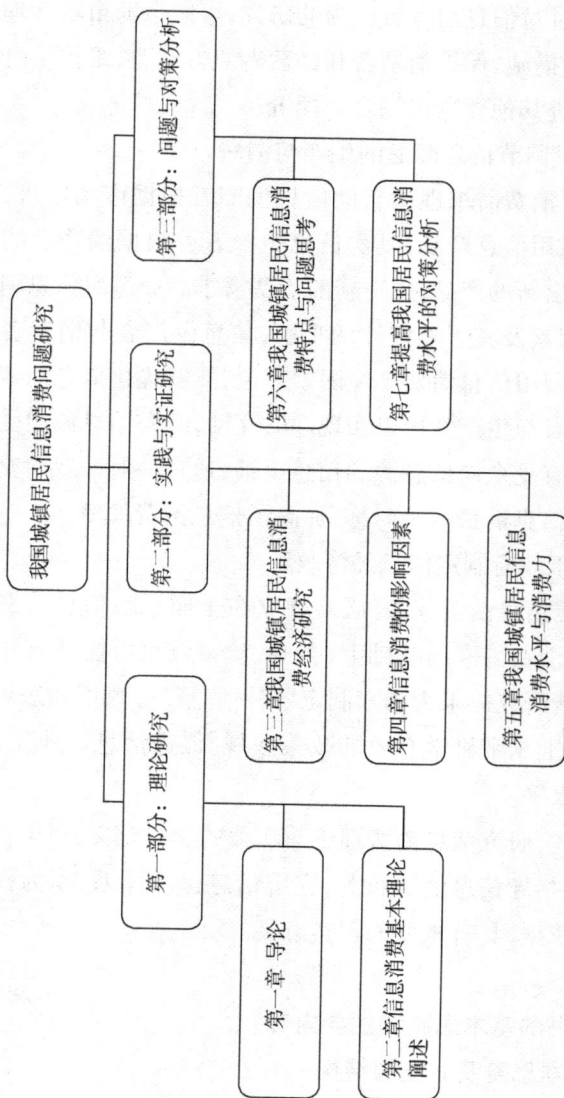

图1-1　具体研究思路与内容架构

国内外信息消费相关文献中,吸取借鉴基础理论,进一步明确居民信息消费的范围,确定信息消费研究对象、深入研讨有关信息消费最新观点与论述、从经济学和信息科学的视角全面系统阐述信息消费基本理论、行为过程、信息消费结构要素及其特点;回顾梳理信息消费理论研究成果,对以往国内外信息消费理论研究做一个学术评价,对重要成果进行介绍,从中吸取、借鉴、继承其精华。对目前的有关信息消费问题研究动态进行跟踪评价,明确本书的研究内容。在此基础上,深入研究信息消费基本理论。对信息商品及其消费的概念进行新的阐述。强调信息消费有偿性的界限,为以后信息消费研究能在同一概念下展开限定了范围。在此范围内,从经济学视角系统研究信息消费的基本概念及内涵,鉴于我国信息消费现状,对信息消费的概念进行广义与狭义层面的区分;力争有一些学术上的创新。

第二部分为实证研究,结合居民现实信息消费活动,利用权威统计数据建立居民信息消费函数,从货币支出水平、实物拥有水平、消费时间量等资源要素、消费者选择行为等不同层次上,对信息消费进行数量研究与分析,建立科学的理论计量模型,揭示居民信息消费行为的规律与特点;阐述信息消费与经济发展的关系;论述居民信息消费的影响因素;结合现实探讨测度居民信息消费水平及信息消费力的指标体系。在收集丰富翔实的最新统计资料的基础上,运用定量和定性分析相结合、比较分析和实证分析等多种研究方法,对我国信息消费水平现状进行评价,总结归纳我国居民信息消费的发展特点和存在问题。系统考察信息消费过程,探索信息消费活动规律,探讨居民信息消费行为模式,建立信息消费计量经济模型。借鉴经济学分析方法,对居民信息消费行为进行实证研究,将时间要素引入信息消费函数,建立收入与时间双约束的信息消费行为模型。重点探讨信息消费的影响因素及其特点。从信息消费主体(消费者)、消费客体(信息商品)、消费环境三个结构要素出发,分析信息消费的影响因素及其作用特点。

第三部分为问题与对策分析,分析居民信息消费存在的问题及其原因,并就存在问题提出解决问题的相应对策建议。如图1-1所示。

(二)主要内容及研究特点

关于信息消费研究对象,简单地说就是信息消费的过程中所包含的三个结构性实体要素,即信息消费者、信息消费品和信息消费环境。信息消费的研究内容,应围绕三个结构性实体要素及要素之间相互作用规律等相关内容展开。

1. 有关信息消费主体的研究

信息消费者是信息消费的主体,分为个体消费者和组织消费者,本书研究个体信息消费者行为理论。具体包含以下内容:

(1)信息消费需求问题。信息用户需求研究一直以来都是信息用户研究中的重要问题。信息需求是信息消费的基本动力,它是一定时期内,人们为满足物质生产、生活需要所产生的信息需要。构成经济学意义上的有效信息消费需求的要件是:人们消费信息的需要和获取信息的能力。

(2)信息消费者行为及心理研究。信息消费行为一般是指当信息用户有了确定的信息需求时,以各种方式对所需求的信息进行寻求、购买和使用的行为。这一主题的研究主要探讨决定消费信息行为的态度、意向、偏好等,探讨用户信息搜索行为及其影响因素,不同职业类型、不同地区、不同年龄、不同性别用户的信息检索行为及心理。

(3)信息消费主体因素对信息消费的影响。信息消费者必须在一定的资源条件下才能完成他的消费行为,进而获得需求和欲望的满足,消费者的个体资源包括很多方面,包括收入水平、职业、专长、社会地位、闲暇时间资源及注意力资源。这些资源对于信息消费者购买什么,如何购买,什么时间,在什么地方购买以及态度的形成等均会产生重要的影响。信息利用能力是一种精神消费能力,它受消费者知识水平,学历、信息素质的影响。

2. 有关信息消费客体的研究

信息消费品是信息消费的客体,是信息消费的终极产品,既包括有形信息产品也包括无形信息服务,二者不可分割。本部分内容:

(1)信息商品基本特征。首先明确信息与信息商品的概念,信息商品具有同物质商品和能量商品不同特性,如信息商品具有非消耗性和共享性,而一般商品则不具备此特点。

(2)信息商品及服务分类。信息商品有多种分类方法,按人们不同需求有五种分类方法。按实物类型及其信息功能划分、按照信息的内容的学科划分、按信息消费目的分类、按对信息加工层次与方法分类、按信息商品载体的分类等。

(3)信息商品及服务因素对信息消费的影响。包括信息商品效用对信息消费的影响;信息商品及服务质量对信息消费的影响;信息商品及服务价格对信息消费的影响;信息商品及服务的替代品对信息消费的影响;信息商品特性(非消耗性、共享性)对信息消费的影响;信息商品外部性对信息消费的影响。

3. 有关信息消费环境的研究

由于信息消费本质上是精神消费,主要受社会经济因素影响较大,所以本书针对信息消费社会环境因素进行研究,包括市场、技术、政策法规、社会宏观环境等。这些环境因素不同程度地影响着信息消费活动。

4. 信息消费行为规律研究

主要内容有:居民信息消费计量模型的建立,基于收入、时间的信息消费函数、基于效用的信息消费选择行为理论模型等。由于本文界定的信息消费是一种市场行为,所以对信息消费的计量分析研究仅限于信息消费需求、选择购买行为两个阶段,因为这两个行为属于经济行为。而对信息吸收处理、利用其价值的过程,是精神性的脑力劳动,属生理和心理活动,不用定量方法分析。

5. 信息消费与经济发展关系研究

(1)信息消费与宏观经济关系。主要内容有:探讨信息消费对传统商业模式改变、居民信息消费群体迅速扩大、人均信息消费比重逐步提高、信息消费与经济增长、信息消费对生产力要素的影响、信息消费对经济结构的影响等。

(2)信息消费与微观经济。主要探讨在微观经济中,信息消费与不确定性、信息中介与信息消费的问题。

6. 居民信息消费水平与消费力测度内容

(1)居民信息消费水平测度指标的探讨。反映消费种类及数量的统计指标、消费的货币支出统计指标、消费耗时量统计指标、信息消费服务的环境及设施指标、信息消费用户素质指标。

(2)居民信息消费水平测度指标确定。根据国情确定居民信息消费总体水平测度指标、信息消费要素水平测度指标。信息消费系数的概念、测算方法及重要意义

(3)信息消费力的特性与构成要素。①信息消费主体素质、货币支付力、可支配时间,②信息消费客体数量与质量,③信息消费环境条件。

（4）居民信息消费力评价。①确立评价指标的原则，②评价指标体系的建立。

7. 居民信息消费水平与结构现状、特点与问题思考

①基于居民收入的信息消费水平：居民可支配收入与信息消费支出及其增长率变化；城镇居民主要家庭信息工具的消费水平及其增长率变化。②基于居民可支配时间的信息消费时间利用水平。认知能力与收入水平、信息消费时间占用水平关系等。③居民主要信息产品的消费水平：纸质类信息产品消费水平；通信类信息商品消费水平；广电类信息消费水平，网络信息消费水平。④居民信息消费发展的特点，居民信息消费存在的问题及原因分析。

8. 提高居民信息消费水平的对策分析

从提高居民个体信息消费能力、加强我国信息基础资源建设和管理、提高信息消费服务水平和质量、营造良好的信息消费环境几个方面论述有关对策。

9. 本书研究特点

（1）借鉴应用不同学科研究方法

信息消费包含了两个行为过程，一是交换购买信息产品行为，二是使用信息产品行为。前者属经济学的研究范畴，后者属情报学研究范畴，二者统一于信息消费行为活动中，不可分割。信息消费研究范围是经济学与信息科学两个学科交叉部分；作为信息消费研究的完整理论基础体系，至少应包括经济学、信息经济学、认知科学、信息科学、文献情报学、行为科学等。本书从情报学和经济学二个视角来研究信息消费现象，既包含情报学意义的信息消费又包含经济学意义的信息消费，大量地借鉴其他学科专业的研究成果。在研究消费主体因素对信息消费的影响内容中，借鉴认

知科学、心理学和行为科学知识,更具解释力。

（2）基于国内外信息消费最新研究成果资料

本书注重内容的新颖性、前沿性,尽量反映最新的相关研究成果和资料,应用最新统计数据。在建立信息消费函数的经济分析时,适时地应用最新的时序与截面统计数据;在分析消费者最优消费选择时,融入了信息行为最新研究成果内容。在探讨建立测度居民信息消费水平的指标时,借鉴吸收了最新的信息经济学观念与方法,从消费者货币支出、时间支出、受教育程度、信息素养等维度建立测度信息消费水平的指标。

（3）注意学术内容与方法的创新

在研究信息消费模型时,首次借鉴经济学"时间成本"观念,引入"消费时间"因素变量,建立收入与时间双约束的消费理论模型,在信息消费研究内容与方法上进行了探索性尝试。

第二节　国内外信息消费研究综述

信息消费问题属于信息科学和经济学交叉的领域——信息经济学的范畴,信息消费行为涉及心理学、行为科学、认知科学等。信息经济学是信息消费的理论基础,信息消费研究是在信息经济学已有成就的基础上展开的。经济学家对信息及其相关的经济问题以及产业的研究已经有几十年的历史了,"信息经济学"一词,起源于1959年美国著名经济学家J.马尔萨克发表的《评信息经济学》一文[1]。1961年,G.斯蒂格勒发表了题为《信息经济学》的著名论文,标志着信息经济学的正式诞生,此后经过几十年的发展,

---

[1]　乌家培:《信息经济学》,高等教育出版社2002年版,第3页。

信息经济学主要在以下四个领域取得了巨大进展:不完全信息理论;信息系统的经济理论;信息产业宏观层次上的经济理论;信息服务与管理的经济理论,而这其中的信息产业宏观层次上的经济理论研究早在 20 世纪 50 年代末就由美国学者 F·马克卢普所开创。他在《美国知识的生产与分配》一书中首次提出了"知识产业"的概念,分析了知识生产的机制、并对美国的知识产业进行了测算。马克卢普把 30 个产业部门的知识生产与分配活动分为教育、研究开发、通讯媒介、信息设备、信息服务五大类①,从今天看这五类属于属于信息生产与服务类,1977 年,波拉持以"信息经济"为题出版了九卷巨著,对信息经济、信息产业的概念、方法和指标体系进行了论述②。波拉持的思想和方法对世界各国信息经济、信息产业研究产生了重大影响。

一、国外信息消费相关研究综述评价

对于信息消费领域的研究, Wilson.T.D,Slater Margaret,Julien Heid D 等人从 20 世纪 80 年代就开始研究信息消费的需求问题,信息需求的影响因素等。一些研究分别探讨了个体特征(如社会统计学特征、个性、认知特征)、任务特征、和环境因素等对信息需求的影响。现已形成共识的观点有:信息需求是个体与任务/问题相互作用的结果;信息需求是信息消费的触发力量;信息需求是发展的,并影响搜索行为。学者们就有关信息消费具体的研究内容,从购买信息产品的欲望到信息服务的内涵等进行了深入的剖析。Scott J.Takacs 在"The Frequent Information Consumer"的博士学位

---

① 马费成:《信息经济分析》,科学技术文献出版社 2005 年版,第 10 页。
② [美]马克·波拉特:《信息经济论》,李必祥等译,湖南人民出版社 1987年版,第 9 页。

论文中,从消费过程的角度对信息消费的概念进行了定义,并对有关信息消费的测度、测度的理解、研究主体及研究程序进行了分析和探讨。而近几年来的国外信息消费的研究,主要是在信息消费的主体和客体上进行深入,尤其在主体上,较近期的论文都是从信息消费者的心理和行为上进行研究,且研究的交叉领域更多,综合了多种学科多个角度来研究信息消费,归纳如下。

(一)信息行为理论研究

1. 信息寻求行为模型研究

在借鉴哲学、心理学、社会学等学科的理论和方法的基础上,国外学者们提出了多种情报学领域内的信息寻求理论、概念、框架结构及模型,在此对代表性的信息行为模型进行概括性介绍。

①Dervin"意义构建"理论。该理论把个体的人置于时空的背景之下,并认定他在现实的世界中不时地要遇到认识上的差距,只有借助于信息寻求与利用,才能获得理想的认知结果,从而进入新的认知状态,信息寻求作为桥梁的作用在模型中得到了充分的体现。②Ellis 信息寻求行为模型。该模型建立在各学科领域研究人员进行信息寻求活动的规律上,在情报学领域内,他对信息检索过程或者更确切地说是对检索的步骤进行了较为全面的微观分析。③Kuhlthau 的信息寻求过程模型。Kuhlthau 模型的基本假设是,信息寻求行为与情感、思想、活动及适度的信息任务相关,其模型的各阶段包括开始、选择、探查、形成、收集、提供。开始阶段是不确定的、模糊的感觉,但随着查找的进行和相关资料的获得,用户情感随之发生变化,用户信心增强,原来的不确定性情感得到减轻,开始感到满意,有了方向感。该理论为信息检索过程的各个阶段赋予了思想和情感,从而确立了他对信息行为进行现象学研究

而不是认知科学研究的观点。④Wilson 信息寻求行为模型。该模型认为信息寻求行为是个体信息需求的结果,即用户为了实现对所需信息的获取,必须对正式和非正式(如人与人之间的交流)信息资源进行检索。成功的检索意味着用户找到了满足其需要的全部或部分信息,失败则意味着未找到所需信息或不满意于所找到的信息,因此信息寻求是重复查找的过程①。

2. 信息行为影响因素研究

这一主题的研究,主要探讨决定用户信息行为的态度、意向等,探讨用户信息搜索行为及其影响因素;不同职业类型、不同地区、不同年龄、不同性别用户的信息检索行为及心理。

①信息用户态度、意向因素。如 Chittibabu,Brian J.提出了用户偏好使用某一信息源的态度、意图模型,实验数据表明相对于信息中心和非正式信息源而言,中层管理者用户偏好使用地方管理信息系统。②信息消费者个体影响因素。认知心理学则将更多地将网络消费者看做一个信息处理者,认为消费者的个体特征(社会统计学变量、个性与生活方式、知识与能力)、所面临的任务(如任务复杂性、紧迫性、重要性)等都会影响网络信息搜寻行为。Shirk,John C.在《终身学习的代价和好处:消费者行为》中从终身学习的角度来研究消费行为,从不同人群、不同年龄、不同教育水平、社会地位分析出消费者不同搜寻行为类型及不同的学习类型。Hans Baumgartner 在《通往个性化消费者的道路》中认为长期以来在消费行为学中忽视了个性化研究。只有理解了作为消费者的不同个体才能更好地研究消费行为。③信息环境因素。消费者个体

---

① Wilson T D."On user studies and information needs".Journal of Documentation,1981,37(1),pp. 3-15.

是处于一定的环境(社会、工作、生活环境等)之下的,所以环境也会对消费者的信息搜寻行为产生较大影响,社会认知理论(Social Cognitive Theory)认为,环境、个体和行为之间存在互动关系,除了关注影响个体行为的内部因素外,还应充分考虑外部因素的作用,如文化、语言、社会观念、政策法规、可用的信息/购买渠道等。Thomas Döring 从信息经济学、新机构经济学、行为经济学角度考虑市场经济中的消费者政策含义。

3. 网络信息行为及其影响因素研究

个体因素(如信息需求、知识和能力)、网站因素(如链接标题、信息内容、信息组织)都会影响到信息搜索结果。Bo-chiuan su(2002)发现价格、搜索成本、评价成本、时间和风险成本影响信息消费者的购买决策。影响消费者网络信息搜寻行为的因素可以归结为 7 个方面:①职业及任务因素:用户使用的网络服务类型与其工作相关,与其当时所面临的任务特征,如任务复杂性、紧迫性、重要性等相关。②情境因素:指消费者为解决当前任务可供利用的资源和存在的约束条件。如可以投入的时间、精力、可提供帮助的参考群体等。③个体因素:如人口统计变量、个性与生活方式、认知特征、知识与能力、情感与体验等。④系统因素:如网站特征(信息内容、信息组织、导航设计、网站风格)、网络特征(速度、稳定性)。曼德·劳密(Naomi Mandel)和约翰逊·艾瑞克(Eric J.Johnsom)在《当网页影响决定时:视觉对专家和新手的不同影响》中认识到,在网络环境下各种网页的图片、颜色、背景等视觉效果对消费者选择有显著影响,这种视觉又驱动消费者作出决定。⑤环境因素:如文化、语言、社会观念、政策法规、可用的信息、购买渠道。⑥搜寻进程:信息经济学角度的网络信息搜寻行为研究认为,消费者感知的成本—收益会影响信息搜索量,文献①、②以此为基础研究了信息搜寻的终止规则。信息搜寻是一个连续动态的过程,处在不同的搜寻阶段,由于个人的信息知识、情绪状态等的变化,用户可能呈现出不同的行为特征。⑦技术因素:Eric J.Johnson 在《数字化消费者研究》中分析了信息技术的广泛扩散对消费者行为的影响。认为信息消费将会成为消费的重要模式。Joyce Routson 在《专家为未来的因特网沉思》中认为计算机服务器对信息消费有影响。GyöngyiI,Zoltán 在《网络链接分析的应用》中,用超链接方法增加了搜索结果的相关性,减少了垃圾网页的出现③。

4. 特定用户群信息行为研究

①不同职业类型用户信息检索行为特征。研究者主要探讨了医生、病人、环境工作者、技工、渔民、学术电子期刊用户(学者、研究者、教师)等不同职业类型用户的信息搜索行为。如 Heather L. O'Brien,Sonya Symons④ 通过调查学生、教授的信息行为及偏好,证明了受教育时间长度和所学专业影响一些学生的信息选择,而网络和同伴对教师、学生信息检索行为的影响也比较大。Susana

---

① Browne G J,Pitts M G.Stopping Rule Use during Information Search in Design Problems.Organizational Behavior and Human Decision Processes,Vol.95,No.2,2004, pp.208-224.

② Bhatnagar A,Ghose S.Online Information Search Termination Patterns across Product Categories and Consumer Demographics. Journal of Retailing, Vol.80, No.3, 2004,pp.221-228.

③ ZI Gyongyi,oltan.Applications of web link analysis.Stanford University,2008.

④ Heather L.O'Brien,Sonya Symons.The information behaviors and preferences of undergraduate students.*Research Strategie*s,Vol 20,No.4,2005,pp.409-423.

Romanos de Tiratel① 分析到,尽管社会科学家在其出版文献中引用的书目类型文献要比期刊多,但他们喜好的最主要的信息源却是专业期刊。同时,社会科学家偏好使用母语文献,倾向于使用非正式文献,如在查询正式信息资料之前向同事咨询等。对于图书馆,与古典文学研究者相比,社会学家较少使用图书馆资源及目录工具。相反,他们依靠同事的推荐、期刊浏览,以及其他出版物的引用文献②。② 不同地区用户信息检索行为特征。Wooseob Jeong③ 研究了在美国学习的韩国毕业生的日常信息检索行为,调查表明在典型的韩国学生中有两种异化心理机制:语言障碍和种族信仰。他们有限的英语水平妨碍了他们与美国社会的交互。韩国学生维护道德观念,抵制被美国社会同化。③ 不同年龄用户的信息检索行为特征。如 Denise E. Agosto,Sandra Hughes-Hassell 研究发现,费城都市青少年在日常信息搜索行为中,偏好使用诸如电话、电视、计算机等电子媒体类型的信息资源。他们偏好以人为信息源,而一般不太使用图书馆资源。这启示信息工作者应该考虑青少年信息需求的特点,提供合理的信息服务。

(二)信息评价对信息消费的影响

由于信息产品具有不确定性,消费者容易产生感知风险,提供对信息的评价有助减少感知风险(Chakravarti & Xie,2006),Peter Lunt.Ms liz Moor 在《虚拟消费者:拓宽了网上商店的范围》中认为

---

① Susana Romanos de Tiratel. Accessing Information Use by Humanists and Social Scientists:A Study at the Universidad de Buenos Aires,Argentina.*Journal of Academic Librarianship*,2000,Vol.26,No.5,pp.346-354.

② 韩永青:《国外信息用户研究进展》,《情报科学》2008 年第 10 期。

③ Wooseob Jeong. Unbreakable ethnic bonds:information-seeking behavior of Korean graduate students in the United States.*Library & Information Science Research*,2004,Vol.26 No.3,pp.384-400.

在消费中信息是重要的因素,对信息消费起着至关重要的影响。Dan Ariely 在《控制信息流动:对消费者决策和偏好的影响》中认为信息销售商的主要目标之一是向消费者提供做出决定的信息。控制信息的流动的结果能帮助消费者更好地满足其偏好,对消费行为更自信。Andre D. Gershoff, Susan M. Broniarczyk, Patricia M. West 在《建议或评价——信息资源选择的灵敏度》中谈到当消费者选择信息资源时,必须先进行评价。Anne Hoag 在《评估使用和满意度——电缆调制解调器和因特网》中研究了电缆调制解调器与信息消费的满意度,其目标是描述信息消费评估方案,这种评估方法也应用到其他领域,如数字图书馆和电子出版。Howard Kunreuther 在《在线产品的评论和电子社区对市场结果的影响》一文中,认为消费者报告一直以来都是产品生产的重要来源信息,然而研究表明产品在线社区中的消费者评论对于消费者的购买决策具有重要影响。

(三)信息消费对社会的影响

M.J.Norton 在《发展中的信息经济学:对数字革命的反映》中认为数字革命带来了政策和发展问题,它在数字世界发展中也影响了信息经济尤其是信息消费的发展。York Auterman 在《信息技术对发展世界的政治影响》中,认为政府不再对信息进行垄断,信息消费是由需求驱动的而不是由供给驱动的。信息的全球化以及信息消费市场的全球化导致了整个社会的全球化。Kellerman 在《信息社会》中认为,一个特定国家的信息社会并非一定要使其产品和信息消费水平都处于高水平。信息消费的高标准在硬件、软件和信息追求中有所体现。因而,高水平的信息消费及信息手段有可能作为一种可取的广泛的通讯方式被表现出来。高质量的信息消费可以通过软件买卖来评价,或通过国内和国际电话的数量和线路长度来测量,还可以通过连接上的有线电视的家庭比例来评价。莱特·贝蒂在《传统工具是浪费》中,认为信息驱动 21 世纪的发展,认为未来世界的发展趋势是互联网的广泛应用,每个市场都必须建立在消费者订单模式的基础之上;在消费市场中,我们在使用多样化的媒体传播信息时,增加了信息提供者与信息使用者、信息消费者之间的接触程度,使我们从中受益。《信息行为与评价集中研究》中谈到网络是两种巨大社会发展的接口:评价文化和新信息通讯技术。文章认为在网络环境下信息行为与信息使用者、生产者和大规模信息系统的互动程度相关。信息系统包括图书馆或数字图书馆、电话亭、数字互动电视、引用索引、主题文献、网络环境。事实上,我们对新的数字环境、对信息生产及消费方式的影响知之甚少,其实有很多方式可以获取对信息生产、消费及其影响的了解。彼特(Peter Lunt)和莫尔·丽兹(Ms Liz Moor)在《虚拟消费者:扩了了网上商店的范围》中认为发展消费理论必须考虑电子商务的发展。信息消费本身不具有排他性,因为信息没有物理界限,其复制和传播相对成本较低,网上商店改变了传统商业模式。约翰逊·艾瑞克(Eric J.Johnson)在《数字化消费者研究》中分析了信息技术的广泛扩散对消费者研究的改变。

(四)信息用户需求研究

信息用户需求研究一直以来都是国外信息用户研究中的重点。研究主要集中在以下几个方面:

1. 不同用户群体信息需求

在不同用户群体的信息需求研究方面,国外学者探讨得比较深,也比较详细。不同身份用户如护理人员、医生、企业家、教师、学生、律师等,不同机构用户如社区图书馆用户、政府用户、信息技术用户等都是国外学者的研究对象。国外有关特定用户群体信息需求的研究涉及社会各个阶层,需求的信息类型包括学术性信息、决策性信息、娱乐性信息、日常生活信息等,并且人群划分得越来越细,如对医生的信息需求研究中,有对家庭医生的信息需求研究,有对外科医生的信息需求研究。越来越多的研究聚焦于社会弱势群体,体现了相关研究者对他们的人文关怀。特定用户群体信息需求的研究中,绝大部分都会提及根据信息需求的研究结果怎么样改进信息服务。

2. 用户信息需求的获取与需求改进

在用户信息需求获取与改进方面,Diane Kelly 和 Xin Fu 认为,从用户检索记录可获得用户信息检索术语,通过技术手段处理可确定用户信息需求,据此可有效设计信息系统的检索效能。Diane Kelly 设计了一个反馈表格获取用户信息,用户初次检索后整理表格,并基于获取的信息进行一系列实验,结果表明反馈表格可以成功获取更多的用户信息,并有效地提升信息检索系统效能。

3. 用户信息需求影响因素研究

Kalyani Ankem 探讨了人口统计学因素和情景因素对癌症患者信息需求的影响,他利用多元分析方法研究了癌症患者的人口统计学因素(个体年龄、教育程度)和情景因素(确诊以来的时间、病情)。研究结果发现,患者的性别、教育程度、确诊后的时间、病情可能与他们的信息需求不相关,年老患者信息需求较年轻患者少可能是因为他们情感上的自我压抑和自我抵制。我们应该努力传递所有健康信息,激发患者的信息需求。Paisley 将影响用户信息需求的因素划分为三类:①信息的使用效果;②用户的背景、动机、专业定位和其他个体特征;③用户周围的社会、政治、经济、法律和制约体系。后来 Crawford 又定义了其他影响因素,如用户活动、用户兴趣领域、信息的可获得性、个体所处的地位、决策需求等。

(五)信息用户安全研究

在用户信息安全问题研究中,主要集中于用户信息安全意识及影响因素、用户信息安全行为等问题。相关研究表明,用户的信息安全意识普遍较低,这不仅存在于新手用户中,而且在一些高级计算机用户中也存在一些明显的信息安全意识缺陷。如S.M.Furnell[①]等对415个家庭进行调查,研究发现虽然表面上用户对自己的安全意识高度自信,并声称意识到了安全威胁,并使用了相关的安全保护措施,但深入调查表明在某些领域用户安全知识和对安全的理解还是缺乏的。Jeffrey M.Stanton等[②]创建了一个与安全相关的终端用户行为二因素分类体系,利用该分类体系,对美国110个用户进行访问,收集了1167份调查问卷,对终端用户行为进行调查。结果发现,在创建密码和共享密码中,低水平技术知识者的密码保护意识不强,且在不同类型的组织中不同。实验进一步证明,良好的密码保护意识与培训、监控和动机激发有关。Jr.,Ronald C.Dodge[③]评估了学生用户对电子邮件诈骗的倾向。学生会向未授权用户泄露不应该泄露的信息,在打开附件时向病毒代码泄露自己的身份。

在用户信息安全行为方面,E.Albrechtsen[④]通过对IT公司和

---

① S.M.Furnell,P.Bryant,A.D.Phippen.Assessing the security perceptions of personal Internet users.*Computers & Security*, Vol.26,No.5,2007,pp.410-417.

② Jeffrey M.Stanton, Kathryn R.Stam, Paul Mastrangelo, Jeffrey Jolton.Analysis of end user security behaviors.*Computers & Security*,Vol.24,No.2,2005,pp.124-133.

③ Jr.,Ronald C.Dodge, Curtis Carver, Aaron J.Ferguson.Phishing for user security awareness.*Computers & Security*,Vol 26,No.1,2007,pp.73-80.

④ Eirik Albrechtsen.A qualitative study of users'view on information security.*Computers & Security*,Vol.26,No.4,2007,pp.276-289.

银行用户的访谈,揭示了用户信息安全经验和他们在信息安全工作中的个人角色。研究结果表明:①用户被激发进行信息安全工作,但不知道如何实施个体安全策略;②高信息安全工作量在信息安全与其他功效之间存在利益冲突;③信息安全文献需求和普遍的安全意识对用户行为和意识没有太大影响。

(六)信息用户满意度研究

近十年来国外学者对信息用户满意度的研究,可以总结为以下几个方面:

1. 用户对信息系统、网站的满意度研究

如 Chorng-Shyong Ong 和 Jung-Yu Lai[①] 通过测量用户满意度,以反映知识管理系统的有效性。Liu and Arnett(1999)通过对财富 1000 公司的网络主管进行调查,从顾客的角度确定了网站成功的关键因素。这五个因素依次是:信息质量、服务质量、系统效用、顾客感知的娱乐性、网站系统/界面设计。Tsuang Kuo 等(2005)的研究是基于 SERVQUAL 模型,用多维度尺度用来分析使用者感知的入口质量。文章通过对 300 名 MBA 有过网站使用的学生进行维持两周的调查,确定了顾客对网站满意与否与四个因素相关:移情性、易用性、信息质量、访问性。其中的信息质量是顾客认为最重要的满意指标。

2. 影响用户满意度的因素

Fethi Calisir 和 Ferah Calisir 通过对 24 家公司 51 位终端用户的调查分析,考察了影响终端用户对 ERP 系统满意度的各种影响因素。结果表明系统可学习性是影响终端用户对 ERP 系统满意

---

① Chorng-Shyong Ong, Jung-Yu Lai. Measuring user satisfaction with knowledge management systems: scale development, purification, and initial test. *Computers in Human Behavior*, Vol 23, No.3, 2007, 1329–1346.

度的决定因素。用户对系统易用性和系统能力的感知影响着用户对系统有用性的认知,而用户向导同时影响着用户对系统有用性的感知和用户对系统可学习性的认知。Mo Adam Mahmood 等①于1986~1998 年间,从九个变量角度(知觉有效性、易用性、用户期望、用户经验、用户技能、用户参与、组织支持、认知态度),对 45位终端用户满意度进行调查分析,调查结果表明用户参与度、用户对系统有用性的感知、用户经验、组织支持和用户态度与用户对信息技术、系统的满意度都有重要关系。这对于信息系统设计和用户培训都具有重要意义。

(七)国外信息消费研究的评价

1. 注重实证研究

从国外学者关于信息消费研究的文献中可以看到,对于信息消费宏观问题研究的较少,对于信息消费的研究主要是从信息与消费、消费者的关系入手,并联系特定的技术环境,分析信息消费者的信息消费行为和心理对社会各个方面的影响,对信息消费的具体实践研究得比较透彻,如对于网络信息消费、电视消费、媒体消费的研究等。国外比较注重信息消费的实证研究,主要的是对具体行业或具体用户群进行信息行为的研究,所以他们在信息消费的研究中对现象观察描述比较细致,都有具体的数据调查和分析论证;研究方法基本上都是从行为学、心理学的角度以及市场营销等某一个具体的领域来研究信息消费,对不同用户信息行为进行多方面研究,重视信息获取与检索技术研究,并根据研究结论提出改进措施。

---

① Mo Adam Mahmood et al.:Variables affecting information technology end-user satisfaction:a meta-analysis of the empirical literature.*International Journal of Human-Computer Studies*,2000,Vol 52,No.4,pp.751-771.

2. 对信息消费研究体系不够重视

国外相关研究对信息消费的认识比较模糊,没有对信息消费进行明确的界定,不重视概念内涵,缺乏系统性。没有把信息消费同物质消费区别开来,也没有把信息消费上升到与传统的物质、能源消费等同的地位,对信息消费理论研究缺乏整体思路。缺少归纳提炼普适性理论的综合研究。缺少专门从消费角度来研究信息消费理论的文章。对涉及信息消费现实问题及用何种知识加以阐释还没有统一的认识。

二、国内信息消费研究现状综述评价

与国外学者的研究相比较,我国学者在对信息消费的研究过程中,倾向于对大环境下的信息消费行为进行研究。目前国内对于信息消费的研究尽管涉及的内容比较多,但是研究层次较低,不够深入,多数还是停留在理论设想上、概念研究上、具体行业上以及信息消费特征等方面,还没有形成系统的理论体系,并且建立指标体系的多,进行实证研究的少,研究基本上还处于初期阶段。

国内有关信息消费的研究,概括起来主要有两大方面,一是基础理论研究。从不同的视角对信息消费的历史演进、体系构建、模式选择、消费效益与效用等展开研究。二是实践应用研究。包括信息消费与经济发展趋势、信息技术条件、消费环境与影响因素、消费差异与特点、消费监督及评价等,市场信息产品服务供给、竞争与定价等,消费者层面上的收入水平与支付能力、信息需求、消费行为特征、消费者权益、信息意识与文化素质等。根据对目前国内信息消费综述相关文献①整理的基础上,把

---

①   马哲明、靖继鹏:《国内信息消费研究综述》,《情报科学》2007 年第 3 期。

信息消费的研究内容归纳为理论与实践问题研究两个方面进行综述。

（一）信息消费基本理论研究

目前国内信息消费理论研究划分为五个研究方向。

1. 信息消费的概念、内涵、特征及内容研究

我国学者郑英隆（1991）发表《信息产品消费的运行系统》一文，在研究信息产品消费的运行系统过程中，其首次提出了信息消费概念，但没有给出定义和解释。他所研究的信息产品消费实质上就是信息消费。他认为信息产品消费就是消费者对信息产品进行内容吸收和利用的活动。郑英隆（1994）在《信息消费论纲》中对信息消费做了系统探讨，他认为信息消费实际上就是社会各种类型决策者将现有的有关决策的信息进行消化吸收，并通过若干转换加工形成行动方案决策或思想决策的过程①。该定义对以后的研究起到了很大的引导和借鉴作用，文中论述了信息消费的三个历史发展阶段，并且着重论述了信息消费与人口素质之间的辩证关系，对信息消费的基础理论进行了较为全面的阐述，涉及信息消费的涵义，信息消费的系统性意义、本质规定及其类型，信息消费的历史及现状，信息消费的两大特点，提出了信息消费方面的一些研究领域，之后发表的基础理论研究方面的文章大多以此为基础，从各个角度展开详细论述。郑英隆对信息消费的开创性研究，使我们对信息消费有了一个系统的、初步的认识，也为以后信息消费的研究进行了铺垫。李超平（1993）在《论情报消费》一文中论述了情报消费与情报生产的关系、情报消费结构及情报用户的消费心理，他认为情报消费是指情报生产部门提供的情报消费品

---

① 郑英隆：《信息消费论纲》，《上海社会科学院学术季刊》1994 年第 2 期。

（包括情报产品和情报劳务）作为情报用户需要的对象,被情报用户用于满足其需要的行为过程。他所论述的情报消费实质上也是信息消费,只是其内涵比信息消费小而已。继郑英隆之后,贺修铭为信息消费理论研究做出了重要贡献,他在《信息消费概念的确立及其理论基础——兼论信息消费学的建设》一文中,并基于用户研究、信息经济学研究、文献情报学研究等方面的考虑,从促进情报学概念体系的科学性和完整性角度,提出了信息消费的概念,他认为信息消费是指社会信息生产和交流过程的延续,是信息消费者获取信息、认知信息内容和再生信息等基本环节所构成的社会活动①;给出了信息消费的定义:是人们使用信息资源满足生产和生活需要的过程,它包括对信息内容的吸收和利用过程,以及信息与需要匹配过程。他在文章中论述了信息消费研究的理论基础,为信息消费的研究提供了理论指导,并将信息消费划分为:生活信息消费;学习信息消费;科研信息消费;决策信息消费四个层次,并且从"大情报"观的角度出发,归纳了信息消费研究应该展开的 10 大主题,这些主题至今对信息消费的研究仍具有重要的指导意义。在贺修铭先生之后,况能富对信息消费的研究又向纵深方向上深入了一步,为信息消费理论体系的建立和完善增添了新的内容。信息消费这一概念提出后,引起了国内学者的广泛关注,同时也对其定义进行了深入的研究。在此之后研究文献中,主要研究了信息消费的含义及其概念;信息消费的研究内容的界定;信息消费与物质消费的区别及信息消费的特殊性;我国信息消费的特点、水平结构以及信息消费品的特点等。邓胜利（2002）在《21

① 贺修铭:《信息消费概念的确立及其理论基础——兼论信息消费学的建设》,《图书情报工作》1996 年第 4 期。

世纪信息消费发展新特征及障碍研究》中,探讨了信息消费的内容,总结了信息消费的发展特点,并分析了信息消费发展中的障碍问题,进而提出了一些具体措施①。李曼②在《网络环境中的信息消费研究》(2004年)硕士学位论中,主要探讨了网络环境下的信息消费客体、信息消费者及信息消费过程、信息消费的环境、信息消费的结构、信息消费的水平测度及评价等内容,基本上形成了一个较完善的信息消费理论体系。沈小玲(2006)认为,广义信息消费范围包含文化消费、媒介消费、教育消费等;狭义的信息消费是以信息产业提供的信息产品和服务为消费对象的消费。由于信息商品具有与物质商品不同的属性,信息消费也就有与其不同的消费特点,并归纳出信息消费6个特点③。

2. 信息消费规律及模式的相关研究

(1)信息消费结构、过程、测度方法研究

贺修铭在《科学研究与发展(R&D)信息消费过程的历时性结构分析》一文中,提出了信息消费过程由信息需求、信息占有、信息处理和信息再生四个环节构成,并且利用历时性结构分析的方法对信息消费过程的四个环节进行了充分的分析与论述,构建了信息消费的基本方程,对以后进行信息消费研究具有重要的指导意义④。陈男(1999)在《关于信息消费的思考》一文中,首次提出了把信息消费从劳务消费中分离出来,与实物和劳务消费并列为

①　邓胜利:《21世纪信息消费发展新特征及障碍研究》,《情报资料工作》2002年第6期。

②　李曼:《网络环境中的信息消费研》,中山大学2004年硕士学位论文。

③　沈小玲:《关于信息消费的理论探讨》,《图书情报知识》.2006(05)

④　贺修铭:《科学研究与发展(R)信息消费过程的历时性结构分析》,《武汉大学学报(哲学社会科学版)》1996年第2期。

第三种消费形式,并详细论述了信息消费的特点及信息消费的马太效应。沙勇忠(2001)在《关于信息消费的几个理论问题》一文中,探讨了与信息消费相关的信息需求、信息产业、信息市场、信息环境和信息文化等几个理论问题,并阐述它们与信息消费之间的基本关系。张登兵(2005)在《信息耦合与信息消费研究》中,研究了信息耦合的概念,并从信息耦合的角度研究了学习型信息消费、应用型信息消费以及信息消费链的动力问题,为我们研究信息消费又提供了一个新的视角。崔建华(2006)在《信息消费力几个理论问题研究》中,分析了信息消费力的含义、深入分析了信息消费力的特殊性质,并且系统论述了影响信息消费力的主体能力、信息消费客体质量、信息消费环境三个方面的因素,对"信息消费力"概念、性质及影响因素进行深入研究,对于今后信息消费力的研究具有一定的指导意义。吴钢华、杨京英(2006)从信息消费和信息消费系数的概念入手,分析了信息消费系数及其测算研究的理论依据,从社会经济统计实践的视角,探讨了信息消费系数及其概念,并基于统计数据指标,研究了信息消费系数及测算方法。白振田、宣江华(2006)通过调查家庭信息消费结构调查,分析了存在的问题,探讨了相应的对策,引导家庭树立正确的信息消费意识。

(2)信息不对称与信息消费研究

将信息不对称思想引入信息消费研究是近几年来我国学界致力的一个方向,有关信息不对称理论的新成果对信息消费的研究产生直接或间接的影响。王庆国等通过比较产品质量真实信息与消费者预期质量信息来定义质量信息不对称度,将质量信息不对称度引入消费者效用和企业利润关系的研究中;然后基于质量信息不对称度、产品质量与产品价格构建了消费者效用模型与企业利润模型;分析了质量信息不对称度变化对消费者偏好变化的经济意义,对消费者效用与企业利润的影响。结论是,企业可以通过调整发布的信息量来改变质量信息不对称度,追求较大的利润;将产品质量信息不对称度控制在合适的水平才能获得较高的企业利润和消费者效用。高志仁(2004)认为我国信息消费中最大的问题是信息不对称,分析了信息不对称对我国信息消费的具体影响,并针对这些问题提出了对策性措施。丁芹(2004)从信息消费的信息需求、信息吸收处理和再生三个方面,研究了其中存在的信息不对称现象及其负面影响,并对消除不对称现象的途径进行了探讨。

(3)信息消费效用评价研究

评价信息消费效用的主要依据是信息消费者进行信息消费活动后取得的绩效,具体包括信息消费者通过信息消费获得的满足程度、信息消费行为产生的经济效益和社会效益。金燕(2002)分析了信息消费的3个结构要素——信息消费者、信息消费品和信息消费环境,并在此基础上讨论了信息消费质量及其评价方法和影响因素,最后提出了提高信息消费质量的主要措施就是要针对影响信息消费质量的各种因素,因势利导,从而使信息消费活动的3个结构要素构成良好的互动关系,提高信息消费质量需要政府和信息消费者两个方面共同努力才能顺利实现。目前,我国学者对信息消费效用评价方面的研究着墨不多,需要今后加强关注。

3. 信息消费主体行为及其权益保护研究

在这部分研究文献中,主要研究了信息消费的主体行为与心理特征、信息消费用户的需求特征、信息能力及信息消费者权益保护等内容

(1)信息消费主体行为研究

唐军荣在《我国消费者的信息消费行为研究》(2006年)的硕

士学位论文中,探讨了消费者信息消费的特征类型,分析了消费者信息需求特征及其影响因素,分析了信息消费过程,并建立了信息消费函数,对信息消费的风险进行了分析,并给出了相应对策。近十年来这方面的研究主要集中在以下几个方面:a 不同用户群体的信息需求;b 信息用户需求获取与改进;c 用户信息需求影响因素等等。何佳讯(1995)从信息消费量特征、媒介利用特征、消费信息源特征及信息消费态度特征四个方面对消费者的信息消费行为做了类型划分。卢小宾(2002)从信息经济学角度,针对信息消费内涵、信息消费动力以及信息消费行为等核心问题进行详细的论述,为信息消费的研究提供了理论分析思路。刘海霞在《信息消费心理及行为分析》中,着重对信息消费的心理和行为进行了分析,为提高信息消费水平,促进信息消费良性发展提供了理论的指导。任曙彪(2007)认为消费者的购买行为是一个包括问题认知、信息搜索、评价与选择、购买以及购后行为的一个复杂的过程。在这个过程中消费者需要处理大量的信息。台湾学者涂荣庭(2011)探讨不同的信息内容呈现方式——增加好处还是减少坏处(趋利或避害),对降低各种消费者感知风险的影响。结果发现避害型信息(如购买该产品可减少学习上的困难)会降低消费者感知到的一般风险,而趋利型信息(如产品具有许多功能)则会降低消费者感知到的学习风险。当消费者打算购买信息商品时,就需要搜索信息,可是社会中过剩的信息使消费者的信息搜索产生了困难。在消费者对产品的信息进行评价与选择时,由于信息的不对称,消费者很难对产品做出一个准确地评价。

(2)网络用户信息行为研究

唐亮等(2008)探讨了网络信息搜寻行为的特点,分别构建了网络信息搜寻广义模型和网络消费者信息搜寻行为过程模型,并在此基础上对影响网络信息搜寻行为的因素进行了讨论。邓小昭等（2010）对网络用户信息行为相关问题进行了系统而深入的探索。在分析网络用户信息行为的内涵、构成要素、类型划分、影响因素、行为模型的基础上，采用调查、实验与观察等方法，重点对网络用户信息检索行为、信息浏览行为、信息交互行为和信息选择行为的基本特点与规律进行了实证研究，提出了基于用户信息行为特征的网络信息服务策略，探讨了网络用户信息行为的研究方法及其伦理规范。李君君在《试析网络经济下的信息消费》中，探讨了在网络经济条件下，由于网络外部性的存在，信息消费具有同传统消费不同的特征，并概括了消费者在信息消费中的主体体现。

（3）信息消费者权益保护

李必祥（1996）在《试论信息消费者权益保护的理论建设》中，对信息消费者权益的基本结构及其保护理论建设中的目标和内容作了论述，提出了在理论建设中的创新意识和可供选择的方法。贺修铭（1997）在《信息安全、信息污染、信息犯罪与信息消费——信息社会化环境下的消费者权益保护》一文中，分析阐述了信息安全、信息污染、信息犯罪等问题对于人们正常信息消费活动秩序的影响，提出了建立信息消费者权益保护机制的现实迫切性和基本思路[①]。李春海（1998）在《信息消费与信息监管》一文中，提出了信息消费与信息监管之间存在着互动的关系，并且提出要对信息生产领域和信息流通领域进行监管。2003 年，王煜在《信息消费者权益保护研究》硕士论文中，从法学的角度对信息消费的含义进行了论

---

　　① 贺修铭：《信息安全、信息污染、信息犯罪与信息消费——信息社会化环境下的消费者权益保护》，《消费经济》1997 年第 1 期。

述,论述了信息消费者的权利及信息产品经营者的义务,信息产品经营者对信息消费者合法权益的侵害,并且提出了保护信息消费者合法权益的对策。

4. 信息消费客体研究

胡祎、娄策群(2007)通过分析信息产品锁定效应产生的原因及类型,抓住产生锁定的根本——转移成本,对信息产品的锁定策略进行了阐述。粟慧(2009)以两个数字产品的用户界面问题为例,对数字信息资源的可用性进行若干方面的讨论,涉及可用性问题产生根源的分析、用户界面可用性法则。李霞等通过对信息效用的概念研究与数理表征进行了分析,基于管理学的模糊综合评价研究方法,进行了信息商品的信息效用综合评价研究,从而丰富了信息管理的研究内容。许春芳(2007)就网络信息商品的定义及其相关概念进行了研究,阐述了网络信息商品的特征。沈小玲(2006)界定了信息商品及其服务的内涵。信息商品是指进入流通领域的作为商品出售的信息产品,是用来交换的信息产品,它是人们通过收集、加工、传递和存储所形成的,用来满足人们特定信息需求的进行了商品化的产品,没有花费任何劳动,或者虽然花费了劳动,却无偿地供他人使用,并不是用来交换的信息产品均不能称为信息商品。

5. 信息市场及定价机制研究

查先进等(2000、2001)分别研究并发表文章指出,从信息市场的外部效应、信息作为公共物品、信息市场的非竞争性和垄断性以及不完备信息4个方面对信息市场失灵作了分析。为防止和纠正信息市场失灵,应建立有效的政府干预机制,并将市场手段与政府干预手段结合。政府干预在纠正信息市场失灵方面能发挥独特的作用。吴正荆(2008)从信息市场的角度出发,来考证信息交流的社会变化和发展轨迹,通过研究社会信息交流的经典模式,构造了传统信息市场中典型出版流程,指出了我国传统信息市场中的出版交流瓶颈问题;分析了网络环境下信息出版过程、信息市场结构、信息载体和信息市场规模等方面的变化情况,构造了网络环境下信息市场结构变化和规模变化模型。李静(2008)以信息市场为背景,对信息市场中的信任问题进行讨论,探讨如何进一步加强信息市场的信任机制。周文波(2007)分析了信息市场的特征,论述了信息商品"买"与"租"的关系,从而有利于信息商品的消费者在信息市场中进行"买"和"租"的合理选择。李东等(2009)通过问卷调查样本并进行多元统计分析,将网络消费者划分为 5 种类型:网络体验族、网上玩家族、积极进取族、网上交易族和网络生存族。根据不同族群消费者的差异,网络市场企业应采取的营销对策为:针对不同消费群组推出差异化的产品或服务;宣传媒体和宣传方式富有针对性;在收费策略上进行权宜。

　　李贵孚(2007)基于特征价格理论,以有线数字电视为例对我国信息产品市场的具体特征进行了分析,建立了我国有线数字电视业务的特征价格模型,并基于该模型,对我国有线数字电视基本业务价格进行了研究,发现目前我国有线数字电视基本业务价格与模拟电视节目数量和维护费用,以及付费频道的数量之间存在一定的关系。郭文平(2007)基于信息的特点及其在当今生活中的重要性,就如何解决信息的定价这一问题,选择合理有效的信息商品定价策略进行研究,基于信息商品的特点,研究了信息对投资决策及群体决策的影响、信息对投资信念的更新、信息价值的定义以及市场特定信息商品的定价问题。丁莉(2003)从信息消费与信息价格的关系出发,提出了针对不同群体甚至是不同个人差别的定价机制,并从多个方面论述了差别定价的必要性和可行性,并具体论述了关于差别定价的设想和定价的上、下限度。张修志，黄立平（2007）认为，信息产品的价值对消费者偏好具有很强的依赖性，所以信息产品的消费者偏好对信息产品的定价具有重要的影响，因此信息产品的定价不适用边际成本定价法或市场需求定价法，最可行的策略是根据信息产品对不同消费者的价值来定价。

（二）信息消费现实问题研究

1. 信息消费与经济发展的关系

在这部分研究文献中，主要研究了信息消费与经济发展的相互关系，信息消费与信息产业、信息市场的关系，信息消费与知识经济之间的关系，以及信息消费与企业的生产经营关系等内容。贺修铭（1998）通过实证分析，得出我国居民信息消费需求旺盛，因此应该大力发展能够提供信息消费产品的信息产业。只有我国信息产业得到了快速发展，才能促进信息消费的繁荣，使信息消费成为我国经济的增长点[1]。胡世良（1998）通过实证的方式研究了上海信息消费的现状以及信息消费热点的形成对促进上海信息产业发展的影响，并且提出了促进上海信息消费进一步增长的若干政策[2]。郭天威（2006）从信息消费的视角重新对信息产业进行了划分，并对其进行了对比分析，最后分析了信息消费行为和信息产业的转变对世界经济的影响，以及对我国经济增长模式转变的启发，并提出了相应的政策建议。卢小宾（2002）从信息消费必然会成为信息社会的消费热点出发，讨论了信息产业与信息消费相互促进的关系，分析了我国信息产业和信息消费的现状，并针对信息

---

[1] 贺修铭：《信息经济和信息消费：国民经济新的增长点》，《消费经济》1998年第 4 期。

[2] 胡世良：《信息消费热点的形成与上海信息产业发展的实证研究》，《上海统计》1998 年第 9 期。

消费不足的问题提出了相应的对策。陈炜（2008）利用协整检验和 VEC 模型初步探讨我国信息消费与经济增长之间的关系,发现两者之间具有明显的因果关系及长期均衡趋势,存在相互促进的良性机制,并利用脉冲响应函数定量分析了两者之间的冲击影响。危家凤等（2009）阐述了信息消费对循环经济发展的积极作用,分析了信息消费领域中存在的诸多问题及其对循环经济发展的阻碍作用,同时提出相应对策,以减少其不利影响,促进循环经济的发展。马哲明（2007）等在外部性、网络外部性理论的基础上,深入研究分析信息消费的外部性问题;探讨信息消费外部性的含义、类型及其所具有的 8 个方面特性。根据福利经济学的思想,提出信息消费外部性的理论计量模型;最后就如何消除信息消费所产生的负外部性问题提出相应的对策。蒋文锋,涂艳红（2005）在《我国居民信息消费的发展及原因分析》一文中认为:第一,在市场经济条件下,居民的收入水平是形成有支付能力的信息消费需求的基础,第二,信息经济时代中,人们越来越认识到信息的重要价值,这也决定了信息消费必然获得极大的发展。信息消费存在两个前提:一是信息有价值,二是有信息需求。第三,近年来我国受教育人数增多,居民知识文化水平普遍提高,提升了居民消费信息的能力,这是信息消费发展的必要条件①。

2. 信息消费的地区和时间差异性研究

郭妍（2007）在《我国居民信息消费函数的实证研究》一文中构建了信息消费函数,并运用分离出个体差异和时间差异的 panel data 模型,研究了我国居民信息消费问题。实证结果显示,近年来

---

①　蒋文锋、涂艳红:《我国居民信息消费的发展及原因分析》,《湘潭大学学报（哲学社会科学版）》2005 年第 1 期。

我国居民信息消费边际倾向高于其他单项消费,且信息消费增速快;信息消费中的"时滞效应"和"棘轮效应"明显;居民信息消费的城乡差异、地区差异和时间差异均比较明显,其差异的根源是城乡、地区收入上的差距,时间上的差异则主要是因为居民对未来的预期不确定①。郑兵云运用 Panel Data 模型研究中国城镇居民1999—2003 年信息消费的地区差异和时间差异,认为中国东、中、西部城镇居民的边际信息消费倾向差异明显,居民信息消费的地区差异效应和时间差异效应也较大,同时分析了产生差异的具体原因②。郑英隆、王勇(2009)在《我国城乡居民信息消费的结构差异成长》从消费发展的角度,论述我国城乡居民信息消费的结构差异成长特征与趋势,剖析这种结构差异成长的因素与动因,从而为我国城乡居民信息消费健康发展和消费结构升级提供决策依据③。

3. 信息消费现状与存在问题研究

信息消费实证研究的显著特点就是,从实证的角度来对信息消费进行研究,如信息消费延伸到某一特定对象、特定活动,如对特定群体居民、技术成果转化、图书文献工作、电子商务等的研究。王燕(2008)通过 400 多份问卷调查及走访学生,对大学生信息消费情况进行调查研究,指出当前大学生在信息消费上出现无计划消费、消费结构不合理、攀比、奢侈浪费等问题,引导他们保持艰苦朴素、勤俭节约、合理的信息消费观已刻不容缓。隗玲(2008)对

---

① 郭妍、张立光:《我国居民信息消费函数的实证研究》,《当代财经》2007年第 8 期。

② 郑兵云:《中国城镇居民信息消费的差异性研究》,《统计与信息论坛》2007 年 第 1 期。

③ 郑英隆、王勇:《我国城乡居民信息消费的结构差异成长》,《经济管理》2009 年第 1 期。

网络信息消费的特征做简要介绍,分析目前我国网络信息消费中所存在的问题,如网络信息消费监管力度不够,目前网络信息消费结构过分偏向娱乐化,网络信息消费触及知识产权和消费者权益保护,网络信息消费"东重西轻"问题严重,信息消费"异化"问题日趋严重,并针对性地提出几点建议。蒋序怀(2000)分析了我国居民信息消费的现状,指出了当前居民信息消费的热点、特征和今后的发展趋势。在通过城乡信息消费水平及中外居民信息消费水平比较的基础上,指出当前我国居民信息消费存在的问题。王焱(2002)分析了我国居民信息消费的现状,总结了我国居民信息消费的特点,指出居民收入、信息产业不协调、消费者的信息意识和认识水平是影响信息消费增长的主要原因。胡伦赋(2001)探讨了科技成果与信息消费的关系,指出信息消费的任务是:沟通供求信息,选择合适的技术成果;为技术成果的科学定价提供依据,协助转化者进行可行性分析。为转化工作的科学管理提供必要的信息等。彭伟斌(2000)探讨了电子商务模式下信息消费所呈现的一系列特征,并就其运作障碍进行了分析。陈艳红[①](2006)认为信息素质是决定信息主体获取和利用信息资源的一个关键因素。信息素质包括信息意识、文化素养、信息技能三个层面,从我国与发达国家之间及国内各地区之间公众信息素质在这三个方面的差异可以看出,信息主体的信息素质差异性是导致数字鸿沟存在的重要因素。陈文以大学生网络信息消费为对象,采取规范分析与实证分析相结合的方法,在界定网络信息消费涵义的基础上,比较了网络信息消费与其他消费方式的异同点,分析了大学生网络信息消费的现

---

① 　陈艳红:《基于信息素质差异性视角的数字鸿沟成因分》,《湘潭大学学报(哲社版)》2006 年第 6 期。

状及其特点,指出大学生网络信息消费存在的主要问题,并针对存在的问题提出对策建议。

4. 信息消费水平及测度研究

对信息消费水平测度指标的研究有宏观和微观两个层次。朱红(2005)①从理论、方法和实践三个方面研究了信息消费水平测度,着重论述了信息消费分类测度方法和信息消费总体水平测度;分别从微观和宏观两个方面研究了信息消费水平测度,并搜集了大量翔实的数据,在《山西高校信息消费水平调查分析》中,利用层次分析法,对山西高校信息消费水平进行了测度,验证了方法的可操作性,并给出了提高山西高校信息消费水平的对策②。北京市"信息化工作办"于2005年开展了"北京市信息消费水平测算与比较研究",该课题界定了居民信息系数概念、内涵和计算方法,并在此基础上对北京市各区县、城乡居民家庭信息消费水平及其构成进行了实证分析。信息消费力作为一种衡量信息消费能力、水平的指标得到认可。肖霞(2008)③认为,遵循指标数据的客观性和可收集性原则,城镇居民信息消费力指标体系由以下几个方面构成:年人均可支配收入、每千人中大学毕业生比重、信息产业增加值占GDP比重、人均信息消费支出占消费总支出的比例、互联网宽带接入端口、移动电话年末用户;并基于因子分析与聚类分析的方法,分析了我国各地区城镇居民信息消费力的发展状况,

①　朱红:《信息消费:理论、方法及水平测度》,社会科学文献出版社2005年版,第197—224页。

②　朱红:《山西高校信息消费水平调查分析》,《情报杂志》2005年第9期。

③　肖霞:《我国各地区城镇居民信息消费力的因子分析与聚类分析》,《中国高新技术企业》2008年第21期。

并提出了相关的对策建议。胡琪君①从信息消费主体需求水平的指标、信息消费客体供给水平的指标、信息消费环境水平的指标和信息消费质量水平的指标等四个方面,构建较为完整而细致的信息消费力评价指标体系。肖泽群(2009)根据科学性、系统性、准确性和可得性要求,构建了四层级的信息力评估指标体系,并运用逐步主成分分析法,重点分析了上海 1995—2006 年期间信息力发展水平及其影响因素。研究显示,上海的信息力水平呈逐年快速递增的态势,而且与财政教育事业支出占财政支出比重、报刊期发数和信息消费成本成负相关,与其他指标均成正显著相关。随着信息消费的深入,越来越多的学者研究居民、企业、学校等领域的信息消费水平。杨诚(2010)构建了我国农民信息消费力评价指标体系。朱红(2006)在《信息消费水平测度方法研究》中,主要研究了信息消费主体、信息消费客体以及信息消费保障因素三个方面的信息消费水平测度方法,该文为我们提供了一种测度信息消费水平的理论方法,为以后从纵向和横向的角度比较信息消费水平提供了理论借鉴。

　5. 信息消费影响因素及环境研究

　　目前对于信息消费影响因素及环境方面的研究论文较多。

　　王桂云(2002)分析了影响用户信息消费行为的主要因素以及它们之间的关系,对信息用户的信息消费水平的提高提供了有益的启示,认为用户的信息需求、用户的素质、用户的支付能力以及信息的质和量、技术装备、社会关系是影响用户信息消费行为的主要因素,而且在这些因素共同构成的运行系统中,任何一个变量的变化都会引起信息消费的转向、结构变化。韩永青在《用户信息消费的 TPB 模型及分析》中基于对国内信息消费论文的分析,

---

① 　胡琪君:《我国信息消费力指标体系构建》,《商业时代》2007 年第 17 期。

提出影响用户信息消费三个层次的因素:信息消费目标直接影响因素,影响用户个体态度等的因素和影响用户认知等的因素。通过对影响因素分析,借鉴消费者计划行为理论,构建用户信息消费TPB模型,试图揭示用户信息消费行为模式、相对完整的影响因素及其之间的关系,从而为信息产业的相关活动提供理论支持和实践参考。沈小玲(2006)围绕信息商品及服务客体因素,从满足信息需求的效用价值论出发,论述了信息商品及其服务的质量、价格、替代品及本身固有的非消耗性与共享性等因素对信息消费的影响。重点阐述了信息内容商品、信息工具商品、信息服务商品的质量因素对信息消费的影响。在构成信息消费的 3 个结构要素中,消费主体因素对信息消费的影响是决定性的内生变量。沈小玲(2008)[1]分别从个体人口统计特征、信息素质、消费心理 3 个层面对主体变量因素进行分析,在诸多因素中,年龄、职业、信息能力、消费心理偏好是影响信息消费的主要因素。田歆[2](2006)对消费者购买前搜寻行为的研究思路,重要模型,搜寻努力的影因素和信息用户搜寻行为的研究进行理论回顾的基础上,构建了理论模型,拟探讨消费者使用网络信息源感知的信息易获得性、感知的信息质量、网络搜寻能力、对产品的卷入程度、对产品的主观知识、搜寻的感知收益和搜寻成本等变量对使用网络信息源的信息搜寻行为的影响。钟婷[3](2008)通过对消费者购买决策过程与感知风险理论的整合,探讨中国背景下的大学生消费群在决策过程中决

---

① 沈小玲:《影响信息消费的主体因素分析》,《情报理论与实践》2008 年第 6 期。

② 田歆:《消费者使用网络信息源搜寻信息努力的影响因素研究》,浙江大学 2006 年硕士学位论文。

③ 钟婷:《电脑首购决策影响因素及信息搜寻研究——基于广州大学生电脑购买决策的实证分析》,暨南大学 2008 年硕士学位论文。

策阶段感知的风险以及为减少风险而进行的信息搜寻行为模式，以此为电脑厂商及经销商开拓学生电脑市场、制定营销策略提供参考，并细分各影响因素在大学生消费者心目中的相对重要性从高到低依次为质量、功能、配置、经销商信用、品牌、售后服务、外观设计、促销活动、参照群体。

有关信息消费环境研究主要涉及信息环境状况以及信息消费环境的监管、改善对策等问题，沙勇忠（2001）在《信息环境演化对信息消费的影响》一文中，从正反两个方面论述了信息环境对信息消费的影响。马明哲在《信息消费机制及效益研究》①中将影响信息消费的环境因素分为三个层次：宏观环境因素、中观供给因素和微观需求因素三个层次。宏观环境因素影响中观供给，也就是对供给方的信息产品、信息市场和信息产业产生影响。宏观环境因素也影响微观需求，也就是对需求主体的信息素质、信息消费习惯、收入水平产生影响。中观供给因素也会影响微观需求；微观需求因素对中观供给和宏观环境具有反作用，同样中观供给因素也影响宏观环境因素，他们之间相互作用、相互影响，共同制约或促进信息消费。影响信息消费的宏观环境因素包括国际信息化因素；国内环境因素（国内信息环境因素、国内经济环境因素、国内人口文化因素、国内政策法律因素。）影响信息消费的中观供给因素包括：信息产品因素；信息市场因素；信息产业因素。影响信息消费的微观需求因素包括：信息消费的成本因素；消费者的信息素质因素；消费的示范效应因素；消费主体的消费习惯因素；消费者的支付能力因素。王令娴在《信息消费者信息化问题分析与研究》中，从信息消费环境入手，论述了当前信息消费者信息消费需

---

① 　马哲明：《信息消费机制及效益研究》，吉林大学 2007 年博士学位论文。

要、信息消费心理特征、信息消费行为,并且还分析了企业对于消费者信息的获取与处理,最后作者提出了信息消费者信息化过程中应注意的问题及对策①。

(三)国内信息消费研究现状评述

通过对部分文献的综述可以看出,国内对信息消费的研究比较活跃,无论是在理论研究方面还是在实践探索方面都取得了一定的成果,同时也存在着许多不足:第一,基础理论研究深度不够。到目前为止还没有对这个课题进行较为全面系统研究的专著问世,一般都只从某个领域:如信息经济学、哲学及认知学领域研究这个课题,导致在对信息消费进行探讨时不能全面地分析问题。第二,缺少核心作者群。核心作者是指那些在本学科研究中造诣较深、获得科研成果较多的学科带头人,他们均是活跃在这一研究领域的专业人才,学术水平较高,论点新颖,视角独到,具有代表性。值得一提的是,经过统计分析发现,信息消费研究的作者分布比较离散,核心作者群不明显,大部分作者对该主题都没有进行追踪研究。第三,对居民信息消费的范围不明确,对信息消费的概念、内涵的界定不统一。最近几年信息消费的研究主要集中于实证方面的研究,目前对于高校学生及特定信息消费的实证研究较多,可能是由于理论研究上的困难,导致了理论研究方面较弱。第四、研究方法、思路比较单一,实证研究内容深度比较肤浅,由于信息消费研究深度还不够,许多方面还有待于进一步深入研究。对信息消费效用评价与测度理论,信息消费函数等理论基本上还是处于探索阶段,其方法主要是借鉴经济学中基本理论与方法来研

---

① 王令娴:《信息消费者信息化问题分析与研究》,《情报杂志》2008 年第 4 期。

究信息消费问题。

　　在许多研究信息消费影响因素的学者中，马哲明的研究成果较为系统、全面。从环境、信息供给和信息需求三个方面构造了影响信息消费的因素机制模型；从国际信息消费环境、国内信息消费环境两个方面阐述了影响信息消费的宏观环境因素；从供给方的信息产品、信息市场以及信息产业三个方面阐述了影响信息消费的中观供给因素；从消费主体的信息素质、信息消费成本效益、消费的示范效应、消费习惯以及消费者的支付能力五个方面分析阐述了需求因素对信息消费的影响。对信息消费水平测度方法上，朱红提出了很多值得借鉴的方法①，是至今为止信息消费水平测度方法领域的最新成果。

　　通过对信息消费的研究成果分析来看，当前信息消费的研究热点主要有：信息消费心理、信息消费行为及信息消费过程研究；信息消费环境及其影响因素研究；信息消费水平、成本及效益研究；信息消费主体结构、信息消费客体结构和信息消费力结构的研究；信息消费与信息生产和信息交流相互作用关系研究；信息消费与社会发展的相互作用关系研究；信息消费者素质、主体权益保护和信息消费政策法规的研究。特别是对于信息消费影响因素、信息消费函数、信息消费效益、信息消费与社会发展和文化传播等的研究还没有深入。

　　笔者认为，信息消费研究将呈现以下发展趋势：研究方法日渐成熟和规范化，由定性分析向定量研究、由理论演绎到实证分析，注重对网络信息消费规律、特点的研究，加强网络信息组织和管理

---

　　①　朱红：《信息消费：理论、方法及水平测度》，社会科学文献出版社 2005 年版，第 197—224 页。

的研究;促进各学科信息交流和发展的趋势;促进信息市场、信息产业的发展和完善。开展信息生态、信息政策研究;开发信息消费工具研究等,只有让信息消费有坚实的理论基础,信息消费才可能更健康的发展。在今后的信息消费研究过程中,应针对这些问题,更加系统深入地进行理论研究和实践探索。

第二章　信息消费相关基础理论

第一节　信息与信息商品

一、信息的概念

日常我们所说"信息",是"音讯"、"消息"的意思。所谓得到某个事物的某种信息,就是指得到这个事物的音讯或消息。对于信息的理解可以有"本体论"和"认识论"两个层次。

从物质意义上讲,任何一个事物的运动状态以及状态变化的方式,都叫信息。如花开、鸟啼、冷暖变化、股市起落等,都是信息。从这个意义上讲,信息是一种客观存在,是物质的一种属性,是物质存在方式和运动规律与特点的表现形式。信息的存在不仅与人类社会一样久远,而且与物质能量的存在一样漫长。与我们主观是否感觉到它的存在没有关系,所以,叫"本体论信息",是一种"纯客观"的信息概念。而认识论信息概念却与此不同,它只把那些认识主体(譬如说人、动物或机器)所能感受到的"某个事物及状态的变化方式",才视为信息。那些信息接收主体感觉不出来的,或者感觉到了但不能理解的东西,都不叫信息。如在中国古代,以燃点烽火或击鼓来通报军情,时明时灭的烽火以及有节奏的鼓声都是人所能感受得到的,而且事先的约定又使特定的接收者能理解它所代表的意思,因此,我们从认识主体的角度看,烽火和鼓声都是"信息"。相反,一些至今仍未被破译的古代文字和符号,由于我们尚不能理解它,所以还不能说它是"信息"。这就是"认识论信息"的基本概念。

　　随着人类社会的发展,人类能够接受和理解的信息将会日益增长。进入现代社会以后,信息逐渐被人们认识,其内涵越来越丰富,外延越来越广阔,它不仅包括人与人之间的消息交换,而且还包括人与计算机之间的信号交换,以及动物界和植物界的信号交换,甚至由一个细胞传递给另一个细胞,由一个机体传递给另一个机体,也是一种信息的传递。例如,生物体内的核酸分子通过自我复制,使遗传基因代代相传就被视为一种重要的信息传递。可见,信息这一概念应用非常广泛。不同学科、不同领域的人们分别从各自的角度研究信息、描述信息,因此,有关信息的概念就有众多不同的表述。直至 1948 年香农写的《通信的数学理论》一书问世,主体信息论的概念得到确立,在维纳关于动物和机器中的通信和控制问题的研究成果的问世,信息概念首先在通信工程中流行,并迅速进入到哲学、解剖学、语言学、神经生理学等多个领域。

(一)信息的定义

　　据统计,目前关于信息的定义多达 100 多个,其中具有代表性的信息定义有:①香农在《通信的数学理论》中提出:"能否定义一个量…作为信息、选择和不确定性的度量"[1]。这是历史上关于信息的定义所作的最早的界定。香农关于信息的定义侧重于信息的功能。②控制论的创始人维纳(Norbert Wiener)针对控制系统的特点提出:"信息是人们在适应外部世界并且使这种适应反作用于外部世界的过程中同外部世界进行交换的内容的名称。"[2]维纳

---

[1]　[美]香农:《通信的数学理论》,上海市科学技术编译馆译 1978 年版。
[2]　[美]维纳:《人有人的用处 控制论的社会》,陈步译,商务印书馆 1978 年版。

信息的定义着眼于信息自身具有的内容。③意大利学者朗格提出:"信息就是事物间的差异",信息是事物可传递的差异性。差异越大,信息量就越大,没有差异就没有信息,不可传递的东西也不是信息。由此可见,在一个高度单一的世界里,只有很少的信息;而在一个多样化的世界里才能孕育着丰富的信息。④卡尔·夏皮罗与哈尔·瓦里安说:"从本质上说,任何可以被数字化——即编码成一段字节——的事物都是信息。对我们来说,棒球分数、图书、数据库、杂志、电影、音乐、股票指数和网页都是信息产品。我们主要关注信息对不同消费者的价值。有些信息有商业价值,有些信息有娱乐价值,但是不管信息的具体来源是什么,人们都愿意为信息付钱。"①此定义着重强调信息的表现形式和外在的一面,并认为信息是有价值的。⑤美国权威的词典《威伯斯特第三版国际词典》认为,信息是从某处发出的、有关的消息;是通过传递而得到或接收的某些知识、某些消息等。

在微观信息经济学中,信息被描述为事前概率与事后概率之差,任何改变原有概率分布的事件都可以看成是信息。用一般语言来描述,信息就是传递过程中的知识差。如果将一种概率分布看成是一种知识结构,那么,信息就是在这两种知识结构之间传递中的知识差。信息即负熵、其功能在于减少不确定性,从这个意义上说,信息是一种资源,信息的获取及利用正是起到了减少人们认知上的"不确定性"的作用。在宏观信息经济学中,经济学家通常没有严格区分知识与信息之间的差别。本书认为信息的定义应该为:信息是人们所感知或认识的客观世界中各种事物的变化和特

---

① 〔美〕卡尔·夏皮罗、哈尔·瓦里安:《信息规则》,张帆译,中国人民大学出版社 2000 年版。

征的最新反映以及经过传递后的再现。信息是通过一定的物质载体形式反映出来,是事务存在的状态、运动形式、运动规律及其相互联系、相互作用的表征。信息来源于世界上的一切事物,它是事物各种运动变化状态的客观显示;信息产生于事物在运动发展变化中的各种差异以及规律;信息是客观事物相互作用、相互联系的反映。一般来说,在生活中信号、消息、知识、情报、数据、资料、程序、指令等都可以统称为信息。

(二)信息的本质属性

现代哲学认为,信息具有物质和意识的双重属性,是物质与意识之外的另外一个哲学范畴。信息是与物质、能量相并列的客观世界的重要组成部分;同时,信息只有被人感知、了解才能有价值,也就是说信息具有主客观二重性的特征,信息的二重性是信息的本质特征。信息是客观的,因为它在一定程度上是客观世界的真实反映;信息又是主观的,因为人们认识水平是有限的,人们的认识过程就是人们对获得的信息进行解读并逐渐逼近客观真实的过程。偏好和观念上的差异,会导致人们对同一信息有着不同的理解。信息是一种不同于物质和能量的资源。它的重要性体现于信息在发送、传输、接收过程中客体和主体相互作用的关系中。信息既非纯客观或纯主观的东西,而是客观和主观的统一。信息无处不在、无时不有,但杂乱无章的信息并非资源,只有经过开发、可供利用的信息才是资源,这种资源与物质、能量共同构成世界赖以存在和发展的基础。信息资源可以是狭义的,仅指信息内容本身,也可以是广义的,还包括与信息内容相关联的技术和人、财、物等因素。

1. 信息的物质属性——客观性

首先,信息具有物质的属性。信息的产生、表达、传播、存储都离不开物质,都要以物质为载体。我们读书看报获得的信息是以纸张为载体、即以书报形式存在的信息,是经过物质再现的信息结构。文字、符号、电波、声波、电磁波等都是以物质为载体表达信息、传播信息的语意物质,纸张、磁带、磁盘等都是信息存储的承载物质;DNA 脱氧核糖核酸是生物存储遗传信息的物质,人脑是加工存储思维信息的物质器官等。可见,信息离不开物质,没有物质材料作为载体,信息就无法存在。因此,没有也不可能有不依赖于物质而存在的信息资源。其次,信息不是物质。信息既不是有形的、实在的东西,也不是无法捕捉和感知的东西,信息是一种特殊的存在,它是以一种间接存在的方式存在的。

2. 信息的意识属性——主观性

意识是人脑的机能和属性,信息与意识不完全相同,不是每个信息都与人脑有关。在前面的论述中我们说信息与物质有关,但也不能完全归结为物质。信息与意识的关系也是如此,信息与意识有关,但也不能完全归结为意识。确切地讲,信息与意识既有区别又有联系,二者具有普遍的联系性。意识是人脑对外界的主观反映,是大脑接收大量的信息而形成的主观意象。尽管如此,我们也不能说信息是纯粹意识的东西,因为诸如遗传信息、生物信息等,它们是不依赖于人的主观意识而客观存在的,是与人的意识无关的。那些发生在人与外界联系的有意义信息,又是某种物质与意识的特殊组合形式。虽然就其实质内容来说是观念性的,但却有完全的物质化的外在表现形式,就这点来说,它又有别于纯粹的意识现象。

3. 信息的中介属性——媒介性

我们还是从唯物论和辩证法的基本范畴来分析和认识信息的特性。在人类产生以前,物质就是存在的,那时也有信息的交换,但不具有意识的内容。在人脱离了动物界以后产生了意识,这时物质与意识的对立出现了,这时的信息作为物质与意识相互联系的中间环节而存在,具有物质及意识的过渡形态。由此可见,承认信息的物质及意识的双重属性这一特殊形态的存在,并不是人们凭空臆造的,而是有充分的唯物论和辩证法依据的。世界既存在着物质化的意识,也存在意识对物质的纯粹反映。物质与意识的对立性通过信息的中介性而得以调节与缓和并实现相互转化。列宁曾经讲过:"一切差异都在中间阶段融合,一切对立都经过中间环节而互相过渡。"信息是人类从物质到意识反映过程的重要中介。物质对意识的作用,意识对物质的反作用,都不是直接作用于对方的,而是通过中间环节来实现的。现代科学的发展证明了这个中间环节就是信息,信息正是联结认识与实践、客观与主观、物质与意识的重要中介。信息成为自然界、人类社会、机器体系等广泛领域普遍联系的纽带,成为沟通自然与社会、物质与精神、此岸与彼岸的媒介,是信息的物质意识双重特殊属性决定的。作为物质与意识之外的第三个哲学基本范畴,信息的这种特殊存在形态对信息的中介作用有决定性影响,而且信息的中介属性是其他事物或现象无法代替的独特存在。

(三)信息产品的概念

从一般意义来说,信息产品是一种人类脑力劳动的产物,是人们为生存和发展的需要,为消除某种不确定性而对可供使用的信息素材,包括自然和社会人文信息,进行思维加工或再加工的结果,它通常借助于一定的物质载体,如文字,光谱,声波,形象,印刷品等等体现出来,从而为消费者所感知、理喻或思维。在现实生活中,它一般以多种形态出现,如消息见闻、情报资料及广告等形态。

关于信息产品,目前国内外比较有代表性的观点为:①信息产品是能够在纸张、屏幕或其他媒体上印刷、显示的可视产品①。该定义从载体的角度划分了信息产品,容易为图书情报学界认可,但是将硬件、软件等工具类信息产品排除在外。②所谓信息产品,是指能够被数字化的东西,包括书籍、电影、录音、电话通讯,等等。这个定义说的是任何能够"被数字化"的东西,并不要求实际上已经被数字化②。该定义从能够被数字化的角度划分了信息产品,但是没有突出硬件、软件等工具类信息产品,也不完全符合信息产品的含义。③信息产品是指用于信息的数字化生产、处理、交换和存储的制成产品和服务。它包括两大类:信息技术产品和信息服务产品。其中,信息技术产品又可以分为硬件和软件两种,硬件主要有计算机及其外围辅助设备、网络互联设备、通讯设备等;软件主要有计算机操作系统软件、计算机应用软件、网络互联协议、管理应用系统等。信息服务产品的范围更加广泛,从新闻、消息、市场信息,到互联网增值服务等。③ 该定义从数字化生产、处理、交换和存储的角度划分了信息产品,把信息产品等同于数字产品,这样就把印刷版的图书、期刊、报纸、专利、标准等传统文献排除在信息产品之外,不完全涵盖信息产品的含义。④在美国,信息产品是指信息、通信、娱乐三大产业所提供的产品,这些产品是能够数字化的或数字模拟化的,例如书籍、软件、数据库、电影、录音带、影像带、电话、通信、咨询服务等,信息产品中既有有形的产品,也有无

①　Orna,E.,"Information Products and Presentation In Orgnizations:Accident or Design?",International Journal of Information Management,1996(5):345.

②　王则柯等:《瓦里安谈信息市场和信息管理》,《国际经济评论》2001 年第3—4 期。

③　周洛华:《信息时代的创新及其发展效应》,复旦大学出版社 2001 年版。

形的劳务①。该定义把"无形的劳务"即信息服务,也界定为信息产品。强调了信息服务的有偿性。

综上所述,所谓信息产品,是指为了给人们提供信息,有目的地对信息资源进行收集、整理、加工、转换、处理、存贮、传递而生产形成的产品,在这些过程中,凝结了人类劳动,信息产品不仅具有使用价值,而且具有抽象的凝结人类劳动的价值。没有加工处理的信息只能是信息资源,而信息资源可以作为信息产品的原材料,因此信息产品是信息资源的高级形态,由于人类生产能力的限制和信息资源开发与利用过程往往是围绕已有成果而逐步扩展这一特性,信息产品是信息资源的核心组成部分。

二、信息商品的概念

随着商品经济的不断发展,人们在进行各种现实的产品和服务交换的基础上,逐渐把属于个人的、实物和社会的各种信息用来进行交换,这个过程就是信息商品化过程,信息商品化是经济发展的必然趋势。

(一)信息产品的商品化

按照马克思主义经济学的观点,商品是用来交换的劳动产品。信息在一定社会条件下能够成为商品。作为商品必须具备三个基本条件:第一,必须是劳动的产物,具有价值属性;第二,必须能满足人们的某种需要,具有使用价值属性;第三,必须用于交换。信息商品也应具备这三个基本条件,杨卓舒主编的《中国市场经济大辞典》认为,"由于商品经济的发展,市场范围扩大,信息产业的产品必须通过市场才能与消费者见面,实现其价值,消费者也必须

---

① 蔡永英:《信息产品定价分析》,《经济师》2002 年第 1 期。

通过交换行为才能获得信息,这样信息市场便成为信息传播的媒介而发展起来①。"因此我们可以这样认为:信息商品是用来交换并能满足人们某种需要的信息产品。仅具有使用价值的信息只能是信息资源,而作为具有使用价值的信息在不断丰富的商品市场中具有了交换其他物品的价值,具有交换价值的信息资源才成为信息商品。因为在发达的商品经济条件下,由于社会分工的深化,生产的社会化程度极大提高,几乎所有的生产都是为交换而进行的生产。在物质生产领域,即便存在着为自身消费而进行的生产,但出于交换关系的广泛性,产品生产也打上了商品生产的烙印。信息商品并非现代社会所特有,而是与物质商品同时出现于人类开始物质交换的原始社会,只不过由于受传统社会生产力和科学技术水平的限制,那时的信息还不能作为一种独立形态的商品进入流通,只能依附于其他物质商品进行交换和使用;而且当时的物质商品所包含的信息成分比较小,信息只能作为一种潜在的商品发挥其作用,其影响范围和产生的效果都是极为有限的,所以,还谈不上信息商品化。直到进入现代社会,一方面,社会生产分工日益细化;另一方面,随着社会生产各部门、生产各环节以及不同生产者之间的相互依赖程度不断加强,相互之间的联系日益增强,使信息在社会经济发展中的作用不断扩大,从而导致了专门开发和利用信息的产业的诞生。又由于高度发达的科学技术,物化于商品之中的信息(技术)成分也在逐渐加大,在很多情况下超过了物质成分,甚至还出现了主要以其信息承载独立存在的信息产品,人们在购买和使用这类商品时,购买其中信息成分已经上升为主要购买行为。这标志着信息不再作为物质商品附属成分的信息商

① 乌家培:《经济信息与信息经济》,中国经济出版社 1991 年版。

品,最终得到了社会的正式承认和接受。

　　信息产品的商品化,指的是信息产品进入商品交换市场进行交换的过程,像其他商品一样进行流通、交换,并通过市场把这些信息传递、渗透、应用到社会各个领域中,从而实现其价值和使用价值。人类社会对信息的重视和需要,大大加强了信息商品化的广度和深度,涌现出大批专门从事信息商品生产、交换、消费服务的信息产业部门以及大批从业人员,大量具有商品属性的信息产品进入流通领域,遵循着等价有偿的原则进行交换。信息商品已实实在在地存在于人类社会之中,影响着人们的生产劳动、衣食住行以至情感意识等几乎所有的方面,与物质商品共同充当着现代社会的经济细胞,信息产品的商品化带动了社会各行业的信息化。信息产业也摆脱了它对传统生产部门的依附性和寄生性,成为独立的生产部门,确立和强化了自身在社会和生产过程中的地位。特别是在全球化时代,现代交通、通信的高度发达,不仅缩短了国与国之间、地区与地区之间的空间距离,也为信息商品的传播创造了条件;此外,随着人们消费水平的提高,精神领域的消费需求,如对技术、知识、信息等消费需要,也向着大众化消费的新领域开拓,造成社会对信息的大量需求,促进了信息商品的迅速发展。由此可见,信息商品化是由于信息本身具有的商品属性和整个社会对信息需求日益增加的结果,是社会经济和科学技术发展的必然产物。但由于信息商品的生产和再生产过程(包括生产、交换、保存、应用等各个阶段)有着自身的运动规律,决定了信息商品的使用价值和价值的形成特点和表现形式并不同于一般的物质商品。

(二)信息商品的界定

　　信息商品是指用来交换的,能满足人们的某种需要,具有信息功能的劳动产品。它由赋予该商品外形的某种物质载体和负载于该载体之上的信息内容构成,是由信息生产人员广泛地搜集信息资源,经过分析研究、处理加工后,通过科学程序生产出的能够满足人们特定信息需求的商品,物质载体是其形,信息内容是其核,消费者对信息商品的消费目的是获取信息内容,即信息的使用价值。信息商品是信息消费客体,是人类社会信息化程度达到一定的水平之后出现的商品类别,它是凝结了人类劳动的、用于交换的供他人和社会使用与消费的劳动产品;信息商品必须通过信息消费才能实现其使用价值和价值。只有进入流通市场的信息产品才转化为信息商品,我们研究信息消费需要从信息商品入手,信息商品是以信息为对象,经过开发、加工、组织和转换而形成的,能满足用户信息需要并用于交换的,可在市场中自由移动的信息媒体。信息商品一般要经过信息产品的生产和信息产品的商品化两个过程来实现。由于在社会中存在大量公益性信息产品和用于自产自用的信息产品,因此信息商品和信息产品的关系是属种关系。

(三)信息商品的特点

信息商品不同于一般商品,其消费形态不同于物质商品,它是集物质消费与精神消费于一体的消费形态。信息的价值特性是与信息的使用价值特性紧密相连的,因为不同用户不同的信息需要得以满足是由于不同信息具有不同的功能,可根据信息不同的功能表现来探讨信息的价值特性,由于信息可以在最大的范围、最广的领域和多种层次上满足人们精神的需要,其自身价值(内在价值)是借助消费者行为而得到充分实现,为社会创造财富的过程中转为社会价值或外在价值。

信息商品的生产具有特殊性——二阶段性,一是信息内容的生产,该过程集合了创造者经验、智慧、知识的精神投入,具有精神生产性。例如,科学论文撰写过程、软件的编写过程等。二是信息商品的大批量机械式复制性的生产,如图书的重复印刷、复制光盘,属于物质生产,其边际成本很低,具有一般商品的特点。

信息商品具有一般商品的基本属性:使用价值和价值。通过信息商品的使用,可以给人们创造出直接或间接的经济效益,能满足人们对信息的需求感,这就是信息商品的使用价值。信息商品正是通过其使用价值所表现出的这种实用性,作用于社会再生产过程,帮助人们更好地开发和利用各种物质性生产要素,为社会增创更多的物质财富。通常所说的一条信息救活一个企业,一条信息带来了数以万计的利润等等都是指信息的实用性,即使用价值。使用价值是商品的自然属性。但是,信息之所以成为商品,不仅在于它有使用价值,更主要的是因为它有交换价值,信息商品交换价值的大小,并不是由信息商品的使用价值决定的,而是由凝结在信息商品中的一般人类劳动决定的,这种凝结在信息商品中的一般人类劳动就是信息商品的价值,它包括信息生产者的活劳动(即在信息收集、整理、加工中人的体力消耗和智力消耗),以及在信息生成、传递、储存和加工过程中所消耗的物化劳动。由于智力劳动是一种复杂劳动,因而具有比物质商品更高的价值,价值是信息商品的社会属性,使用价值和价值,是互相依赖、互为前提的,价值的存在必须以使用价值的存在为前提,没有任何用处的东西,也就没有价值。与物质商品相比,信息商品的使用价值和价值都有很多特性,这是由信息的特性所决定的。

1. 信息商品的生产具有独创性

一般的物质商品可以在社会同种产业多次重复生产,最终实现批量生产,使成本降低,最后实现某种程度的稳定状态。而信息商品的生产是一种创造性的生产活动,这种创造性决定了信息商品生产是单一的非重复性劳动,无法用传统的社会必要劳动时间和劳动消耗的指标来衡量信息商品的价值。创造出第一个信息产品投入的高成本是一种固定沉淀资本,而且,信息商品的唯一性是保证其价值的根本,一旦丧失,则信息商品的价值将一落千丈。因此,信息商品物化过程中的重复性生产会降低信息商品的价值。

2. 信息商品的交换非对等性

从消费角度来看,信息商品是以信息为卖点的产品,信息是构成信息商品的主要成分,它也是消费者进行消费的主要目标。在一般商品交换中,买卖双方一手交货、一手交钱,卖者失去商品的使用价值,但实现了商品的价值,买者支付货币后拥有了该商品,两者在商品等价交换中的关系是对称的。但信息商品交易并不意味着卖方完全丧失信息商品的所有权,因为信息商品可以实现共享,共享的是信息商品的实体部分——即信息,而不是其载体部分。在特有的技术条件和一定契约的监督保证下,购买者一方获得信息商品的使用权,但不意味着就拥有了信息商品的所有权,因此,信息商品的所有者可以把同一产品多次出售,这使信息商品交易变得复杂化。在信息商品交换中,由于信息内容能够原样复制,其使用具有非损耗性,卖者出售产品后并未失掉该信息商品的使用价值,导致信息交换非对等。在这种情况下,信息商品对卖者来说并未失去,使卖者可能盗版再卖,而买者也可能使用后转卖他人。现实生活中的"盗版""一稿多投"现象,就是利用信息的使用价值具有非损耗性的特点,为保护信息所有者的权益,为规范信息商品的交换行为,有关"版权"、"著作权"和"知识产权"等各种法律契约关系便随之而生。

3. 信息商品的消费效用不确定性

一般物质商品的使用价值在满足消费者需要时,其效用不会因消费者素质高低而不同,例如,毛巾用来擦脸,其效用对"白领"和"蓝领"是一样的,没有高低层次之分。而信息商品是一种认知(意识)形态的商品,它的主要作用在于改变信息接受者的已有知识结构,而且改变的方式和程度视接受者当时的知识水平和结构会有很大的差异。例如,同一个供决策用的信息商品,由于决策者水平高低不一样、决策方式不一致,所产生的决策效果不仅会有大小的差别,而且还会有正负效用。又如,一件陶瓷制品,若作为生活用具,其消费效用是单一的,无层次可言,若作为考古用的信息商品,其使用就有层次性,具备考古知识的人与不懂考古的使用者,对其鉴别的等级会很不一样。信息商品使用价值发挥作用的大小,则因消费者的素质和消费技术不同而异,会使其满足需要的程度有明显的差异。这种属性在社会科学信息产品上表现更为明显,信息产品的这种消费效用不确定性往往对其交换价值的确定带来困难。

4. 使用价值随载体形态和时间而变动

物质商品的使用价值是独立存在的,并具有确定性。例如,轿车可载人,这种有效性不会变,除非车坏了。但信息商品的使用价值却是可变的。由于信息对载体的依附性,信息商品的使用价值依附于载体的使用价值上,随着载体的变换,信息商品使用价值的实现方式会因此而改变。把一本书刻成光盘,尽管信息内容没有变,但使用价值的存在形态和满足需要的方式都变了。信息商品的使用价值还会因时间而改变。由于信息有时效性,信息商品也有时效性,一旦过时,其使用价值就会大打折扣甚至完全丧失,但也有相反的情况,有些信息商品如著名书画等文物保存时间越长,其满足人们观赏、收藏欲望的使用价值也会随之增大,很有可能还会因此而变成"无价之宝"。

5. 信息商品形态的多样性

信息产品具有多重生命周期,或者说,在其生命周期内会由于处理层次的不同或传播媒介的差异而具有不同的包装形式和表现形态,这样对于同一内容或同一指向的信息而言,就可以有许多个不同的商品形式,这是多样性的一个侧面。另一个侧面是,信息产品除采取物理载体形式外,同一内容的产品还可采取非物理形式,有时只是某种指引、信号、思路、意图或观念的碰撞,这样信息产品就具有比其他商品更多的表现形态,从而使信息市场具有丰富独特的功能形态和特点。

6. 信息商品利用的无损耗性

信息使用具有非消耗性,即任何一种信息产品不因为传播和使用次数的增多而使原有信息减少或枯竭,也不因为形态的多样而消灭,即使这种信息商品暂时未能得到利用而未予实现价值,但其客观内容和潜在价值是永远不会消失的。尽管由于时代和客观环境的变化,某些信息产品形式会暂时搁置,甚至于在很长历史时期内无人问津,但其客观效用和潜在价值是永存的。不少过时的资料、文献重新被发掘得到利用的事例在社会决策和学术研究中是屡见不鲜的,如《周易》和《孙子兵法》被广泛应用于当今社会,这都说明,信息产品具有久远的生命力。

7. 信息商品效益的间接性

如上所述,信息产品实质上是一种认知产品,因而其使用价值的实现往往是间接的,有时则很不明显,常常被人们有意或无意地忽视,其使用价值的实现必须通过用户的再创造过程才能对其行为产生隐性的影响,这种影响常常并不仅仅表现为直接使用者个人的收益(有时直接使用者个人并不能受益,例如关于社会道德规范和环保的信息),而是通过直接使用者的活动使整个社会受益。至于具有强烈的公益性的信息产品,其使用效益的间接性则表现得更充分,从某个意义说,其间接效益是社会得以维系和发展的重要保证,因而其广泛传播和利用具有特别重要的意义。

8. 信息商品价值的非定量性

信息究其实质是一种无形物,虽说它往往具有一定载体和物质外壳。与信息有关的各种理论曾试图对信息进行定量量度,虽说也提出了一些公式和公理,但至今尚未能像对物理世界的元素进行定量测量那样,提出适用的量度。在这方面,最突出的成果是提出了"信息是不确定性的量度"这个公理,并建立了测度方程式。但即使能对"不确定性"进行定量描述,对于使用者和决策者来说,"不确定性"本身仍然是一个不确定的概念,信息的这种非定量性,使得人们常常难以正确判定一个信息产品的价值大小,难以确定物理外壳之下信息内容的真伪,更难以把握某些非物质性信息的产品含义和商品价值,从而对于信息商品的定价等都带来了困难,这是信息市场的一个难题。信息商品在市场流通中其价值具有动态的不确定性,主要体现在,生产过程中的价值密集性,流通中的价值增值性,存储过程中的价值衰亡性,交换过程中价格不确定性,信息消费过程中价值的再生性。

9. 信息商品产权的复杂性

由于信息产品具有知识性和公益性,因而对于此类产品所有权的归属常常难以明确确定。在当今社会,尽管可以通过控制信息源和信息传播渠道来控制信息,使一部分人能较多地占有并主宰信息的流向和效用,并限制另一部分人去获取某些信息。由于具有知识性的信息及其产品大量处于游离状态,而且人们可以对其进行不同的包装和增值加工,所以彻底控制其所有权是不可能的。这样就大多数信息和信息产品而言,具有多重所有权就是相当普遍的现象。另外,信息产品在流通和交易过程中,往往会产生所有权和使用权的分离,不少掌握信息产品所有权的人并不行使对此产品的使用权。当转让或出卖该产品后,原有的主人不会因为出卖或转让而损失其对某产品的所有权,接受方在取得使用权后又可将其转化为所有权,并可多次反复转手出卖,或对其进行增值处理后产生出新的所有权,这种过程可以在社会上多次重复出现,从而使不少信息产品的所有权外显而成为社会的公共所有权。这样就使信息产品的所有权出现十分复杂的局面,给信息商品产权的界定和交易权带来许多难以解决的难题。

10. 信息商品的价值表现形式

信息产品是信息人员通过体力和脑力劳动创造出来的,是信息人员智慧和创造性劳动的结晶。这一结晶是人类社会劳动成果的重要组成部分,具有价值属性。信息消费深层的原因是:信息作为一种独立存在的价值客体,它所具有的能够满足人们信息需要的属性以及与信息用户相互作用的特殊关系,决定了信息价值有其深刻的个性。而且随着人们信息需要的不断增强和发展变化,信息的价值特性将会越来越被人们认识和揭示。同物质商品相比,信息商品的价值及其表现形式更具复杂性,通常存在以下3种互有联系但并不相同的理解。

①效用价值。这是从满足消费者效用的角度来衡量信息价值,常用满意度来表示。它是经济效益上进行比较所得的差值,其实质是该信息货币化了的使用价值,它的表现形式常因信息商品的用途不同而不同,如:技术型信息商品的效用价值较大、较明显,也易计量;艺术型信息商品的效用价值则很难估算、较为隐匿,还可能因人而异。

②费用价值。也就是劳动价值。物质商品的劳动价值由生产

资料转移价值(C)、活劳动的本身价值(V)和它创造的剩余价值(M)所构成,这三部分都是为生产商品所消耗的"费用"。整个价值量则由社会平均必要劳动时间来确定。信息商品劳动价值及其量的确定远比物质商品复杂和特殊。例如,在 C 中占主要份额的信息材料的转移价值具有不确定性;在 V 中以专业性强的复杂劳动或高智力劳动占据主体,对它的估价总是低于其本身的价值,至于 M 则依信息成果的扩散程度和效益大小为转移,因而无法测定。同时,由于信息商品尤其是知识型信息商品具有独创性和唯一性的特点,其价值量就由生产它的个别劳动时间来确定。费用价值通常用信息商品价格表示。

③效益价值。是用经济尺度衡量信息价值,有绝对效益价值与相对效益价值之分,前者是指用户利用信息商品后的经济所得减去生产信息商品的成本支出的差额;而后者则是经济所得除以成本支出的比率。即投入产出率。效益价值表现为经济利润。

信息商品价值上述 3 种理解的存在,表明信息商品价值的不统一性。其中,效用价值具有多维性(在不同层次多方面满足人们需要的客观属性)和累积性(可对不同时段不同消费者各部分效用进行累加)。费用价值具有极大的变动性和不确定性。效益价值具有更大的实用性和可计量性,能反映信息商品的净效益。

以上罗列了信息商品的十种特性,且有些特性之间还存在着交叉的情况。

(四)信息商品的分类

从不同角度划分,信息商品有多种分类方法。信息商品可以简单地分为传统型信息商品和新型信息商品。如图书、期刊、报纸、缩微胶卷等都属于传统信息商品,主要为人们提供知识信息产品,满足消费者的知识信息需求。而各种专题数据库、CD-ROM、计算机软件、联机检索、咨询、视频点播及电子书籍等属于新型信息商品和信息服务,涉及的领域包括通信业、出版业、计算机软件业、数据库产业、图书馆、政府等多个行业和部门,其信息载体的科技含量更高,甚至完全抛弃了物质载体部分而只有信息实体部分。一般而言,人们把信息工具类的纯物质型商品划归为信息商品范畴,但它的交易方式完全等同于物质商品。

1. 基于信息产品加工方法的分类

从信息商品加工的层次划分,可以划分为一次信息商品、二次信息商品和三次信息商品。一次信息商品主要指人们在科研、生产和管理等活动中首次发表成果,最有代表性的当推技术市场;二次信息商品是指按照一定的原则和方法对一次信息(首次发表的原始文献)进行加工、整理而成的,用于揭示和报道一次信息的商品,比如常见的书目、题录、索引、文摘及专题汇编等,二次信息商品更便于查找、利用一次文献,具有工具性、检索性和报道性的特点。三次文献可分为综述类、述评类、预测类,也可以称之为再生型信息产品,如专题综述、研究报告、预测情报等。

①索引类信息产品。索引类信息产品也称为线索型信息产品,其功能是为人们利用信息资源提供线索和指导服务,包括各种目录、书目、文摘、题录、索引、广播电视节目预报、网址目录等。几乎所有信息资源管理机构都开发和提供索引类信息产品,"新书目"是出版发行部门提供的书目类信息产品,"藏书联合目录"是图书馆提供的产品,"引文索引"则是情报系统提供的产品,等等。在西方发达国家,还有所谓的"目录公司",它们编制商品分类目录,然后将这些目录发送到消费者的信箱,借以影响消费者的购买决策。其他诸如各种联机检索中心、文摘社、索引社等,也可以说是一种"目录公司"。当然,索引类信息产品的主要开发者和提供

者还是图书馆、情报中心及各类新兴的信息中心和网络公司。

②汇编类信息产品。汇编类信息产品是根据特定用户的信息需求将相关的信息资源汇集起来,加以鉴别筛选,并按一定顺序编排而成的一种信息产品。它不仅提供线索,而且提供具体的事实、数据、图片、论文、名录等,主要包括各类文集、图集、手册、年鉴、大事记、人物年谱、机构名录、"新闻集锦"等。出版社、杂志社、报社、档案馆等是汇编类信息产品的主要开发者和提供者。

③综述类信息产品。综述类信息产品是针对某一时期某一学科或主体的信息资源,进行较全面系统的收集和分析,进而归纳条理、综合叙述而形成的一种信息产品,主要包括各类综述、学科总结、专题总结、年度总结、年度进展、"一周新闻回顾"等。综述类信息产品的主要开发者和提供者是各类情报中心、信息中心和大众传播机构。

④述评类信息产品。述评类信息产品是围绕某一学科或专题,在对大量的相关信息资源进行总结的基础上,进一步做出评价和提出建议而形成的一种信息产品,主要包括各类述评、评论、点评等。述评类信息产品的主要开发者和提供者依然是各类情报中心、信息中心和大众传播机构。需要说明的是,"书评"产品虽然不同于一般的述评,但就其再生性和"评"的角度,亦可将它归入此类。出版发行部门、图书馆是书评的主要开发者和提供者。

⑤预测类信息产品。预测类信息产品是在大量综述和分析某一学科或专题的相关信息资源的基础上,探测和确定其发展规律,并进而预测未来一段时间内的发展动向和趋势而形成的一种信息产品,主要包括各类预测报告、展望、战略规划、趋势分析等。情报中心、信息中心、大众传播部门是预测类信息产品的主要开发者和

提供者。

2. 基于对信息商品消费目的的分类

基于人们消费目的将信息商品分为生产类信息商品和消费类信息商品两个大类。

①生产类信息产品,是指那些为生产某种商品和提供某种服务而需要的信息,如哪里需要产品、如何组织生产,如何进行生产,如何销售的信息,这些信息最大的特点就直接面向生产,或者说直接指向产品或者服务,这些信息产品具有间接性,它们并不能立即地、独立地给使用者带来直接的利益,其使用价值的实现必须与使用者的智力劳动相结合,是一个重新认识、创造的复杂过程。没有使用者经过一定程度的分析处理并做出各种决策或实施某种行为,这些信息商品的使用价值就不可能实现。

②消费类信息产品,是那些直接用于精神消费的信息产品,为了获得信息本身的使用价值,而不是为了把信息用于生产新的产品或者服务以获得利润的信息商品。人们消费这些产品纯粹是因为信息内容本身,消费这些信息产品的过程也就获得了信息本身的使用价值,这些信息产品不参与具体的生产新产品的过程。它给人们带来的满足感是直接而且是即时的,而且消费信息内容结束,消费行为就终止了,它构成一个非利润驱动的最终消费行为①。如居民对知识、文化类作品的消费,用户对生活信息的需求,其特点是需求量大,需求面广,个性化强。常见的生活信息包括餐饮美食、房屋租赁买卖、旅游出行、招聘求职、求偶寻友等,内容涉及生活消费的方方面面;也具有更明显的地域化特征。这给

---

① 郭天威:《信息消费的转变对世界经济的影响——对信息产业的新划分》,吉林大学 2006 年硕士学位论文。

消费类信息搜索行业提供了良好发展条件。

3. 基于信息商品载体类型的分类

基于信息商品载体的分类,有①印刷型信息产品:图书、期刊、报纸、杂志、文献、档案、标准、专利、图纸等。②信号传播型:电视节目、广播、电影、音乐、数据电话、网络信息、通信卫星数据、传真等。③电子型信息产品:一类是基于内容的电子信息商品,主要指电子版图书、报纸、期刊、档案、学位论文、专利文献、科技报告、政府出版物、会议文献、产品样本等出版物。另一类是基于工具、手段的信息产品,是指信息消费过程中所利用的工具、手段及其服务。我国的《信息产品"十五"质量振兴计划》,把电子信息产品划分为计算机与网络产品、通信与网络产品、消费类电子产品、软件产品、电子元器件产品五大类。

4. 基于内容表现形式和学科属性的信息商品分类

在现实生活中,信息内容一般以三种形态出现:第一种是以消息见闻、信息资料及广告等形态出现的,用来表征物质运动与活动状态的消息型信息产品,如社会活动的报道、经济市场信息等,它是一种动态信息,供用户决策时参考。第二种是以各个学科的科学思想、论文、专著、研究报告、设计思想、工艺技术、发明专利等学术形态出现的,表征物质运动与活动的结构和历史的知识型信息产品,如科技知识、管理知识等,它是对已有知识的记载与保存;第三种是以影视作品、音乐、舞蹈、文学、雕塑等文化艺术形态出现的情趣类信息产品,人们对它的消费,既是工作生活环境中的情趣转换,也是一种文化娱乐现象,表征文化生活水平的高低,从文化娱乐的情趣中增长知识的重要手段和途径。按信息商品内容的学科划分:信息商品可分为政治、经济、科技、社会、军事、管理、市场、艺术、美术及其他内容信息商品。这些商品既包括实物形式,也包括虚拟形式。

5. 基于信息商品功能的分类

按实物类型及其信息商品功能划分为三大类信息商品：

（1）工具类信息商品。主要指信息消费过程中所利用的工具或手段类商品，最普通的如电话、电视、手机、电脑及网络设备，包括硬件和软件工具。

（2）内容类信息商品。主要指图书、报纸、期刊、档案、学位论文、专利文献、标准文献、科技报告、政府出版物、会议文献、产品样本等文献信息资源，包括印刷版和非印刷版，其中，非印刷版主要指缩微版、光盘版、联机版和网络版等，如电子图书、报纸、期刊、档案、学位论文、专利文献、科技报告、政府出版物、会议文献、产品样本等电子出版物。

（3）服务类信息商品。本书所指信息服务类产品是一种无形的信息商品，是服务者根据用户需求采取多种方式，为消费者获取信息提供各种便利的服务，是一种增值服务活动，它是信息经营活动的重要组成部分，是一种成本效益驱动下的信息服务，服务对象是信息消费者，服务的最终目标是促进和协调消费者利用信息产品，促进协调消费者与信息资源的交互作用。从事信息商品的收集、整理、存储、加工、传递、交流，以提供信息商品、销售信息为内容的开发服务，没有信息服务，信息产品就无法传播利用，信息服务功能是充分满足并解决不同类型消费者对个性化信息产品的需求。信息服务可分为二大部分，一是传统信息服务，包括：①信息检索、信息指引；②信息报导、传播产品；③情报增值服务；④原始信息服务；⑤文本信息服务；⑥信息咨询服务；⑦信息中介服务等；二是现代信息服务，包括数据库服务、联机检索服务、信息传递服务、网络信息服务、查新服务等。

我们把直接购买具有信息内容的产品的费用称为信息内容消费;把消费者购买信息工具或手段(如电话、手机、电视机、电脑、网络等)的费用称为信息手段(工具)消费支出。例如购买手机的支出是信息工具消费;使用手机的通话费是信息内容消费支出。本书从居民生活使用角度考虑将信息商品划分为信息内容商品、信息工具商品及信息服务商品,它们共同构成居民信息消费资料。

第二节　信息消费概念与内涵

居民生活消费分为精神性消费与物质性消费两大类,信息消费应属于精神消费。信息的有用性及它成为商品时所具有的价值和使用价值,是信息消费的理论依据。对于信息消费的概念,很多专家学者根据自己的理解对其进行了阐述,在目前的文献中有关信息消费概念的理解有很多种,因此有必要对信息消费概念的内涵及外延进行分析。

一、信息消费的含义

信息消费古已有之,但关于信息消费的概念,不同时期、不同学科、不同学者分别从不同角度探讨其内涵及外延,其结果不尽相同。

(一)从信息行为过程定义信息消费

具有代表性的定义有:贺修铭[1]定义:信息消费是社会信息生产和交流过程的延续,是信息消费者获取信息、认知信息内容和再生信息等基本环节所构成的社会活动。郑英隆[2]认为:信息消费

---

[1]　贺修铭:《信息消费概念的确立及其理论基础》,《图书情报工作》1996年第4期。

[2]　郑英隆:《信息消费论纲》,《上海社会科学院学术季刊》1994年第2期。

实际上就是社会各种类型决策者将现有的有关决策的信息进行消化吸收，并通过若干转换、加工、形成行动方案或思想决策的过程，是消费者对信息消费品的内容吸收和使用。金燕认为：信息消费，是指在生产、生活中，消费主体（包括自然人和法人）在信息需求的引导下消费信息产品及服务的行为。信息消费的过程包括信息需求、信息获取占有、信息吸收处理和信息创造四个基本阶段①。所谓信息消费，是指在生产、生活中，消费主体（这里主要指居民）在信息需求的引导下消费信息产品及服务从而得到满足的消费行为②。其他有代表性的观点都认为信息消费作为信息生产和信息交流过程的延续，是可供消费的信息从生产到消费者获得信息的最终环节。陈建龙认为：信息消费是人们使用信息资料满足生产和生活需要的过程。它包括对信息内容的吸收和利用过程，以及信息与需要的匹配过程③。李春海认为信息消费是指在某种社会关系中，用户在可获增殖期望收益的驱动下，结合自身的支付能力和智能素质，运用可能的技术装备获取和使用信息及信息产品的过程④。

　　以上各学者从信息消费的过程来定义：信息消费是指直接或间接以信息产品和信息服务为消费对象的消费活动。从消费行为过程考察定义，具体形式包括以商品交换形式获取和利用信息，也包括以非商品交换形式进行的信息获取和利用活动。信息消费的

---

　　① 　金燕：《信息消费质量：含义、评估及提高》，《情报资料工作》2002 年第 1 期。

　　② 　蒋文锋、涂艳红：《我国居民信息消费的发展及原因分析》，《湘潭大学学报（哲学社会科学版）》2005 年 第 1 期。

　　③ 　参见乌家培：《信息经济学》，高等教育出版社 2002 年版，第 3 页。

　　④ 　李春海：《信息消费与信息监管》，《冶金信息导刊》1998 年第 4 期。

目的是最大限度地获得信息产品的使用价值,满足消费者的信息需求。它缓解或解决信息的不对称问题,从而实现信息资源的优化配置,促进经济和社会的发展,促进个人进步。信息消费是在对信息的需求下,通过对外部信息的获取,进行加工,结合自身的知识和能力,进行技术上的抽取其所需要的信息,完成对有用信息的吸收,通过此加工来实现信息消费的价值。"过程说"定义没有区分信息产品与信息商品的消费。在商品经济条件下,人们的信息消费同时存在商品性消费和非商品性消费。商品性消费是指通过货币支出获得信息资料以满足用户信息需要的过程,此时的信息资料就是信息商品;非商品性消费是人们自给性信息消费,如通过免费阅读书刊等方式获得信息资料,用以满足其信息需要。

（二）从消费范围界定信息消费

目前,由于学术界对信息消费内涵的界定不统一,内容划分不统一,以至于信息消费的范围界定不统一,造成信息消费统计数据差别很大。各国对信息消费的概念内涵、行业范围、统计口径等均存在差异,有些文章把信息消费看作是文化消费、教育消费、媒介消费、交通消费、通信消费以及医疗消费加总之和,造成统计范围过宽。要了解和分析我国信息消费的现状与发展,首先需要一套科学统计方法和分类标准,但目前国内尚未形成统一的信息消费范围和划分标准。

1. 广义信息消费

我们认为广义信息消费是相对宽泛的概念,涵盖的领域十分广泛,渗透在社会消费的方方面面。在目前发表的许多文章、专著及统计资料中通常认为文化、教育、娱乐、媒介、通信等消费属于信息消费这一大的范畴。但是有些学者研究中,将医疗、交通等列入了信息消费领域,更有甚者认为除了衣食住之外均为信息消费,超出了信息消费的定义范围。因此对信息消费的定义和范围需要有一个统一的标准。本书根据信息消费的实际现状,认为广义信息消费从居民生活统计类别上界定为教育、通信、文化娱乐、文化娱乐用品等消费均属于信息消费范畴,是通过对以上类别信息产品和服务的获取、吸收、利用的一系列过程。

2. 狭义信息消费

目前我国的信息产业实际上是电子技术与设备制造以及利用电子信息技术与设备进行加工处理、传递与服务的企业,是真正意义上狭义的信息产业。鉴于我国信息消费现状,把狭义的信息消费范围界定在以信息产业提供的信息产品和服务为消费对象的消费①。是基于电子信息产品和服务的消费。信息服务业是利用计算机和通信网络等现代科学技术对信息进行生产、收集、处理、加工、存储、传输、检索和利用,并以信息产品为社会提供服务的专门行业的综合体,主要分为三大类:即信息传输服务业;IT 服务业(信息技术服务业);信息资源产业(主要指信息内容产业),服务内容包括系统集成、增值网络服务、数据库服务、咨询服务、维修培训、电子出版、展览等方面的业务,信息服务业是信息产业中的软产业部分,是从事信息资源开发和利用的重要产业部门,属于第三产业,它是连接信息设备制造业和信息用户之间的中间产业,对生产与消费的带动作用大,产业关联度高,发展信息服务业有助于扩大信息设备制造业的需求和增加对信息用户的供给。这种从产业范围来限定的狭义信息消费,没有把传统的图书、报纸、期刊等消费归为信息消费。

居民日常生活中看电视、听广播、订阅报刊、购买图书等即属于媒介产品消费也是文化消费,然而对媒介产品及其服务的占有、

---

① 沈小玲:《关于信息消费的理论探讨》,《图书情报知识》2006 年第 5 期。

欣赏、享受和使用等,其实质是对媒介提供的信息的消费,因为它使消费者获得各种信息、传媒只是一种工具或手段,其本质是信息消费。1964 年,麦克卢汉关于媒介研究的经典之作《媒介通论——人的延伸》问世。在书中,麦克卢汉说"媒介即信息"。文化消费、媒介消费和教育消费的概念关系是你中有我、我中有你,很难界定清楚,主要是从不同视角对消费进行划分的结果。通常情况,不同内容的信息产品的消费,具有不同功效,如文化消费给消费者传递文化信息,使消费者获得文化享受;如看电影、听音乐会等给消费者带来精神娱乐,所以就把影视作品的消费归为文化娱乐消费,广义信息消费基本涵盖媒介消费、文化娱乐消费、教育消费。"范围说"定义把信息消费等同于一般商品消费,没有突出信息消费的本质特征。

(三)从消费经济视角探讨信息消费

从消费经济视角分析,信息消费是个经济概念,信息消费的对象是信息商品,指用于交换的信息产品及信息服务;信息消费的本质是精神消费;信息消费的目标是为了满足信息需求[①]。从经济学角度界定信息消费概念,所涉及的信息消费只限于市场行为的消费。是指直接或间接以信息产品和信息服务为消费对象的消费活动;从客观层面表现为全体消费者购买和使用信息产品和服务的价值总和,其支出属于宏观范畴;从微观层面表现为信息消费主体通过将自身信息需求诉诸信息市场来寻求满足的特定方式,即消费者在信息市场上购买信息的活动和对信息使用价值的享用。信息商品生产需要耗费从业人员的劳动时间,因而具有价值,同时

---

① 唐军荣:《我国消费者的信息消费行为研究》,华中师范大学 2006 年硕士学位论文。

信息产品能满足消费者的信息需求,具有使用价值,即具有价值和使用价值的用于交换的信息才是信息商品。那么对于供给方,信息是有成本的,有成本就意味着要求获得利润。因而作为信息资源的市场配置方式,信息消费为社会创造财富(经济效益)、同时增加了社会福利(社会效益),使信息生产者和消费者都受益。如果我们把效益等同净收益,那么信息消费与其可以创造的财富相对应,具有经济效益、社会效益和文化效益①。

在商品经济条件下,人们的信息行为同时存在商品性消费和非商品性利用。信息也有公共物品与私有物品之分,作为公共物品的消费信息行为(如去图书馆阅读文献)不等于经济意义上的信息消费,它不是市场行为。只有通过市场交易的付费方式获得属于信息消费。非商品性使用则是人们自给性的信息行为,如通过口头交流、自学等方式获得信息资料,不属于信息消费范畴。

(四)从信息经济学角度研究信息消费

信息经济学视角的信息消费包含两层含义:①商品交换含义(购买行为)。信息消费是指购买和使用信息商品和服务的总和,是信息消费主体将自身的信息需求诉诸信息市场来寻求满足的特定方式。②信息交流含义(信息行为)。信息消费是社会信息生产和通流过程的延续,是信息产品和信息服务的最终归宿,是信息消费者获取信息、认知信息内容和再生信息等基本环节所构成的社会活动。信息消费连接两个从信息生产到流通的信息循环过程,是前一个循环的最终环节,同时也是下一轮信息生产和交换过程的起点。

---

① 陈建龙:《论信息效用及其实现过程》,《北京大学学报(哲学社会科学版)》1996 年第 3 期。

　　通过综合各种信息消费定义,本书所持观点:所谓居民信息消费,是指在生产、生活中,居民消费主体在信息需求的引导下,将自身信息需求诉诸信息市场来寻求满足的特定方式即消费者在信息市场上购买信息的活动和对信息使用价值的享用。凡是为获取信息所进行的消费均属于信息消费;它是指直接或间接以信息产品和信息服务为消费对象的消费活动;从宏观角度考察,是全体消费者购买和使用信息产品和服务的价值总和,其支出属于宏观范畴;本书所指信息消费仅指以商品交换形式获取和利用信息,即消费主体通过支付货币获得信息产品及服务。

　　就基本含义而言,凡是为获取信息所进行的消费均属信息消费的范畴,包括对获取信息的手段、工具、设备的消费。通过印刷品(报刊、图书)广播电视以及电报电话等方式提供的信息消费可称之为传统的信息消费,随着计算机技术的飞速发展以及计算机网络的普及,无论是信息商品的物质形态(信息商品的载体),还是信息商品的获取及利用方式(包括人们获取、分析、处理、利用信息商品的思维方式)都发生了巨大的变化。如今无论是生产还是人民日常生活对于信息的依赖程度都越来越高。由于信息资源具有稀缺性、选择性和需求性的特点,在现代社会中,人们所需的信息资源越来越多地来自于市场交换。信息作为一种新的生产、服务要素投入国民经济各领域和对整个社会全面渗透,给人们及社会带来了巨大的经济效益,促进物质文明和精神文明建设的发展。而信息是一种商品的观念导致了信息产业的崛起和信息市场的繁荣,由此以商品形式通过市场交换进行的信息消费日渐成为社会消费的主流。

二、信息消费的分类及统计类别

根据信息消费的含义及上述观点,信息消费包括对信息设备的消费,信息劳务消费,信息产品消费等内容。信息设备包括电视、电话、手机、传真、电脑、网络设施、摄录像等设备。信息劳务包括信息咨询、信息检索、委托查询、网络利用等服务性劳务。信息产品是指各种类型的具有信息内容的产品,如印刷版与电子版的书刊报纸、光盘、软盘、磁带等。信息商品按功能类型划分为两大类,一类是基于内容的信息商品及服务,主要指各种图书、报纸、期刊、档案、学位论文、专利文献、科技报告、政府出版物、会议文献、产品样本等纸质或电子出版物。朱红把直接购买具有信息内容的产品的费用称为信息内容消费;另一类是基于工具、手段的信息产品(主要是获取信息的设备),是指信息消费过程中所利用的工具,手段及其服务,它包括计算机与网络产品、通信与网络产品、消费类电子产品、软件产品、电子元器件产品五大类①。把消费者购买信息工具或手段(如电话、手机、电视机、电脑、网络等)的费用称为信息工具(手段)消费,例如购买手机的支出是信息工具消费;使用手机的通话费是信息内容消费。

(一)信息工具类商品的消费

基于工具的信息产品,指信息消费过程中所利用的工具类硬件和软件,主要是电子信息产品。电子信息产品划分为计算机与网络产品、通信与网络产品、消费类电子产品、软件产品、电子元器件产品五大类,这类商品特点与一般商品消费区别不大,是为获取信息而购买的工具,家用电子信息工具包括下面各类:①固定电

---

① 朱红:《信息消费:理论、方法及水平测度》,社会科学文献出版社 2005 年版。

话、移动电话、寻呼机。②传真机、打印机、复印机。③电视机;摄(录)像机、激光视盘机;家用音响电子设备(收音机、组合音响、MP3、MP4 播放器、CD 机等)。④影碟机、录放相机。⑤计算机、家用网络设备、电子辞典等。

(二)信息内容及其服务类商品的消费

①信息内容商品消费。是指能独立销售的信息内容产品,主要指出版业的各种出版物,如图书、报纸、期刊、档案、学位论文、专利文献、标准文献、科技报告、政府出版物、会议文献、产品样本、软件等文献信息资源;从载体的角度划分为印刷版和非印刷版,其中,非印刷版包括缩微版、光盘版、联机版和网络版等经常使用的版本。②信息内容服务消费。信息内容服务业就是传播、整合、加工和销售信息产品及其服务的产业;狭义信息内容服务业定义为:利用数字化、网络化等信息技术手段,通过对信息内容产品进行开发、包装、传播、销售以及提供相关服务等活动,使信息内容价值增值的新型产业群。信息内容服务是一种无形的信息商品,服务的工具和内容是信息产品,所以将信息服务单独陈述。居民信息服务范围包含:一是传统信息服务,是指在电子计算机广泛运用于各行各业之前已经存在的若干信息服务产业部门,如邮政、基础电信服务、增值电信服务等。二是现代信息服务,是指与传统信息服务相对的若干信息服务,包含以下几个基本的服务:音像传播、网络信息服务、移动信息服务、信息数据库服务、信息数据处理服务。见表 2-1。

表 2-1　基于内容及其服务的信息消费

项目	信息服务提供者	信息内容及服务消费类别	
信息内容及其服务消费	传统信息服务业	邮政、基础电信服务、增值电信服务消费	
	出版业	图书、报纸、杂志、软件出版、电子出版等消费	
	音像传播业	电影、音乐、无线电广播、有线电视、数字电视、MP3、网络媒体的影音产品等消费	
	网络信息服务业	网络门户	电子邮件、网上购物、搜索引擎、博客等
		即时通信	例如,网络聊天
		网络游戏	例如,魔兽、大话西游、CS 等
		网络广告	网幅广告、弹出式广告、流媒体广告等
		网络教育	远程函授、职业与认证培训、企业 E-learning
	移动信息服务业	网络短信、彩铃、图片、文本、专业信息、娱乐信息、生活信息、手机游戏等	
	信息数据库服务业	数字图书馆、商用数据库、科技情报、档案及经济、金融类信息等专业数据信息服务	
	信息数据处理服务业	信息咨询、市场调查等	

(三)居民信息消费主要统计类别

　　鉴于目前居民信息消费统计数据获取的难度,本书选取与居民生活密切相关的主要信息消费产品对应的统计类别(见表 2-2)。

表2-2　居民生活中主要信息消费品构成类别*

（一）通信	（二）文化娱乐用品	（三）文化娱乐服务	（四）教育
1.通信工具	1.彩色电视机	1.参观游览服务	1.教材
（1）电话机	2.影碟机	2.文化休闲娱乐服务	（1）课本及参考书
（2）移动电话	3.录放像机	3.文娱用品修理服务	（2）教育软件
（3）寻呼机	4.家用电脑	4.出版发行服务	（3）其他教材
（4）传真机	（1）购买整机	5.广播影视服务	2.教育费用
（5）其他通信工具	（2）计算机外部设备	6.文化艺术服务	（1）非义务教育学杂费
2.通信服务	（3）各种零配件及耗材	7.信息咨询服务	（2）义务教育学杂费
（1）电信费	5.组合音响	8.市场调研服务	（4）成人教育费
（2）邮费	6.录音机	9.节会展览服务	（5）家教费
（3）其他	7.摄像机	10.其他服务	（6）培训班
3.网络服务	8.照相机		（7）学校住宿费
（1）网络系统维护	9.电子辞典		（8）其他费用
（2）网络信息服务	10.音像制品及软件		
（3）其他	11.书报杂志		

* 在信息消费中应当尽可能剔除那些与居民信息消费无关的内容。

三、信息消费的基本特征

信息消费过程不同于物质消费过程,不是简单地利用信息产品和信息服务的过程。在信息消费过程中,信息产品或者信息服务的价值不仅没有丧失,而且还会再生出新的价值。信息消费过程与创新同时进行,在信息消费过程中会产生新的知识和信息,信息消费的最终目的是将产生的新知识和信息应用到生产、管理、科研等活动中产生效益,这才是信息消费的最终目的。

信息消费能产生直接效用和间接效用。信息效用是指用户使用信息所取得的效果,它是信息消费的效益尺度、问题解决的结果表征和信息用户的价值目标之总称。像普通商品一样,信息消费直接作用于消费者而产生生理愉悦感的效用是直接效用。有时,消费者购买信息不是获得直接效用,而是达到其他目的的手段,如规避风险、购买商品时了解有关价格、质量的信息,通过信息消费,使同等预算获得更多的商品,更高的质量或规避了风险,使损失减少而带来的效用增加值就是信息消费的间接效用。信息效用在实现过程中受到用户的知识水平、智力水平、心理状态及对问题状态的认识水平、信息所处的状态及其可靠性和有效性程度、消费环境等方面因素的影响。这是由于信息商品具有同物质商品和能量商品不同的属性,信息消费与普通商品消费相比,其基本特征在于:

(一)信息内容消费具有非消耗性与共享性

信息商品内容的非消耗性与共享性是信息本身特有的本质属性,信息商品由于对物质载体的独立性,其消费和使用表现为载体转换,这种转换不会引起信息内容的损耗和丧失,交换的结果不是转手而是共享。一般物质商品在消费中具有消耗性特点,随着商品被消耗或磨损,其使用价值逐渐消失。而信息商品内容在消费中表现为信息从一种物质载体转移到另一种物质载体,信息本身不会被消耗。例如,一台机器,一种化学试剂。作为实物信息商品,人们要了解其结构、制造工艺和化学成分时,往往把它们拆散和分解加以研究。这样,原有产品的独立物体形式不存在了,然而它们所含的信息内容却无损耗地转移到其他物质载体上(如图纸、文件、大脑)。在这种转移中,信息商品可能会失去原来实物载体具有的外形等特征,但这对信息商品本身的效用却不会有实质性影响。正是由于信息商品内容的非物质性特点,决定了信息商品的这种内容非消耗性。信息商品的这种物质载体的转移,不会失去其作为信息商品的使用价值或效率。与物质消费不同,信息能够被无限多次地使用和消费,但无论使用多少次,被使用的信息商品的内容都不会因此而损耗,即非消耗性。

一般物质商品的使用价值和价值是对立的,对于生产者来说,使用价值的出让是以价值的占有为条件的。同样,对于消费者来说,使用价值的占有是以价值的让出为前提的,也就是物质商品的交换是通过物质商品的转手来实现的。而信息商品的交换则不同,其消费和使用表现为载体的转换,销售者出让自己的信息商品,并不以自己失去它为代价,消费者购买该信息商品也不以销售者失去它为前提,这就是信息商品的共享性特点(或者称为非消耗性)。同一种信息可以同时被多人拥有和使用,因此信息消费也具有共享性,在多人同时消费的过程中互不影响。信息交换的结果不是转手而是共享(共享性)。这种非排他性消费特性可能使得信息产品在消费之后被消费者继续转售,从而改变消费者价格预期和市场供需结构,更重要的在于它会导致信息产品生产者的激励不足。因此,为了保障新的信息产品的供给,需要产权制度对其进行保护。

(二)信息消费具有参与性、增值性、积累性

任何信息的接收与理解都离不开人脑的意识与思维活动参与,即信息消费的参与性。信息消费是包含一种信息"再创造"的消费行为,这是信息消费的本质特征。与传统的消费形式相比,在一定的意义上,在信息消费行为中,消费者发生了从"消费者向生产者"的地位转变。网络提供给消费者的只是消费的机会和可能,而真正消费了什么以及其消费的满足程度是由消费者的"大脑生产"活动决定的。

信息消费把对"信息的创造与再生产"包容在了信息消费系统之中。信息经过再一次的加工处理后就会在原有的基础上产生新的信息,增加信息的价值,即增值性(创新)。

信息商品在满足社会需求和利用的同时,不仅不会被消耗掉,还会生产出新的信息商品,而且信息商品利用得越多越广,其积累效用发挥就越充分,创造出的新信息就越多。例如某读者(信息消费者)在分别只单独阅读三篇相关文献 A、文献 B、文献 C 时,其每篇文献获得的单独效用分别为 1 分,但是如果该读者在先阅读文献 A 的基础上再阅读文献 B,在阅读文献 A、文献 B 的基础上再阅读文献 C,有了文献 A、B 作为知识背景,阅读文献 C 获得的总效用必定大于三篇文献单独效用之和。在这个过程中溶进了信息利用者对文献 A、文献 B 进行消费的累积效用,即对前面信息吸收、加工、处理及创新知识的效用。从某种意义讲,信息商品一旦生产出来,不仅可以满足同时期人类社会的需要,而且可以通过信息的保存、积累、传递,达到时间点上的延续,满足后代的信息需要。

(三)信息消费的边际效用先递增后递减

边际效用是指在所消费产品的数量中最后增加的那个单位产品提供的效用,或消费某种产品增加一个单位时所获得的效用的增加量,可用数学公式表示为 $MU_x = \triangle TU_x / \triangle Q_x$,即:边际效用=总效用增量/产品增量。一般商品的边际效用是递减的。信息商品是一种边际效用递增的商品。消费者对某种信息商品使用得越多,对该信息产品的吸收效用越大,增加该类信息商品消费量的欲望就越强,出现了边际效用递增规律。但信息消费效用的递增是有限的,在某一个临界点之后,它仍然要遵从"效用递减"的消费规律。因此,信息消费效用的动态过程可以划分为"递增"和"递减"两个阶段。在信息消费的第 I 阶段,消费效用是随投入要素(X,t)的增加而递增的。当消费者精力和时间资源都充分的条件下,信息消费的边际效用递增,消费信息越多,获得效用越大,因为同一信息在反复使用过程中经过人的大脑的思维,产生质的飞跃,成为具有增值性的信息。对于那些认知水平较高的消费者来说,由于其有很强的掌握、吸收和运用知识的能力,加之消费知识类信息的目的性和针对性较强,不论是反复消费同一知识类信息产品,还是多次消费同类知识类信息产品,都会在很短的时间内获得很大的边际效用,此时,消费者的学习效应、消费品的技术因素、消费过程中的信息增殖等形成了推动"效用递增"的合力,从而使信息消费表现出明显不同于物质消费的特征。但是,随着投入要素的继续增加,推动"效用递增"的力量将会逐渐减弱,如学习效应的饱和、高技术产品的大众化等。此时,信息消费应进入第 II 阶段,消费效用的变化将重回递减的轨道,并且边际效用快速下降,这也就是信息商品具有较强时效性的原因所在。例如,消费者在重复阅读同一篇论文时,在前几次阅读中,每多阅读一次,从中获得的效用是越来越大,并且每一次获取效用增加的幅度是更多的,可能在读到第三遍就完全体会到了其中的精华,在读过三遍之后继续阅读的过程中,这些论文的价值对于同一人来说增加的幅度是越来越少。在实际生活中,由于消费者的注意力资源及时间资源是有限的,从总体而言,信息消费者总是选择信息消费的边际效用递增阶段购买消费信息产品,其消费过程就是信息内容吸收、继承、积蓄和知识突破创新的过程。信息消费具有的边际效用递增性质另一层含义表现在:第一,信息具有转化性。信息的价值不是固定不变的,信息在被反复使用的过程中,经过加工、处理、分析和综合,实现了自我价值的积累和增值,这使得信息产品的效用快速增长。第二,信息具有共享性。共享人越多,其共享效用越大。第三,信息产品与服务效用的递增性。信息产品与服务本身效用也在不断地递增,如软件产品维护与不断升级,使消费者感受产品的效用在增加。

(四)信息消费本质上是一种精神消费

当我们接收任何信息时,实质上是在进行一种意识活动,无论是有意识还是下意识,无论是简单信息还是复杂信息都离不开人脑的思维,而思维是属于精神活动,相对物质消费而言,信息消费是一种精神消费。从内容上来讲,精神消费主要涵盖:一是教育消费(如幼儿教育,小学、中学教育,大学教育,成人教育,在职学习和培训等方面的消费);二是文化消费(如阅读报刊书籍,欣赏字画,鉴赏文物,收听收看广播电视等方面的消费);三是娱乐消费(如欣赏音乐和舞蹈,观看戏剧影视,游览观光以及各种消遣活动等方面的消费)。从结构层次上来看,精神消费可以分为娱乐性、消遣性的消费和发展性、智力性的文化消费(其目的主要是学习,探讨科学文化知识,开发智力)。由此可见,精神消费是一个内涵十分丰富而宽泛的概念。丰富健康的精神消费,不仅是衡量人们生活质量的重要标志,而且是实现人的全面发展的决定性因素。信息消费的主要目的是消除信息不对称,其本质是借助物质消费手段达到最终的精神消费,例如购买图书的目的是通过图书这种物质产品(知识载体)消费来最终实现其知识内容的消费,而知识信息是人类意识活动的产物,属于人类精神活动的范畴,所以说信息消费是物质消费和精神消费的结合,以精神消费为主,其过程是人脑的意识活动过程。

（五）信息消费效用的差异性

信息消费的差异性表现为消费效用的个体差异性、地区差异性。消费效用就是消费者消费物品或劳务所获得的满足程度，不同的消费主体，基于其不同的使用方式和能力，效用的满足程度因个体因素差异会呈现很大的不同，对同一信息的消费而言，消费者A获得正效用，但消费者B可能因知识水平所限，无法吸收利用该信息商品，浪费了财力和精力，得到的是负效用。从消费者的角度看，由于信息的使用范围非常广泛，不同的单位和个人使用后，效果会有很大的差异，即使是同一个人，在不同的时间或不同的情况下使用，其使用价值也会有很大的不同，所以无论是从生产者的角度，还是从消费者的角度来看，信息产品的使用价值都具有很大的不确定性，无法用一个统一的尺度来衡量，因而信息消费的效用是非均等的。如果信息生产量急剧增加，超过了人类和社会能够处理和利用的限度，就会加重个人和机构选择、获取信息的负担，使信息消费的机会成本大大增加。例如消费信息本来是为了节省时间、费用，但信息泛滥、信息污染给消费者造成误导，反而成为一种损害个人和社会的灾害，进而给消费者带来负效用，不仅增加了信息消费的成本，而且加剧了信息消费的风险。

信息消费的差异性还表现为因国家、地区及经济发展状况不同而不同。一般情况下，发达国家和发展中国家、我国沿海地区和西部地区、经济发达地区和落后地区等的信息消费状况和水平明显不同，存在着很大的差异。发达国家和我国沿海地区的消费者对信息的需求量大，需求面广，并且质量要求也较高，而发展中国家和我国西部地区的信息消费状况正好与之相反，因此信息消费存在着地区差异性。

（六）信息消费的锁定效应

所谓"锁定"，是指当消费者熟悉了某一类信息产品或服务后，一般不太愿意换用另外的具有相似功能的产品或服务，因为转换产品或服务面临着较大的转换成本，包括使用咨询、重新学习或接受培训等来适应新产品的特性和使用环境①。当信息产品交易完成以后，经常存在消费者被厂商锁定（lock-in）的现象。如果消费者熟悉使用 microsoft office 办公软件以后，消费者就不愿意再去使用 wps 等软件了，因为要想转向 wps 的使用，消费者还要重新花费时间和金钱去再学习，转移成本太大。例如，美国 IT 公司对学校赠送大量软件和设备，学生可以免费使用这些有用的产品，等到这批学生踏上工作岗位时，由于长期养成的使用习惯，在单位中优先选购自己熟悉的软件和设备，先前赠送软件和设备的公司就是利用信息消费的锁定与转移特点，提前为自己挖掘了大量客户资源。消费者在消费一种新的信息商品时，将受到以前消费过的信息商品的影响，这种路径有时非常固定。

（七）信息消费的外部性

信息消费的外部性是指在信息消费的过程中，信息消费主体在消费信息产品或信息服务时，不仅给自己带来了效益，而且也给其他人或者社会带来某种影响，这种影响可能是积极的，也可能是消极的，并且造成这种影响的信息消费主体并没有获得相应的补偿或赔偿，这就是信息消费的外部性。根据其产生的影响是积极的还是消极的，也可以将信息消费的外部性分为正的外部性和负的外部性。手机、电话、传真、互联网络等信息消费，为自己带来便

---

① 丁芹:《信息消费过程中的信息不对称及相关对策分析》,《图书情报知识》2004 年第 3 期。

利的同时也为其他信息消费者带来了便利，这就是信息消费积极的外部性；在进行这些信息消费过程中也会产生电子垃圾、信息污染等危害环境和社会的行为，这就是信息消费消极的外部性。

信息消费外部性的本质就是个体成本与社会成本、个体收益与社会收益不相等，它们之间存在差异。当信息消费产生的外部性为负时，信息消费主体的个体成本低于社会成本，但是个体收益却高于社会收益，这是一种损人利己的行为，不利于资源的优化配置，所以要加以纠正和消除。当信息消费产生的外部性为正时，信息消费主体的个体成本高于社会成本，个体的收益却低于社会收益，这是一种利他行为。在市场经济条件下，每个人都是理性经济人，因此外部性为正将会抑制个体信息消费的积极性和创造性，我们要对这样的信息消费行为进行补偿，以利于资源的优化配置，达到资源利用效率的帕累托最优[1]。信息消费的外部性还可具有代际性、区域性、国际性、渐进性、累积性、间接性、直接性等特征。

（八）信息消费的选择性

消费主体对外部信息的接收是从某种接触感受开始，而对外部接收信息的吸收又总是有选择的，选择的依据是内在信息需要。每个人都有一套不同于他人的"信息库"或"知识结构"。他们通常根据自己的活动需要与决策特点有选择地收集外部信息，又在不同的生产生活决策实践和消化吸收外部信息中优化自己的信息结构，使外部信息更好地转化为内在知识"养分"，并作用于生产生活决策和发展能力提高。有选择地将外部信息内在化，是劳动素质、智能提高的基础，也是劳动进化的必要条件[2]。用户在进行

---

[1]　马哲明等：《信息消费外部性研究》，《图书情报工作》2007 年第 4 期。

[2]　郑英隆、王勇：《我国城乡居民信息消费的结构差异成长》，《经济管理》2009 年第 1 期。

信息选择时也同样会遵循相应的经济学原则。主要表现在:第一,效用最大化原则。在经济学中,效用是指商品满足人欲望的能力,即消费者在消费商品时所感受到的满足程度。理性消费者在经济活动中都追求效用的最大化。信息选择行为可以看做用户对"信息"这种商品对象的选择购买过程,第二,最小成本原则。信息商品的取得是要付出经济成本的。有用信息的稀缺性也决定了信息选择要有必要的时间和精力投入,还有价格费用的支付等等,这些都构成了信息消费的成本。对于特定的、理性的经济主体来说,他们总是力图以最小的成本、最少的时间和精力去获取对自己有用的信息。因此,一般情况下,居民在信息消费活动中尽量避繁就简,选择那些方便、易用、可行的信息。

(九)信息消费的多样性与层次性

随着经济的发展、社会的进步,以及人们对信息产品消费能力的提高,信息产品和服务的生产和供应必将日益充足,信息消费领域也将不断拓宽,从而使得居民的信息消费内容、品种日益丰富,且呈现出多样化的特点。另一方面,由于每个消费者的收入水平、文化程度、生活习惯,以及所处地理环境、民族风俗等不同,必然会对信息产品和服务的需求产生多种多样的兴趣和偏好,需求的数量、质量和类型等也不尽相同,这样决定了信息消费的多样性。根据信息在生活、工作、发展及决策中的作用不同,可以将信息消费由低到高划分为生活娱乐信息消费、学习信息消费、科研及发展信息消费、决策信息消费四个不同的层次。信息消费一般是先满足低层次信息消费,而后再满足较高层次直至高层次信息消费。信息消费的四个层次也基本上体现了精神消费从低层次向高层次发展的过程,不管对于自然人还是法人,其消费的层次基本上都遵循这4个层次。信息消费过程就是信息内容吸收、继承、积蓄和知识突破创新的过程,因此信息消费具有一定层次性的。

(十)信息消费的体验性

所谓体验性,是指信息消费者只有通过亲自使用才能感受信息效用的性质。信息产品的体验性对于消费者而言意味着,在购买之前,无法确定其效用;但使用之后,又不必购买了。从消费特性来分析,信息产品是具有消费不对称的后验产品,这对于消费者来说存在着信息悖论,信息产品作为一种具有信息严重不对称的体验产品,消费者对信息产品体验在前而对价值判断在后,这使得消费者可能在体验过程中,由于已经掌握了信息内容而放弃购买愿望,由此也引起消费者购买产品的高度不确定性。一方面消费者购买信息商品前想知道信息产品的内容,另一方面在知道信息内容后可能就不购买信息商品,信息消费的这一特征就是它具有的体验性,这与物质商品截然不同。消费者在真正使用它之前无法确定其效用或使用价值,信息商品的这个特点正是目前网络推销免费信息商品的理论基础所在。信息产品的体验性决定了信息产品重复购买是不可能的,这样就大大地缩短了信息产品的使用期。

(十一)现代信息消费的新特点

在现代社会中,随着多媒体网络技术的发展,新兴信息消费具有新的特点:

1. 数字化。随着最新的信息技术由模拟技术向数字技术转化,日常的信息消费也具有了数字化的特征。任何信息都可以转化为"0""1"两位数字编码表示的形式,以光速进行传输。以往的各种传统信息产品也被数字技术武装,电话、电视也在向数字技术水平发展。美国学者尼葛洛庞帝特地写了一本书《数字化生存》,数字化已是目前信息社会中一个不可抗拒的趋势。数字技术兴起后,即时、廉价、以光速进行的电子数据传输将取代传统的方式,比特将取代"原子"成为我们信息消费的基本单位。这会使信息消费真正达到无形化,而不再需要有形载体,因为比特仅是一种"0"或"1"的存在状态。

2. 网络化。网络化是指用相互联系的互动式的信息网络来实现信息的交流和共享。国际互联网作为目前最先进的大众网络其建设已具相当规模,它的目标是将每个家庭和企业与全国及全世界范围内的商店、学校、银行、医院、图书馆、娱乐设施、新闻机构等机构联系起来,提供远程电子银行、教育、购物、医疗、出版等各项信息服务,以达到最大限度的信息资源共享。信息社会中的信息消费主要是通过网络而展开的。网络化使信息的传输克服了地域和时间的束缚,可以方便地到达世界的各个角落;同时,全球大市场的形成也使信息在全球流动成为必要,这就必然导致原本是地区性、全国性的信息消费突破国界限制,扩大到全球范围。国际互联网的出现为信息消费的全球化提供了更先进、更便捷的技术条件。信息消费网络化是经济、技术、金融政治等各方面全球化趋势的一个必要条件和有力的推动因素。

3. 虚拟化。主要是产品虚拟性。信息消费的数字化和网络化,为信息消费者开辟了一个新空间称为"赛百空间"(Cyberspace,称为"媒体空间")。信息内容服务业提供的内容产品具有虚拟性,更适合于网上生产、流通和消费。因此,其传播迅速、容量浩大、使用终端多样化、易实现个性化服务、易通过加载其他信息而实现增值,在这个空间中,各种虚拟现实的项目如虚拟商店,虚拟银行,虚拟学校,甚至虚拟人物等纷纷提供出来。信息消费不仅可以在物理空间中进行,还可以在虚拟空间中展开。在虚拟空间中进行的信息消费随着网络的发展而发展。

4. 个性化和理性化。消费行为是一种经济行为,也是一种理性行为。同任何理性经济行为一样,消费者总是追求消费剩余的最大化。而实现消费者剩余最大化有两个前提条件:(a)有关产品或服务的信息充分,可以让消费者进行比较、分析和选择;(b)消费者能主动地获取他所消费的产品或服务的信息,而不是被动地由厂商或销售商传输给自己,即消费者应拥有自己的获取商品或服务的渠道。借助于 Internet,消费者可以迅速地调集自己感兴趣的相关数据,对厂商生产技术和产品特性都能在大范围内进行综合比较,从而消费者能够选择具有合适的性价比的产品,使自身消费决策更加理性。

5. 自由化。由于现代信息消费具有真正意义上的无形性,快捷性,使政府管理机构对其进行有效管理愈加困难,信息消费自由化的趋势越来越明显。国际互联网的最大特点之一就是信息传播的无政府状态,并且不少西方国家还极力宣扬这种状态。美国就曾指责中国对互联网络的使用进行管理的做法是侵犯了公民信息自由和通讯自由。信息消费的自由化必然会导致一些不健康的信息如色情暴力等的肆虐,目前互联网上的情况正是如此,如何在政府有效管理和信息消费自由之间找到一个合适的支点,将是一个迫切需要解决的问题。

四、信息消费的机理

所谓信息消费机理,是指在信息商品从生产者转移到消费者手中并发挥效用的全部过程中,信息商品与消费者之间相互联系、相互影响的发挥效用的运转方式。信息消费机理是信息消费者与信息的相互作用过程,是信息消费者通过思维创造性地理解获得的信息,并将其创造性地作用于自身思想和行动的过程,从而激发信息消费主体提高其效能并创造更大的社会价值,所以要对信息消费的机理进行研究。与物质商品并不相同,在信息商品的消费过程中,对不同的消费者,价值转移量并不相同。消费的过程可分为:消费前的信息需求机制、消费中的信息获得机制、信息利用机制、信息消费过程的深入机制、消费后的效益锁定机制5个阶段,分别具有导入性、交易性、主动性、深入性和锁定性5个特征。

(一)信息消费需求的导入性

信息需求的产生是源于消费者自身某个方面的信息(知识)的不足,产生了信息差(知识差),由于信息差的存在,从而导致了信息的流动,所以消费者必须弥补其自身信息(知识)与实际需要的信息(知识)之间的差值才能使其更好地生活和工作,这就是信息需求的动力。信息差(知识差)= 所需的信息(知识)的量−现有的主观信息(知识)的量。

信息差(知识差)就是信息消费主体所需要的信息商品价值。当信息消费主体在外部信息环境及周围其他信息消费主体的信息消费示范作用下产生了被动的信息需求,由于自身信息或知识不能完成某项行为活动而产生的信息差使其产生了主动的信息需求,并且信息消费主体的信息需求还要受到内部和外部各种因素的影响,外部因素对信息消费需求的影响称为导入性。在消费者购买前的选择阶段完成商品概念和消费理念的导入,让消费者了解接受信息商品的过程,信息商品的导入还受到下列特殊因素的影响:首先是信息产品的易用性,消费者不仅要了解信息产品的内容,还要学习如何使用该产品,如果信息系统界面友好、智能提示将是用户发挥商品使用价值的关键环节。其次是信息技术普及率,信息获取技术是信息商品消费的前提条件,如果没有信息基础设施的普及,人类使用和消费信息商品将受到极大的限制。第三是顾客的合作效应(正反馈效应),当一种信息商品消费达到一定数量时,其他用户更趋向于购买这种商品。

(二)信息消费获得机制的交易性

信息获得是指人们通过各种途径拥有某一领域的信息。在信息消费中是通过付费交易途径获得信息。交易就是消费者通过等价交换获得商品某种使用权的过程。在经过厂家营销、同行推荐、路径依赖、个人兴趣引导入门以后,消费者将被影响,产生购买某种商品的欲望,通过一种特定的交易形式完成使用价值的转移。消费者对所获得的信息进行处理、消化吸收后达到预期效果。

由于信息商品的消费特性,比如商品本身的时效性和消费者的自身素质,信息商品最终发挥的效用是不确定的,效用价值也是不确定的,这种未来收益的不确定性以及由此出现的价值风险,使买方往往希望或愿意与卖方共同承担经济风险,交易也因此出现了一次性交易、多次交易、捆绑交易等多种模式。一次性交易是信息的使用价值进行一次性转移,风险也一次性转移,形式包括购买、拍卖、投标、价格协商。多次交易是信息商品的风险和利润分担的持续交易模式,即多次让渡交易模式。卖方以一定的方式(如按比例或提成)分享买方的预期利润,并在此期间承担相应的风险责任,包括出租、价格分割、订金和风险分担。多次交易是多次或无限次分割信息商品的交易价格。捆绑交易和多次交易正好相反,是指不同功能的信息商品捆绑在一起,一次性出售,比如微软的 office 套装软件采用的就是这种交易方式。

(三)信息使用过程的主观能动性

信息商品的使用价值并不是自动发挥的,而是需要动用消费者本身的主观能动性。知识的形成是消费主体在信息消费过程中,消费者在其主观知识结构的基础上对所获得的信息进行处理,进行初步的吸收,然后遵循布鲁克斯的知识形成方程转化为消费者自身的主观知识,布鲁克斯方程为 $K[S]+\triangle I=K[S+\triangle S]$,该方程认为由于信息消费主体吸收信息 $\triangle I$,而使其原有的知识结构 $K[S]$ 发生了变化,从而形成了新的知识结构 $K[S+\triangle S]$,即知识创新内容。这种主观知识经过消费者表述以后就成为新的客观知识。然后再进入下一个高层次的知识形成过程,使知识的层次水平不断螺旋式上升发展;同样的信息商品,由不同的消费者使用,其效用差别是由个体的主观能动性差别造成的。

其实任何个体的思维过程,同样是在寻求自我意识状态的最佳,即实现经济学中"经济人"的假设前提——效用最大化,正是这种效用最大化原则容易造成个体的"自我思维定式"。因为在个体大脑信息加工过程中,也有追求快捷简单的意识形态,即思考过程越简单越省时,则趋向于效用最大化。也就是说,信息商品(特别是高技术产品)通常难以使用,用户需要较多的培训和学习才能了解掌握。通过学习,消费者一般能够掌握信息商品的基本内容,完成信息商品的价值转移。

(四)信息消费过程的深入性

1. 深度消费。信息消费过程就是信息商品逐步发挥效用的过程。一般的消费者在掌握了信息商品的基本内容后,消费过程就此结束,但是部分消费者不会就此止步,将对商品的使用价值进行深入研究,进入深度探索消费阶段。这些消费者会成为某一商品的"发烧友",沉湎于其中,获得高等级精神或心理享受。例如深度适应的消费者会在网络上建立自己的论坛,交流使用体会、评论商品的优缺点。信息消费的不断深入发展,也就是知识的不断创新发展。这个阶段形成了信息商品的核心消费群。

2. 信息消费蔓延。从某种意义上说,人类的文明进步就是人类信息消费不断地螺旋式上升发展的过程,没有人类在信息消费过程中的信息积累与知识创造就没有人类文明的发展,因此促进人的全面发展是人类信息消费的最终及最高目标。信息消费的核心就是积累信息和创造知识,而"知识就是力量","知识是第一生产力",是信息社会发展的必须要素。当某信息商品基本消费群和核心消费群形成以后,有关该商品的功能、评论、商誉、服务等信息将向新的消费者传播,当预购买者在几种信息产品中进行选择时,常常会询问以前的购买者对产品的使用情况。新购买者对产品的了解依赖于原先的购买者所做的推荐,因此,消费者众多的产品比消费者较少的产品具有更多被了解的机会。不愿冒风险的人倾向于购买了解较多的产品。所以,早期偶然占据较多市场份额的厂商具有信息反馈的优势,在一定条件下,仅凭这种优势,一种产品就可能最终控制市场。

（五）信息消费效益形成的依赖性

社会上的每一个信息消费主体都是理性的经济人,其进行信息消费的目的就是要获得效益,如果信息消费行为没有带来符合信息消费主体期望的效益,那么就不会发生信息消费行为,消费主体消费信息产生的消费效益主要体现在对稀缺的物质和能量资源的置换,对消费者信息素质以及整个社会生产力水平的提高,对决策过程中的不确定性的消除以及对社会产生的外部性效益等方面。信息消费主体把自身获得的新知识应用到生产、工作、生活、管理及决策过程中,获得相应的信息消费效益。消费主体获得信息消费效益以后,如提高了其收入水平,因此再次增强了其信息需求的欲望,从而产生了更高层次的信息需求,开始进行新一轮的信息消费活动。信息消费就是这样不断地从低级向高级发展进化,呈螺旋式上升发展。

信息消费效益的良性循环,形成对信息消费后的依赖性（锁定）。依赖性是指在消费后阶段,消费者被厂商锁定(lock-in)的现象。如当当网服务消费者感受了满意的服务效果后,会继续使用当当网。如果用户从一种信息技术(品牌)转移到另一种信息技术(品牌),所花费的成本代价超过当前使用最优技术成本时,消费者就不会转换信息商品,这就称为消费依赖。依赖性受使用后满意度、售后服务的影响较大。显然,一旦消费者选择了某种产品并在培训上大量投资,以后就不会轻易转移到其他产品上去,一方面由于转换成本太高,另一方面老产品升级通常只需要少量的追加投资。这个阶段形成了信息商品的基本消费群。

第三节　情报学视角的信息行为理论

信息消费的过程包括信息需求、信息获取占有、信息吸收处理和信息创造 4 个阶段。信息消费行为是信息行为与消费行为的统一,它是信息行为基础上的消费,要研究居民信息消费行为必须先了解居民信息行为。

情报学视角的信息行为是指人类在现实世界中进行生存、生活、工作、学习和交往等活动中,所必需和必然产生的获取信息的行为;用户响应和满足自身信息需求的行动和历程,是指在信息需求和思想动机的支配下,用户利用各种信息工具进行信息查询、选择、吸收、利用、交流和发布的活动。信息行为(Information Behavior)作为国外图书馆与信息研究的核心概念,其基本含义是指"人们在不同的语境中怎样需求、探询、管理、给出和运用信息"[1]。

---

[1]　Fisher,Karen,etc:" Theories of Information Behavior." Medford,NJ: *Information Today*,2005:11-12.

信息行为可以分解为信息需求、信息获取、信息利用吸收等基本进程。而信息行为的实质往往表现为多期望与多需求、多需求与多动机、多动机与多行动之间的匹配,即信息行为就是根据行为因素与目标特征值之间的拟合关系进行选择的活动。信息需求日益成为经济发展的重要动力,也是信息生产的动力,信息商品的发展是人类信息需求发展的结果。信息需求是信息消费必备的要素,信息需求作为信息消费的原始驱动力,得到了较多的关注,现已形成共识的观点有:信息消费始于信息需求。信息需求是变化的、并影响搜索行为。只有认识和把握用户的需求特点,才能明确信息消费的发展方向,才能最大限度地满足消费者的需求,实现信息资源的合理配置,达到信息消费的真正目的。用户的信息需求是一个涉及多学科的研究论题,深入进行下去,可发现更多的规律。以这些规律为指导、准确地、动态地分析和把握特定消费者的信息需求。

一、信息需求基本理论

关于需求理论最具代表性的应属美国心理学家马斯洛(Maslow)提出的"需求层次论"。他将人的基本需求(Basic Needs)由低向高划分为五个层次。即生理的需求(The Physiological Needs);安全的需求(The Safe Needs);社交的需求(Social Need);尊敬的需求(The Esteem Needs);自我实现的需求(The Self-Actualization)。马斯洛认为,人们要想满足五方面的需要就得从事各种活动,在这些活动中人们又面临各种不确定性,为了消除这些不确定性必须获得各种信息,说明人对信息的需求是由基本需求引发的,信息活动被视为中介。在信息社会,信息的生产、传播与交流已实现空前的便捷,环境中的信息无时不在、无孔不入地渗透到人们的学习、工作、生活中。因此,"信息需求"成为个体自然性生存和社会性生存必不可少的一种基本需求。现代心理学的一项实验表明:一个人处于一切信息隔离的状态中,其忍耐程度远小于其忍受饥饿的程度,所以信息需求是人的基本需求之一,信息需求是信息消费的基本问题,以下就有关信息需求的理论进行探讨。

(一)信息需求的形成机制

情报学界对信息需求的形成有三种看法:①需求满足论。认为信息满足人的总体需要,如马斯洛的需求层次理论。信息需求形成于减少不确定性的目的。信息本身具备客观效用,只能说明信息有可能被人们所利用,或者说信息是有利用价值的。但这并不能足以证明一定会产生信息需求。用户的信息需求体现了人的需要,人的需要是一种客观存在,它的产生通常不取决于人的主观意志,它是人自身及其所处的自然环境和社会条件等多种因素的综合产物。当我们分析用户的信息消费需求时,必须首先分析这些因素及其与信息需求的关系,这样,就不仅可以了解用户的信息需求结构,还可以预测用户将会产生哪些信息消费需求,从而可以更准确、更及时地组织信息资源来满足用户的这些信息需求。人的需要也可以在一定条件下转化为动机和行动。根据需要理论、人一旦有了某种需要,同时又存在有可能满足这种需要的条件时,就会产生一种能引起某种行动以满足这种需要的主观愿望,并能进一步形成相关的行动,这就是需要、动机和行动的关系。②认知过程论。认为信息需求产生于人的认知过程。从认知观点看,信息检索活动的本质是一种认知活动,信息检索过程就是一种认知过程,它从用户产生信息需求开始,通过需求表达、查询构造和结果评价而完成。美国著名信息学家库叟(Kuhlthau C.)从认知科

学角度提出了信息搜索思想,她认为用户认知对信息搜索行为至
关重要,当用户在进行课题研究时,首先感觉到知识不足,由此产
生信息需求,于是上网查询信息;当需求暂时满足后,用户的认知
结构也就被做了调整;随后用户又会感到缺乏知识,产生新的信息
需求,如此这般,周而复始,直至课题结束。③行为障碍论。Goger
R.Flynn 认为,知识的缺乏导致了行为障碍,从而产生信息需求①。
朱婕(2008)把信息需求定义为对信息的不足感和求足感②。信息
需求是个体与任务/问题相互作用的结果,个人在行动前需要相关
信息支持,组织的行为同样也需要信息来减少行为障碍,信息需求
始于行为障碍。人们在采取行动之前,会经过一番思考;而要对行
为进行思考,就要知道自己现在何处;然后确定自己的战略目标,
明确自己要去何方;再进行战略选择,分析如何到达目的地;进行
战略实施和控制,以确保我们到达目的;最后进行战略评估,进行
经验总结,以保证下一步目标的实现。而这其中的每一个过程都
不能凭空想象,必须依据客观的数据事实,并进行统计分析,最后
形成决策需求的情报。因此,为了减少行为障碍,才有信息需求。
网络营销商需要理解信息消费者在面临某一任务情境时会形成什
么样的信息需求,并据此预测消费者随后的信息搜寻行为,这是研
究信息需求需要解决的核心问题,然而这个方面目前获得的关注
很少。国内外学者对信息需求的研究按照以下三个方向进行。

1. 以信息系统为导向的信息需求研究

T.D.Wilson 在对 50 年来信息需求与使用的研究进展进行论
述和评价时,一针见血地指出早期的研究实质上是描述性的系统

① Goger R. Flynn & LitvaPaul F,;"Integrating Consumer Requirements into Products Designs",*Journal Product's Innovation Management*,1995,pp.3-15.

② 朱婕:《试论个体的信息需求》,《情报科学》2008 年第 12 期。

研究,而非以用户为中心的研究,缺乏理论基础。这种立足于从信息系统角度出发的思维方式,着眼于信息存取系统的建立、分析、评价,强调系统资源的重要性和完备性,以使用信息系统是一件有用的事件为前提,并以此定义用户的信息需求,认为用户使用信息系统提供的信息便是所谓的信息需求。忽视了用户对信息系统的要求,其结果不仅使信息系统的功能发挥不当,而且"由于过分关注系统自身的完善,使信息系统设计与开发实践中存在着一种令人不安的倾向,信息系统设计问题似乎成了单纯的计算机程序设计和使用设备的技术问题。在早期的信息需求与使用研究报告中,都是以信息系统为导向的,还没有从认知科学的角度来考察用户的信息需求及相关行为,从根本上忽略了信息使用源于用户需要。

2. 以用户认知为导向的信息需求研究

以认知科学的发展为背景,信息需求的研究出现了重大改变,人们开始对用户的认知加以关注。研究的重点从信息检索系统的设计与开发,发展到重视信息用户的知识结构、信息行为、人机交互等方面,并逐渐形成一定数量的研究成果。德尔文的意义构建论及模型、威尔逊关于信息检索过程知识结构的交互作用说等。这些研究成果成为认知情报学观点的基本假说和核心概念,即信息的接受(用户)和传递(信息系统)都需要与知识结构发生作用,并以知识结构的改变和完善为目的。从认知情报学观点看来,信息系统设计的任务是促成用户与系统所含信息在认知水平上的交流,为此就必须研究用户的知识结构、认知能力以及认知风格,并使系统的功能、特征及文献信息的组织,适应和配合用户对特定信息需求的这些特征①。可见,认知观的引入,为信息需求研究注入

①　邹永利:《关于情报学认知观点的思考》,《图书馆》1999年第1期。

了新鲜血液,促使人们从系统范式转向认知范式,研究视角由信息系统客体转向用户主体,体现了人们对用户价值的重视。

3. 以网络用户为导向的信息需求研究

国外对网络用户研究涉及用户界面、网络服务类型。研究结果表明不同学科用户对网络信息需求各不相同。研究人员利用搜索引擎检索日志对网络用户的信息需求与信息查寻行为进行分析和研究,如 A.Spink 等利用搜索引擎 Excite 的查询记录来研究用户的提问长度、检索词的分布、相关反馈的利用以及用户图像信息需求的表达等。国内学者胡昌平从分析网络环境下用户信息需求特点和演化出发,研究用户信息需求的内容与结构,探索以用户信息需求行动为中心的网络化信息服务的优化以及我国的基本对策①。黄长著等人的《中国图书情报网络化研究》专辟独立章节,对网络信息用户的科技信息需求进行分析。结果表明在科技用户中,年轻人是因特网用户的主体,占整个因特网用户的76%,拥有自然科学背景的用户大大超过社会科学和人文学科,图书馆和因特网是用户获取信息的最主要途径,用户上网的主要目的是查找专业信息,使用因特网的主要功能是发送电子邮件、浏览万维网、查询图书馆目录等,学术界用户对高质量的数字化信息资源的需求量很大。邓小昭的博士论文《因特网用户信息需求与满足研究》紧紧围绕网络用户信息需求这一主线,系统地探讨了用户信息需求的特点与规律、信息需求满足状况以及满足信息需求的对策等一系列相关问题,他明确指出用户需要的因特网信息服务依次为信息查寻、电子邮件、网上图书馆服务、软件服务、BBS、聊天室。因特网信息需求不仅存在学历层次差异、职业差异,而且存在学科差异,在

---

① 胡昌平:《论网络化环境下的用户信息需求》,《情报科学》1998 年第 1 期。

同一学科内差异也是存在的,等等。国内外有关用户信息需求的研究已取得了丰硕成果,通过对以上代表性文献进行综合分析得出,大部分的研究都倾向于通过搜索引擎来研究用户的信息需求及检索行为。这种利用搜索引擎检索日志的方法虽然能在一定程度上反映出网络用户的信息需求和信息查寻行为,但搜索引擎毕竟只是网络用户信息查寻的方式之一,并不能完全体现网络用户的信息需求及行为,尤其难以把握用户的需求及使用心理。

(二)信息需求状态的层次

信息需求是有层次的,科亨(Koxhen)曾将消费者的信息需求状态划分为客观状态、认识状态和表达状态3个层次。文献①认为,信息需求是由"模糊"向"清晰"发展的,并把需求划分为4种状态:潜在状态、自觉状态、正式化状态、计算机语言化状态。本文根据信息需求不确定性程度大小分为三个层次。

1. 潜在信息需求。即意识中的信息需求。信息需求产生于人脑的机能——意识与思维。潜在需求虽被意识到了但还无法用语言表述出来,但在别人或别的东西的提醒和刺激下会被表达出来,成为现实需求。无论是"潜在的"还是"外显的"信息需求都必然经过这一阶段。一般情况下,它们以不同程度的"不确定性"存在,只有当信息需求到达一定的强度或在外界因素的刺激下,才有可能导致信息获取行为的发生。

2. 表达的信息需求。能以词语表达形式表现出来,容易被用户自己和别人识别;信息需求如果仅仅停留在"内心深处"的话,只能是一个"愿望"而已。个体要想实现信息需求的满足首先必

---

① Taylor, R. "Question-negotiation and Information Seeking in Libraries", *College & Research Libraries*, 1968, 29(3), pp.178-194.

须借助于词语的这种符号形式进行"彰显",或者说需要在进行思维加工然后"映射"到词语—符号信息上,以便能与环境进行交流。停留在这一层次的信息需求是"外显式"的。尽管我们追求的是与"内隐式的"信息需求一致性的表达,但却有可能因为"映射"的关系可能会出现一定的偏差,甚至可能进一步加大了信息需求的"不确定性"。

3. 真实的信息需求。信息需求的满足必须通过个体与信息系统的相互作用来实现,而信息系统作为人工的系统,有其特有的组织规则和操作程序。在语词匹配的过程中,可以对"真实的"信息需求再次甚至多次(根据反馈回来的获取结果)进行调整。信息需求"不确定性"的减少更多地也是在此环节得到实现。这一层次的信息需求已被转化到对无序信息进行全面整合的信息系统中来,信息需求已被转化为信息系统中可供检索的"语词信息"。一般情况下个体是否能获得需求中的信息在此会有一个比较明确的结果。由于信息系统的功能越来越强大、越来越便捷,因此,它会以直接或者间接的方式提供个体所需要的信息服务。

需要指出的是,信息需求构成的划分仅仅是为了说明的方便。内容构成中的对信息的需求,对信息源的需求,对信息获取方式的需求和对查寻方法的需求是相互联系的,层次构成中的潜在需求与现实需求,个别需求与群体需求也是相互联系的,而且内容构成和状态层次构成可以相互交叉组合。如对信息源的潜在需求,对信息源的现实需求,对信息源的个别需求,对信息源的群体需求,个别的潜在的需求,个别的现实需求等。

二、信息寻求行为理论介绍

信息寻求行为,一般是指当信息用户有了确定的信息需求时,以各种方式对所需求的信息进行寻求、传递和使用的行为。信息搜寻行为（Information Seeking）是信息行为的一个子集，关注的是人们在发现和访问信息资源时所采用的不同方式方法。Spink 认为，人类信息行为研究是试图研究与信息查询、搜寻、检索、组织和使用相关的人类行为[①]。Wilson（2000）认为信息搜寻行为是"源于使用者意识到对某种需要的认知，是指为满足某种需要而激活记忆里所存储的知识或者在周围环境中有目的的搜寻信息的过程"。1968 年，William Paisley 指出，在研究信息需求和使用时，信息科学与行为科学相融合，我们迫切需要信息过程行为的理论，而该理论将产生关注频道选择、搜求总量及信息的质量、流行度和多样性以及动机因素在其中所扮演的角色，其中，信息寻求行为作为信息行为的"下位概念"，是指用户在信息寻找过程中的所有活动。在借鉴哲学、心理学、社会学等学科的理论和方法的基础上，国外学者们提出了多种情报学领域内的信息寻求理论、概念、框架结构及模型，在此对几种有代表性的信息寻求行为模型进行概括性介绍[②]。

（一）德尔文的宏观"意义构建"理论

德尔文从信息论的角度对信息寻求行为进行描述并建立模型，把信息的寻求及其结果当做搭建个体信息用户认知缺口差距的一座桥梁，并认为在一次完整的信息寻求过程中，可以包含多次认知缺口差距的"弥合"。这种由状态→差距→桥梁（信息）→结果（使用帮助）的顺次，构成了一个意义构建过程，这一过程可以重复进行。在此，"桥梁"作为一种手段起到了弥合"状态"与"结

---

① 　Spink，A. and Cole，C. "Everyday life information seeking research"，*Library and Information Science Research*，2001，*Vol.*23 *No.*4，pp.301-304.

② 　朱婕：《国外信息行为模型分析与评价》，《图书情报工作》2005 年第 4 期。

果"之间的"差距"作用。信息寻求作为桥梁的作用在模型中得到了充分的体现。因此,德尔文的"信息寻求行为模型已使信息行为研究进入了认知领域。用"复杂系统"的观点来看,信息行为的研究已经超越了情报学学科的范畴,而被置于更为广泛深刻的背景之下,起到了"意义构建"的作用。我们已有这样的共识:信息即负熵,其功能在于减少人们认知上的"不确定性",帮助个体实现由认知上的"不确定性"向"确定性"转化,从这个意义上说与德尔文的"意义构建"理论相吻合。"意义构建"在情报学领域内是被作为元理论来看待的。所谓"元理论",可以简单定义为"对构成某一知识领域理论框架的依据所进行的分析和认识"。由于"意义构建"理论不仅涉及波普尔的"世界3",也涉及"世界2"因此,其研究问题的方法可以纳入哲学的范畴。我们有理由认为"意义构建"理论从哲学认识论的角度奠定了信息寻求行为的理论基础。

(二)埃利斯的微观信息寻求行为模型

Ellis 在对各类社会科学家个体信息搜寻模式的特点进行比较分析的基础上,归纳出信息搜寻过程的 8 个特征。与其他信息寻求行为模型不同,他使用了"特征"来代替信息搜寻活动的各个阶段,这些特征的命名和定义如下:①开始:用户在寻求信息时最初所具有的"特征"。此时用户泛泛地发现与新领域或新主题相关的文献,希望借此判别出可以开始研究的关键性文章。使用的手段或方法如向同事或同行进行询问。②连接:通过已知资料的脚注、参考文献,或通过引文索引对相关的"条目"进行"前向"搜寻。③浏览:对一个感兴趣的领域进行"半直接、半结构化的查询"。其作用一方面是熟悉信息源,另一方面是区分信息源。④分类:利用已知信息资源的区别,对信息源进行筛选。既可针对不同类型的信息源,也可针对同一信息源的不同类型信息来进行。

⑤跟踪:通过定期地关注特定的信息源,保持最新信息的获得和最新意识的查找。⑥采集:在特定的信息源中有选择地识别出相关资料。⑦证实检查所获得的信息的精确性。⑧结束:通过最终的查找,进行最后的加工。

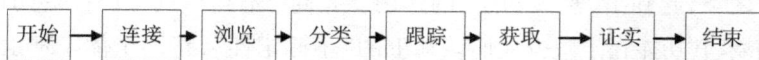

图 2-1　埃利斯信息寻求行为模型

图 2-1 显然,从"开始"到"结束"就是一次信息寻求的过程。埃利斯的模型关注的是信息寻求过程,而没有对搜寻行为需求动机的分析,可被视为"从信息检索的角度"对信息行为问题进行的研究,因而体现了情报学领域的研究特点。埃利斯理论是建立在"经验研究"的基础上的,信息用户是指科学技术人员,显然他们了解并掌握一定的专业知识和检索技能,其信息需求相对而言是比较明确的。可见,用户信息检索的过程是一个不断满足其信息需求的过程,是一种复杂的认知活动。

(三)威尔逊的信息寻求行为整合模型

英国情报学家威尔逊教授早在 1981 年就提出了自己的信息寻求行为模型,该模型建立在两个基本主张上,一是信息需求并非是最原始的需求,而是源于更为基础性的需求——即心理、认知和感情三方面的需求,其中每一种需求又处在不同的背景——个人、社会角色以及环境的背景之下。二是在寻求可以满足需要的信息过程中,需求者可能会遇到来自于同样背景之下的不同障碍①。

---

①　Wilson T D. " Human Information Behavior ". Special Issue Information Science Research,2000. 3(2),pp. 49-53.

1996年,威尔逊在1981年模型的基础上进行了再次修订[1],该模型吸收整合 Dervin,Ellis,Kulthau 的信息行为研究模型,研究了信息需求、个体因素、环境因素与信息搜索类型(被动关注、被动搜索、主动搜索、持续搜索)的关系,以及不同过程阶段的关注点和可供借鉴的理论,如压力应对理论,风险回报理论,社会学习理论等。压力适应理论提供了为什么一些信息需求没有引起查找行为的可能性解释;风险报偿理论有助于说明一个确定的个体更偏好使用哪一种信息源;体现"自我效能"的社会学习理论则描述了个体如何从事能使自己获得成功的信息行为。威尔逊的模型应该是我国学者最为熟悉的模型,在此我们可以将其描述为"从情报学角度"探讨信息寻求行为的整合模型。

(四)其他学者信息寻求行为模型

文献[2]提出的模型则认为任务复杂性程度会影响所需要的信息类别,进而影响用户对信息源/渠道的选择、评价和使用。Pharo,N 在文献[3]、[4]中给出了一个相对全面的模型,包括工作任务、搜索任务、搜索者、社会/组织环境/搜索过程等方面的因素,并且应用一种称为搜索状态转换的方法(Search Situation Transition Method)分析了任务环境下信息搜索过程。在每一种模式下会发

---

[1] Wilson T D. " Human Information Behavior ". Special Issue Information Science Research,2000. 3(2),pp.49-53.

[2] Bystrom,Jarvelin etc."Task complexity affects information seeking and use". *Information Processing & Management*,1995,31(2),pp.191-213.

[3] Pharo,N.:"*The Search Situation and Transition method schema:a tool for Analyzing Web information search Proeesses*" 2002, Acta Universitatis Tamperensis: TamPere,Finland.p.871.

[4] Pharo, N. "A new model of information behaviors based on the Search Situation Transition schema".*Information Research*,2004. 10(1):p.203.

生何种信息搜寻活动,他们已不再局限于情报科学的研究领域,而是把信息行为视为交叉学科来进行研究,其研究的内容已经涉及了决策、心理学、创新、健康交流问题以及消费者行为领域。

通过对国外信息行为模型的简单介绍及分析评价,我们可以清楚地看到信息行为的研究基本是对获取知识信息行为的分析,包含了信息需求、信息寻求以及信息利用等内容,研究的视角在情报学领域内,方法涉及了哲学、认知科学、心理学等学科范畴。随着信息技术尤其是网络技术对人们信息获取方式的影响不断加深,这种跨学科的信息行为研究将具有更大的现实意义。

(五)国内学者对信息行为的研究

国内学者对于用户信息行为的定义主要有以下 3 种观点:第一种观点认为信息行为是在动机支配下,用户为了达到某一特定目标的行动过程;第二种观点认为信息行为是用户所进行的有意识的查询、选择、搜集和利用情报的活动,是主体与客体、主观因素与客观因素交互作用的复杂过程;第三种观点认为信息行为主要是指人类运用自己的智慧,以信息为劳动对象而展开的各种信息活动,即人类的信息查询、采集、处理、生产、使用、传播等一系列过程。陈建龙认为信息行为是人们自觉地为解决问题而获取和使用信息的活动。唐亮在综合参考国外学者提出的信息搜寻行为模型,并且结合网络信息行为特点的基础上,整合广义的网络信息搜寻模型,它把信息需求作为影响网络信息搜寻行为的因素之一而加以考虑。与国外学者提出的模型相比,增加了信息利用这样的后续阶段,即信息效用问题,它是对信息搜寻行为得到的结果的一个评价,信息效用不仅会对信息搜寻行为的变换产生影响,同时还会反馈影响到信息需求的调整。同时把用户在信息搜寻过程中可能发生的调整信息需求、选择(重新选择)搜寻工具等行为都列入了考虑范畴,因而比较适合对网络信息搜寻行为的具体过程进行描述,并在该模型的基础上,就网络消费者信息搜寻行为的某些影响因素(主要是环境因素、主体因素和系统因素)具体是如何影响信息搜寻行为展开讨论①。

基于以上观点,我们认为,用户信息寻求行为是建立在具有个体动机的信息需求的基础上,历经信息查寻、选择、搜集各过程,并为用户吸收、纳入用户认知范围的行为,是连续、动态、逐步深入的过程。其中,用户信息检索行为,是克服信息鉴别障碍;用户信息交流行为,是克服信息获取障碍;用户信息使用行为,是克服信息吸收障碍。

情报学视角信息行为研究存在两个问题:一是很多的研究成果是在非市场环境下的研究,用户是定位在信息机构或图书馆的用户,其行为是非市场行为,定位在免费用户而不是付费的信息消费者;二是信息的提供者和信息服务者将用户当成被动的接受者,传递者是主动的,虽然也强调根据用户的信息需求提供信息,但更多的只是考虑用户对信息的需要,较少考虑用户接受信息的过程以及如何通过信息的传输过程提高吸收信息的效果。

第四节　信息经济学视角的信息消费行为

信息经济学视角的信息消费行为是指,在生产、生活中,消费主体(这里主要指居民)在信息需求的引导下消费信息产品及服务从而得到满足的消费行为。信息消费的购买决策过程,一般分为五个阶段,即需求认知(need recognition)、信息搜寻(information

---

① 唐亮等:《网络消费者信息搜寻行为研究》,《图书与情报》2008 年第 2 期。

seeking）、选择评价（alternative evaluation）、购买行为（purchase）、购买后行为（postpurehase）。

一、信息消费需求

经济学中消费需求必须满足两个条件，即购买意愿与购买能力，信息消费需求也是如此，表现为信息需求欲望（wants）、需要（needs）和获取信息的能力，获取信息的能力至少包括认知能力和货币支付能力。任何信息消费行为都是在信息需求支配下的行为，先有需求而后有消费。信息商品的消费需求是指在特定时期内，信息用户根据一定的价格和其客观存在条件愿意而且能够购买的信息商品和信息服务的数量，它是购买欲望和购买能力的统一，是信息消费者具有的满足获得信息欲望的货币支付能力和信息利用能力。信息消费需求是信息生产的动力，信息需求日益成为经济发展的重要动力。

（一）信息消费需求的构成要素

信息消费需求是消费市场中消费者对信息产品与服务的需要与获得能力。经济学者所讲的消费者行为，是指在一定收入和价格条件下，消费者为获得最大满足对各种商品所作的选择活动。在信息商品化条件下，信息消费者的类似行为依然存在，所不同的是，物质消费者"选择活动"行为的终结意味着消费活动的暂时完成（至少在商品使用价值全部转移的角度上是如此），而信息消费者"选择活动"即信息商品的获取，只是整个信息消费过程的一个阶段，要实现信息（商品）使用价值的全部转移，还需要经过消费者对信息（内容）认知加工及信息再生过程。购买仅仅完成了经济意义上的消费，精神层面的信息消费后才完成真正意义上的信息消费。

信息消费需求的构成和特点问题,关系到信息消费需求理论能否全面建立;关系到信息产品和服务的供应方能否提供有效的服务,信息服务活动能否有针对性地开展,信息市场能否有效地组织和建立;关系到我们能否较为全面准确地调查和预测居民的信息需求,组织和开展高效、实用的信息活动。信息消费需求的构成问题要回答的是"居民对信息和信息消费有哪些指望和要求",这是理论探讨和实际工作中经常要遇到的问题。我们已经知道,信息意识可以激发信息需要状态的演变,可以支配和调节信息需求发展成为信息消费行为。所以现实的信息消费力由信息需要、信息认知能力、货币支付能力、可支配时间构成。信息需求的构成可以从两个角度加以考察:一是从信息需求的目标出发,探讨信息需求的内容构成;二是从信息需求的机理和表现形式出发,探讨其层次构成。

1. 信息消费需求的内容要素

任何信息需求都是有内容要求的,信息的内容要素是信息商品最基本要素,反映了信息所属的学科,如"生物信息"、"经济信息"或"环境信息"等,可依此对信息需求进行分类。文献①根据心理维度将信息需求细分为:功利性需求(Functional)、快乐性需求(Hedonic)、创新性需求(Innovation)、审美性需求(Aesthetic)、标志性需求(Sign)。文献②则从认知角度将信息需求分为:对新信息的需要、阐明已有信息的需要、证实已有信息的需要、阐明已

---

① Vogt C A, Fesenmaier D R." Expanding the Functional Information Search Model", *Annals of Tourism Research*, 1998,25(3), pp.551−578.

② Weigts W, Widdershoven G, Kok G, et al." Patients'Information Seeking Actions and Physicians'Responses in Gynaecological Consultations".*Qualitative Health Research*, 1993,3(4), pp.398−429.

有信念或价值观的需要、证实已有信念或价值观的需要。信息的形式要求是多方面的,比如,是"知识型信息"、"消息型信息"还是"数据、事实、资料型信息";是"政策信息"、"市场信息"还是"产品信息";是"技术信息"、"生产信息"还是"贸易信息";是"战略信息"还是"战术信息"等等。

信息消费需求的内容构成至少包括对①信息内容质量的要求,购买文献就会对文献的可读性、信息含量和所载信息的准确性、时效性、权威性等有特别要求。②信息源的要求,对信息源的来源范围、来源权威性要求。对文种、数量甚至文献的具体题名、责任者、版别、时限和主题等都会有要求和选择。③对查寻(行为)途径、方法的要求等,消费者会因所需信息内容类型的不同而选择不同的途径。如选择途径有购买正式出版发行的各种文献、利用信息系统的装备和寻求专门的信息服务等。④对获取信息的方式的要求。利用信息系统就会对系统的易用性、简便性、低费用性、查全率、查准率等有专门要求;寻求服务就会对服务的类型(如一次文献、二次文献、还是三次文献服务,中介服务还是咨询服务等)、适时性、针对性、低耗性、效益性、服务质量、服务态度等有不同要求。用户对"要什么"(信息)、"从哪里要"(信息源和行为途径)有了明确要求后,还会对"怎么要"(查寻方法)提出具体要求。比如,用户如何以最少的付出找到所需信息就成为用户立刻要求解决的问题。查寻方法的要求主要是对信息检索工具和检索方法的要求。对检索工具的要求包括具体的类型(题录,索引还是文摘),反映信息的及时性、揭示信息的完备性(如文摘是否有多种检索入口),标引深度等和整体的检索体系。检索方法有分类检索、主题检索之分,也有回溯检索与现时检索,单一检索与综合检索(运用多种检索工具查寻)之别。如果信息内容虚假,造成人们对信息消费可靠性的怀疑,就阻碍了信息消费需求的进一步扩大。

2. 信息消费需求的载体要素

在一定程度上说,信息内容与信息载体是不可分的,信息传递离不开信息载体,信息商品优化需要通过载体变化表现出来。然而,只要是信息载体,或多或少保留着某些物质属性。作为高级信息载体的符号,如语音、文字、数字等,仍然是物质的东西,需要借助一定的物质实体或物质波动状态才能表示和固定,以便携载和传送信息。言语声色依赖于发声器官和体态的变化,文字或数字需借助某种有色颜料涂抹、撒播或刻画在实物载体上,都属于某种物质形式。对物质依赖性最小的信息载体要数 0、1 符号串这种电脑语言,人工符号进化到这一步,载体的物质属性似乎已减少到极点。有各种各样的信息载体,有些载体需要并且可以载于别的载体上。纸张、磁带、文字、语音都是信息载体,文字可以固定在纸上,语音可以固定在磁带上。电子媒介和通信技术的快速发展和成功运用,不仅打破了地理和空间的障碍,更改变了信息传播的方式和长度,我们的社会正从单一的印刷媒介远离而过渡到一种无纸的电子时代,载体形式多种多样。消费者获取信息过程中会对文献的载体类型,如是图书、期刊、专利还是标准文献,是印刷型、声像型还是机读型文献等载体形式进行选择,并都会有不同的要求。

3. 信息消费需求的价格要素

任何消费需求都是有一定的价格条件。按照经济学理论,人们购买一种商品的数量取决于它的价格,即在其他条件不变时,一种商品的价格越高,人们愿意购买的数量就越少;而价格越低,人们愿意购买的数量就越多[①]。由于信息商品具有不同于物质商品

---

① 刘东:《微观经济学新论》,南京大学出版社 2000 年版,第 111—170 页。

的特殊性,信息商品的价值和价格的度量和确定是一个很复杂的理论与现实问题。作为商品,信息商品与物质商品一样具有使用价值和价值,但与一般的物质商品相比较,信息商品具有知识性、独创性、共享性、高风险性、保存性、时效性和边际成本低廉性等显著特征。信息商品除凝结着今人的劳动消耗外,还有前人劳动消耗的积累。由此可见,无论从哪一个角度去理解和看待信息商品生产的劳动消耗,都不能据此确定信息商品的价值量。理论界认为信息商品的价格是由其价值、效用、成本、供求及垄断价格综合形成的均衡价格。信息消费需求的价格选择就是根据"优先考虑"的原则,"期望得到"解决问题所需的信息。在这里,"优先考虑"指的是用户通过对信息源、搜集方法和途径等方面的选择,从众多的信息商品中获取理想信息,"期望得到"指对每个方面的具体预期要求。

(二)信息消费需求的特征

探讨信息消费需求的特征旨在了解"居民的信息消费需求有无规律可循"这样的问题。由于信息产品所具有的特性,使它的消费需求层次,结构,主体、市场都不同于一般的物质产品消费。这就需要对这些特征进行研究。消费者信息需求是多种因素的综合产物,当我们进行研究时,可以把多种因素分解为独立的因素,并分别进行全面深入的研究;当我们将研究应用于实际的消费者分析时,可以采用"多因素实验设计"的方法将某个或某类消费者的信息需求决定因素结合起来,进而引入系统分析法和动态分析法等予以全面系统的分析。

1. 信息消费需求的个体角色特征

消费者每一种角色都与他的某一特征相对应,一个人具有多少特征也就拥有多少种社会角色;我们大体把社会个体消费者的特征分为个人特征、组织特征和社会特征3大部分,它们作为整体决定着个体的信息消费需求,这是由于不同的消费者有不同的自然属性、社会地位、个性倾向和态度等个性条件,受到社会环境、自然环境和信息环境的不同影响,而且其信息意识的强度也有差距,这方面的特点是很明显的。这也是为什么"以信息需求为标准划分信息用户类型"的原因。人的信息需求的多样性是由其所扮演的社会角色的多样性所决定的。社会角色是指与人们的某种社会地位、身份相一致的一整套权利、义务的规范与行为模式。它是人们对具有特定身份的人的行为期望,它构成社会群体或组织的基础。不同类型用户及其在不同条件下的信息需求特征也各不相同。消费者的组织特征反映他所从属的社会组织的数量及其性质,这些组织大致分为职业组织、业余组织和社区组织等类型。职业组织是建立在社会分工基础上的社会组织、包括政治组织、经济组织和文化组织等,它们以其目标、制度、职位结构、职业活动、物质基础、技术设备和组织规模等因素直接规定着用户信息需求的主体结构,可以认为职业组织及其活动是用户信息需求的最重要的决定因素之一,例如"培养各种专门人才的教学法、教学管理、大学校园、信息网络和教师生存"等因素必然决定着一位大学校长的主要信息需求。业余组织是相对于职业组织而言,它建立在兴趣爱好的基础上,可以说是职业组织的补充,它主要以其活动和参加人员等影响用户的信息需求。例如,足球比赛及其相关活动就对足球爱好者的信息需求有积极的影响。用户所参加的业余组织的数量和参与程度也反映用户的全面发展情况。社区组织是建立在地域基础上的社会组织,以空间特征为标准时分为城市社区和乡村社区,它主要以其地域环境和资源、人口结构、社区文化、社区活动和社会变迁等因素影响用户的信息需求。例如,鱼米之乡、流动人口、高雅文化、自由市场和城市化等因素都能导致用户新的信息需求。经验证明,没有任何两个人(包括双胞胎)的所有特征是相同的,因而也没有绝对相同的信息需求。

2. 信息消费需求的全方位、综合化特征

如上所述,每个消费者都具有个人的、组织的和社会的多方面特征,而每一特征都能够激发相应的信息需求,如果条件许可,人们会将每一特征所激发的信息需求都转化为实际的信息行为。例如,现在中国的家长不仅希望自己的孩子学习成绩优良,还不惜代价送孩子上各种课外学习班,比如音乐舞蹈班、书法绘画班、游泳、武术健美班、电脑网络应用班等,希望孩子能全面发展。这类现象表明用户信息需求全方位的存在,如果说人的全面发展是全人类的奋斗目标,那么人的信息需求的全面性就是推动人的全面发展的必要条件;个体用户信息需求的全面性是客观存在的,因为社会主体的不断多元化,社会结构在变,即各种观点、理念不断地冲击着社会,进而影响用户的需求;在人的一生中,人们对信息的需求也随着时间改变;从整体而言,居民对信息消费需求是各种各样的,每一种信息商品都有其消费者,所以居民信息消费需求具有全面性、综合性的特征。

3. 信息消费需求具有可诱导性和可变性

许多文章提出潜在信息需求的概念。潜在信息需求是指用户目前没有被满足、或未能表达的属于潜意识下的一种需求,是与显性需求相对应而存在的,它的特性有:隐蔽性、随机性、模糊性、短暂性、冗余性、创造性、可转化性[1]。这也是商家为何不惜花费巨

① 田桂兰:《试论图书馆读者的信息需求》,《科技情报开发与经济》2005年第10期。

资打广告的原因。人们的消费需求很容易受外界各方面的影响。信息消费需求处于变化发展的动态过程中,这表现在,一是信息需求是信息需要变化发展的结果,其自身又会逐步被表达出来;二是实践活动中待解决的问题的发展和变化引起信息的内容、来源及其获取途径和方法的变化,如科研人员在研究的不同阶段出现不同的信息需求;三是一种信息需求的解决往往会引起新的信息需求。20世纪80年代,个人电脑的市场发展还处于实验阶段时,一家备受尊崇的研究公司进行一项全美社会趋势民意调查,以此预测刚刚萌芽的个人电脑工业将面临的问题,得出的结论是,消费者有抗拒个人电脑的观念。然而,实践证明上述结论大错特错,人们一旦与新事物和不熟悉的事物经常接触,那种陌生感随即消失,潜在好奇心诱导了潜在信息需求,并逐步转变为显性信息需求。

4. 信息消费需求具有"精神消费需求"特征

信息商品消费一般在满足基本生活需要后才考虑,随着收入的变化而变化。当消费者低层次需求被满足后,必然会对较高层次的需求产生兴趣,追求情趣、涵养、自我价值的实现等深层次的精神需要。精神消费需求取决于个体认知结构,具有不同知识结构水平的人,对精神消费的需求是不一样的,且消费后产生的效用也是不一样的。一般而言,教育程度越高,对信息商品的需求越大,消费后产生的效用也较大;教育程度越低,对信息商品的需求越少,消费后产生的效用也较小。精神消费需求受消费者认知水平、注意力、可支配时间等条件的制约,此外,精神消费还受消费者个体心理偏好的影响。

5. 信息消费需求具有很强的时效性特征

信息商品比其他任何商品对时间都敏感。有些信息如果不能及时到达消费者手中,就一文不值了。因此,信息消费时效性很重要。不同的信息产品都有不同程度的老化现象。很多信息随着人们不断进行的科学活动或知识生产和技能发明等再生过程及其环境的变迁,逐渐失去其原有的新颖性,降低了信息产品的使用价值。过时信息难以产生良好的使用效果,影响信息消费者的预期利益,信息消费效用与消费时间有极大关系,所以时效性是信息消费需求的特征之一。

二、信息消费需求一般规律

消费者信息需求的决定因素所研究的主要是单个消费者的信息需求规律,若扩大范围,对消费群体的信息需求研究,则可寻找出一些共同的规律、这些规律主要包括:信息消费需求的布氏等级分布律、价格弹性规律、生活空间特征、生命阶段性和马太效应与罗宾汉效应等。

(一)信息消费需求的集中与分散规律

大量研究结果表明,在信息消费需求中同时存在所谓马太效应和罗宾汉效应。马太效应指用户信息需求及其累积信息量之间的相关性。由于经历和职业等方面的关系,用户的信息需求量不会相等,因而所累积的信息量也不会相等。一般而言,信息需求量大的用户,随着时间的推移,累积的信息量越多,其信息需求量也更大,其信息积累量越来越高于平均水平;而信息需求量小的用户,随着时间的推移,累积的信息总量呈现停滞的态势,信息需求量则越来越低于平均水平,这就是用户信息需求的马太效应。例如,科学家、教授、记者等为了生产信息资源,不断地搜索和累积信息,从而就不断衍生出新的思想与成果,也不断地激发出更多的信息需求;而某些坐办公室的干部,满足于靠老经验办事的工作方式,久而久之,思想僵化,也就不再产生新的信息需求了。由于经历、学历、职业活动等方面的关系,个体用户所累积的信息量不等,甚至有时差距很大,马太效应更为明显。从用户和使用时间上看,也体现了很高的使用集中度。根据思科的数据,全球前 1% 的大用户消费了 20% 的流量,前 10% 用户消费了 60% 多的流量。而且互联网使用存在"黄金时间",世界各地大约都是从晚上 9 点到凌晨 1 点。"黄金时间"内产生了 25% 的流量。另外,互联网的峰时流量比非峰时流量高 20% 以上。

另一方面,在科学技术高度发展和信息网络化的今天,由于网络环境特有的使用上平等性,使人们在利用网络获取信息的机会相对均等,促使信息消费需求由集中逐渐向比较平衡趋势发展,大多数用户的信息需求总量趋于平均,消费者的信息累积量趋于平衡,这是用户信息需求的罗宾汉效应。

但特定用户所需信息按学科、品种、语种的分布是相对集中的,即拥有"核心资料"就能满足他们的绝大部分需求,以满足同等需求为前提条件,核心资料、相关资料、离散资料之间的数量关系符合布氏(Bradford)等级分布律,即 $1:n:,n^2$,消费者所需信息呈现出集中与分散的趋势。根据这一规律可确定每一类信息商品的核心消费者,确定每一群消费者的核心资料使得信息服务商能够更好的、有针对性的根据消费者的需求进行生产、服务指导。

(二)信息消费需求的价格弹性规律

一种商品的市场价格与该商品需求量之间存在着一定的关系,这种价格与需求之间的关系用需求的价格曲线表示。若用 P 表示价格,Q 表示需求量,则需求量与价格之间的关系可以用一个函数表示:$Q=f(P)$,该函数的图像即为需求曲线。需求的价格弹性用于衡量当一种商品的价格发生变动时,该商品需求量变动的大小,即需求量变动的百分比除以价格变动的百分比,用公式表示就是:需求价格弹性 E_D =需求变动百分比/价格变动百分比,在具体计算弹性时,有两种计算方法:弧弹性和点弹性。弧弹性是根据需求曲线上两个点的坐标,计算该两点之间的平均弹性;点弹性是根据需求曲线上某点的坐标来计算该点的点弹性。根据信息商品需求弹性系数的大小,我们可以将其分为 5 类:①需求富有弹性,即 $1 < E_D < \infty$,说明信息商品价格稍有变化就会引起其需求量较大的变化;②需求缺乏弹性(具有刚性),即 $0 < E_D < 1$,表明在信息商品价格有较大变化时,其需求量只有较小变化;③需求单一弹性(弹性不变),即 $E_D = 1$,说明由价格引起的信息商品需求量变化幅度等于信息商品价格变化的幅度;④需求完全无弹性(垄断引致严重短缺),即 $E_D = 0$,表明信息商品价格无论怎样变动,需求量都保持不变;⑤需求弹性无限大,即 $E_D \to \infty$,此时信息商品价格维持不变,而其需求量无限增长。在以上 5 类信息商品的需求弹性中,后 3 种是需求弹性的特例,在市场机制调节的开放式信息市场中是很少见的,因此,我们讨论范围仅限于两类,即需求富有弹性和需求缺乏弹性。通常,信息商品需求弹性的影响因素有信息商品的效用、用户消费预算中信息消费支出的比例、信息商品的使用寿命、信息商品的可替代性等等。娄策群(1999)[①]深入探讨了这些影响因素,并在此基础上,对不同的信息商品的市场供求弹性作了定性分析,通过这些分析,可大致判断和估计信息商品需求弹性的大小。但信息商品的知识性、交易的复杂性及价格的特殊性,客观上决定了信息商品需求弹性的大小及其变化没有统一规律可循,因此定性估计的结果往往不可靠,缺乏实际指导意义。信

---

　①　娄策群:《论信息市场供求的价格弹性》,《情报理论与实践》1997 年第 1 期。

息商品的生产者、经营者要想制定正确的价格决策,获得更多的经济收入,就必须掌握信息商品较为精确的需求弹性值。

(三)信息消费需求与社会生活空间密不可分

这是用户信息需求在空间维度方面所展示的特性。每个用户都生活在特定地域空间,其出生和成长的空间、其求学、服役或工作的空间,其旅游、探亲、参加学术会议和公差所及的空间等,所有这些空间和与这些空间有关的人物叠加起来,可称为"生命空间"。一个用户的生命空间对其信息需求有重要的影响,其所有的信息需求与其经过的生活空间有关,例如,人们即使离开故乡也会不由自主地关心和眷恋故乡,在报纸或广播电视中偶然发现来自故乡的报道时,常常会表现得极为关注和异常兴奋,可见故乡报道满足了潜藏在他内心深处的信息需求;同样,当他获悉亲人或老友的消息时,也会得到精神需求的满足。生命空间也可以理解为人们的经验、知识、观念和思想等的叠加,这些经验、知识等本身是信息需求满足的产物,但作为一种存在同时又是新的信息需求产生的源泉。由于消费者具有多方面的生理、心理和社会特征,但这些特征并非具有同等的重要性,通常,只有当某一特征或某些特征在经常性的人际互动和社会活动中形成相对稳定的社会关系时,才能在用户信息需求方面起到决定性的作用。我们认为,由血缘关系决定的种族、家族、家庭、性别和年龄等特征,由地缘关系决定的地域环境、风俗习惯、价值取向、邻里和乡亲群体等特征,由业缘关系决定的职业目标、职业活动、职位结构、职业变迁和职业文化等特征,以及由这3种关系综合决定的兴趣、爱好和朋友群体等特征,共同构成用户信息需求的最主要的决定因素,这种情况充分体现特定用户群信息需求的集中性。此外,这种集中性还体现在由时代背景和社会环境所决定的社会制度、科技进步和教育水平等特征的宏观影响方面。

（四）信息消费需求的生命阶段性

这是信息消费需求在时间维度上所呈现的规律性。人的生命是一个单向的不可逆的过程，从大的方面讲，该过程呈现着强烈的阶段性，分为幼儿期、儿童期、青年期、壮年期、中年期和老年期等阶段。就青年期而言，又可分为中学阶段、大学生阶段、研究生阶段等；就大学阶段而言，又可分为一年级、二年级、三年级、四年级4个阶段；就每个年级而言，又可分为两个学期；每个学期又有开学、期中、放假等阶段划分；等等。人的生命旅程还可做进一步的细分，这种生命的节律性运动现象也称为"生命周期"，生命周期是影响信息消费需求的又一重要因素。根据社会学理论，人生的每一阶段都有一个需要解决的主要矛盾或主要问题、例如，青春期主要解决建立稳定的角色、克服角色混乱感问题。成年期主要解决获得创造力、克服停滞感等。"每个阶段的主要矛盾必然决定着消费者该阶段主要的信息需求，这就是信息消费需求阶段性的意义所在，据此可分析和预测特定消费者信息需求变化的规律性。随着科技的迅速发展，知识和技术的更新时限越来越短，人们信息需求的变化也越来越快，变化不是只存在一时，而是一生。为了应付知识更新所面临的挑战，就需要从学校的学习转化为终生学习，需要不断地吸收新知识，应用新技术，以免被社会淘汰。

（五）网络信息消费需求特征及规律

网络信息消费需求是指消费者通过利用网络满足对具体信息内容、信息检索工具、信息服务的需求。在网络环境下，由于网络信息的获取不仅要求用户具有较强的信息意识，同时要有一定的信息能力、网络技术能力和经济能力，而用户自身的知识结构、检索知识、检索经验、计算机知识等现代化的因素也密切相关。

在网络环境下,信息消费需求除具有上述特点外,获取知识信息的方式主要依靠网络化工具;对所需获取的知识信息不仅要求完整而系统,同时要求获取过程要十分简便。网络信息消费需求的特征是:信息消费需求趋向多元化,信息消费类型趋向全方位和多层次,信息消费内容趋向专深化,信息消费需求表达快捷化,信息消费手段自助化。

网络的普及使网络用户剧增,在数量增加的同时,各用户群体类型也呈多样化,信息需求也日益复杂化和多样化。因为网络用户范围广泛、程度不一、需求各异,这导致了各种用户查询和利用信息的视角不同、方法不同、类型不同、深浅程度不同。然而网络信息资源的用户,具有一些共同的特点和规律:

1. 信息消费需求的社会化

在信息经济时代,占有并利用大量的信息资源,才能发明出先进的技术,推动社会经济的发展。社会的可持续性需要大量信息来支持。此外,现代信息技术能够改善用户所处的社会环境,间接地导致信息消费者数量的增加,从而信息需求的总量也不可避免地增加。在信息经济社会,信息消费需求日趋社会化。在网络环境中,信息需求范围不断扩大且不断转化,信息服务部门的传统服务模式越来越难以满足用户开放化的信息需求,用户信息需求由原来的稳定性、集中性向开放化的社会性转变,而信息需求社会化的直接原因是社会信息化,网络开放结构导致职业工作中社会交往范围的扩大,信息交流日益广泛,用户职业工作机制的变化,致使广大用户从面向部门的信息需求向面向社会的信息模式转变。社会结构在变,人们对信息的需求结构也随着改变,信息需求的转型是社会发展的产物。所以,信息用户信息需求呈现社会化特征。

2. 信息消费需求观念不断更新

在网络信息社会,人们对信息的需求比以往任何时候都更为迫切,获取信息的随机性很强。但在用户的潜意识里总想得到免费的信息,以此来满足信息需求。由于互联网普及,消费者信息需求意识出现市场化、技术化的新特点,消费者已经认识到信息产品和其他产品一样,只有通过市场才能找到更适合自己的信息产品,这反映了信息需求观念上,消费者有偿利用信息的意识增强,即消费者对网络信息有偿服务的认同和对网络信息产品实用性需求的增长。与此同时,用户出于经济和效率的考虑,对检索工具要求越来越高,检索方式技术化的意识不断增强。网络消费者在不断寻求可以为自己提供准确、高效、便捷、经济的信息服务机构。

3. 生活娱乐信息需求量大幅度增加

随着社会不断向前发展,生产力的不断提高,人们能获得更高的劳动报酬,人们的娱乐休闲时间也大幅度增多。由于生活水平的提高,越来越多的人开始转向精神方面的消费与追求,会将更多的时间、金钱和精力用于娱乐休闲、健身美容等。现代人对生活娱乐信息的需求超过了以往任何时代,人类加工和传递生活娱乐信息的能力越来越强,进一步刺激了对此类信息需求的强度。人类社会的文明进步和人们生活水平的提高扩大了各方面的需求,人们的日常生活中衣、食、住、行满足以后,为了提高生活质量,对休闲娱乐、购物、旅游的信息要求越来越多。

4. 对信息消费要求越来越具体化

网络环境下,信息的传播已经超出了时间、空间和距离的局限。信息类型及数量激增,信息质量参差不齐。信息社会,人们都在想方设法地提高自己的工作效率,为满足工作职业中对信息的要求,就必须在数量庞杂的信息中迅速准确地找到自己所需求的信息,要达到这些要求,人们对于信息内容的要求必然会越来越高。这时,用户已不满足对某一文献的需求,而是对其中所含知识内容质量的需求,这就表明用户由对文献信息为基本单位的信息需求转向以知识单元为基础的微观信息需求,即信息需求呈微观化趋势。消费者要求信息内容准确、传递速度快、针对性强,这是由网络信息本身所具有的海量化特点决定的,信息消费目的在于利用,信息的效用与消费要求有密切关系,适时具体的消费要求才能发挥网络信息最好的价值,否则就会降低效果甚至对工作造成损害。

5. 信息消费需求呈多样化、随意性、综合化趋势

用户信息需求的多样化有两方面的含义:一是用户需求形式的多样化,二是信息需求用户类型的多样化。用户信息需求的随意性是指消费者信息需求往往是心血来潮,未经深思熟虑。由于网络存在大量免费信息,导致很多人遇到有问题,就想到利用网络寻求信息,进而对信息需求的随意性增加。现代社会是一个信息的经济社会,其主要特征是知识成为人类社会进步的推动力量,作为个体的每一个消费者对知识信息的渴望和追求就更加强烈。知识信息社会使学科之间的联系将日益紧密,综合性、边缘性、横断性、多样性的信息将不断在网络发布,任何一项创新活动都需要通过横向、纵向的大量联系,从而实现本身与外部之间以及自己内部的不同个体之间的协作,每项活动都需要大量的、准确的、及时的、多样的、综合的信息。

6. 信息消费需求的集成化与高效化

以往用户对信息客体的需求,对检索工具与系统的需求和对各种信息服务的需求往往通过不同的途径得到满足。这意味着信息资源分布的分散性和信息技术利用的分离状态,决定了用户按

个别需求进行文献信息获取的行为方式。随着网络技术和信息整合技术的发展,将计算机技术、远程通信技术和网络信息处理技术有机结合,从根本上改变了信息资源开发、组织和分布的状况,从而使用户可以方便地按主体客观需求在网络环境中集中获取所需信息,即在网络中将同一类信息需求集中处理,各种获取方式融为一体,成为一站式检索。将信息交流、查询、数据获取、全文阅读和信息发布集成为多功能、多渠道、多方式的信息需求与服务利用行为,整合成全方位的信息服务统一平台。

　　用户信息需求的高效化主要表现在:1)用户在所从事的职业中,由于工作节奏的加快,从客观上要求迅速满足工作中的信息需求。2)信息处理和利用状态的优化要求有快速、高效的信息服务作保证。3)网络信息组织与传递方式的变化,使用户逐步适应利用新技术处理信息、进行信息交流与利用的环境,从而进一步激发了用户对高效化信息服务的需求①。用户信息需求高效化是信息提供方长期以来追求的目标,高效化的需求只有在高速信息网络环境中才能实现。

　　7. 信息消费需求的模糊性

　　由于用户的信息需求具有主观认识性,因而存在着不同层次状态。科亨(Kochen)也曾经将用户的信息需求状态划分为三个层次:用户信息需求的客观状态—认识状态—表达状态。在一定社会条件下具有一定知识结构和素质的人,在从事某一职业活动中有着一定的信息需求结构,这是一种完全由客观条件决定的,不以用户主观认识为转移的需求状态,但是,在实际工作中用户对客

————————

　　①　胡昌平:《论网络化环境下的用户信息需求》,《情报科学》1998 年第 1 期。

观信息需求并不一定会全面而准确地认识,由于主观因素和意识作用,用户认识到的可能仅仅是其中的一部分,或者完全没有认识到,甚至有可能对客观信息需求产生错误的认识,即用户的信息需求具有模糊性,表现在用户对自己的信息需求不能准确地认识或者不能完整地表达,在网上查询信息时势必出现盲目性。另外作为提供服务的信息人员在收集、整理、分析的时候往往带有个人主观色彩,因而分析的结果往往不是消费者的真正需求。

三、信息消费行为特点

信息经济学意义的信息消费行为是将信息需求动机和问题目标化,把目标作业化,产生信息消费行为,信息消费行为结果反过来逐步满足信息需求。所以信息消费行为具有如下特点:

1. 消费行为目的性

一般说来,用户的信息消费行为都是有一定的目的,信息消费行为源于用户的实践活动中,或进行娱乐、或为了交流、解决生产性问题,当它成为信息消费的满足对象时,其目标所在就成了信息消费行为的目的。因此,用户的信息需要决定了信息消费的目标。比如,科学家在了解关于他们本专业和相关学科的最新成果时,在日常工作中运用数据、方法和设计方面的事实性资料时,或在进行研究及研究完成后撰写论文而参阅与课题有关的文献时,都会产生信息需要,都要消费一定的信息来满足这些需要。又如生产性信息需要决定了信息消费的目标在于解决生产性问题,生活性信息需要决定了信息消费的目标在于解决生活性问题。用户在网上查找资料时,通常是带有比较明确的目的。

2. 消费方式易用性

用户信息消费行为受齐普夫最省力原则支配,齐普夫(Zipf)

指出,每一个人在日常生活中都必定要在他所处的环境里进行一定程度的运动。他把这样的运动视为在某种道路上行走,而且受"最省力原则"的制约。在这一原则制约下,人们力图通过最小的努力达到自己的目的。大量研究表明,用户信息行为符合齐普夫最省力原则。例如,用户对情报源的选择几乎是唯一地建立在方便省力的基础上,最便于使用的情报源首先被选用,对质量和可靠性的要求是第二位的。美国情报学家罗森贝克、艾伦和格雷斯特伯格等人的研究成果都证实了这一点。又如,几乎在每一个国家,用本国文字出版的科技文献总是被用户使用最多,也是由于阅读它们方便省力所致。索伯(Soper)在 1972 年进行的调查表明,用户使用的资料,57%来源于个人文档,大约 26%来自于用户所在单位的图书馆,大约 10%来自地理上较难存取的图书馆。这组数据有力地说明了方便性是决定用户情报行为的首要因素。信息用户总是选择简单易用的检索工具和简单的检索策略,很少使用布尔逻辑检索、限制性检索。这正好符合齐普夫(Zipf)的最小努力原则,人都有精简节省和追求效率的天性。美国情报学家穆尔斯(Moores)认为一个情报检索系统,如果对使用者来说,取得情报要比他不取得情报更费事更麻烦的话,这一系统就得不到利用。

3. 消费行为符合习惯性

《辞海》中对习惯的定义是:由于重复或多次练习而巩固下来的并变成需要的行动方式。心理学家认为"人是习惯的动物",习惯是一种思维定式,是一种行动的本能,具有稳定性、经常性和不易改变性。这种本能在人们的信息消费和交流中表现为明显的定势心理。据调查,在用户选择搜索引擎时,大多数人习惯于长期使用某一两个最初被自己所接触到的搜索引擎。用户在使用数据库时,也往往习惯于使用最初接触到的几个数据库。

4. 知识信息积累性

信息消费者在消费信息的行为过程中,所获得了人类的知识和技能具有积累性。知识积累有利于个人的观念创新,一个人掌握的知识越多,就会由于知识积累到一定的量而使得各种知识之间产生新的联系,从而形成新的思想和观念。信息用户的检索知识和技能在其不断的实践活动中也不断地积累和提高,其信息行为是一个知识学习、积累、提高的过程

5. 消费成本经济性

信息用户在消费信息时,信息成本是他们考虑的一个重要因素。消费信息中既有收费信息,又有大量的免费信息,用户在获取信息时,总是先利用免费的信息资源,只有查不到免费信息时,才会利用付费信息。大量免费的信息的存在,使用户获取信息的经济成本大大地降低了,深受用户的喜欢。此外,用户也很注重信息获取过程中的时间成本,所以用户总是喜欢那些简单易用的搜索引擎和数据库以及界面友好的门户网站,那些设计复杂、交互性较差的站点,往往访问的人比较少。

6. 消费环境社会性

人是社会信息活动的主体,人类的信息行为是世界上最复杂、最广泛的现象之一。无论是信息行为的主体(用户),还是其客体(信息)都来源社会,具有社会性。信息用户行为目的、作用对象、处理方式等都是在一定的社会环境中发生的,借助语义符号表达的各种信息,也具社会性。

7. 消费自主选择性

用户信息需求是否转化为信息消费行为取决于信息价值的大小,一般说来,用户所需要解决的问题重要,或者说所需要的信息和资料价值大,那么他一定会迫不及待地、千方百计地设法搞到

它;而如果他要解决的问题不那么重要,或信息和资料对他来说可有可无,那么他必定"守株待兔",而不会为寻找它们四处奔走。用户往往需要在不同行为可能性之中做出相应的选择。当然,并不是有了信息需要,就一定会出现信息消费行为。从信息消费需要的角度看,陈建龙认为选择或改变某种信息消费行为主要取决于以下几个原则。

第一,信息消费后 t 时间内所得期望收益大于该行为不发生的实际收益。

第二,在物质和信息的基本需求已满足,且支付能力一定的条件下,信息消费行为的选择取决于信息消费比物质消费能带来更大的收益。

第三,当 A 种结构的信息消费期望收益大于 B 种结构的信息消费期望收益。也就是说,A 种结构消费的总收益减去总支出所得的余额,大于 B 种结构消费的总收益减去总支出所得的余额。消费者就会选择 A 种信息消费结构,这表明,用户在确定信息消费的目标之后,都要从实际情况出发,选择最有效的信息消费结构。①

---

① 陈建龙:《信息市场经营与信息用户》,科学技术文献出版社 1994 年版,第 180 页。

第三章　我国城镇居民信息消费经济研究

第一节　信息消费计量模型的建立

城镇居民信息消费是指城镇住户及其成员在日常生活(包括衣、食、住、行等)过程中,为了满足自身信息需要,根据自身的收入条件,购买使用信息商品和服务的行为总和。从价值形态讲,是指住户及其成员购买和使用的信息商品和服务的支出总和,是信息消费主体将自身的信息需求诉诸信息市场来寻求满足的特定方式。信息消费计量模型是关于各种信息消费与其影响因素(主要是可支配收入)之间关系的数学表达式,是信息经济中计量研究的一个重要组成部分,它的研究对象可以是一个国家、一个群体,甚至是一个体。在经济理论界,消费函数理论认为收入是消费的决定因素,因此用收入和消费数据作为依据建立模型。关于消费支出水平的定量分析方法,主要来源于消费函数理论,即收入与消费的关系。

用信息消费函数表示信息消费和其影响因素之间的变动关系,可用下式表示:

$$C_1 = f(x_1, x_2 \cdots x_n) \tag{3.1.1}$$

(3.1.1)式中 $x_1, x_2 \cdots x_n$ 为引起消费变化的因素, C_1 为信息消费。

从宏观范畴考察,总信息消费支出是指全体消费者购买信息的价值总和,影响它的因素主要有:可支配收入、预期收入、消费者的财产水平、价格水平、信息偏好、生命阶段和社会活动量等。在其他条件不变的情况下,预期收入、财产水平越高,则信息消费越高;价格水平与信息消费水平呈反方向变动。信息偏好大、社会活动越多,信息消费也越多。在生命阶段中,年轻人精力旺盛,社会活动多,对信息偏好大,因而信息消费也多。在这些因素中,收入因素决定了消费者的财产水平、信息偏好及社会活动量。

一、基于实证研究的信息消费计量模型

由于影响一般消费的主要因素是收入,所以一般把消费和收入的确定关系称为消费函数。在进行消费函数分析时,所利用的数据可以是经过处理之后的汇总数据,也可以是原始的微观个体数据。基于不同的消费假说,可以有不同的消费计量方法,因而有不同形式的消费计量模型。

从形式上看,所有的消费函数可以被归结为两类:一类是不考虑滞后因素的影响,只以现期收入作为主要的解释变量,绝对收入消费函数即属于这一类,另一类是将滞后因素的影响引入消费函数,持久收入假说消费函数和生命周期消费函数都属此类。所谓滞后变量(lagged variable),是指过去时期的、对当前因变量产生影响的变量。滞后变量的产生,是由于经济主体的决策与行动都需要一个过程,加之人们生活习惯的延续,制度或技术条件的限制以及与经济有关的预期效应等因素的影响,经济变量的变化往往存在时滞现象,许多经济变量不仅受同期一些因素的影响,而且还与某些因素、甚至自身的前期值有关。例如本期的信息消费水平不仅受本期收入水平的影响,还在一定程度上取决于以前各期收

入水平、价格、以前各期的消费水平的影响[①]。居民信息消费计量模型的建立,是通过对信息消费可能存在的影响因素进行理论分析,并搜集相关数据建立解释与被解释变量关系的计量模型。

(一)基于截面数据的信息消费计量分析

截面数据计量分析主要用于分析短期消费行为,假定消费是由收入唯一决定的,消费与收入之间存在着稳定的函数关系,随着收入的增加,消费将增加。当收入水平较高时,人们的消费欲望强烈,消费支出也相应有较快增长,相反,在收入水平下降,预期收入不高时,人们的消费欲望和消费积极性就会大大减弱,消费支出也必然减少。按绝对收入假说,随着收入的增加,消费将增加,信息消费的增长幅度取决边际消费倾向。根据这一假定,绝对收入信息消费函数的模型可写为:

$$C_1 = a + bY + \mu \qquad\qquad (3.1.2)$$

(3.1.2)式中 Y 代表当期收入。b 是信息消费与收入的比例,称为平均消费倾向,新增消费 ΔC_1 占新增收入 ΔY 的比例关系,称为边际消费倾向。从短期看,无论有无收入,总得有消费,式中 a 为基本消费。实际上,绝对收入消费函数对横截面数据和短期动态数据有较强的解释能力,但不适合对长期动态数据的解释。

由于目前没有完整的信息消费统计数据,在居民消费支出统计中属于信息消费的内容包括:①通信消费(通信工具、通信服务)②教育消费(教材及参考书、学杂托幼费)③文化娱乐用品消费(文娱用耐用消费品及服务)④文化娱乐服务消费(主要有新闻服务,出版发行和版权服务,广播、电视、电影服务,文化艺术服务,网络文化服务,文化休闲娱乐服务,其他文化服务。相关文化服

---

① 孙敬水:《计量经济学》,清华大学出版社 2009 年版,第 262 页。

务:主要有文化用品、书报杂志、设备及相关文化产品的生产与销售)四项支出等。

利用 1995 至 2010 年各省城镇居民信息消费与可支配收入截面数据,经 Eviews6.0 对各年信息消费与可支配收入进行回归估计,可得出 1995 至 2010 年各年信息消费与可支配收入相关性模型。从模型中得到各年城镇居民信息消费倾向(见表 3-1)。

表 3-1　1995—2010 年基本信息消费及边际消费倾向

年份	基本信息消费 a	边际消费倾向 b	年份	基本信息消费 a	边际消费倾向 b	年份	基本信息消费 a	边际消费倾向 b
1995	-51.2593	0.1053	2000	-77.7109	0.1487	2005	-281.1592	0.1797
1996	-123.5698	0.1230	2001	-61.91841	0.1507	2006	-392.3388	0.1814
1997	-130.8578	0.1376	2002	-159.3678	0.1347	2007	-486.7715	0.1744
1998	-110.1199	0.1399	2003	-205.0973	0.1846	2008	-601.1966	0.1620
1999	-41.04771	0.1336	2004	-257.7706	0.1854	2009	-657.9118	0.1602
						2010	-638.07	0.1558

根据中国统计所鉴数据,经 Eviews6.0 回归估计方程听得。

表 3-1 表明,1995 年后居民信息消费倾向不断上升,2002 至 2006 年城镇居民信息消费边际倾向处于最高时期,之后有所下降。

2009 年信息消费与可支配收入回归方程:

$$C_{2009} = -657.9118 + 0.160183Y \tag{3.1.3}$$

(3.1.3)式中 $R^2 = 0.923270$,R^2 调 $= 0.920625$,t 值 $= 18.68023$、F 统计量 $= 348.9511$ 均通过检验。

模型表明,2009 年我国城镇居民收入相差 100 元,信息消费相差 16 元,当收入增加 100 元,用于信息消费支出增加 16 元,负的基本消费表明信息消费需求没有满足,消费潜力很大。从短期看信息消费受收入的影响较大。

(二)基于时间序列数据的信息消费计量分析

1.基于误差修正模型的人均总信息消费分析

由于大部分时间序列的经济变量本身是非平稳的,如果直接建立线性函数,进行回归就可能会出现伪回归的现象,使模型不能全面反映经济变量之间的关系。常用的解决办法是对非平稳的时间序列进行差分,用差分后的序列建模,但差分会使数据中包含的长期调整信息丢失,忽视了变量水平之中包含的信息。虽然大多数经济变量的时间序列都是非平稳的,但是经济序列之间的某种线性组合却是平稳的,它们之间存在一种长期均衡关系,也就是协整关系。

误差修正模型的基本思想是:若变量之间存在协整关系,则表明这些变量间存在着长期均衡关系,而这种长期均衡的关系是在短期波动过程的不断调整下得以实现的。任何一组相互协整的时间序列变量都存在误差修正机制,通过短期调节行为,达到变量间长期均衡关系的存在。协整理论及误差修正模型把时间序列分析中短期动态模型与长期均衡模型的优点结合起来,为非平稳时间序列的建模提供了很好的解决方法。因此,本节将通过协整检验来分析消费模型中居民信息消费和人均可支配收入的关系,建立误差修正模型。

(1)数据的选取

选取 1985—2010 年的我国城镇居民人均信息消费(C0)和居民可支配收入(Yt)年度数据作为研究样本,数据来源于《中国统计年鉴》,为消除价格变化对模型估计的影响,需要对数据进行处理,以 1995 年各类信息消费价格指数为定基指数,对 1985—2010

年价格指数进行调整(见表3-2),用调整后的 CPI 和分类价格指数分别对人均可支配收入和各类信息消费支出进行调整,得到以不变价格表示的人均可支配收入和人均信息消费实际支出,如表3-3所示。如图3-1所示,从1985—2010年我国城镇人均可支配收入和人均信息消费支出两者之间存在正相关关系。

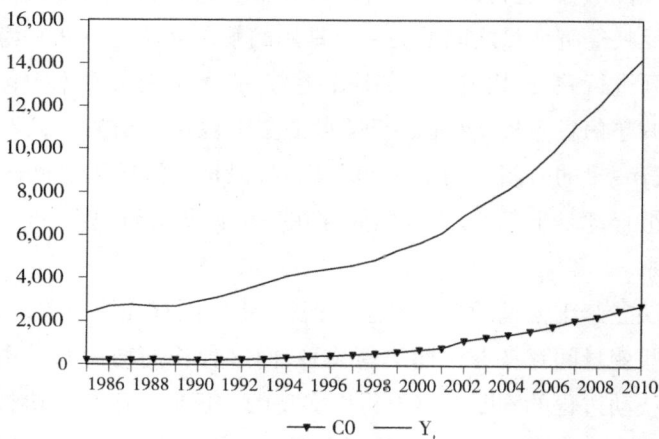

图 3-1　1985—2010 年我国城镇居民人均可支配收入
Y_t 与人均信息消费支出 C0 关系

资料来源:根据历年中国统计年鉴数据整理。

表 3-2　1985—2010 年各类信息消费价格指数变化(1995=100)

	生活消费价格指数 CPI	教育消费价格指数 P^1	通信消费价格指数 P^2	文化娱乐消费价格指数 P^3	文娱用耐用消费品消费价格指数 P^4
1985	31.6	14.50	31.10	11.29	75.65
1986	33.81	15.90	31.13	12.81	76.56
1987	36.78	17.15	31.16	15.06	77.10

续表

	生活消费价格指数 CPI	教育消费价格指数 P^1	通信消费价格指数 P^2	文化娱乐消费价格指数 P^3	文娱用耐用消费品消费价格指数 P^4
1988	44.39	21.82	31.91	19.46	79.56
1989	51.62	30.17	33.22	24.33	93.81
1990	52.29	33.25	49.10	28.12	108.16
1991	54.96	35.91	79.25	36.48	102.97
1992	59.69	43.38	80.12	46.55	98.33
1993	69.30	60.86	95.10	77.50	93.91
1994	85.62	79.24	99.74	99.74	95.79
1995	100.00	100.00	100.00	100.00	100.00
1996	108.80	128.45	100.2	120.80	97.20
1997	112.17	154.58	108.47	125.27	90.69
1998	111.50	170.05	105.59	128.53	82.89
1999	110.05	189.44	100.79	132.25	76.09
2000	110.93	225.71	96.45	135.03	69.62
2001	111.71	256.47	93.41	137.38	63.47
2002	110.59	265.92	90.75	139.08	57.42
2003	111.59	277.44	87.23	140.83	53.21
2004	115.27	286.87	84.43	142.33	49.67
2005	117.11	301.40	81.58	143.98	46.61
2006	118.87	301.47	78.63	145.47	43.90
2007	124.22	300.16	76.37	146.97	40.85
2008	131.17	301.77	72.98	148.88	37.70
2009	129.99	306.50	70.26	152.67	34.15
2010	134.15	310.18	68.22	154.19	31.96

资料来源:根据中国统计年鉴数据计算所得。

　　根据表3-2价格指数调整得到用1995年价格表示的我国城镇居民信息消费实际支出(见表3-3)。

表3-3　　1985—2010年我国城镇居民人均实际可支配收入与信息消费支出

(单位:元)

年份	可支配收入	信息消费	年份	可支配收入	信息消费	年份	可支配收入	信息消费
1985	2338.92	199.32	1994	4083.39	321.99	2003	7592.57	1279.06
1986	2660.75	202.84	1995	4282.95	400.68	2004	8173.67	1402.55
1987	2724.85	198.85	1996	4447.52	421.13	2005	8959.80	1570.89
1988	2661.41	222.26	1997	4600.31	468.26	2006	9892.81	1789.85
1989	2661.57	208.79	1998	4865.57	525.14	2007	11098.10	2072.63
1990	2888.05	194.53	1999	5319.39	602.83	2008	12030.43	2242.95
1991	3094.25	204.11	2000	5661.18	700.28	2009	13211.94	2532.51
1992	3395.21	240.51	2001	6140.70	776.95	2010	14244.83	2761.01
1993	3719.19	255.96	2002	6965.18	1124.97			

资料来源:根据历年中国统计年鉴数据整理(经价格指数调整)。

　　(2)建立模型

　　时间序列分析中首先遇到的问题是关于时间序列数据的平稳性。如果某个时间序列是由某一随机过程生成的,假定时间序列$\{X_t\}$($t=1,2,\cdots$)的每一个数值都是从一个概率分布中随即得到,如果X_t满足下列条件:a 均值 $E(Xt)=\mu$ 是与时间 t 无关的常数;b 方差 $Var(X_t)=\sigma^2$ 是与时间 t 无关的常数;c 协方差 $Cov(X_t, X_{t+k})=\gamma_k$,只与时间间隔 k 有关,与时间 t 无关的常数,则称该随机序列是平稳的。

　　①变量平稳性(ADF)检验

　　如果一个时间序列 Xt 是非平稳的,则均值和方差将随时间 t

改变,将这样的序列转换为平稳序列必须经过 d 次差分,那么这样的序列被称为 d 阶单整,记为 I(d)。根据协整理论,两个非平稳序列之间要存在长期的均衡关系,他们必须是具有相同阶数的单整序列,如果对单整阶数不同的序列进行 OLS 回归,就可能会产生伪回归。

在检验变量间是否具有长期协整关系之前,首先要检验数据的平稳性。平稳性检验方法较多,这里我们可以采用 ADF 单位根检验法来判断序列的平稳性。采用 Eviews6.0 统计软件完成,得各变量时间序列的平稳性检验结果(见表 3-4)。

表 3-4 各变量的 ADF 单位根检验结果

变量	检验形式	ADF统计量	临界值(5%)	检验结果	变量	检验形式	ADF统计量	临界值(5%)	检验结果
Y_t★	(C、t,0)	2.8912	-3.6032	不平稳	DY_t★	(C、t,0)	-3.6221	-3.6122	平稳
LY_t★	(C、t,1)	-3.4504	-3.6122	不平稳	DLY_t★	(C、t,0)	-4.3282	-3.6122	平稳
C0★	(C、t,0)	0.7180	-3.6032	不平稳	DC0★	(C、t,0)	-5.2586	-3.6122	平稳
C1(现价)	(C、t,3)	-2.5418	-3.6329	不平稳	DC1	(C、N,0)	-3.0802	-2.9919	平稳
C2(现价)	(C、t,0)	-1.5138	-3.6032	不平稳	DLC2	(C、t,5)	-5.9352	-4.5326 **	平稳
C2★	(C、t,0)	-1.6281	-3.6122	不平稳	DLC2★	(N、N,0)	-2.1168	-1.9557	平稳
LC3(现价)	(C、N,0)	-1.5456	-3.6032	不平稳	DLC3	(C、t,0)	-5.2663	-4.3943 **	平稳
C4	(C、t,0)	-1.3798	-3.6032	不平稳	DC4	(C、t,0)	-5.6076	-4.3943 **	平稳
P2★	(C、N,1)	-2.0580	-4.5326	不平稳	DLP2★	(C、N,5)	-9.3746	-3.8311 **	平稳

注:D 表示变量的差分;检验形式(C,T,K)中的 C,T 和 K 分别表示单位根检验方程包括常数项、时间趋势和滞后阶数,N 是指没有 C 或 T,表中 Y、C0、C1、C2、C3、C4 分别表示人均可支配收入、总信息消费、教育消费、通信消费、文化娱乐消费、文教娱乐用品消费支出。* * 表示在 1% 显著性水平上拒绝原假设,K 根据 AIC、SC 值选取,★是表明是经价格指数调整后的序列;现价是未经价格指数调整的数据。

由变量平稳性检验可知,总信息消费原序列 CO* 为非平稳,而 CO* 的一阶差分序列为平稳序列,即一阶单整;可支配收入 $Y_t^{\star}$ 原序列为非平稳时间序列,可支配收入 $Y_t^{\star}$ 一阶差分序列为平稳序列,即一阶单整。表 3-4 检验结果表明,$Y_t^{\star}$ 和 CO* 均是一阶单整,即 $I(I)$,满足协整分析的条件。

②协整分析

以实际人均信息消费支出作为被解释变量;以实际人均可支配收入等变量作为解释变量。并不是所有经济变量之间都存在长期均衡关系。本文基于回归残差的协整检验,采用两步检验法(GE 检验)来判断变量之间的协整关系。

第一步,建立变量间长期协整回归方程:

$$CO_t = \alpha_i + \beta Y_t + \varepsilon_t \qquad (t = 1、2、3、\cdots 26) \qquad (3.1.4)$$

用 OLS 方法估计方程,结果即为:

$$CO_t^{\star} = -507.594471738 + 0.2286Y_t^{\star} + \varepsilon_t$$

$$R^2 = 0.9905 \qquad R_{调}^2 = 0.9901 \qquad \text{S. E. of regression} = 80.7334$$

DW = 0.3160

由于 DW = 0.3160,表明残差项有较强的一阶自相关性,由于现实经济中 Y 与 CO 很少处在均衡点上,因此实际观测到的只是 Y 与 CO 间的短期的或非均衡的关系,假设具有如下(1,1)阶分布滞后形式,模型(3.1.4)中加入变量差分的滞后项形式,该模型显示出第 t 期的 CO 值,不仅与 Y_t 的变化有关,而且与 t-1 期 Y 与 CO 的状态值有关。

$$CO_t = \alpha_i + \beta_1 Y_t + \beta_2 Y_{t-1} + \beta_3 Co_{t-1} + \varepsilon_t \qquad (3.1.5)$$

该滞后模型回归得到长期协整方程:

$$CO_t^{\star} = -141.1856 + 0.2637Y_t^{\star} - 0.2087Y_{t-1}^{\star} + 0.7545C_{t-1}^{\star} + \varepsilon_t$$

$$(3.1.6)$$

$$(-2.4897) \qquad (4.5327) \qquad (-3.0512) \qquad (7.1323)$$

$$R^2 = 0.9977 \quad DW = 1.8659$$

第二步,对(3.1.6)式协整方程残差序列单位根检验,结果表3-5如下:

表3-5　协整模型残差序列单位根检验

Null Hypothesis: E_2 has a unit root			
Exogenous: None			
Lag Length: 0 (Automatic based on SIC, MAXLAG = 5)			
		t-Statistic	Prob. *
Augmented Dickey-Fuller test statistic		-4.546206	0.0001
Test critical values:	1% level	-2.664853	
	5% level	-1.955681	
	10% level	-1.608793	

MacKinnon (1996) one-sided p-values.

ADF 检验 t 统计量为-4.546206,小于 1%~10% 的临界值,残差序列是一个平稳序列,因此 C0 和 Y 之间存在协整关系,即可支配收入与人均信息消费之间存在长期的稳定关系。

③建立误差修正模型

误差修正模型(Error Correction Model,简记为 ECM),由 Davidson,Hendry,Srba 和 Yeo(1987)提出,采用数据的动态非均衡过程来逼近经济理论的长期均衡过程,把长期均衡模型的误差项作为一个解释变量引入到模型中,描述了变量之间的长期均衡关系对短期变动负反馈的调整机制,解决传统计量经济模型出现伪回归问题。模型(3.1.6)反映了居民收入与信息消费之间存在着长期均衡的协整关系,而这种关系是在短期波动的不断调整之下得以实现的,即存在一个误差修正机制,防止了长期均衡关系出现较大的误差。短期非均衡关系可表示为 COt 与 Yt 误差修正模型：

$$CO_t = \beta_1 \Delta Y_t - \lambda CO_{t-1} + \lambda \alpha_0 + \lambda \alpha_1 Y_{t-1} + v_t$$

或 $CO_t = \beta_1 \Delta Y_t - \lambda (CO_{t-1} + \lambda \alpha_0 + \lambda \alpha_1 Y_{t-1}) + v_t$ 　　　(3.1.7)

则(3.1.7)式中括号内的项就是 $t-1$ 期的非均衡误差项 ecm。
(3.1.7)式称为一阶误差修正模型,表明 CO 的变化决定于 Y 的变化以及前一时期的非均衡程度。同时,(3.1.7)式也弥补了简单差分模型 $\Delta CO_t = \alpha_1 \Delta Y_t + v_t$ 的不足,因为该式含有用 Y、CO 水平值表示的前期非均衡程度。因此,CO 的值已对前期的非均衡程度作出了修正,(3.1.7)可写成

$$\Delta CO_t = \beta_1 \Delta Y_t - \lambda ecm + v_t$$

可打开非均衡误差项的括号直接用 OLS 法估计模型(3.1.7),去掉 t 检验不显著变量,得到误差修正模型：

$$DCO_t^{\star} = -141.1856 + 0.2637 DY_t^{\star} - 0.2455 CO_{t-1}^{\star} + 0.0550 Y_{T-1}^{\star} + v_t$$

　　　　　　　　　　　　　　　　　　　　　　　　(3.1.8)

$$(-2.4897)\ (4.5327)\quad (-2.3202)\quad (2.2039)$$

$$R^2 = 0.8585 \qquad DW = 1.8659$$

由方程(3.1.8)可知,信息消费短期收入弹性为 0.263716,由 $\lambda \alpha_1 = 0.054997$,误差修正系数 $\lambda = -0.245461$,长期收入弹性 α_1 的估值为 $0.054997/0.245461 = 0.224056$,误差修正模型反映了均衡误差对消费短期动态影响,各项统计量表明误差修正模型通过检验,其中误差修正系数为负,符合反向修正机制,模型(3.1.8)表明:我国城镇居民人均可支配收入与人均信息消费间存在长期均衡关系,误差修正系数表明 24.55% 的偏离均衡部分会在一年之内得以调整,信息消费不会偏离均衡值太远。

2.基于 ARIMA 模型的人均教育消费预测

ARIMA 模型是一类常见的随机时间模型,它是由美国统计学家博克斯和英国统计学家詹金斯于 20 世纪 70 年代提出来的,亦称 B-J 方法 其基本思想是将预测对象随时间推移而形成的数据序列视为一个随机序列,用一定的数学模型来近似描述这个序列 这个模型一旦被识别后就可以从时间序列的过去值及现在值来预测未来值。ARIMA 模型要求时间序列为平稳序列。

ARIMA 模型中使用自回归项(AR 项)、单整项(I 项)和移动平均项(MA 项)3 种形式对扰动项进行建模分析,使模型同时综合考虑了预测变量的过去值、当前值和误差值,从而有效地提高了模型的预测精度。I 是差分数。ARIMA 是目前经济预测中公认的比较先进的时间序列模型之一,因为该模型无需设定其他影响因素,只需本身数据,因此应用比较广泛,时间序列分析法不以经济理论为依据,在建模时不考虑其他解释变量的作用,不用对信息消费现价数据进行价格调整,而是通过揭示时间序列自身的变化规律,利用外推机制描述时间序列的变化。ARMA 模型是对噪声概率分布进行研究,克服了随机干扰问题,根据时间序列本身的数字特征,来寻找变量当期值与其若干滞后期值及误差项之间的关系,并在此基础上对后期数据进行预测,因此本文选用的 ARIMA 模型对城镇居民人均教育消费总量进行短期预测。

(1)教育支出序列平稳性检验

由于教育支出序列有显著的趋势,为典型的非平稳序列。(图 3-2)单位根检验结果表明教育支出序列 C1 是非平稳序列(表 3-4)。

(2)原序列的差分及差分序列的检验

对于非平稳序列 C1 经过 1 次差分后,单位根检验结果(表

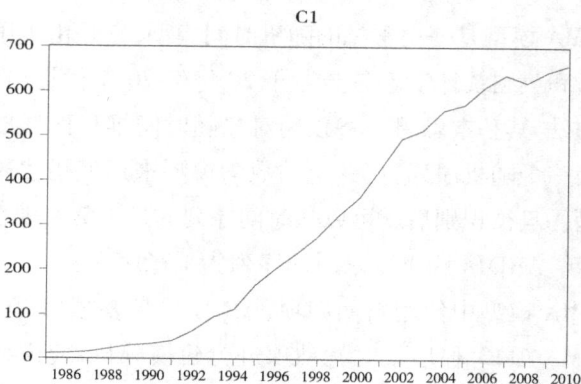

图 3-2　我国城镇居民 1985—2010 年人均教育消费时序图

3-4)表明,D(C1)序列为 I(1)阶单整平稳的时间序列。ARIMA (p,d,q)模型中,AR 是自回归模型,p 为自回归项数;MA 为移动平均模型,q 为移动平均项数;d 为差分次数。

(3)ARIMA 模型建立

差分后序列的自相关图表明,$D(C1)$偏自相关拖尾、自相关 2 阶截尾,因为序列进行了 1 阶差分,根据适应性期望模型的思路进行对 $C1$ 的 ARIMA 拟合,样本模型的参数为 $p=2,q=2$。所以实际上是 ARIMA(2,1,2)模型。通过上述判断可以运用 Eviews6.0 软件估计模型中所含的自回归和移动平均项的参数方程:

表 3-6 教育消费 ARIMA 模型回归结果

Dependent Varable:D(C1)
Method:Least Squares
Date:01/05/12 Time:00:30
Sample(adjusted):1998 2010
Included observations:23 after adjustments
Convergence achieved after 23iterations
MA Backcast:1986 1987

	Coefficient	Std.Error	t-Statistic	Prob.
C	31.99093	6.541524	4.890441	0.0001
AR(1)	1.345842	0.166026	8.106222	0.0000
AR(2)	-0.628151	0.104240	-6.026017	0.0000
MA(1)	-1.478856	0.237649	-6.222006	0.0000
MA(2)	0.994988	0.133508	7.452667	0.0000
R-squared	0.438455	Mean dependent var		28.10261
Adjusted R-squared	0.313668	S.D.dependent var		20.44680
S.E.of regression	16.93918	Akaike info criterion		8.686796
Sum squared resid	5164.848	Schwarz criterion		8.933643
Log likelihood	-94.89816	Hannan-Quinn criter.		8.748878
F-statistic	3.513612	Durbin-Watson stat		1.783964
Prob(F-statistic)	0.027461			

$$D(C1) = 31.99 + 1.35 D(C1)_{t-1} - 0.63 D(C1)_{t-2} + v_t - 1.48v_{t-1} + 0.99v_{t-2}$$

$$(3.1.9)$$

该模型残差为白噪声,模型信息提取充分;模型参数显著,模型精简合格。

(4)模型的诊断

图 3-3 最右侧的概率均大于 0.05,说明所有 Q 值都小于检验水平为 0.05 的 χ^2 分布的临界值。可以得出结论:模型的随机误

差序列是一个白噪声序列,模型通过检验。

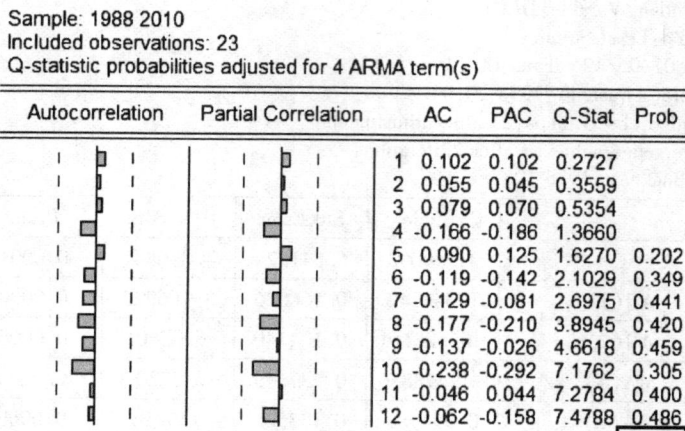

Sample: 1988 2010
Included observations: 23
Q-statistic probabilities adjusted for 4 ARMA term(s)

Autocorrelation	Partial Correlation		AC	PAC	Q-Stat	Prob
		1	0.102	0.102	0.2727	
		2	0.055	0.045	0.3559	
		3	0.079	0.070	0.5354	
		4	-0.166	-0.186	1.3660	
		5	0.090	0.125	1.6270	0.202
		6	-0.119	-0.142	2.1029	0.349
		7	-0.129	-0.081	2.6975	0.441
		8	-0.177	-0.210	3.8945	0.420
		9	-0.137	-0.026	4.6618	0.459
		10	-0.238	-0.292	7.1762	0.305
		11	-0.046	0.044	7.2784	0.400
		12	-0.062	-0.158	7.4788	0.486

图 3-3　ARIMA(2,1,2)模型残差的自相关-偏自相关图

(5)模型的预测

从图 3-4 中可以看到,"Static"方法得到的预测值波动性要大;同时,方差比例的下降也表明较好的模拟了实际序列的波动,MAPE 的取值是在 10 以内,Theil 不相等系数为 0.018329,其中协方差比例为 0.972922,表明模型的预测精度高,预测结果较理想。

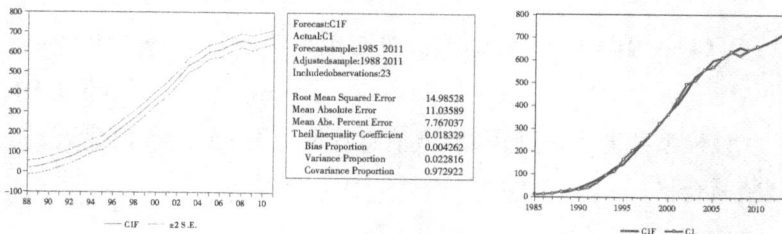

图 3-4　教育消费预测评估与拟合图

表 3-7　1985—2010 年教育消费的 ARIMA 模型预测值与真实值比较

年份	预测值	真实值	年份	预测现价	真实值	年份	预测值	真实值
1985		11.04	1995	143.61	165.70	2005	600.22	571.33
1986		12.48	1996	187.15	204.00	2006	611.28	611.99
1987		14.98	1997	228.42	237.61	2007	638.18	638.40
1988	19.80	23.29	1998	271.00	275.01	2008	657.81	622.16
1989	25.29	30.43	1999	316.48	323.33	2009	645.68	645.89
1990	39.72	33.61	2000	367.76	363.75	2010	661.28	661.34
1991	56.59	40.83	2001	409.57	428.28	2011	676.38	
1992	74.80	63.67	2002	467.12	495.24	2012	696.00	
1993	99.69	95.35	2003	530.89	514.00	2013	722.00	
1994	128.01	112.83	2004	559.17	558.95			

相比较而言,教育消费是基础性信息消费,是信息消费结构中必需消费品,是其他信息消费的基础,所以是优先被满足,但教育消费缺乏收入弹性,具有刚性的特点。在一般情况下,我国家庭高度重视子女教育的观念,通过减少其他消费保障教育的支出,在消费能力有限的情况下,消费结构中教育消费基本稳定,其边际消费相对较低。教育同时受一些滞后随机误差因素影响,如就业政策预期、行业薪酬预期和其他不可测因素等,模型把此类不可测因素归为随机误差项(MA)中。

3.通信消费 VAR 模型

通信消费受价格影响较大。根据工信部的数据,"十一五"期间我国通信资费下降 41.9%。消费者从电信资费水平近年来的持续下降中享受到了更多的实惠,对单个消费者而言,电信业务价格的调整,使消费者的通信需求也得到了更大程度的满足,以更少的电信消费支出享受到了更多的通信服务。由于通信消费的"棘轮效应",消费者的通信消费支出水平受到其历史上曾经达到的较高消费水平的影响,即使当前的收入水平较低,也会由于消费惯性而习惯性地接近其曾经达到的高消费水平,因而其当前的边际消费倾向就会比较高。一般情况下,消费具有随时间递增的趋势,所以可以用前一时期的消费代替曾经达到的最高消费。单一方程时间序列模型探讨的是单个变量的动态规律性,但在现实经济分析中,经常会面对由多个变量构成的系统,而这些变量之间通常具有关联性。因此,在一个经济系统中,一个变量的变化不仅会与其自身滞后值有关,还会与其它变量滞后值有关,这就需要把单变量自回归模型推广到多变量自回归模型,即向量自回归模型(Vector autoregression,VAR),它是基于数据的统计性质建立模型,VAR 模型把系统中每一个内生变量作为系统中所有内生变量的滞后值的函数来构造模型,从而将单变量自回归模型推广到由多元时间序列变量组成的"向量"自回归模型。VAR 模型是处理多个相关经济指标与预测最容易操作的模型之一,并且在一定的条件下,多元MA 和 ARMA 模型也可转化成 VAR 模型,因此近年来 VAR 模型受到越来越多的经济工作者的重视。

(1)数据处理

为消除序列中存在的异方差,对经过平减处理的通信消费($C2^{\star}$)、人均可支配收入($Y_t^{\star}$)、通信消费价格指数($P2^{\star}$)的时间序列取对数,依次记为 $LC2^{\star}$、$LY_t^{\star}$、$LP2^{\star}$。并分别做序列平稳性检验,表明,$LC2^{\star}$、$LY_t^{\star}$、$LP2^{\star}$ 均为 I(1)平稳序列(见表 3-4)。从利用 Eviews6.0 得到各个对数变量的时序图(见图 3-5)可以看出,变量之间具有较强的相关性,可用于建立 VAR 模型。进一步考察变量的因果联系,采用格兰杰因果检验,结果如下:原假设被拒绝。通信价格指数和人均可支配收入均对通信消费存在 Granger 因果关系(见表 3-8)。

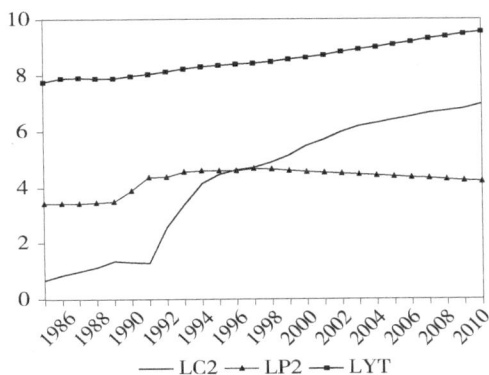

图 3-5 三变量 LC2* 、LY t* 、LP2 的时序

表 3-8　格兰杰非因果性检验

Pairwise Granger Causality Tests
Date: 10/28/11　Time: 15:46
Sample: 1985 2010
Lags: 2

Null Hypothesis:	Obs	F-Statistic	Prob.
DLC2 does not Granger Cause DLP2	23	2.81406	0.0864
DLP2 does not Granger Cause DLC2		12.5385	0.0004
DLYT does not Granger Cause DLP2	23	6.33701	0.0083
DLP2 does not Granger Cause DLYT		0.12874	0.8800
DLYT does not Granger Cause DLC2	23	0.18348	0.8339
DLC2 does not Granger Cause DLYT		0.30407	0.7415

（2）变量协整检验与构造 VAR 模型

构造 VAR 模型，做协整检验确定变量之间是否存在协整关系，用 Johansen 检验（JJ 检验是基于回归系数的检验，前提是建立 VAR 模型）是一种进行多变量协整检验的较好方法。

表 3-9　VAR 模型最优滞后期数的确定

VAR Lag Order Selection Critetia
Endogenous Varfiables：LC2LP2LYT
Erogenous variables：C@ TREND(86)
Date：10/31/11　Time：15：43
Sample：1985　2010
Induded obsendation：24

Lag	LogL	LR	FPE	AIC	SC	HQ
0	19. 84651	NA	6. 34e.05	-1. 153876	-0. 859363	-1. 075742
1	104. 6107	134. 2099	1. 17e-07	-7. 467554	-6. 731271	-7. 272218
2	129. 7556	33. 52655*	3. 23e-08*	-9. 812984*	-7. 634910*	-8. 500426*

* indicates lag order selected by the criterion

　　表 3-9 显示,在评价最优滞后期的 5 个指标中,全部认为应该建立 VAR(2) 模型,即 2 期为最优滞后期。

表 3-10　Johanson 协整检验结果

Sample(adjusted)：1988　2010
Included observations：23 after adjustments
Trend assumption：Linear deterministic trend(restricted)
Series：LC2　LYT　LP2
Exogenous series：@ TREND
Warning：Critical values assume no exogenous series
Lags interval(in first differences)：1 to 2

Unrestricted Conintegration Rank(Trace)

Hypothesized No.of CE(s)	Eigenvalue	Trace Statistic	0. 05 Critical Value	Prob.**
None*	0. 763512	60. 83662	42. 91525	0. 0003
At nost 1*	0. 520153	27. 67384	25. 87211	0. 0296
At most 2	0. 374324	10. 78521	12. 51798	0. 0957

Trace test indicates 2 cointegrating eqn(s)at the 0. 05 level
* denotes rejection of the hypothesis at the 0. 05 level
* * MacKinnon-Haug-Michelis(1999)p-values

表 3-10 可以看出,根据 Johansen 协整检验,在 5% 显著水平上,我国城镇居民人均通信消费变化率(LC2⋆)、人均可支配收入变化率(LYt⋆)、通信消费价格指数变化率(LP2⋆)的之间存在长期的协整关系。确定的最优滞后期数,得到方程 VAR(2)为:

$$
L \begin{bmatrix} C2 \\ P2 \\ Yt \end{bmatrix} = \begin{bmatrix} 0.43 & 0.33 & 1.16 \\ 0.38 & 1.44 & -1.24 \\ 0.02 & 0.02 & 1.00 \end{bmatrix} \times L \begin{bmatrix} C2 \\ P2 \\ Yt \end{bmatrix} (-1) +
$$

$$
\begin{bmatrix} -0.12 & 1.00 & -0.18 \\ -0.25 & -0.01 & -0.0 \\ -0.04 & -0.05 & -0.37 \end{bmatrix} \times L \begin{bmatrix} C2 \\ P2 \\ Yt \end{bmatrix} (-2) + \begin{bmatrix} -11.77 \\ 11.59 \\ 2.94 \end{bmatrix} + \begin{bmatrix} 0.07 \\ 0.07 \\ 0.03 \end{bmatrix} @
$$

TREND

$$(3.1.10)$$

(3)VAR 模型的平稳性检验

对模型进行稳定性检验;得到各特征方程的特征根均位于单位圆内(表 3-11),模型稳定,可以作为进一步分析的依据。

表 3-11　VAR(2)模型的平稳性检验

Roots of Characteristic Polynomial
Endogenous variables: LC2 LP2 LYT
Exogenous variables: C @TREND
Lag specification: 1 2
Date: 11/03/12　Time: 20:44

Root	Modulus
0.685952 - 0.516545i	0.858690
0.685952 + 0.516545i	0.858690
0.858421	0.858421
0.084171 - 0.653114i	0.658515
0.084171 + 0.653114i	0.658515
0.477207	0.477207

No root lies outside the unit circle.
VAR satisfies the stability condition.

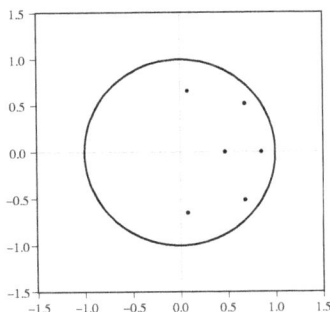

Inverse Roots of AR Characteristic Polynomial

（4）VAR 模型的预测

图 3-6　通信消费 VAR（2）模型的静态预测

从图 3-6 看，通信消费 VAR（2）模型的静态预测效果较好。

表 3-12　1985—2010 年人均通信消费实际值与模拟预测值

年份	实际值	预测值	年份	实际值	预测值	年份	实际值	预测值
1985	1.93	1.93	1995	87.97	91.51	2005	609.31	555.34
1986	2.31	2.31	1996	102.74	113.17	2006	687.04	649.79
1987	2.63	2.61	1997	112.05	129.24	2007	783.40	759.10
1988	3.04	2.90	1998	134.86	149.61	2008	839.54	907.04
1989	3.79	3.18	1999	172.34	195.21	2009	913.35	1011.65
1990	3.65	3.83	2000	241.35	238.91	2010	1068.45	1152.75
1991	3.56	5.12	2001	301.35	285.68	2011		1335.25
1992	13.13	10.06	2002	395.37	332.42			
1993	29.73	34.00	2003	486.07	426.07			
1994	63.01	52.08	2004	538.36	499.64			

（5）基于 VAR（2）模型的脉冲响应函数分析

在实际应用中，由于 VAR 模型是一种非理论性的模型，因此在分析 VAR 模型时，往往不分析一个变量的变化对另一个变量的影响如何，其应用除了预测外，最重要的应用是脉冲响应分析和方差分解。脉冲响应函数描述的是一个内生变量对残差（称为 Innovation）冲击的反应（响应）。具体而言，它描述的是在随机误差项上施加一个标准差大小的冲击（来自系统内部或外部）后对内生变量的当期值和未来值所产生的影响（动态影响）。这种分析方法称为脉冲响应函数。横轴表示冲击作用的滞后期间数（单位：年度），纵轴表示因变量（通信消费 LC2*）对解释变量（LC2*、LP2*、LYt*）的响应程度，三种线分别表示 LC2*、LP2* 和 LYt* 对 LC2* 的脉冲响应函数的计算值（图 3-7）。在模型中将信息冲击作用的滞后期设定为 10 年。图 3-7 是基于 VAR（2）模型采用正交化方法和 Cholesky 分解技术模拟的脉冲响应函数图。LC2* 对 LC2* 一个标准差信息冲击的响应在前四期由正到负快速下降到最低点，第一期响应值最大，为 0.165897，快速下降至第四期后逐步上升，第十期响应接近 0，说明通信消费受前一期消费影响最大；LC2* 对 LP2* 的一个标准差信息的冲击有明显的反应，第二期响应值为 0.020454，之后响应逐步增强，第四期达到最大值 0.098605，之后迅速下降。第七期末响应值接近 0，根据通信消费 VAR（2）模型可知，LC2* 与 LP2* 是负相关关系，通过降低物价对未来四年的信息消费有较大影响作用。LC2* 对 LYt* 的一个标准差信息冲击的响应在第一二期与 LP2* 相同。三期之后迅速下降到第 7 期最低点后逐步回到 0 附近，显然收入对通信消费调节作用较小。

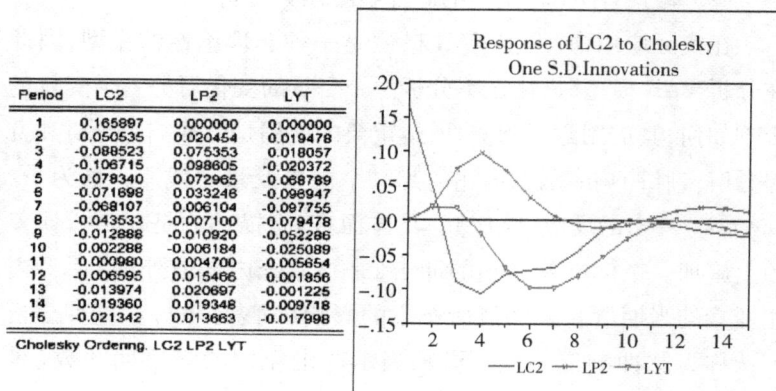

Period	LC2	LP2	LYT
1	0.165897	0.000000	0.000000
2	0.050535	0.020454	0.019478
3	-0.088523	0.075353	0.018057
4	-0.106715	0.098805	-0.020372
5	-0.078340	0.072965	-0.068789
6	-0.071698	0.033246	-0.096947
7	-0.068107	0.006104	-0.097755
8	-0.043533	-0.007100	-0.079478
9	-0.012888	-0.010920	-0.052286
10	0.002288	-0.006184	-0.025089
11	0.000980	0.004700	-0.005854
12	-0.006595	0.015466	0.001856
13	-0.013974	0.020697	-0.001225
14	-0.019360	0.019348	-0.009718
15	-0.021342	0.013663	-0.017998

Cholesky Ordering: LC2 LP2 LYT

图 3-7　LC2*对三变量一个标准差信息的响应合成图

（5）方差分解

方差分解（variance decomposition）是通过分析每一个结构冲击对内生变量变化（通常用方差来度量）的贡献度，进一步评价不同结构冲击的重要性。因此，方差分解给出对 VAR 模型中的变量产生影响的每个随机扰动的相对重要性的信息。分析各变量对目标变量波动的贡献率，从而反映每个变量的随机冲击在 VAR 系统中的相对重要性。我们仅考察物价指数变化 LP2*、人均可支配收入变化对通信消费支出变化的方差贡献率。图 3-8 以看出，通信消费变化率对自身的贡献度经历了下降到趋于平稳的变动，在整个过程中始终保持在接近 50%以上的水平上，自身发展速度是消费增长的最主要贡献因素。

物价指数（LP2*）第六期前对通信消费贡献率超过人均可支配收入（LYt*），达到 18%左右趋于稳定状态；从第七期开始人均可支配收入（LYt*）对通信消费变化的贡献率超过物价指数，并上升到 27%后趋于稳定状态。

Variance Decomposition of LC2:			
Period	S.E	LC2	LP2	LYT
1	0.160944	100.0000	0.000000	0.000000
2	0.170462	97.41604	1.355057	1.228901
3	0.205143	84.78811	13.63416	1.577734
4	0.249687	74.42657	23.88188	1.691544
5	0.278539	67.25140	25.64895	7.099647
6	0.303823	61.76528	22.68454	15.55018
7	0.325120	58.06852	19.84313	22.08835
8	0.336867	55.66115	18.52517	25.81367
9	0.341059	54.43583	18.16912	27.39506
10	0.341986	54.14525	18.10150	27.75325
11	0.342062	54.12206	18.11126	27.76668
12	0.342455	54.03268	18.26164	27.70569
13	0.343313	53.91889	18.51253	27.56858
14	0.344467	53.85540	18.68559	27.45902
15	0.345785	53.80438	18.69044	27.50519

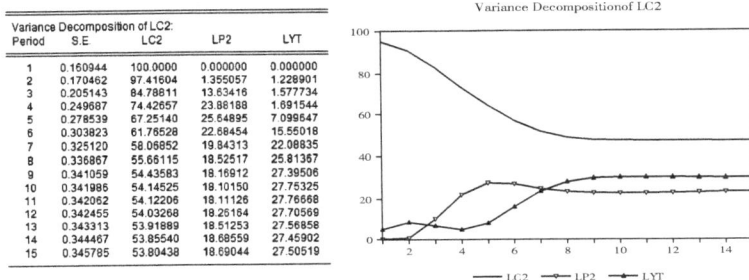

图 3-8　变量 LC2* 方差分解

4.基于 ARIMA 模型的人均文化娱乐和文化娱乐用品消费预测

文化娱乐消费影响因素较为复杂,受消费价格、消费者收入、前期消费、心理因素、文化水平和地区特色等多种影响,由于相关数据难以获取,难以建立因果关系的结构模型。因此采用 ARIMA 模型对人均文化娱乐消费进行摸拟。

（1）数据平稳性检验及处理

从图 3-8(a)的人均文化娱乐支出中可以看出原数据序列有着明显的指数增长趋势,为非平稳序列。通过对数处理后,对数序列 LC3 表现为线性增长趋势（图 3-8(b)）。为从统计意义上对序列的平稳性进行识别,对数据序列进行单位根 ADF 检验,检验显示对数序列 LC3 存在单位根,为不平稳时间序列。为消除单位根的影响,对序列 LC3 进行差分运算记为 d(lC3）,再进行平稳性 ADF 检验,检验结果表明 d(LC3)一阶差分序列为平稳序列（见表 3-4）。

（2）模型识别与估计

首先利用 ADF 检验,确定 d 值为 1,从差分后得到的平稳序列

C3

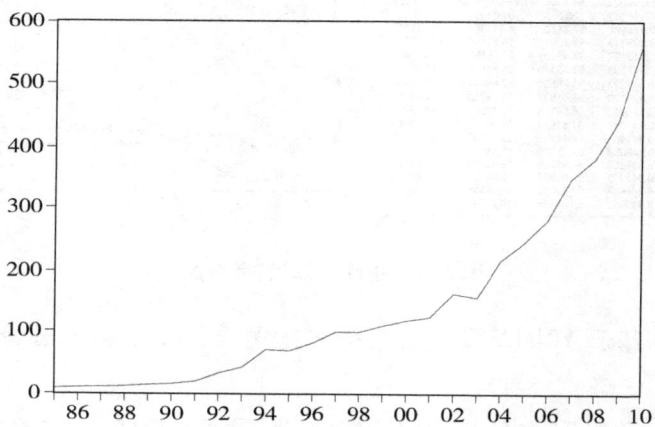

图 3-8(a)　C3

LC3

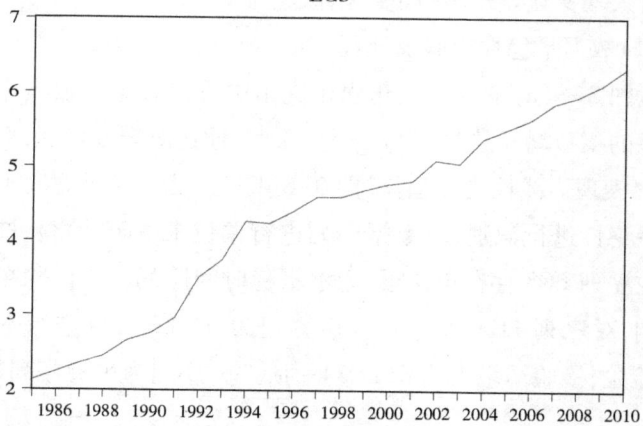

图 3-8(b)　LC3

d(LC3)的自相关和偏自相关函数

Sample: 1985 2010
Included observations: 25

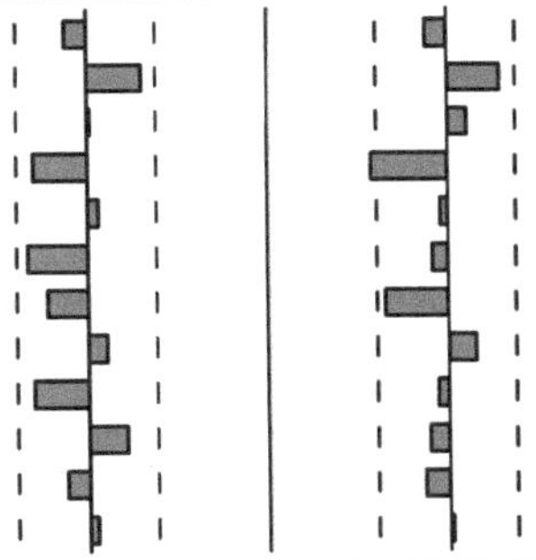

Autocorrelation	Partial Correlation		AC	PAC	Q-Stat	Prob
		1	-0.122	-0.122	0.4196	0.517
		2	0.321	0.311	3.4453	0.179
		3	0.032	0.110	3.4777	0.324
		4	-0.297	-0.436	6.3203	0.176
		5	0.079	-0.040	6.5305	0.258
		6	-0.337	-0.083	10.554	0.103
		7	-0.228	-0.354	12.510	0.085
		8	0.111	0.170	12.996	0.112
		9	-0.308	-0.062	16.998	0.049
		10	0.237	-0.099	19.528	0.034
		11	-0.119	-0.126	20.213	0.042
		12	0.059	0.027	20.394	0.060

图3-9 d(LC3)自相关与偏自相关图

图中我们可以看到,自相关函数2、4阶是显著的,因此我们先设定q值为4。偏自相关函数2、4阶比较显著,因此我们先设定p的值为4,于是对于序列d(LC3),经测试,除去不显著的释变量,我们初步建立了ARIMA(4,1,4)模型

表3-13 ARIMA(4,1,4)回归结果

Sample(adjusted):1990 2010 Included observations:21 after adjustments Convergence achieved after 8 interations MA Backcast:1986 1989				
	Coefficient	Std.Error	t-Statistic	Prob.
C	0.165591	0.028459	5.818657	0.0000
AR(2)	0.495616	0.118787	4.172313	0.0006
AR(4)	-0.774864	0.098945	-7.831281	0.0000

MA(4)	0.915377	0.044726	20.46622	0.0000
R-squared	0.707523	Mean dependent var		0.174896
Adjusted R-squared	0.655910	S.D.dependent var		0.152231
S.E.of regression	0.089298	Akaike info criterion		-1.824042
Sun squared resid	0.135559	Schwarz criterion		-1.625085
Log likelihood	23.15244	Hannan-Quinn criter.		-1.780863
F-statistic	13.770810	Durbin-Waston stat		1.85812
Prob(F-statistic)	0.000085			

$$D(LC3) = 0.165591 + 0.495616 \, D(LC3)_{t-2} - 0.774864 \, D(LC3)_{t-4} + 0.9154 \upsilon_{t-4} + \upsilon_t \qquad (3.1.11)$$

(3)模型的诊断

判断模型是否为序列的适应性模型,主要根据模型残差是否为白噪声来判断,若残差是白噪声,则可认为此模型是序列的适应性模型,由图3-10 "Correlogram-Q-statistics" 中最右侧的概率均大于0.05,说明所有 Q 值都小于检验水平为 0.05 的 χ^2 分布的临界值。可以得出结论:模型的随机误差序列是一个白噪声序列,模型通过检验。

Sample: 1990 2010
Included observations: 21
Q-statistic probabilities adjusted for 3 ARMA term(s)

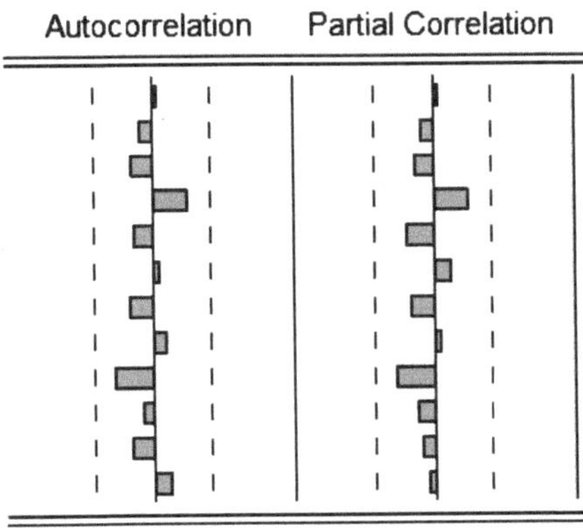

Autocorrelation	Partial Correlation		AC	PAC	Q-Stat	Prob
		1	0.037	0.037	0.0337	
		2	-0.090	-0.091	0.2393	
		3	-0.140	-0.135	0.7673	
		4	0.257	0.266	2.6451	0.104
		5	-0.124	-0.190	3.1072	0.211
		6	0.059	0.123	3.2203	0.359
		7	-0.172	-0.167	4.2364	0.375
		8	0.015	0.061	4.6488	0.460
		9	-0.282	-0.281	7.8550	0.249
		10	-0.082	-0.114	8.1490	0.320
		11	-0.145	-0.092	9.1675	0.328
		12	0.125	-0.041	10.006	0.350

图3-10 ARMA(4,1,4)模型残差白噪声检验

表3-14 ARMA(4,1,4)模型残差序列平稳性检验

		t−Statistic	Prob.*
Null Hypothesis：RESIDE3 has a unit root Exogenous：None			
Lag Length：0（Automatic based on SIC,MAXLAG=4）			
Augmented Dickey−Fuller test statistic		−4.203924	0.0002
Test critical values：	1% level	−2.685718	
	5% level	−1.959071	
	10% level	−1.607456	

* MacKinnon（1996）one−sided p−values.

结果表明:ARMA(4,1,4)模型残差序列是平稳序列。

(4)模型的预测

在 Eviews 中有两种预测方式:"Dynamic"和"Static",前者是

根据所选择的一定的估计区间,进行多步向前预测;static 为一步超前预测,是只滚动的进行向前一步预测,即每预测一次,用真实值代替预测值,加入到估计区间,再进行向前一步预测。得到如图 3-11 所示的预测结果。最后二年(2012、2013)用预测值代替真实值进行预测。

表 3-15　　　我国城镇居民人均文化娱乐支出真实值与预测值

年份	支出现价	预测支出	年份	支出现价	预测支出	年份	支出现价	预测支出
1990	15.72	14.614	1998	98.40	91.981	2006	280.78	280.294
1991	19.25	20.590	1999	108.39	120.502	2007	347.59	347.022
1992	33.17	28.960	2000	117.15	117.143	2008	381.27	368.453
1993	42.01	34.044	2001	122.36	128.672	2009	445.56	480.458
1994	70.63	67.218	2002	161.88	166.996	2010	559.34	521.077
1995	69.14	78.872	2003	155.91	172.150	2011		633.917
1996	81.15	82.111	2004	217.20	208.442	2012		842.273
1997	98.26	100.178	2005	245.93	243.293	2013		916.167

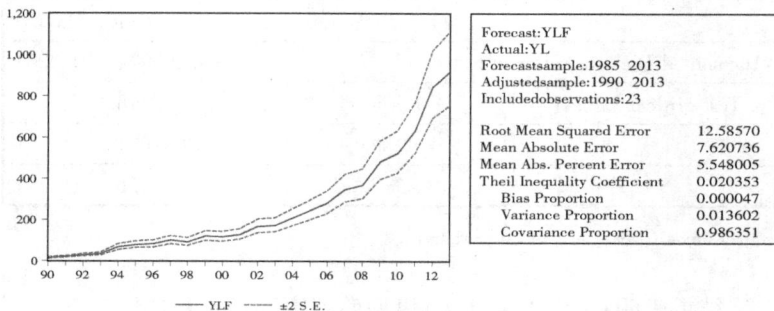

```
Forecast:YLF
Actual:YL
Forecastsample:1985  2013
Adjustedsample:1990  2013
Includedobservations:23

Root Mean Squared Error        12.58570
Mean Absolute Error             7.620736
Mean Abs. Percent Error         5.548005
Theil Inequality Coefficient    0.020353
    Bias Proportion             0.000047
    Variance Proportion         0.013602
    Covariance Proportion       0.986351
```

图 3-11　人均文化娱乐 ARMA(4,1,4)模型 Static 预测评估结果

从"Static"方法得到的预测评估(见图3-11),MAPE的取值在5.548,在10以内,Theil不相等系数为0.02035,其中协方差比例为0.986351,表明模型的预测精度高,预测结果较理想。未来三年预测,我国城镇居民人均文化娱乐消费有较大增长,2013年将达到916元。

同样基于ARIMA模型对人均文化娱乐耐用消费品消费现值进行模拟预测,图3-12所示。

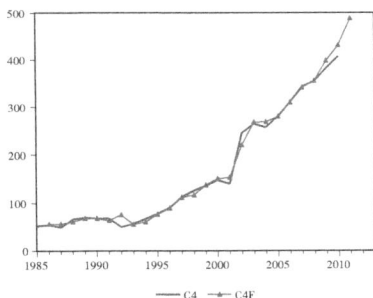

图3-12　人均文化娱乐用品 ARIMA 模型估计与模拟预测图

$$D(LC4) = 0.1052 - 0.8671 v_{t-10} + v_t \qquad (3.1.12)$$

模型诊断结果表明:ARIMA(0,1,10)模型残差序列是白噪声平稳序列。

MAPE的取值在5.938,在10以内,Theil不相等系数为0.0292,其中协方差比例为0.9076,表明模型的预测精度高,预测结果较理想。预测2011年人均文化娱乐用品将达到488.5元(见表3-16)

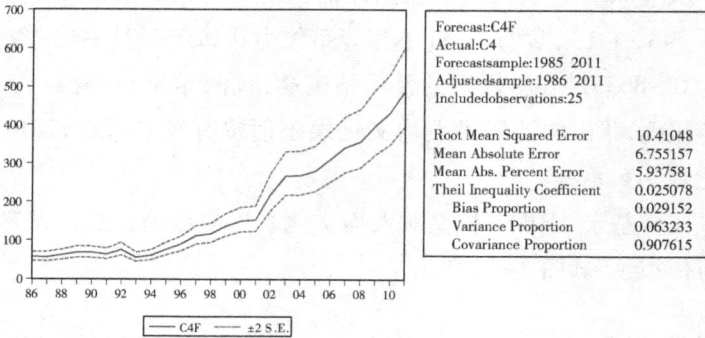

图 3-13　ARIMA(0,1,10)模型 Static 预测方式结果

表 3-16　我国城镇居民人均文化娱乐用品消费支出真实值与预测值

年份	支出值	预测值	年份	支出值	预测值	年份	支出值	预测值
1985	51.96	NA	1994	67.29	60.60	2003	264.47	267.43
1986	54.48	56.53	1995	77.87	76.22	2004	256.65	268.29
1987	49.58	56.20	1996	89.80	89.31	2005	280.21	279.86
1988	66.68	61.39	1997	112.50	111.22	2006	310.26	309.82
1989	70.05	68.20	1998	125.99	116.32	2007	343.17	341.25
1990	68.04	67.75	1999	135.33	136.75	2008	354.82	355.73
1991	68.68	63.45	2000	146.92	149.77	2009	381.32	397.74
1992	50.61	75.62	2001	139.35	152.37	2010	406.96	430.73
1993	56.65	55.47	2002	245.16	219.28	2011	NA	488.49

（三）基于面板数据的信息消费 ELES 模型

1. 模型的设定

目前,对消费行为及趋势的分析一般采用扩展线性支出系统模型(Extend Linear Expenditure System ,ELES)。ElES 模型理论假定某一时期人们对各种商品(服务)的需求取决于人们的收入

和各种商品的价格,而且人们对各种商品的需求分为基本需求和超过基本需求之外的需求 2 个部分,并且认为基本需求与收入水平无关,居民在基本需求得到满足之后才将剩余收入按照某种边际消费倾向安排各种非基本消费支出,ELES 模型满足需求函数的基本性质,并且直观地反映了消费支出的构成情况;利用模型还可以直接求得边际倾向、需求的收入弹性和价格弹性。利用 Panel Data 模型不仅可以显示个体之间存在的差异,以及较好地进行动态研究,同时还可以更好地识别和度量纯时间序列和纯截面数据所不能发现的影响因素,通过面板数据建立的 ELES 模型称为面板 ELES 模型,简称 PELES 模型[①]。

ELES 模型的一般形式为:

$$c^L = p^L x^L + \beta^L \left(Y - \sum_{j=1}^{n} p^J x^J \right) \quad L,J = 1、2\cdots n \quad (3.1.13)$$

(3.1.13)式中,C^L 代表第 L 种类商品的消费支出,P^L 表示 L 种商品的消费价格,X^L 为对第 L 种商品的基本需求量,β^L 为第 L 种商品的边际消费倾向($\Sigma\beta^L < 1$),Y 代表收入,本式中 Y 为城镇居民人均实际可支配收入,$\left(Y - \sum_{j=1}^{n} p^J x^J \right)$ 为用于基本需求以外的可支配收入。对方程(3.1.13)两端求和

$$C = \sum c^L = \sum p^L x^L + \beta^L \left(Y - \sum_{j=1}^{n} p^J x^J \right) = (1 -$$
$$\sum \beta^L) \sum_{j=1}^{n} p^J x^J + \sum \beta^L Y \qquad (3.1.14)$$

上式中 $a = (1 - \sum \beta^L) \sum_{j=1}^{n} p^J x^J$,$\beta = \sum \beta^L$ 于是(3.1.14)式成

①　胡晓丽.基于面板数据的 ELES 模型研究[D].浙江工商大学,2012

为：$C = a + \beta Y + \mu$

面板数据的 ElES 模型基本形式为：

$$C_{it}^L = a_{it} + \beta_i Y_{it} + \mu_{it} \qquad (3.1.15)$$

在此，L = 0,1,2,3,4 分别表示总信息消费、教育、通信,文化娱乐、文教娱乐用品。

本文选择数据中包含的截面单元是全国 29 个省市自治区（重庆和西藏因数据不全而被剔除）；时间跨度是 1995-2010 的数据，即各类人均信息消费支出、人均可支配收入，在时间方向上有 15 个取值点（ t= 1995,…,2010），横截面上有 29 个单位，即 i=1, 2,…29。

在 ELES 模型中，影响居民消费结构只有收入和价格两个因素；根据现代消费理论，对于消费结构而言，前期消费（习惯因素）对当期的消费是有很大影响的（棘轮效应），本文借鉴相关研究，将习惯形成引入到国内信息消费结构的研究中，扩展到面板数据建模中。为了简化模型，本文考虑模型简化为本期基本需求只与前一期需求相关，在模型的基本消费中引入前期消费变量（ C_{it-1}^L ）。为了便于地区比较,同时反映各时期特有的影响，基本消费支出有双效应解释的消费结构是：基本消费支出在地区和时期间均固定变化，按以上建模思路，将(3.1.15)式中基本消费 a_{it} 分解为总体均值截距项 α_0、地区个体影响 Z_i^L 和时期影响 T_t^L、前期消费 $\beta_1^L C_{it-1}^L$，于是改进的 ELES 模型变换为：

$$C_{it}^L = \alpha_0 + Z_i^L + T_t^L + \beta_1^L C_{it-1}^L + \beta_2^L Y_{it} + \mu_{it} \qquad (3.1.16)$$

(3.1.16)式中 C_{it}^L 表示 i 地区城镇居民 t 年的人均实际 L 类信息消费支出，$Y_i t$ 表示 i 地区城镇居民 t 年人均实际收入，Z_i^L 代表地区因素对 L 类商品基本消费的偏离，仅随地区不同而异；T_t^L 仅随时间而不同,其中 β_1^L 为 i 地区 L 类商品的前期消费的影响系数, β_2^L 为 L 类商品的边际消费倾向, μ_{it} 为随机干扰项,这里假定它满足古典线性回归模型的所有假定。(3.1.16)式 ELES 模型中的参数基本消费支出、边际消费倾向、消费习惯、收入弹性以及价格弹性等是以消费支出数额绝对值为落脚点进行分析的;该 ELES 模型提供绝对收入水平和消费结构以及消费水平之间的关联关系,较好地诠释居民各项消费结构指标。

(1)分析数据的平稳性

为防止虚假回归,采用 LLC、Breintung 、Hadri,IPS、ADF-Fisher 和 PP-Fisher6 种检验方法检验各数据序列的平稳性。

表3-17　人均信息消费序列 C0 单位根检验结果

Pool unit root test: Summary
Sample: 1995 2010
Exogenous variables: Individual effects
Automatic selection of maximum lags
Automatic selection of lags based on SIC: 0 to 3
Newey-West bandwidth selection using Bartlett kernel

Method	Statistic	Prob.**	Cross-sections	Obs
Null: Unit root (assumes common unit root process)				
Levin, Lin & Chu t*	4.17259	1.0000	29	420
Null: Unit root (assumes individual unit root process)				
Im, Pesaran and Shin W-stat	10.2140	1.0000	29	420
ADF - Fisher Chi-square	9.43498	1.0000	29	420
PP - Fisher Chi-square	4.53527	1.0000	29	435

** Probabilities for Fisher tests are computed using an asymptotic Chi-square distribution. All other tests assume asymptotic normality.

表3-17 表明 4 种检验方法的结论都认为 29 个 C0 序列存在

单位根,为不平稳数据序列。用同样方法检验,29 个地区各类信息消费及其前期消费和可支配收入的面板数据单位根检验结果,均为不平稳数据序列。

表 3-18　　一阶差分变量 C0 的单位根检验结果

Pool unit root test：Summary Sample：1995 2010 Exogenous variables：Individual effects Automatic selection of maximum lags Automatic selection of lags based on SIC：0 to 2 Newey-West bandwidth selection using Bartlett kernel				
Method	Statistic	Prob. **	Cross-sections	Obs
Null：Unit root（assumes common unit root process）				
Levin,Lin & Chu t *	-16.5279	0.0000	29	399
Null：Unit root（assumes individual unit root process）				
Im,Pesaran and Shin W-stat	-12.7631	0.0000	29	399
ADF-Fisher Chi-square	253.789	0.0000	29	399
PP-Fisher Chi-square	295.629	0.0000	29	406

** Probabilities for Fisher tests are computed using an asymptotic Chi-square distribution.All other tests assume asymptotic normality.

表 3-18 表明,C0 序列经过一次差分,用各种方法对其进行单位根检验的结果都拒绝原假设,所以可以得出结论：C0 是一阶 I(1)平稳的。用同样方法对其他变量的面板原数据进行平稳性检验及差分后数据平稳性检验结果如表 3-19。

表 3-19　　各类信息消费和可支配收入的面板数据的平稳性检验结果

面板数据	检验形式	检验结果	差分变量	检验形式	检验结果
Y_{it}	有截距	非平稳	$Y_{it}(I)$	有截距	平稳
c_{it}^0	有截距	非平稳	$c_{it}^0(I)$	有截距	平稳

面板数据	检验形式	检验结果	差分变量	检验形式	检验结果
c_{it-1}^{0}	有截距	非平稳	$c_{it-1}^{0}(\mathrm{I})$	有截距	平稳
c_{it}^{1}	无	非平稳	$c_{it}^{1}(\mathrm{I})$	无	平稳
c_{it-1}^{1}	无	非平稳	$c_{it-1}^{1}(\mathrm{I})$	无	平稳
c_{it}^{2}	有截距	非平稳	$c_{it}^{2}(\mathrm{I})$	有截距	平稳
c_{it-1}^{2}	有截距	非平稳	$c_{it-1}^{2}(\mathrm{I})$	有截距	平稳
c_{it}^{3}	有截距有趋势	非平稳	$c_{it}^{3}(\mathrm{I})$	有截距有趋势	平稳
c_{it-1}^{3}	有截距有趋势	非平稳	$c_{it-1}^{3}(\mathrm{I})$	有截距有趋势	平稳
c_{it}^{4}	有截距	非平稳	$c_{it}^{4}(\mathrm{I})$	有截距	平稳
c_{it-1}^{4}	有截距	非平稳	$c_{it-1}^{4}(\mathrm{I})$	有截距	平稳

　　各序列经过一次差分并用各种方法对其进行单位根检验得出结论:各面板数据序列都是一阶 $\mathrm{I}(1)$ 平稳的。

　　(2)协整检验

　　所谓的协整是指若两个或多个非平稳的变量序列,其某个线性组合后的序列呈平稳性。此时我们称这些变量序列间有协整关系存在。如果基于单位根检验的结果发现变量之间是同阶单整的,那么我们可以进行协整检验。协整检验是考察变量间长期均衡关系的方法。因此协整的要求或前提是同阶单整。主要采用的是 Pedroni、Kao、Johansen 的方法。

表 3-20　C_{it}^0、C_{it-1}^0、Y_{it} 序列协整关系的 **Kao** 检验和 **Pedroni** 检验结果

面板数据变量	检验方法		检验假设	统计量值（P 值）	检验
$C_i^0 t$，C_{it-1}^0，Yit	Kao 检验		ADF	-13.41856 (0.0000)	C_{it}^0，C_{it-1}^0，协整
	Pedroni 检验	H0:ρ=1 H_1:($\rho_i=\rho$)<1	Panel v-Statistic	5.674662 (0.0000)	
			Panel rho-Statistic	-3.482848 (0.0002)	
			Panel PP-Statistic	-11.80629 (0.0000)	
			Panel ADF-Statistic	-5.344570 (0.0000)	
			Group-rho-Statistic	-1.485237 (0.0687)	
			Group PP-Statistic	-16.45026 (0.0000)	
			Group ADF-Statistic	-5.497366 (0.0000)	

表 3-21　**Johansen** 面板协整检验结果（选择序列
和协整方程有截距的情况）

Unrestricted Cointegration Rank Test (Trace and Maximum Eigenvalue)				
Hypothesized No.of CE(s)	Fisher Stat. * (from trace test)	Prob.	Fisher Stat. * (from max-eigen test)	Prob.
None	184.2	0.0000	174.4	0.0000
At most 1	83.49	0.0158	83.49	0.0158

＊Probabilities are computed using asymptotic Chi-square distribution.

　　上述检验结果检验的样本区间为 1995-2010 年,从表 3-20 和

表 3-21 的检验结果可以看出,我国 29 个省市的城镇居民人均信息消费和人均可支配收入的面板数据之间存在协整关系。用以上方法对其它面板数据序列进行协整检验,结果表明各类信息消费与其前期消费和可支配收入具有协整关系。通过了协整检验,说明变量之间存在着长期稳定的均衡关系,其方程回归残差是平稳的。因此可以在此基础上直接对原方程进行回归,此时的回归结果是较精确的。

（2）确定模型形式

在进行面板数据分析时,如果模型形式设定不正确,估计结果将与所要模拟的经济现实偏离甚远,因此首先应选择合适的模型。对于 5 类信息消费 PELES 模型而言,由于各类消费品的消费特征可能存在差异,5 个面板模型的识别结果很有可能会不同。在面板数据模型形式的选择方法上,采用 F 检验决定选用混合形式模型还是固定形式模型,为此我们构造 F 统计量（在 Eviews 软件中称作冗余固定效应检验）,如果 F 统计量大于临界值,则应选择固定效应模型,反之则应选择混合模型。然后用 Hausman 检验确定应该建立随机影响效应还是固定影响效应（表 3-22）。

$$F = \frac{(SSE_r - SSE_u)/(N-1)}{SSE_u/(NT-N-K)} \sim F(N-1, NT-N-K)$$

$$(3.1.17)$$

$$F = \frac{(SSE_r - SSE_u)/(N+T-2)}{SSE_u/((N-1)(T-1)-K+1)} \sim F(N+T-2,$$
$$(N-1)(T-1)-K+1)$$

$$(3.1.18)$$

其中,SSEr,SSEu 分别表示约束模型（混合估计模型的）和非约束模型（个体固定效应模型的）的残差平方和（Sum squared resid）。N 为截面个体,K 为解释变量个数,T 为时期数。非约束模型比约束模型多了 N - 1 个被估参数。（3.1.17）式为个体固定效应模型 F 统计量,(3.1.18)式为个体时点固定效应模型 F 统计量,通过对 F 统计量我们将可选择准确、最佳的估计模型。

表 3-22　各类信息消费 Panel Data 模型

项目	SSEu	SSEr	F	Hausman	模型类型
总信息消费	3505066	4038942	2.20	个体固定影响	固定形式
教育	677132.3	993265.2	2.96	个体时点固定影响	固定形式
通信	325369.2	576929.5	4.05	个体时点固定影响	固定形式
文化娱乐	283543.3	450988.7	3.45	个体时点固定影响	固定形式
文化娱乐用品	289226.2	637984.7	5.07	个体时点固定影响	固定形式

表 3-23　Hausman 检验

Correlated Random Effects -Hausman Test Pool:xxxf Test cross-section random effects				
Test Summary		Chi-Sq.Statistic	Chi-Sq.d.f.	Prob.
Cross-section random		51.849627	2	0.0000
**WARNING: estimated cross-section random effects variance is zero. Cross-section random effects test comparisons:				
Variable	Fixed	Random	Var(Diff.)	Prob.
CO1?	0.912995	0.981847	0.000158	0.0000
Y?	0.014673	0.009620	0.000002	0.0002

表 3-23 的 Hausman Test 统计量是 51.849627,p 值是 0.00,拒绝原假设:随机影响模型中个体影响与解释变量相关。结论:可以将人均总信息消费模型设定为固定影响模型。同样,用 Hausman Test 方法确定教育消费、通信消费、文化娱乐消费、文化

娱乐用品消费均应设定为个体时点固定影响模型。

2.模型的估计

本文运用 Eviews6.0 经济计量软件,对城镇居民各类信息消费模型参数进行估计,得出地区差异和时间差异对信息消费的影响效应,得到1995－2010 年我国 29 个省(市)城镇居民各类信息消费 ELES 计量模型,结果如下:

人均总信息消费模型

$$C_{it}^0 = 84.0041 + Z_{it}^0 + 0.9379C_{it-1}^0 + 0.0114Y_{it} + \nu_{it}^0 \quad (3.1.19)$$

$$(8.55) \qquad (37.85) \qquad (3.73)$$

$$(R^2 = 0.983864 \quad DW = 2.2311)$$

模型(3.1.19)解释的消费结构特征为:地区影响(Z_{it}^0)、消费习惯(示范效应)决定基本消费差异。

人均教育消费模型

$$C_{it}^1 = Z_{it}^1 + T_t^1 + 40.9 + 0.7869C_{it-1}^1 + 0.0084Y_{it} + \nu_{it}^1 \quad (3.1.20)$$

$$(2.51) \quad (24.01) \quad (3.63)$$

$$(R^2 = 0.966070; \quad DW = 2.157978)$$

人均通信消费模型

$$C_{it}^2 = Z_{it}^2 + T_t^2 + 25.5575 + 0.7367C_{it-1}^2 + 0.0108Y_{it} + \nu_{it}^2$$

$$(3.1.21)$$

$$(2.27) \quad (21.31) \qquad (6.26)$$

$$(R^2 = 0.985560 \quad DW = 1.824698)$$

人均文化娱乐消费模型

$$C_{it}^3 = Z_{it}^3 + T_t^3 - 63.2941 + 0.8635C_{it-1}^3 + 0.0123Y_{it} + \nu_{it}^3$$

$$(3.1.22)$$

$$(-5.10) \quad (26.90) \qquad (7.23)$$

$$(R^2 = 0.9792 \quad DW = 2.1622)$$

人均文化娱乐用品消费模型

$$C_{it}^4 = Z_{it}^4 + T_t^4 - 38.4655 + 0.5088\, C_{it-1}^4 + 0.172\, Y_{it} + \nu_{it}^4$$

$$(3.1.23)$$

$$(-3.25) \qquad (11.42) \qquad (9.09)$$

$$(R^2 = 0.971637 \quad DW = 2.053792)$$

从模型(3.1.19)-(3.1.23)中的 t 检验统计量(|t| > 2)和拟合优度 R^2 可知,在给定 0.05 的显著性水平下,各回归方程式通过了统计检验,回归系数显著,模型拟合程度好,可以应用于基本消费需求、边际消费倾向、消费需求的收入弹性和价格弹性四个方面的内容分析。模型(3.1.20)-(3.1.23)式解释消费结构特征为:教育、通信、文化娱乐、文化娱乐用品基本消费由消费习惯(示范效应)、个体效应、时期效应共同决定。各类信息的基本消费支出个体时点效应显著。

3 基于模型估计的分析

(1)基本信息消费的地区与时期影响分析

表 3-24   各类信息基本消费的地区差异与基本消费占比

		教育	通信	文化娱乐	文化娱乐用品
1995	平均基本消费	129.14	42.82	16.942	4.52
	极差	172.44	109.39	104.736	127.46
	极差系数	1.34	2.55	6.477	28.2
	基本消费占比	0.78	0.52	0.244	0.1
2000	平均基本消费	304.24	161.24	41.840	44.26
	极差	319.85	355.42	176.541	233.76
	极差系数	1.05	2.20	4.219	5.28
	基本消费占比	0.85	0.70	0.352.014	0.29

续表

		教育	通信	文化娱乐	文化娱乐用品
2005	平均基本消费	463.75	371.2	108.171	97.7
	极差	719.95	395.1	373.499	350.8
	极差系数	1.55	1.06	3.453	3.59
	基本消费占比	0.84	0.77	0.462	0.36
2010	平均基本消费	471.9	365.91	284.264	79.3
	极差	816.2	586.94	674.857	380.3
	极差系数	1.73	1.60	2.374	4.80
	基本消费占比	0.76	0.71	0.56	0.20

注:极差=最高基本消费-最低基本消费;极差系数=极差/平均基本消费

根据各类信息消费 ELES 计量模型获得

由于 ELES 模型是一个系统模型,某一类消费品基本消费支出的计算需要借助该类模型的截距项,我国不同地区各类信息的基本消费结构的地区差异明显(表3-24),极差系数反映的是单位基本消费中的极差大小,因而它更具可比性。1995 年文化娱乐用品基本消费的极差系数是 28.2;到 2005 降至 3.59,地区差距明显缩小;文化娱乐基本消费的极差系数由 1995 年 6.48 减小到 2010年 2.37,地区差距明显缩小。教育基本消费的极差系数变化不大,表明各地区对教育的基本需求差别不大。不同种类信息消费的基本消费差异大小不同,从差异系数看,2010 年基本消费的地区差异大小依次是文化娱乐用品>文化娱乐>通信>教育。基本需求支出占实际支出的比重(占比)反映了消费刚性的强弱,比重越大,对居民生活基础性程度越高,则消费刚性越强,显然对城镇居民信息需求基础性程度大小依次为教育>通信>文化娱乐>文化娱乐用品。基本需求支出占实际支出的比重(占比)反映了消费刚性的强弱,比重越大,对居民生活基础性程度越高,则消费刚性越强,显然对城镇居民信息需求基础性程度大小依次为教育>通信>文化娱乐>文化娱乐用品。

基本消费的偏离(Z_{it})是负值,表明其基本消费没有达到模型所估计的平均基本消费支出额,1995 至 2010 年人均总信息消费基本消费地区影响(Z_{it}^{0})值最大的是上海(125.4)、北京(93.9),地区影响值最小的是河北(-48.0)、海南(-42.5)地区间基本消费差距较大。我国大部分省份人均基本信息消费的地区(个体)影响为负数,地区影响排在前 5 位是上海、北京、浙江、广东、江苏;其人均收入也排在前 5 位。表明我国大部分地区处于相对不发达阶段中,可支配收入小于总预算支出,有限的收入主要用来满足基本生活的物质需要,无法完全满足较高层次的信息消费。

表 3-25　1995—2010 年各地区城镇居民人均
各类信息消费对其基本消费的偏离

地区	教育 Z_{it}^{1}	通信 Z_{it}^{2}	文化娱乐 Z_{it}^{3}	文化娱乐用品 Z_{it}^{4}	总信息消费 Z_{it}^{0}	地区	教育 Z_{it}^{1}	通信 Z_{it}^{2}	文化娱乐 Z_{it}^{3}	文化娱乐用品 Z_{it}^{4}	总信息消费 Z_{it}^{0}
北京	29.56	10.53	-10.91	63.14	93.91	河南	-26.06	0.07	5.73	-6.73	-24.96
天津	6.21	-12.72	-26.81	11.94	16.05	湖北	12.36	-14.31	4.81	-17.77	-25.91
河北	-26.88	-13.07	-9.44	-0.29	-48.01	湖南	10.10	1.47	9.40	-8.75	-8.83
山西	6.00	-2.02	1.55	-4.24	-13.43	广东	5.97	53.36	7.92	-25.35	58.71
内蒙古	1.81	-7.34	14.12	13.68	11.30	广西	-18.43	-10.62	-2.64	3.10	-30.75
辽宁	13.64	6.24	-5.04	-12.30	3.90	海南	-14.89	-3.80	-6.08	-28.85	-42.51
吉林	10.31	-9.69	-1.99	-13.41	-17.01	四川	-10.92	12.15	13.10	-0.74	-8.13
黑龙江	-1.21	-5.53	-2.08	-17.41	-32.35	贵州	-15.56	8.01	20.54	-1.69	-8.30
上海	47.34	13.66	-25.89	63.61	125.40	云南	-43.88	8.50	-0.09	-16.63	-40.39
江苏	11.95	-25.47	-0.02	1.47	30.73	陕西	34.29	1.89	13.99	13.46	20.71
浙江	58.89	9.81	-23.32	-20.10	70.27	甘肃	-4.54	0.69	14.14	20.73	-10.68
安徽	8.13	-1.30	6.67	-15.40	-2.74	青海	-24.02	-10.62	5.49	0.71	-41.77

地区	教育 Z_{it}^1	通信 Z_{it}^2	文化娱乐 Z_{it}^3	文化娱乐用品 Z_{it}^4	总信息消费 Z_{it}^0	地区	教育 Z_{it}^1	通信 Z_{it}^2	文化娱乐 Z_{it}^3	文化娱乐用品 Z_{it}^4	总信息消费 Z_{it}^0
福建	-18.24	28.33	-3.73	-20.20	24.09	宁夏	-21.36	-1.28	11.54	18.77	-18.04
江西	-17.29	-9.56	11.64	-15.94	-25.94	新疆	-10.79	-6.62	-3.06	3.66	-37.62
山东	-2.50	-20.79	-19.55	11.56	-17.70						

资料来源:根据模型(3.1.19)-(13.1.23)由 Eviews6.0 计算生成。

由表 3-25 数据可看到,教育消费地区影响最高的是浙江、上海,最低的是河北、云南。通信消费的地区影响排在前三位的是广东(53.36)、福建(28.33)和上海(13.66);当文化娱乐消费的地区影响为负(天津-26.8106、上海-25.8908 等),表明这些地区对文化娱乐基本消费需求很高,而目前尚未满足,消费潜力大,贵州、甘肃等地区对基本消费的偏离(Z_{it}^3)为正值,说明这些地区文化娱乐基本消费需求不高,实际基本消费超过基本需求,得到满足的程度高,这验证了文化娱乐属于提高生活质量的享乐型和发展型消费。

表 3-26 1996—2010 年各类信息消费的时期影响

年份	教育	通信	文化娱乐	文化娱乐用品	年份	教育	通信	文化娱乐	文化娱乐用品
1996	-6.31	-41.08	24.83	1.99	2004	25.48	14.30	31.52	2.94
1997	-10.68	-36.30	27.89	21.54	2005	-0.47	19.15	-8.65	6.90
1998	-0.10	-32.60	10.41	16.80	2006	8.49	22.63	-8.68	8.71
1999	17.04	-21.80	15.42	12.37	2007	-1.83	11.48	-9.63	-15.12
2000	10.36	9.92	10.89	11.21	2008	-57.55	-32.58	-54.56	-50.28
2001	44.11	12.17	0.27	-12.84	2009	-40.20	-20.66	-33.65	-46.02
2002	42.60	33.94	18.60	78.59	2010	-41.52	21.38	0.95	-67.29
2003	10.58	40.06	-25.61	30.52					

根据模型(3.1.19)-(13.1.23)由Eviews6.0计算生成。

时期影响见表3-26,1999年-2004年教育消费时间影响是正值,2001、2002二年教育消费时间影响值最高,与当时高校扩招相关。从2008年至2010年教育消费的时期影响出现负数,这与国家大力推广九年义务教育和对高等教育实施贫困助学,总体上降低了人均基本教育支出有关。从时期影响值看2000-2007年是通信消费快速发展时期,居民主要通信工具更新换代。1996年—2002年文化娱乐基本消费的时期影响高于平均影响,2005年—2009年低于平均影响。表明通信和文化娱乐消费经过一段时期快速增长后,消费基数变大,其增长变缓。文化娱乐用品(除2001)年在1996-2006年时点效应为正,表明其消费在此10年发展很快,2002-2004年文化娱乐用品消费出现消费高峰期,居民对更换传统文化娱乐用品为现代文化娱乐用品需求得到较大程度的满足。

(2)信息消费的"棘轮效应"和边际消费倾向

"棘轮效应"是指人们的消费行为是不可逆的,人们的消费支出不仅取决于现期收入,而且还取决于他们以往消费所形成的消费标准和消费习惯。即使在短期中人们的收入暂时减少了,他们仍要维持过去所形成的消费标准,从而使消费减少小于收入的减少。信息消费习惯对消费结构影响明显,所有的信息消费"棘轮效应"明显,影响超过当期可支配收入的影响。棘轮效应影响大小顺序是文化娱乐>教育>通信>文化娱乐用品。1995—2010年平均边际消费倾向大小依次为文化娱乐用品>文化娱乐>通信>教育。

(3)信息消费需求的收入与价格弹性分析

据模型(3.1.19)-(3.1.23)及收入和价格弹性公式计算结果

显示,不同地区信息消费需求收入弹性和价格弹性不同。一般低收入地区消费需求的收入弹性、价格弹性大于高收入地区;低收入地区文化娱乐用品和文化娱乐收入弹性和价格弹性明显大于高收入地区。基础性消费(教育)收入弹性小于非基础性消费(文化娱乐),各类信息消费需求的自价格弹性系数较大,互价格弹性系数很小,即各类信息消费品的需求量受其自身价格的影响较大,受其它信息消费品价格的影响很小。

4 启示与建议

以上面板 ELES 模型分析表明,我国城镇居民的信息消费随收入增加表现出结构不断优化,总体上处于由基础信息消费向发展娱乐型信息消费过渡阶段,在信息消费结构演进中,教育消费是基础性消费,所以优先被满足,1995 年前教育消费是信息消费的主体;1990—1995 年,不论从消费总量还是消费结构看信息消费结构出现显明变化,通信消费异军突起,1995 至 2010 年通信消费和文化娱乐用品上升为主要信息消费;最近几年,文化娱乐消费增长较快,但在居民总的信息消费支出中所占比例仍然较小,文化娱乐消费是高层次精神享受性信息消费,文化娱乐消费增加是生活质量提高的体现。教育消费占比不断降低,通信消费由非必需消费转变为必需消费项目。通过对 1985-2010 年我国城镇居民信息消费结构演变分析,得到启示:随着生活水平的提高,人们对信息消费的需求符合马斯洛(Maslow)提出的“需求层次论”顺序,首先是满足基础信息消费(教育类),其次是满足信息工具消费(通信类)、文化娱乐用品消费,最后是满足精神享受型信息(文化娱乐)消费。信息消费水平与经济发展水平相适应,多年来我国经济发展不平衡,东部沿海地区经济发达,而西部地区经济相对滞后,因而东部沿海地区居民信息消费水平远远高于西部地区。在我国不同地区居民对信息消费需求处于不同阶段。北京、上海、浙江等地区居民信息消费水平居全国前列，对信息消费需求层次较高，消费结构趋于合理。针对我国城镇居民信息消费现状，基于实证分析结论建议如下：

（1）提高居民个体信息消费能力

居民个体信息消费能力是由居民信息素质和支付能力构成。信息素质由所受相关教育程度决定，支付能力由收入和时间机会成本决定，实证分析表明，文化娱乐用品和文化娱乐需求的收入弹性较大，提高收入有助于增加精神文化类信息消费，优化信息消费结构。居民信息消费不均衡很大程度是因为受教育差距和收入差距。从基础条件看，支付能力不足是导致信息消费差距的主要原因，低收入地区教育和通信基本消费支出占实际需求支出的比重大，对居民生活基础性程度越高。提高落后地区城镇居民教育和通信基础消费，最根本的也是增加居民收入。因此，努力提高中低收入家庭的居民收入水平，进一步缩小居民的收入差距，不断扩大中产阶级规模，有助提高低收入居民信息消费的水平，缩小信息消费差距。进一步优化信息消费结构。

（2）针对不同地区降低不同类别信息商品价格

针对中低收入地区城镇居民文化娱乐用品和文化娱乐消费的价格弹性较高的现状，降低其消费价格，有助于缩小地区间信息消费差距。从整体消费来看，通过降低价格，我国城镇居民家庭文化娱乐用品（如电视、手机、电脑等商品）的普及率已超过世界平均水平。目前，网络信息消费是最具增长潜力的信息消费品，将成为推动居民信息消费高端化的最主要动力。2010 年中国电信在每户宽带用户上的月平均收入约为 71 元。当前我国的宽带资费对于国内绝大多数地区的收入水平来说都是明显偏高的，仍有降价的空间,进一步降低文化娱乐及网络消费价格将推动中低收入地区居民文化娱乐消费。

（3）积极培育居民新的主导性信息消费热点

首先,信息消费作为居民生活方式的重要表现,总是保持与生活方式一致的演变方向,随着社会结构的变化,不同生活方式居民群体不断产生,必然对信息消费提出更高的需求,从而促进信息消费结构的改变;其次,不同地区因收入和历史文化特点的差异会产生不同信息消费偏好和习惯,城镇居民的信息消费表现出了显著的内部习惯形成,一旦形成某种信息消费依赖,就会延续下去,存在明显棘轮效应,所以引导新型的信息消费显得尤其重要;再次,信息技术的革新促进了新媒体的出现,互联网消费、数字电视、付费频道、网络游戏、移动网络手机等新媒介形态的出现,在为居民信息消费提供新产品的同时,也在逐渐改变着居民的信息消费习惯。因此建议针对城镇居民来说,要大力开发具有吸引力的新型信息产品,提高现有信息产品质量;积极培育新的主导性信息消费热点。

二、引入时间约束的信息消费理论模型

目前,在对信息消费者行为研究的过程中,国内学者仅从收入决定信息消费这一因素建立信息消费函数。在传统的消费需求分析中,都是假设消费者只面临收入预算约束,研究信息消费时,在其他条件都不变时,一组平行的向右下方倾斜的需求曲线表明,随着收入的提高,人们将消费更多的信息商品,这一结论其实隐含着一个消费时间无限性的假设,而在人们普遍都感觉到时间严重短缺的今天,这一隐含的假设条件显然是不切实际的,更接近现实的情况应该是:当人们可用于自由支配的时间短缺时,即使他们的收

入足以支持购买更多的信息产品,他们对信息服务的需求也不会出现任何增加;即便富裕国家中物品和服务的消费已经得到极大的丰富和扩展,但可供信息消费的时间总量仍然保持不变。居民可支配时间或称自由时间,它是信息消费产生的前提条件。马克思认为,从个体发展的角度来看,自由时间实际上就是个人可以随意支配的时间,自由时间是每个个体发展自由个性的必要条件。在自由时间中,个体可以根据自己的兴趣、爱好、自由选择自己的事情,也可以有什么也不做的自由。它主要包括"个人受教育的时间,发展智力的时间,履行社会职能的时间,进行社交活动的时间,自由运用体力和智力的时间"①。马克思认为要从与劳动时间的关系去分析自由时间。因为劳动时间是自由时间形成的基础。劳动时间从量上制约着自由时间,劳动既创造物质财富,也创造自由时间,劳动时间的节约意味着自由时间的增加。随着我国居民整体工作时间的缩短,可自由支配时间增加,并且可支配时间逐渐取代经济因素,成为制约人们信息消费的显性约束。在西方经济学中较早对时间成本进行研究的是芝加哥大学教授、1992 年诺贝尔经济学奖得主加里·贝克尔。他将"时间价值"概念引入经济学研究,开辟了广义的时间消费效用研究,他认为时间这种稀缺资源的价值,就是它的"机会成本",即耗费单位时间所放弃的货币收入,相当于消费者把这段时间用于其他工作时能为之带来的额外货币收入。时间的机会成本与时间长短呈线性关系。这样,在此基础上来研究人们各种活动就是如何对时间和物资资源进行合理配置,以达到投入最小而产出的效用最大(Becker,1965)②。

---

① 《马克思恩格斯全集》第 23 卷,人民出版社 1972 年版,第 294 页。
② 崔松:《时间成本研究》,华中科技大学 2007 年硕士学位论文,第 3 页。

（一）信息消费模型中引入"时间"要素的必要性

国内经济学者对消费领域时间价值的关注起始于21世纪初，张旭昆、徐俊（2001）提出了"耗时性商品"和"省时性商品"的概念，并构建了相关的理论模型。本文借鉴其概念与方法，将信息消费划分为两种：一种是"时间密集型"的信息消费，主要基于信息内容及其服务类商品的消费，它所对应的是"耗时性商品"的概念，消费时间对其需求的制约性更为明显；另一种是"物品密集型"信息商品消费，主要是基于信息载体工具的产品消费，如购买电脑、电话、移动电话等，它所对应的是"省时性商品"的概念，收入对其需求的制约性更为明显。

如上所述，信息消费者购买信息商品的支出是两重性的，即要支付货币又要支出时间，其主要消费过程是吸收信息内容，它是一种典型的耗时性消费；可以把购买信息载体（工具）的货币消费看作是普通商品消费，但其真正使用过程是耗时性消费，如买书的人一定要考虑有无时间阅读，所谓耗时和省时是根据消费时间的长短而区别之，时间对于信息消费有一个消费"耗时"或"省时"的"时间价格"，所以时间作为一种重要的消费资源就具有了类似"时间货币"的功能，它对信息消费水平和消费结构起到约束作用，一般消费者追求在有限时间的约束下去追求满足最大化。信息载体（工具）的获取和可支配时间是信息消费过程中两种必备的要素，缺一不可。如果消费者购买信息载体，而不花时间去享用，再好再多信息也不会带来任何效用。可以将信息商品载体的购买看成是一般商品消费，主要受货币收入的约束；而信息商品内容消费，主要受可支配时间的约束，在研究信息商品消费问题时，有必要调整对消费者约束条件的视角，同时考虑收入与时间二个因素。在建立信息消费理论模型中，笔者在静态地考虑消费者所面对的收入预算约束外,添加了时间约束条件,或是将消费时间引入效用函数,重新分析信息消费者的效用和最优选择行为。

(二)信息消费时间约束线的提出

区别于传统的消费函数,假定信息消费(C_I)是消费者货币收入(Y)、信息商品货币价格(Pi)、商品的时间消耗(h)、消费者可支配时间(Tr)的函数,即:$C_I = F(Y, Pi, Tr, h)$为使分析简化,作如下假定:

①即期和预期的货币收入均不变,并且此收入是已经足以维持社会基本消费水平以上的收入(当收入对信息消费不构成约束,除某些低收入者有更多自由时间的情况)。

②即期和预期的信息商品货币价格均不变。则关于"耗时性"信息消费的函数变为:

$$C_I = f(Tr, h)$$

③可支配时间(tr)是自由的、不受束缚的、可以自由支配的时间,是指除去必要的劳动时间和必需的生活料理时间(b)(睡眠、吃饭等)之外的可自由支配的时间,假定消费者每天的工作时间为8h,必需的生活料理时间为8h,则其每天的可支配时间为24-8-8= 8h。

这样,若全部可支配时间都用来消费 M 可得 2 数量单位,都用来消费 N 可得 4 数量单位。由此作出的时间约束线如图 3-14 中的线段 L。

以下的可支配时间约束模型即是在以上三个既定条件下,用以表示消费者通过对其全部可支配时间的分配所能购买和消费的耗时性信息商品和省时性信息商品的不同数量的组合。现有耗时性商品 M(信息内容商品)和省时性商品 N(信息工具商品),每消费一个单位的 M 需 2h,而每消费一个单位 N 需 1h(2h 和 1h 就是

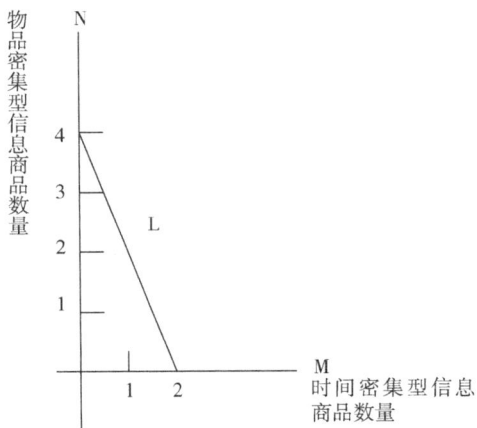

图 3-14　信息消费的时间约束线

商品 M 和 N 的时间价格）。如图 3-15 所示当可支配时间为 6 小时,只能消费 3 个耗时性商品 M,或 6 个省时性商品 N。

若以 Tr 表示消费者拥有的既定可支配时间,hm 和 hn 分别表示商品 M 和 N 的时间价格,则时间约束线 L 的方程可表示为:

Tr = hmCm + hnCn

该式表示,全部可支配时间 Tr 等于其用以消费商品 M 和 N 的时间之和。上式也可改写为:

$$Cn = -\frac{hm}{hn}Cm + \frac{Tr}{hn}$$

其中- hm/hn 是约束线 L 的斜率,Tr/hn 是在纵轴的截距,即将全部可支配时间用以消费商品 N 的数量①。

①　张旭昆、徐俊:《消费的闲暇时间约束模型与假日经济现象》,《经济评论》2001 年第 5 期。

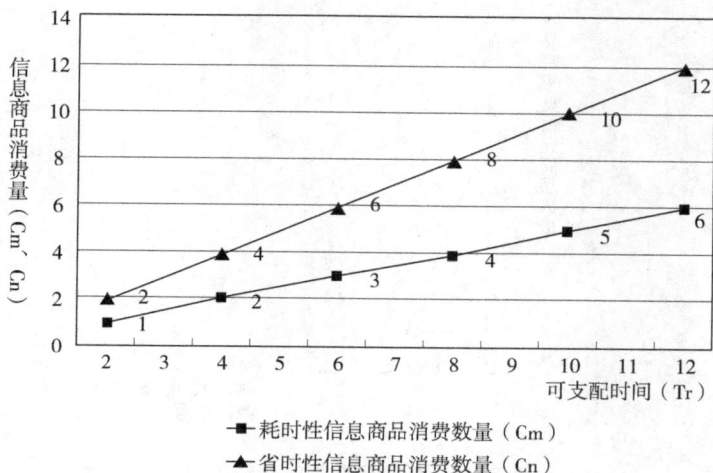

图 3-15　不同时耗信息商品消费差异

说明:信息商品 m 的时耗为 2 小时,信息商品 n 时耗为 1 小时。

(三)引入时间要素的信息消费函数模型

区别于传统的消费函数,针对信息消费函数 $C_I = C(Y, Tr)$,我们可以认为信息消费中包含了两种形式的消费,一种是物品密集型"货币消费",如购买手机、电脑工具等,即通常对物质产品和对可瞬时完成的服务的消费,此类消费的消费量主要由收入水平决定,将之记为 $C(Y)$;另一种是时间密集型的消费,我们称之为"时间消费",如阅读一本图书、看一部电视剧,这些消费所耗用的时间形成对可支配时间的消耗,因此该类消费主要受到可支配时间的影响,记为 $C(Tr)$。同时考虑时间约束和收入约束的信息消费理论模型为:

$C_I = A(Y-a)^{\alpha}(T-b)^{\beta}(0<\alpha<1, 0<\beta<1)$ C_I、Y、T 分别指信息消费水平、收入水平、全部生活时间;A、a、b、α、β 均为常数;又设 a

代表一个最低限生活支出水平（收入小于 a 时不能存活），设 b 代表一个最低限工作时间和必需的生活睡眠时间（小于 b 时将不能生存）；α、β 分别表示 Y、T 各自对 C_i 的相对重要性。

①当 Y 很低，且 Y→a 时，可支配时间 Tr 失去其作为一种资源的意义，此时 Tr 越多，时间资源的浪费反而越大。这时，Tr 成为一种隐性约束，Y 则成为显性约束，信息消费 C_i 唯一地决定于低水平的收入 Y，即 $C_i = f(Y)$。

②当 b 很大，且 T→b 时，没有可支配时间（Tr），耗时性消费难以进行，而只能进行省时性消费，因此收入 Y 的作用被削弱。这时 Y 成为隐性约束，而 Tr 成为显性约束，信息消费 C_i 唯一决定于 Tr，即 $C_i = f(Tr)$

③只有当 Y >a 且 T >b 时，即当既有钱又有闲的时候，收入和剩余时间各自对信息消费的重要性才会被凸显出来，居民的信息消费才会被通畅地释放出来，这时 C_i 可直接表示为：

$C_i = A \, Y\alpha Tr\beta$ 等式两边取对数后变为：$\ln C_i = A' + \alpha \ln Y + \beta \ln Tr$

（四）时间要素决定的信息消费选择行为

1. 可支配时间的变动对信息消费行为的影响

与收入约束线类似，既然时间约束线表示在一定可支配时间 Tr 的限制下，当两种信息商品的时间价格为已知时，消费者可以消费的两种商品的各种组合。既定的时间约束线与消费者无差异曲线的切点，就是消费者获得最大效用水平的均衡点。如图 3-16 所示，约束线 A_0B_0 与无差异曲线 C_0 的切点 E_0 即为均衡点。当可支配时间 Tr 增加时，约束线 A_0B_0 移到 A_1B_1 与一条比 C_0 更高效用水平的无差异曲线 C_1 相切，从而均衡点由 E_0 移至 E_1，由于效用水平的提高，消费者可能会同时增加对 M、N 消费的时间支出。一般而言，在面临既定的时间约束线的条件下，耗时性商品的消费比例

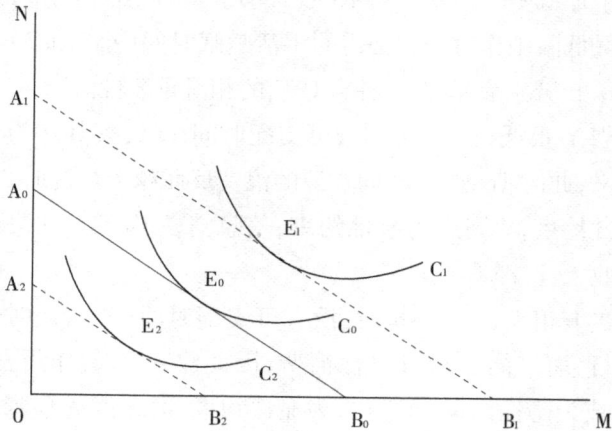

图 3-16　时间约束线的变动对信息消费的影响

总是小于省时性商品的消费。那么,当 A_0B_0 增加至 A_1B_1 时,对 M 消费的增加量会大于对 N 消费的增加量。当可支配时间逐渐减少时,A_0B_0 不断下推平移至 A_2B_2,此时的均衡点为 E_2。对 M 消费的减少量会大于对 N 消费的减少量,无差异曲线 C_2 比之在 C_1 时的效用明显下降。这说明耗时性商品的时间价格弹性大于省时性商品的时间价格弹性。

2. 信息商品的时间消耗变动对消费选择行为的影响

可支配时间不变,两商品的时间消耗之一发生变化。假定耗时性商品 M 的时间消耗下降,而 N 不变,则约束线、均衡点变动情况发生如图 3-17 的两种变化。①在 M 商品时间消耗变化之前,M 需求量为 OM_1。当 M 商品时间消耗下降使时间约束线 A_0B_0 移至 A_0B_1 时,线段 HJ 与

A_0B_1 平行,并与 I_0 相切于 E_2 点,E_2 点与 E_1 点同在一条无差异曲线上,表明两者消费效用相同,相应地 M 需求量增加到 OM_2,

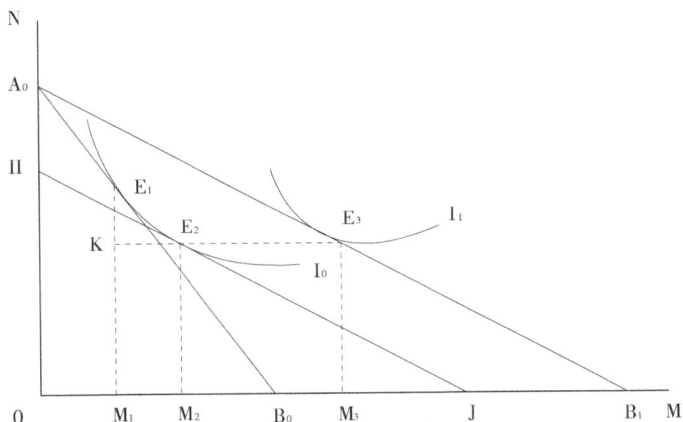

图 3-17　单位信息产品耗时下降对信息消费的影响

$\triangle$M 增加量为 KE_2，$\triangle$N 减少量为 KE_1。一般情况，耗时大的信息品 M 比耗时小的的信息品 N 价格低，由于 M 时间价格降低，消费通过增加 M 的消费量，减少 N 的消费量，达到减少支出而获得同样的效用，这就是时间消耗下降带来的替代效应。②从 M_2 到 M_3 的变化，则反映了 M 时间消耗下降的时间效应（相当于正常商品的收入效应），在其他条件不变时，由于耗时性商品 M 的时间消耗下降，消费者会增加对原耗时性商品 M 的消费，$\triangle$M 增加量为 M_2 M_3，但没有减少省时性商品 N 消费量，E_2 与 E_3 点 N 消费量相同，达到在不增加支出的条件下，增加了对 M 的消费，提高了消费效用。说明时间效应只对耗时性商品消费有促进作用。因此，降低单位信息产品的时耗，符合消费者的消费需求。

三、基于效用分析的信息消费充分预算约束模型

（一）信息消费的效用函数

在微观经济学中,效用函数已经成为研究微观经济问题的基础,通过对效用函数的数理分析,使信息消费的研究更具有了科学性、逻辑性。对于大多数的信息商品来说,时间是影响消费需求的主要因素。这是因为消费者用于消费信息商品的时间是有价值的,而这种价值通常要远远高于其载体材料成本。因此除了购买信息载体时支出的货币外,消费者必须考虑在使用信息商品过程中所必须付出的时间。这个时间投入到消费者的工作中可得到的最高收益,构成消费者消费某种信息商品的时间机会成本,这样,消费者消费或拥有信息商品需要付出的完全成本就由两部分组成。第一部分是商品的显性成本,即信息商品载体的价格,消费者购买时必须支付的货币,第二部分是信息商品的隐性成本,即消费者为了消费和利用信息而付出的时间机会成本。

消费者选择行为的核心问题是,当消费者面临一个消费可行集时,他将如何选择最优的消费组合,使其效用水平达到最大。这里的消费组合是指在某种约束条件下,消费者能够得到的消费可行集。传统的消费者行为选择的分析中,一般只是在以货币作为唯一约束的情况下考虑商品的最优消费组合。即在约束条件 $\Sigma pixi \leqslant Y$,使其效用函数 $u = f(X_1, \cdots Xn)$ 达到最大,这里的 xi 代表第 i 种商品的消费量,pi 是其价格,Y 为消费者的货币收入。

假定:①消费者的全部收入和时间用于信息消费②消费者的效用取决于消费的各种信息品的数量。③追求效用最大化的消费者有自由选择"工作与自由"的权利,即消费者可以自由调整在工作和自由时间之间的分配,以满足消费者个人偏好。

这样,居民信息消费基本模型由以下效用函数和消费函数组成:

U = f(X$_1$,…Xn)

Ci = f(Xi) = f(Y,Ti)

式中,U 为效用函数,它取决于不同结构的信息商品数量;Ci 为信息消费函数,代表第 i 种信息商品的消费量,它又是收入和时间的函数,在帕累托效率下,个体信息消费行为可以表示为下列行为的解。

$$MaxU = f(X) = f(X_1…Xn) \tag{1}$$

$$Max(Ci) = f(Xi) = f(Y、Ti) \tag{2}$$

$$St：\begin{cases} \sum pixi \leqslant Y \\ \sum tixi \leqslant Ti \end{cases}$$

(二)充分预算约束的基本模型

曼昆在其《经济学原理》中对机会成本作了如下定义:一种东西的机会成本是为了得到这种东西所放弃的东西。在某种活动中所花时间的价值是在那个时间所放弃的机会的价值或成本。最基本和最常用的测算时间价值的方法是使用某个人每小时的工资。消费者在利用信息过程中的机会成本主要表现为时间成本,即从事其他工作单位时间内的工资与消费信息所花费时间之积。比如:消费者的单位时间工资为 10 元/小时,读一本书时间为 10 小时,则消费这本书的时间成本为 100 元,如果消费者的单位时间工资为 20 元/小时,则其时间成本为 200 元。总之,任何消费者的时间成本都是可以测算的[①]。在微观经济分析中,在帕累托效率下,由于假定消费者偏好满足局部非饱和性从而使预算约束的等式成立。所谓局部非饱和性是指,对于任意给定的消费可行集中的消费组合和任意小的正数 $\varepsilon > 0$,总存在商品组合 X$_2$,使得当|X$_2$ - X$_1$| <ε

---

① 　丛全滋:《读者时间成本探析》,《大学图书馆学报》2008 年第 4 期。

时,X_2 比 X_1 更好。这个意思也是说,只要允许消费者对商品组合作即便是很微小的调整,他都总可以做得更好,满足其消费效用最大化,这一性质(以及偏好的单调性)使得我们在讨论消费者最优选择时,只需考虑等式约束的情况,这是因为如果消费者的货币还有剩余,他总可以通过增加购买来改善其满足程度;或者说最优解若存在,一定在消费可行集的边界上。当然这里排除了在预算约束变成等式之前,时间约束已经用尽的可能性,这是合乎常理的。

预算约束包括时间约束和收入约束。

首先分析时间约束

$$T = t_w + \sum_{i=1}^{n} T_i \quad i = 1、2\cdots, n \tag{3}$$

式中,T 为总时间,t_w 与 T_i 分别表示个人用于工作劳动及消费信息的时间。为简化起见,我们假定 T_i 与信息品数量之间是一种固定的比例关系,即 $T_i = t_i x_i$,这里的 t_i 可视为信息品 i 的"时间价格"。

其次分析收入约束:

$$\sum_{i=1}^{n} X_i P_i = r t_w + Y_0 \tag{4}$$

$Xi \geq 0, i = 1, 2, \cdots, n$ 式中,Pi 为第 i 种信息品的市场价格,r 为工资率,Y_0 为非工资收入。

于是,我们引入(1)、(3)、(4)构成充分预算约束的基本模型:

$$S \cdot t \begin{cases} \max u = f(x) = f(x_1 \cdots x_2) \\ \sum P_i x_i = Y_0 + r t_w \\ \sum t_i x_i + t_w = T \end{cases} \tag{5}$$

在(5)式的预算约束中包括时间约束和收入约束。

我们来分析充分预算约束。由式(5)可得

$$t_w = T - \sum_{i=1}^{n} t_i X_i \tag{6}$$

把式(6)代入式(4)可得

$$\sum_{i=1}^{n} X_i P_i = Y_0 + r\left(T - \sum_{i=1}^{n} t_i X_i\right)$$

$$\sum_{i=1}^{n} (P_i + rt_i) X_i = Y_0 + rT \tag{7}$$

这里的 rti 就是消费一个单位的信息商品 Xi 的时间机会成本,而 Pi 是一单位信息商品 Xi 的货币价格,因此我们可以称 Pi+rti 为商品 Xi 的"完全价格",即消费一单位商品 Xi 的货币成本与时间成本之和。另一方面,rT 代表当所有时间都用于工作时的货币收入,因此 Y₀+ rT 为消费者最大可能的收入或称为贝克尔意义上的"充分收入",于是模型中的约束条件(3)和(4)就化为一个表达式(7),我们称之为"完全预算"或称资源约束,它意味着购买信息商品的完全成本必须等于信息消费者的完全收入,显然这是符合最优化基本原理[1]。

(三)基于充分预算约束的信息消费最优选择

当存在两种信息商品场合,(7)式变为:

$(P_1 + rt_1)X_1 + (P_2 + rt_2)X_2 = Y_0 + rT$

这时完全预算线的斜率等于 $\dfrac{dx_2}{dx_1} = \dfrac{P_1 + rt_1}{P_2 + rt_2}$

如图 3-18 表明:B 线称为等支出线,它表示在花费的条件下,消费者所能购买到的商品的不同数量组合的轨迹,其方程为:

$P_1 X_1 + P_2 X_2 = Y_0 + rtw$

L 线称为等闲暇线,它是由付出 T-tw 的时间投入的条件下,消费者的商品组合轨迹,其方程为:$t_1 x_1 + t_2 x_2 = T - tw$

B 线和 L 线的交点的轨迹组成了完全预算线 F,代表在"完全

---

① 　郭鲁芳:《时间约束与休闲消费》,《数量经济技术经济研究》2006 年第 2 期。

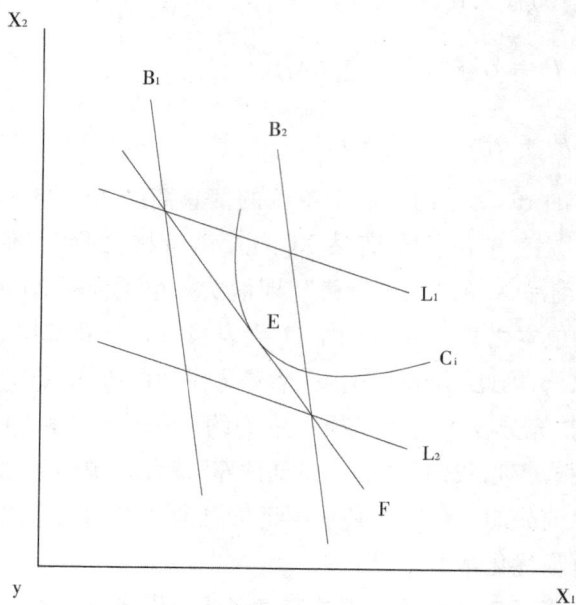

图 3-18 收入与时间双约束信息消费模型

价格"与"完全收入"意义下的消费组合,其方程为:$(P_1 + rt_1)x_1 + (P_2 + rt_2)x_2 = Y_0 + rT$ 不难看出,在图 3-18 中,B_1 代表花费 $Y_0 + rt_1$ 的所有商品消费组合,B_2 代表花费 $Y_0 + rt_2$ 的所有消费组合,这里的 $t_2 > t_1$。同理,L_1 表示付出了 $T - t_1$ 的时间投入的所有消费组合,L_2 表示付出了 $T - t_2$ 的时间投入的所有消费组合。F 线就是同时满足支出约束和时间约束的点的轨迹。图 3-18 所示,等支出线的斜率等于 $-P_1/P_2$,而等闲暇线的斜率则是 $-t_1/t_2$,等支出线 B 比等闲暇线 L 更陡峭,即 $t_1/t_2 < P_2/P_2$(也有可能 L 线比 B 线更陡峭,即便如此,分析的方法完全相同。)那么,根据最优化基本原理,由最优化的一阶条件,消费者的最优选择即模型的最优解

应是无差异曲线 Ci 和完全预算约束线 F 的相切点 E,此点又可称为消费者均衡点,在 E 处,完全预算约束线 F 的斜率与无差异曲线 Ci 的斜率相等,即完全价格的比率必须等于消费者的边际替代率。

此均衡条件可写为：
$$\begin{cases} \dfrac{\partial u}{\partial x_1} \Big/ \dfrac{\partial u}{\partial x_2} = \dfrac{P_1+rt_1}{P_2+rt_2} \\ (P_1+rt_1)x_1+(P_2+rt_2)X_2 = Y_0+rT \end{cases} \qquad (8)$$

（8）表示,在一定的"完全收入"约束条件下,为了取得最大的效用满足,消费者应选择的最合理商品数量应该使得两种商品的边际替代率等于这两种商品的"完全"价格之比,换言之,在消费者均衡点上,消费者愿意用一单位某种商品代替另一种商品的数量等于市场上这一单位商品在费用和时间的机会成本上可以换取的另一种商品数量。根据上述均衡条件,可以求出信息消费需求函数：$Xi = Di(P_1,P_2,t_1,t_2,r,Y_0)$、或表示为完全价格和完全收入的函数：$Xi = Di(P_1+rt_1,P_2+rt_2,Y)$,从而,得到最优消费选择方式的选择结果①。

（四）信息消费双约束理论模型的启示

从以上分析可以知道,对于收入是显性约束的群体,则要提高其收入来增加消费能力,只有当收入、可支配时间达到相当水平（Y>a 且 T >b）时,收入和可支配时间各自对信息消费的重要性才会凸现,信息消费才会被拉动起来。可支配时间的增加在收入既定时刺激信息消费;若可支配时间是隐性约束,则它的增加将不会刺激信息消费。我国目前的情况是,城镇居民中收入较高者受到

① 张卫东:《引入时间约束的消费者最优选择》,《财经科学》2002 年第 6 期。

可支配时间的约束,若可支配时间的增加会产生如图 3-16 所示效应;若单位信息商品时耗下降会产生如图 3-17 所示效应。而在低收入群体中,收入是显性约束,而自由时间则是隐性约束,增长再多的时间也对他们的消费起不了多大作用。值得注意的是,由于信息消费不仅要投入货币资源,而且要投入时间资源,因此使信息市场中的卖方处于一种两难选择:节约时间的信息产品有利于同行间的竞争,但会减少以时间为计费标准的收入;反之,信息产品的耗时增加虽可增加收入,但也可能因同类产品的竞争而失去消费者。在这个问题上,买卖双方的立场是不一致的,而竞争的结果一般是对消费者有利。信息消费决策还要考虑受工资率制约的时间机会成本,一定的资费水平下,消费者即使承受得了货币支出之"轻",也可能承受不了时间支出之"重",因为在当代快节奏生活方式中,时间的相对价格日益提高。在一些发达国家,制约信息消费的关键因素之一就在于时间资源的稀缺和昂贵。

以上从理论上对信息消费模型的构建进行了分析,其主要思想是,信息消费既取决于收入,又取决于时间,它是物品消费和时间消费的统一,基于这一思路,本章构建了双约束的信息消费理论模型,并把信息商品分为时间密集型与物品密集型产品。理论模型显示,在一定的充分预算约束条件下,消费者均衡的条件是两种信息商品的边际替代率等于两种信息商品的"充分价格"之比,由于双约束模型把信息消费者在消费过程中花费的时间看做与收入同等重要的因素并将其纳入效用函数,因而这是一个更具包容性的信息消费模型,对信息消费行为具有更强的解释能力,其启示意义在于,不同群体的信息消费结构选择不同,主要是由消费者对收入与可支配时间选择偏好的不同决定的,双约束理论模型实践意义在于,第一,大量开发多样化的省时性信息产品及其替代品,可有效促进中高收入人群信息消费。第二,降低信息消费产品价格,可有效促进中低收入人群信息消费。第三,适度增加居民可支配时间,有助提高信息消费水平。

第二节　信息消费与经济发展

一、信息消费与宏观经济

从近几年信息消费与宏观经济增长的现状和前景两个方面分别对信息消费进行剖析,认为信息消费对宏观经济的影响体现在有效扩大内需,进而增强消费对国民经济的拉动作用,主要有以下六个方面作用:

(一)信息消费改变传统商业模式

当互联网第一次作为一种营销手段的时候,凭借着其比传统营销独特的信息传播优势而实现了突破,在这一期间诞生了如亚马逊、eBay、阿里巴巴、淘宝等这样的电子商务巨头,出现了Yahoo!、新浪等这样的新兴媒体,并凭借着自身对新兴信息传播渠道的把握,实现了自己的商业价值。网络消费呈现出如效用递增、消费与生产合一、消费对象软化、收入约束弱化、"拉"式消费、群体效应、无边界消费等新特点。楚尔鸣、何恒远(2003)对网络消费理论进行了创新,分析了知识技术积累机制与边际效用递增规律、商品的边际替代率递增规律与无差异曲线的旋转、成本—效用分析范式与传统的预算约束软化、消费者均衡与效用剩余等。田媛(2007)分析认为网络消费具有边际效用递增、主观稀缺的新特性,对效用曲线和无差异曲线做出了变更,同时指出时间是消费约束的条件之一。

一般商品消费决策是在对各种商品功能(服务)的信息、消费过程中的相关服务；卖家的信用水平等信息的获取后才能做出的，而传统的商业模式很难在短时间内获取大量相关信息的，通过在互联网设计消费类网站、网络消费的安全设置等措施，实现信息的一站式获取后才能大幅度降低交易时间成本和流通环节其他成本，网络信息给居民生活带来了极大方便，使居民足不出户解决许多问题，如网上购物、订票、交流、买卖股票等。越来越多的网民习惯于价格透明和购买方便的网络购物，网络购物在零售业中的分量越来越重（见表 3-29），从而改变传统商业模式，尤其是电子商务本身已经演变成为重要的商务模式和产业形态。

表 3-29　　2006—2010 年我国网络购物发展①

	2006	2007	2008	2009	2010
网购金额（亿）	258	542	1208	2500	5231
网购金额占社会消费品零售总额的比例（%）	0.34	0.61	1.1	2	3.3
网购用户规模（亿）	0.34	0.46	0.74	1.08	1.61
网购使用率	23.6%	22.1%	24.8	28.1	35.1

根据中国互联网络信息中心（CNNIC）报告数据整理。

　　随着我国互联网普及率的逐年提高，互联网作为人们日常工具的价值正在日益提升。CNNIC《报告》调查显示，2009 年在家和单位上网的网民比例有了明显的提高，有 83.2% 的网民选择在家上网，另有 30.2% 的网民选择在单位上网，值得关注的是，互联网商务化程度迅速提高，2006 年至 2010 年，商务交易类应用增幅

①　中国互联网络信息中心（CNNIC）：《2009 年中国网络购物市场研究报告》，2009 年，http://research.cnnic.cn/html/index_86.html。

"异军突起",网购用户规模增长很快,平均年增幅达到了47.8%,2010年中国网络购物市场交易规模达到5231亿,网络购物用户规模1.61亿人,年增长48.6%,网络购物使用率达到35.1%,远远超过其他类网络应用,是增幅最快的应用。专家指出,随着购物类互联网平台的逐渐成熟,以及人们生活习惯的改变,如今越来越多的人开始利用网络进行购物。网上支付、网上银行的使用率迅速提升,更多的经济活动已步入了互联网时代①。

目前,我国大约每3个人中有1个以上人是网络购物用户,而在欧美和韩国等互联网普及率较高的国家,每3个网民中就有2个人在网上购物。中国网络购物的潜力还远未被释放。此外,政府已相当重视电子商务对经济的拉动作用,出台了一系列政策规范和引导电子商务发展;业界电子商务的发展也如火如荼,不仅涌现出更多平台类电子商务网站,也有越来越多有远见的传统企业开始进军电子商务。在这种大形势下,预期未来几年电子商务会保持快速发展之势。上海是网络购物最为普及的城市,2010年网购渗透率达到41.8%;其次是北京,为39.7%。中国网络营销市场的飞速发展,证明了网络营销价值逐步得到认可。越来越多的商家因"触网"而获益。基于网络信息的实物消费能够有效扩大内需。

(二)信息消费改变居民消费结构

随着我国居民收入水平提高和生活质量改善,人们的消费结构也随之不断升级。城乡居民的消费生活已经从温饱型转向小康型,"三转一响"的时代早已离我们远去,人们的消费领域发生了

---

① 中国互联网络信息中心:《第23—27次中国互联网络发展状况统计报告》,http://www.cnnic.net.cn/。

巨大改变。消费不再是主要为了满足基本的吃穿需求,更多的是为了提高生活质量、加强学习、满足个人兴趣等。据有关统计数据显示,我国城镇居民的恩格尔系数均呈下降的趋势,恩格尔系数从1978 年的 57.5%下降到 2008 年的 38%,随着居民消费结构的升级,消费热点也在不断变化。住房消费、旅游消费和信息消费相继成为新的消费热点,尤其是信息消费已逐渐成为时尚,越来越多的人加入到信息消费的队伍中来。

　　通过对城镇居民消费支出结构进行分析,并将 1995 年与2007 年作对比,发现食品、衣着、家庭设备用品及相关服务、杂项商品及相关服务消费的比例在不同程度的下降,信息消费在总消费中的比重不仅上升了,而且上升的幅度是所有消费种类中最大的(如表 3-30 所示)。

表 3-30　城镇居民生活消费结构变化

各消费种类	1995 年占总消费比(%)	2007 年占总消费比(%)	变化幅度(百分点)
食品	49.92	36.29	-13.63
衣着	13.55	10.42	-3.13
医疗保健	3.11	6.99	3.88
家庭设备用品及相关服务	8.39	6.02	-2.37
居住	7.07	9.83	2.76
杂项商品及相关服务	4.28	3.58	-0.7
信息消费	11.33	19.30	7.97

资料来源:由《中国统计年鉴》1996、2008 年的数据整理计算而得。
(信息消费为通信、文化娱乐、教育消费和文化娱乐用品之和)。

段军山(2011)通过经验数据对广东省城乡居民消费现状进行分析后发现,广东省城乡居民消费结构变动的比较分析来看,传统的"衣、食、住、行"的消费格局已被打破,城镇居民的消费热点更转为以"交通通讯、休闲娱乐、改善居住条件"为主的享受型消费。

(三)信息消费需求增长空间广阔

信息消费的增长取决于信息消费需求增长,我国人口基数大,人均信息消费水平距世界水平差距大,我国2007年人均信息和通讯技术支出192.69美元,距世界人均608.23美元水平仍有较大差距,还不及世界平均水平的1/3;我国人均国际互联网带宽279.9(比特/人),距世界3267.6(比特/人)相差甚远。移动电话478.26(部/千人)低于世界水平597.61(部/千人),2008年我国宽带用户62.89个/千人,超过中等收入国家34.96个/千人,但也未达到世界78.47个/千人的水平。何先平等通过对我国城镇居民1996—2006年家庭消费结构变动情况进行研究,对各项消费支出的边际消费倾向进行排序,结果如下:

表3-31　1996—2006年中国城镇居民的边际消费倾向排序序列①

项目	食品	衣着	居住	医疗保健	交通通讯	文教娱乐	家庭设备
排序	3	6	4	5	2	1	7

资料来源:何先平等:《中国城镇居民消费结构研究》,《长江大学学报(自然科学版)》2008年第3期。

表3-31表明,由于个人教育文化科技水平已经上升为就业

---

① 　何先平等:《中国城镇居民消费结构研究》,《长江大学学报(自然科学版)》2008年第3期。

竞争能力的决定性因素,随着收入水平的提高,1996—2006年文教娱乐边际消费倾向上升到第一位,城镇居民的精神文化消费需求和教育投入正在迅速扩大。通信方面的新增消费也呈现快速增长,其边际消费倾向已排在了第2位。电脑、宽带网等信息产品迅速进入城镇居民家庭,通讯、文教娱乐成为新的消费热点,通过本章第一节对信息消费实证研究表明,总体看我国城镇居民基本信息消费需求还未完全满足,尤其是文化娱乐消费需求远未满足,所以新型信息消费需求增长空间广阔。国家统计局的资料显示,目前我国的文化消费量存在3000亿元人民币至4000亿元人民币的缺口,因此,增加文化和知识内容等信息商品消费有较大的空间。

(四)信息消费促进经济增长

对于物质消费的节约以及增长方式的改变,是信息产业对于整个经济发展的贡献。陈炜①利用协整检验和VEC模型初步探讨我国信息消费与经济增长之间的关系,发现两者之间具有明显的因果关系及长期均衡趋势,存在相互促进的良性机制。并利用脉冲响应函数定量分析了两者之间的冲击影响。研究认为,从长期来看,一个百分点信息消费的变动,将会带动0.7个百分点经济的增长,表明了信息消费和经济增长存在的长期动态均衡;就因果检验来看,两者互为因果,有互相促进的良性循环机制,信息消费的增加能有力推动经济的发展,而经济的发展又引导信息消费上升,脉冲响应函数不仅反映了人均GDP和信息消费对自身有一个正向拉动作用,而且进一步强化了两者的联系。信息消费带动

---

① 陈炜:《我国信息消费与经济增长的计量分析》,《金融经济》2008年第20期。

经济增长是基于两个方面:一是信息消费本身对 GDP 的贡献,二是以网络信息消费带动网络(实物)消费,进而增强消费对国民经济的拉动作用。根据考察,2000—2008 年信息服务业在中国大陆 29 个省(市)(西藏、青海除外)中对经济增长的贡献及所存在的阶段和地区差异结果表明:信息服务业对经济增长具有较强的正向推动作用,信息服务业产值每增加 1%,GDP 增加 0.578%[①]。关于网络(实物)消费,学者在广义和狭义上都做了阐述。但是通常情况下我们理解的是它广义上的意思。也就是指网络购物、网络教育、在线影视、网络游戏在在内的所有消费形式的总和,也就是指直接或间接利用互联网进行的买卖商品或劳务的行为。发展中国家互联网的普及率每提升 10 个百分点,会对当地的经济产生 1.12 个百分点的带动作用。互联网普及率与人均 GDP 的相关系数达到 0.92。

(五)信息消费对生产力要素的影响

根据著名的中国信息经济学创始人乌家培教授的观点,信息消费在经济发展过程中的重要性是它对生产力要素的影响,生产力是生产关系的物质基础,信息消费对生产力要素影响在以下几个方面:一是使生产力的首要因素—劳动力的信息能力,即获取、传递、处理和运用信息的能力空前增强,并促进新型信息劳动者的出现与快速增加。二是使生产力中起积极作用的活动因素—劳动工具网络化、智能化以及隐含在其内的信息与知识的含量急剧增大,信息网络本身也成了公用的或专用的重要劳动工具。三是使不可缺少的生产要素——劳动对象涵盖的范围扩大,数据、信息、

---

① 温春龙、胡平:《信息服务业对区域经济带动作用——基于 29 个省(市) 2000—2008 年面板数据》,《科技与经济》2011 年第 2 期。

知识等都成了新的劳动对象。四是使生产力发展中起革命性作用的科学技术如虎添翼。由于科技信息交流的加强和科技合作研究的发展,科技进步日新月异,信息科技成了高科技的主要代表,它对社会和经济的渗透作用和带动作用不断强化。五是使对生产力发展有长期潜在的重要作用的教育更加信息化、社会化和全球化。六是使组合、协调生产力有关要素以提高它们综合效益的管理对生产力发展的决定性作用更加强化,导致管理科技甚至也成了高科技。管理信息化已发展到内联网、外联网、物联网、国际互联网阶段,并与各种业务流程的信息化相融合。信息不仅是管理的基础,而且与知识一道也成了管理的对象。信息管理、知识管理日益成为管理的重要组成部分和新型的管理模式。七是使作为生产力特殊软要素的信息与知识,通过对生产力其他要素所起的重大影响和通过对这些要素的有序化组织、总体性协调,发挥其物质变精神、精神变物质两个过程相互结合的特殊作用。① "以信息化带动工业化战略"的理念,充分反映了信息对企业创新的影响上,运用计算机信息网络技术,推进企业技术创新、管理创新和体制创新,提高企业的竞争力,信息技术应用加速向各经济领域渗透,信息化与工业化融合的步伐加快,推动企事业生产力水平提高。

（六）信息消费对经济结构的影响

信息消费对宏观经济发展的重要性还体现在它对经济结构的影响。信息消费背后的支撑是信息产业的发展,信息消费既可拉动消费、又可推动生产,增加就业。

（1）信息消费改善我国需求结构

---

① 乌家培:《网络经济及其对经济理论的影响家》,《学术研究》2000 年第 1 期。

需求结构的合理性反映了经济结构的合理性。从内需来看，我国有 4.2 亿网民，并且正逐步形成网络消费习惯、带动了全球最大的网络消费市场。形成了近 300 万家网站、2 万家互联网服务商、30 家互联网上市企业的市场体系和数千亿美元的产业规模，直接产生网络消费。其中仅 2009 年电子商务交易额就达 3.8 万亿人民币[①]。信息消费引导居民产生新的、有价值的消费热点，信息技术、网络服务的消费需求日益增长，成为当前影响最广、增长最快、市场潜力最大的产业之一，为进一步扩大消费、拉动内需提供了重要物质基础。信息消费提高了居民消费结构升级的速度，增大消费对国民经济的拉动作用。

（2）信息消费改变并优化产业结构

随着信息技术日新月异的进步和投资方向的转变，全球产业结构正在经历新一轮大的调整，信息消费正在造就一个庞大的信息产业。其中由互联网催生的新兴战略产业群主要有信息技术产业和信息服务产业，它们作为新兴产业，与第三产业相融合且推动其迅速发展，已经成为现代服务业的重要组成部分，并带动传统产业优化升级。过去 16 年，我国信息产业增加值年均增速超过 26.6%，占国内生产总值的比重由不足 1% 增长到 10% 左右。目前中国电子信息产业的规模居世界前列，一个完整的信息产业正在逐步形成。2008 年我国互联网产业规模达到 6500 亿元人民币，其中互联网制造业销售规模接近 5000 亿元人民币，相当于国内生产总值的 1/60，占全球互联网制造业销售总额的 1/10。互联网的发展带动了电子商务和文化产业快速发展。其中，2009 年电子商

---

① 吴元兵、牛文涛：《互联网对经济结构调整的影响》，《中国国情国力》2011 年第 11 期。

务交易额达到 3.8 万亿元人民币,中小企业通过电子商务创造的新增价值占我国 GDP 的比重为 1.5%,拉动我国 GDP 增长 0.13%;网络购物市场规模达到 2483.5 亿元,占社会消费品零售总额的比重是 1.9%。而值得重视的是,信息消费成长的结构差异特点,会由于信息消费与经济增长的正相关关系,而使经济成长的结构性差距更大幅度地拉大,一方面是互联网在物流、商贸流通、金融行业的应用促进了传统服务业向现代服务业转变,推动形成了电子商务、网上银行等现代新型物流。另一方面,互联网与工业化的融合,改变了生产、管理和营销方式,极大优化了资源组合、业务流程、企业管理和产业链的协同,推动了以经济生产、绿色制造为方向的工业转移升级。此外,互联网与实体经济的不断融合,移动互联网、云计算等将催生新的商务模式,培育出新的增长点。在美国网络信息产业已经占到整个经济的 1/4 以上,可以预见在未来信息产业将成为全球第一产业,网络消费也必将成为第一消费方式。从这个意义上讲,居民的信息消费从传统的媒介消费转变为信息技术消费,信息技术含量提高,进一步带动信息产业发展,形成实体经济良好的循环,带动经济快速、健康发展。以计算机信息技术为代表的当代高新技术的发展,为提高生产力的发展提供了革命性、创新性的手段。正如蒸汽机的发明加快了人类机械化的进程,电的发明加快了人类电气化的进程一样,计算机信息技术的发明,已开始加快人类信息化的进程。在工业化程度最高的美国,同信息直接或间接有关的部门在国内生产总值中所占的比重已达到 80%,即来自以数字化和网络化为特征的信息产业。

(3)信息消费优化就业结构,提高就业水平

从长远看,大力发展互联网、电子商务等现代信息服务业,有利于增加就业,从根本上改变劳动力素质结构,提升整个社会的就

业水平和质量。信息服务业是智力密集、劳动密集型产业,发展信息服务业,能够缓解劳动力就业难题,优化就业结构。2009年由电子商务带动的就业人数超过千万(其中淘宝网实现就业人数就达106万)。美国蓝领职工占全职工的比重,正在从90年代中期的20%缩减到21世纪头十年的10%,非专业的白领职工占全国职工的比重,在15年左右的时间内,也从40%减少到20%—30%,而专业性白领职工,即知识型人员,则有可能从40%迅速增加到60%—70%,这后一类人员就包括研究开发人员、设计人员、信息和咨询人员、经理、教授、科学家,以及其他有各种专业知识的智力劳动者。上述蓝领职工的缩减及专业性白领职工(知识型人员)增加的现象业已出现在我国较发达地区和城市(上海、北京、深圳等地)。

(4)信息服务提升经济运行的效率

信息服务业具有通用性、基础性和高渗透性的特征,它对经济结构调整的作用重大。其作用体现在以下五个方面。①加速经济发展方式转变。信息服务业是当今技术最密集、更新最迅速、应用最广泛、竞争最激烈、知识产权最集中的产业之一。发展信息服务业有助于培育新的经济增长点,增加服务业在总体结构中的比重,同时促进经济增长方式的转变。②带动相关产业发展。信息服务业以信息、知识为依托,附加价值大、能源消耗低,对其它相关产业的关联、带动性强。③发展信息服务业可以促进传统产业的升级换代和产业结构的优化调整,在更高层次上带动现代制造业、现代农业、现代交通运输业、现代金融业、现代商业等相关产业的快速发展。④提升服务业水平。信息服务业作为现代服务业的重要组成部分,它的发展水平和质量,直接影响着现代服务业的整体发展水平和质量。信息技术的广泛应用,提升了现代服务业的信息化程度,促进了服务业和信息化的相互融合,催生了新兴的服务业形态和发展模式,在更高的程度和更深的层次上提升了现代服务业的发展水平。

二、信息消费与微观经济

(一)不确定性与信息消费

1. 信息行为的新制度经济学解释

作为新微观经济学的组成部分,新制度经济学的一个重要假设就是市场的不完整性,这种不完整性突出表现在市场信息的失衡和不完整上。例如,由于信息不完全,消费者在购买产品时会产生一种不安全心理,为了消除这种不确定性,消费者会主动搜集信息。消费者搜寻有关解决消费问题的信息可以在一定程度上消除购买决策的不确定性。因此,信息搜寻行为是消费者做出合理购买决策的基础,在消费者决策过程中起到了重要的作用。1961年,斯蒂格勒批判了传统经济学的完全信息假定,提出了信息搜寻(Searching)概念。他认为,经济行为主体掌握的初始经济信息是有限的,是不完全信息,这就决定了经济主体的行为具有极大的不确定性。经济主体要做出最优决策,必须对相关信息进行搜寻,而信息搜寻是需要成本的①。不确定性与信息消费是因果关系,众所周知,某种信息需求始于某种认知的不确定性、信息的效用在于减少认知的不确定性,所谓"不确定性",是指"某个给定的认知活动过程的当前状态与认知主体所要求的目标状态之间的差距",利用相关信息消除这种不确定性的过程,包括从"不确定"的初始状态经过一系列的"当前状态"直到"目标状态"的复杂过程。显

---

① 高红阳:《不对称信息经济学研究现状述评》,《当代经济研究》2005 年第 10 期。

然,对"完全不确定"的初始状态的认识、到"部分不确定"当前状态的取得、再到"完全确定"目标状态的确认和到达,都需要对相关信息的认识和应用,信息消费使用效果就是确保每个阶段由不确定到确实性的实现。

2. 信息行为的行为科学解释

决策风险回避理论。通常人们都是厌恶风险的,在现实经济活动中信息常常是不完全的,不同的经济主体缺乏信息的程度也往往是不一样的,买卖双方对对方的信息了解的程度也不一样,由于信息的不对称,使交易方可能进行逆向选择,进一步降低市场交易效率。在信息不完全和不对称的情况下,市场机制不能很好地起作用。由于缺乏足够的信息,企业的生产可能会带有一定的盲目性,决策选择也可能出现失误。更甚者由于缺乏足够的信息,有些重要的市场可能根本无法产生,或者即使产生,也难以得到充分发展。为了减少决策风险,人们会主动搜寻信息,搜集信息的强度和多少则取决于人们所感受到的风险的大小,一般来说,风险越大,搜集信息的动机越强。信息是一种对降低风险有价值的资源,它能提高经济主体的解决问题的效率和收益。在解决具体问题时,信息可以减少经济主体的决策风险和失误,从而提高其预期收益。正是这个原因,人们需要信息,并乐于出钱出力去搜寻和购买信息。信息的价值一般用使用信息带来收益的大小程度决定。

（二）信息中介与信息消费

在商品市场上,海量的信息和多样化的产品使得消费者难以找到自己所需商品及其信息,即使做出选择也要让顾客付出大量时间成本、精神成本和体力成本。在市场交易中为降低交易成本,交易的完成常常依赖第三方介入,提供尽可能完全且对称的信息,这个第三方就是信息中介。市场活动过程中的不确定性问题越严重,市场交易对信息中介的需求就愈强烈。市场运作的效率主要取决于所获得信息的数量和可靠程度,即信息的完全性。信息中介为众多企业和顾客提供一个信息交流共享的场所,它具有公告牌的功能,对保证交易双方的信用起到一定作用。经济学认为,信息中介是市场经济中不可缺少的一个要素。信息中介依靠搜集、整理和发布有关信息而获得经济利益,成为交易双方之间的纽带。信息中介的存在,有效地降低市场风险,提高市场的交易效率。

中介在市场上存续的时间大大超过各类消费者和供应商,比起供应商和消费者双方更需要在长时间内维持其信誉,并且他们长期要与许多供应商与消费者打交道,能够获得比供应商和消费者双方更多的信息,且随着交易次数的增加,就会产生信息收集和利用的规模经济效应,从而降低了甄别信息商品质量的成本。因此,越来越多的中介加入到这一市场,既帮助交易双方缓解这一问题,又通过提供平台服务或者扮演中间商的角色获得收益,使得信息商品市场存在多种交易模式成为必然。假设市场存在着三种类型的经济活动主体,即企业和顾客交易双方及信息中介。交易双方的交易可以选择直接的交易方式进行,也可以选择通过信息中介获取有关交易的信息,从而间接地进行交易;不管是直接交易还是间接进行交易,都会产生一定的交易费用或者交易成本。从经济学来看,交易双方理性的交易必然会根据两种交易方式的费用或者成本做出理性的选择。也就是说,交易双方将在两种交易方式之间进行比较,权衡利弊,只有当信息中介参与的交易方式的成本更低或收益更大的情况下,交易双方才会选择信息中介参与的间接交易方式进行交易。

（三）居民信息消费与收入水平

居民信息消费的内部效益作用明显,通过数据分析可以看出,随着社会经济文化水平的不断提高,信息消费对于居民收入的促进作用也日益明显,信息消费能够在更大的程度上改善居民的生活质量,消费者在信息消费的过程中受益,表现其收入水平的提高又会反作用于信息消费,促进其信息消费水平的提高,信息消费支出和收入二者相互作用、相互影响,形成良性的螺旋式上升发展趋势。马哲明(2007)经研究发现,城镇居民在1985—1996年这一区间内,居民的收入水平决定了其信息消费,当然在该阶段,城镇居民的信息消费也会促进其收入水平的提高,信息消费和收入之间是一种相互促进的关系,只是居民信息消费对其收入的促进作用弱于居民收入对于其信息消费的决定作用,整体上表现为城镇居民的收入决定其信息消费;在1996—2005年这一区间内,城镇居民的信息消费决定其收入水平,当然在该阶段,居民的收入水平也会促进其信息消费,收入和信息消费之间是一种相互促进的关系,只是城镇居民收入对其信息消费的促进作用弱于信息消费对于其收入的决定作用,整体上表现为城镇居民的信息消费决定其收入①。从实证研究数据可以看出,信息消费与居民收入之间具有较高的相关性,说明从提高收入,促进经济发展的角度来看,信息消费的效益得到了充分的体现,所以说信息消费已成为现代人最主要的消费内容之一。

---

① 马哲明:《信息消费机制及效益研究》,吉林大学2007年博士学位论文。

第四章　信息消费的影响因素

从一般的哲学视角而言,信息消费的消费条件包括主体条件和客体品质及环境条件三个方面。所谓主体条件是指信息消费主体具备的各种条件,如知识水平、信息能力、信息意识、注意力等;所谓客体品质是指信息消费客体所具有的各种功效、质量、技术规范等;环境条件指影响信息消费的社会及自然的环境条件等。

根据商品的供求理论,信息消费主要的影响因素可以分成三大类:一是影响信息消费商品供给方面的因素:如信息资源开发利用水平、信息产业发展状况、信息商品质量、信息价格水平等,对这类因素的分析属于信息生产领域(信息产业发展)的问题,在信息消费问题的研究中,我们认为它们对应的是信息消费的客体因素;二是影响信息消费需求方面的微观因素,主要包括消费者个体的社会人口统计特征变量(如年龄、性别、收入、文化程度、职业和社会地位等)、能力与心理变量(如认知能力、情感个性等)、工作性质与任务、用户素质、用户爱好、我们认为它们对应的是信息消费主体因素,是不确定的内生变量。三是诸多社会、经济因素的影响,是属于信息消费环境因素的影响。环境因素包括社会因素与自然因素,前者有政治环境、法律、道德、经济、人口、科技发展水平、经济发达程度、社会教育水平、民族特点、文化传统等;后者包括资源状况、地理位置等。我们认为商家的营销策略等刺激是产生信息消费行为的外在变量,它和个人特性因素、信息产品及服务质量、环境因素等变量同时对消费者的购买行为产生影响,使人们发生购买反应,而购后评价行为影响下一次的消费决策。信息需求的变动因素,如消费者的收入水平、相关商品的价格、消费者的偏好和对商品效用的预期,还有商品供给的信息因素,如对某种商品消费的需求程度、商品的可替代程度等,都是以信息的方式存在于市场经济的交易环节中,这些信息的获得和良好利用,对消费需求有直接影响。

影响用户信息需求的因素是多方面的,总的说有宏观层面的社会环境因素、中观层面的工作环境因素及微观层面的个人因素。本文在回顾已有的研究成果的基础上,系统分析信息消费的影响因素。

第一节　影响信息消费的主体因素分析

信息消费的主体是指购买和使用信息产品或服务的个人、住户或组织。从本质上看,信息消费主体是指具有获取信息、分析信息和利用信息能力的个人或组织。一般情况下,从社会组织的角度可以将信息消费的主体划分为个体、企事业和政府三种类型。从信息消费实施者的角度也可以进一步将信息消费主体划分为自然人和法人两种类型。个人信息消费主体就是自然人,而代表企事业和政府行使职责的主体则统称为法人,而法人又由自然人来承担,所以企事业和政府的信息需求行为在某种程度上也包含自然人的行为,机构主体的消费动机最终还是由个人的心理动机所决定①。

---

① 马哲明:《信息消费机制及效益研究》,吉林大学 2007 年博士学位论文。

　　信息消费主体是信息消费的三个要素之一,是信息消费的实施者,个体消费者购买信息产品或服务是为了自己或其他住户的使用,或者是将其作为礼物赠送给亲朋好友。信息消费主体从各级政府机关的领导者、决策者到学有专长的科学家、技术人员;从图书馆参考咨询工作者到研究生;从电脑爱好者到股民、球迷;从家庭主妇到中学生无所不有。这些信息用户的社会角色,所受教育程度、职业学科领域、个体认知特性和知识储备都各不相同,对知识体系的了解也是各有千秋,对信息的需求各有不同,其信息消费行为也各自不同,这些都增加了对信息消费主体的分析难度。

　　为了概括的了解信息消费者,根据不同的标准对信息消费者进行分类,可以根据其人口统计特征的构成因素,如性别、年龄、教育程度、行业性质、收入以及职业性质等进行分类,例如按职业性质可以分为学生、企业单位工作人员、自由职业、事业单位工作人员、学校教师及行政人员、国家机关、党群组织工作人员、无业及其他(包括军人)。按人们的实践活动所属的行业划分,分为各种行业信息用户类型;按人们的实践活动内容所属的学科范围划分,信息用户的类型分为各学科信息用户;可以根据信息消费目的的不同而分类,如有些消费者为了系统学习或掌握科学文化知识、专业技能,往往就某个特定学科进行多方面的查找而产生的需求,可以称为学习型;有些用户为科研创新、探索未知而产生的信息需求,他们往往有针对性地对某一学科专题进行全方位的查找,查询的问题较深、学科性较强,需要了解某专业领域国内外最新动态、最新发展趋势和前沿进展研究,这种可以概括为研究型消费者;另外部分用户兴趣广泛,他们有着多重目的,查询最新相关专业信息、熟悉网络查询技巧、浏览和了解有关知识经济和边缘学科,或者为了娱乐消遣、调剂心情、开阔视野、有的为了解决每个具体问题;还有部分用户并没有具体目的。

众所周知,信息消费本质上是一种精神智力消费,信息消费行为是一个具有很高个性特征的活动。信息消费者必须在一定的资源条件下才能完成他的消费行为,进而获得信息需求和欲望的满足。信息消费主体的资源条件是一个涵义广泛的概念,它包括多个方面的内容。最主要的有经济资源,可支配时间、注意力、知识和能力,这对于消费者购买什么、如何购买、什么时间、在什么地点购买以及态度的形成等均会产生重要的影响。信息行为是作为主体的人和作为客体的商品及环境之间的综合作用效应,信息消费者在整个消费过程中起着决定性的作用。信息消费主体的信息条件也可以区分为内部条件和外部条件。信息消费主体从内部自行控制和运用的条件就是内部条件,如个人的信息能力、认知能力、信息意识等;信息消费主体从外部获得的条件称为外部条件,如工资收入、可支配时间。总之,与消费者个体有关的因素:性别、年龄、文化程度、收入水平、心理偏好、价值观、产品满意度等个性和能力素质因素,都被认为是信息消费的主体影响因素。

事实上,信息消费者从信息需求、确定搜索策略、购买信息产品乃至到使用后的满意效果,都是因人而异的,其主体影响因素决定着信息消费者对信息产品的消费选择和消费水平。某一信息商品,对某个人来说是信息,但对另外一个人可能就不是。信息消费客体的信息属性要求信息消费者必须具有相应的信息消费能力,才能进行消费。信息消费者的个人消费力则是货币、时间、精力和智力的总和,是指对信息消费品进行支付和使用的能力,是信息消费的前提基础和必要条件。研究消费者个体变量对信息消费的影响尤其重要。

根据有关研究成果,影响信息消费的主体因素分为三个层面,第一(表层)是人口统计特征因素,第二层(中层)是信息素质因素,第三层(核心层)是信息消费心理因素。如图4-1所示。

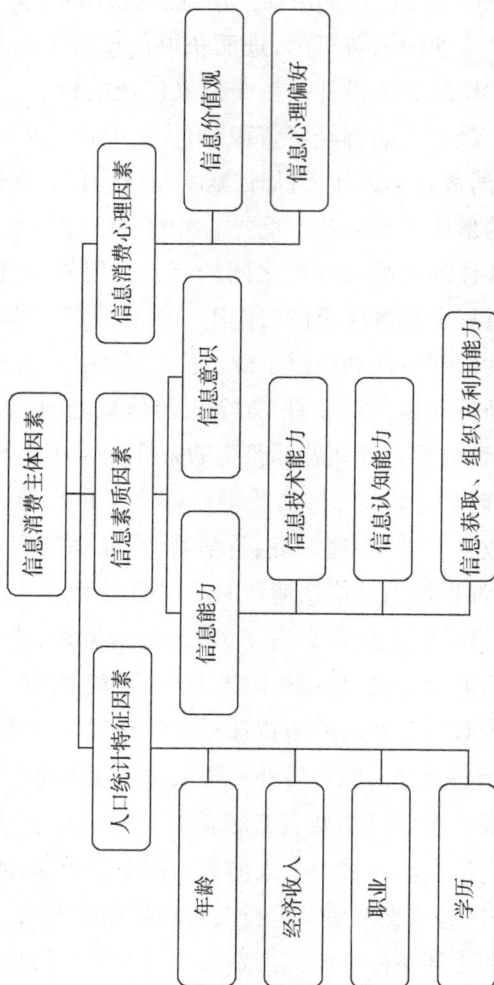

图4-1　影响信息消费的主体因素结构示意图

一、人口统计特征因素

人口统计因素是按人口统计学变量(所谓的履历函数),诸如年龄、性别、收入、职业、学历、民族、家庭生命周期、地域等特征将人口分类,以下分别探讨人口统计学特征因素对信息消费的影响。

(一)年龄

在生命阶段中,不同年龄的信息消费者,其时间、精力等要素的投入量不同,对信息消费有不同影响。一般的逻辑关系是:时间越充足,精力越充沛,信息消费效果越好,信息消费量越大;相反,时间和精力不足,将会阻碍信息消费。可以说消费者的时间和精力是影响信息消费的一项重要因素。

年龄主要影响信息消费习惯和行为方式。对信息消费观念的了解程度、新兴信息消费、通过网络等新型信息渠道了解事物的比重随年龄的增长而递减。如 Denise E.、Sandra Hughes-Hasac 研究发现,费城都市青少年在日常信息搜索行为中,偏好使用诸如电话、电视、计算机等电子媒体类型的信息资源,他们偏好以人与人之间的"相互交流"为信息源,而一般不太使用图书馆资源。这启示信息工作者应该考虑青少年信息需求的特点,提供合适的信息服务。第 23 次中国互联网络发展状况统计调查结果显示,40 岁以下的网民占 87.4%,40 岁以上的网民占 15.3%,网民在年龄结构上呈现低龄化的态势①。从普及率②上来看,年龄在 18—24 岁之间网民的普及率最高,这是因为年轻人更钟爱于用互联网浏览新闻,进行网上娱乐、收发电子邮件、网络即时通信、网上购物等,他们认为 这样的生活方式更加快捷、方便,拥有更多的选择空间。

---

① 《第 23 次中国互联网络发展状况统计报告》,http://www.cnnic.cn。
② 互联网应用的普及程度,即每百人互联网用户数是通过将互联网用户数除以人口总数再乘以 100 得出。

再有大多数年轻人对新颖时尚的信息产品也非常追捧,比如对手机、数码相机、笔记本等产品并不仅以满足功能的需要而止,更加注重产品的外观、款式、技术含量的问题。年轻人接受新事物快,时间充裕、精力旺盛,社会活动多,对娱乐信息偏好大,因而信息消费也多。与年轻人相比,年龄稍大的信息消费者相对保守,他们更加习惯于通过传统的报纸、电视等信息渠道了解新闻。对流行的数码产品也不是很关心,像手机等通讯设备只要能满足功能上的需要,对其他附属功能并不是很在意,并没有跟随潮流的想法①。

(二)收入

经济收入决定货币支付能力,用户的经济承受能力总是有限度的,若某项信息商品或信息服务所产生的经济效益不明显,高出所能支付的费用,则用户可能驻足不前,价格若超过用户的支付能力,即使再优质的产品和服务也无人问津。从这个意义上说,信息消费者的经济收入,从实际可行性方面规定着信息消费者的信息需求的数量和信息消费结构。信息需求是富有弹性的,居民收入的变化对其影响较大。在价格不变的条件下,信息消费者收入的增加相当于信息消费的购买力增强,同时也使那些潜在的信息需求转变为现实的信息需求,所以信息需求量相应地就会增加;而信息消费者的收入减少,相当于信息消费的购买力下降,所以信息需求量相应地就会减少,说明信息消费者收入的变化会引起信息需求曲线的移动,从而形成新的信息供需均衡点。

1. 信息消费需求的收入弹性

需求的收入弹性是指在其他条件不变的情况下,居民收入每

① 白振田、宣江华:《我国城市家庭信息消费结构浅析》,《农业图书情报学刊》2006年第2期。

变动1%,引起的相关商品需求量变动的百分数,记为η,计算公式为

$$\eta^L = \beta^L \frac{Y}{C^L}(C^L \text{ 表示对每 } L \text{ 种商品消费支出数。}) \quad (4.1.1)$$

表4-1 信息消费需求的收入弹性

项目	教育	通信	文化娱乐	文化娱乐用品
1995	0.2208	0.5375	0.7779	1.0510
2000	0.1480	0.3047	0.6501	0.8052
2005	0.1611	0.2312	0.4926	0.6768
2010	0.2564	0.2840	0.3983	0.8537

注:根据公式(4.1.1)计算得出

ELES模型可以用来分析截面数据,也可以用来分析时间序列数据,本书基于第三章各类信息消费ELES模型估计结果。采用4个时点截面序列数据计算收入弹性,因此,就截面数据来说,表4-1数据表示地区收入弹性的平均数,数据显示:1995—2010年信息消费需求的收入弹性大小顺序是文化娱乐用品>文化娱乐>通信>教育。1995—2005年各类信息消费需求的收入弹性均表现出不同程度的下降趋势,2005—2010年收入弹性均呈现上升。

2. 相对收入对信息消费的影响

相对收入是相比周围人群消费水平和自己曾经达到的较高消费水平的比较收入,是影响居民信息消费行为的主要因素之一,由于短期内消费者行为和需求要受其周围人群消费水平的影响,信息消费支出总量和结构可能会以周围消费者的消费水平为参照系而调整,相对收入对信息消费水平的影响,取决于消费者对周围人群相对水平的了解程度。(见第三章、第一节、一、(二))

按照杜森贝里的观点,居民信息消费支出水平不仅受当期收入的影响,同时也受到其个人历史上曾经实现的消费水平的影响。若历史上曾经达到较高的消费水平,即使当前的收入水平较低,也会由于消费惯性而习惯地接近其曾经达到的较高消费水平,因此其当前的边际消费倾向就会比较高。

3. 持久收入对信息消费的影响

消费者的信息消费支出中,有一部分是经常的、必须保证的基本日常消费,另一部分则是非经常性额外消费;而人们的收入相应地也包括两部分,一部分是可以预料到的、稳定持久的收入,另一部分则是不确定的、偶然性的临时收入。按照弗里德曼观点,相对稳定的消费支出由稳定持久的收入决定,临时性的消费则由偶然性的临时收入决定。

4. 收入差距对信息消费的影响

(1)基于家庭收入等级的信息工具消费水平

根据表4-2(1)、表4-2(2)数据比较,1995年高收入户彩色电视机普及率102.12%,最低收入家庭普及率72%;2008年彩色电视机普及率,最低收入家庭已达109.58%,高收入户已达165.6%;2008年最低收入户家用电脑平均每百户20.27台,最高收入户家用电脑平均每百户101.45台,最高收入户平均每百户家用电脑是最低收入户的5倍,显然2008年因收入差别扩大对信息工具消费的影响远大于1995年收入差别对信息工具消费的影响。

表 4-2（1）　1995 年按收入等级分的城镇居民家庭平均每百户年底
耐用信息工具拥有量

| 项目 | 总平均 | 最低收入户 | | 低收入户（10%） | 中等偏下户（20%） | 中等收入户（20%） | 中等偏上户（20%） | 高收入户（10%） | 最高收入户（10%） |
		（10%）	#困难户（5%）						
彩色电视机（台）	89.79	72.01	69.3	79.36	86.52	91.71	95.51	96.95	102.12
黑白电视机（台）	27.97	38.88	41	33.41	29.38	26.1	24.33	24.79	23.01
录放像机（台）	18.19	10.01	9.41	13.37	15.26	17.63	20.71	23.91	27.39
游戏机（台）	19.49	12.07	11.39	14.61	17.6	19.61	23.03	23.77	24.04
组合音响（套）	10.52	5.79	6.17	6.57	8.32	9.71	12.53	13.74	18.01
立体声收录机（台）	27.52	19.77	19.24	22.84	26.08	28.03	30.47	31.53	31.86
普通收录机（台）	45.31	40.44	39.52	43.94	44.65	45.44	46.63	48.6	46.64
照相机（架）	30.56	16.8	15.73	19.91	25.32	30.28	36.09	40.74	44.73

表 4-2（2）　2008 年按收入等级分城镇居民家庭平均每百户年底
耐用信息工具拥有量

| 项目 | 总平均 | 最低收入户 | | 低收入户（10%） | 中等偏下户（20%） | 中等收入户（20%） | 中等偏上户（20%） | 高收入户（10%） | 最高收入户（10%） |
		（10%）	#困难户（5%）						
彩色电视机（台）	132.89	109.58	106.3	117.7	122.88	131.19	140.37	151.45	165.6
家用电脑（台）	59.26	20.27	14.07	34.24	47.61	60.87	71.31	82.91	101.45

项目	总平均	最低收入户		低收入户 （10%）	中等偏下户 （20%）	中等收入户 （20%）	中等偏上户 （20%）	高收入户 （10%）	最高收入户 （10%）
		（10%）	#困难户 （5%）						
组合音响 （套）	27.43	12.05	8.61	17.74	22.08	27.48	31.76	37.1	47.32
摄像机 （架）	7.12	0.52	0.39	1.36	2.64	5.95	9.24	13.57	21.87
照相机 （架）	39.11	9.61	7.26	15.96	24.86	36.82	50.42	65.34	82.04
普通电话 （部）	82.01	66	63.36	74.23	77.22	83.01	87.52	92.43	94.07
移动电话 （部）	172.02	116.88	101.61	144.47	163.99	176.57	187.32	198.11	210.69

资料来源：根据中国统计年鉴整理所得。

与此类似，由于贫富差距的存在，我国城镇不同收入群体的通信费支出也存在较大的差距[①]（见表4-3）。

表4-3　2000—2003年城镇不同收入等级居民家庭人均通信费支出

单位：元

年份	总平均	低收入户	中等偏下户	中等收入户	中等偏上户	高收入户
2000	233	108	162	215	289	434
2001	281	131	200	265	359	503
2002	359	135	232	321	432	693
2003	424	160	290	392	513	803

资料来源：胡庄君、黄传武：《中国电信发展分析》，社会科学文献出版社2006年版。

---

① 胡庄君、黄传武：《中国电信发展分析》，社会科学文献出版社2006年版，第154页。

马立平(2009)通过实证研究表明:收入水平不同的消费者拥有手机的比率有显著的差异,收入水平越高,拥有手机的比率、其购买手机的价格、手机费支出水平越高。

(2)基于地区收入差距的信息消费差别

由于收入水平的高低决定了消费支出能力的大小,所以城乡居民的信息消费基于收入差距必然呈现出信息消费能力的分化。通过计算和比较可以得到以下结论:中国城乡之间信息消费水平的差距较大,数字鸿沟明显存在,2005年底,城市家庭彩电普及率高出农村50.8%个百分点,电脑普及率高出39.4%,固定电话普及率高出34.8%,移动电话普及率高出76.8%,其主要原因之一是城乡之间经济发展水平和收入水平的差距所致。实际上,上网费的地区差异是比较大的。郑兵云(2007)通过实证研究也表明,居民信息消费的地区差异主要是由于地区收入差异的影响造成的。

(3)收入差距影响居民信息消费结构

收入水平差距不仅影响信息消费数量而且对其结构也有影响,白振田(2003)通过对北京城市部分居民家庭调查收入对信息消费的影响,表明中低收入群体主要以传统的信息产品和服务为主,如书刊、电影、收音机等;高收入群体以高档信息产品为主,如移动电话、DVD、少数高收入、高智力群体以计算机网络消费为主。在占被调查人群中约60%的最低收入户、中等偏下和部分中等收入户中,使用互联网用户所占的比例仅为7%。所以到2003年为止,我国的互联网用户还集中在较高收入人群,相当一部分低收入的人群对上网的消费仍然投入很低甚至没有投入(见表4-4)。

表 4-4　　2003 年北京市家庭收入对信息消费结构的影响

	1000 元以下	1000—3000 元	3000—5000 元	5000 元以上
经常上网	0.1%	23.1%	36.7%	67.6%
拥有 MP3 等数码产品	0.1%	21.1%	67.5%	88.9%
经常购买报纸、书刊	1.1%	19.1%	43.8%	62.5%

资料来源:白振田、宣江华:《我国城市家庭信息消费结构浅析》,《农业图书情报学刊》 2006 年第 2 期。

　　综上所述,当居民由传统信息消费占主导地位向新兴信息消费占主导地位的转变过程中,由于收入等级差距的存在,不同收入水平的居民信息消费倾向差距显著,一个很显著的特点是:与全国城镇居民人均信息消费支出的平均水平相比,广东、上海、北京和浙江城镇居民的年人均信息消费支出明显要高出很多。这与广东、上海、北京和浙江的经济发展以及居民的收入水平、消费结构等有关。因此,不同地区由于富裕程度、信息产业发展水平等的不同,居民信息消费水平和结构存在很大差异。

　　(三)职业

　　职业及工作任务与信息偏好、社会活动量有密切关联,是决定他们信息需求类型的最根本的因素。职业不同、承担的任务不同,对信息的需求自然也很不相同。在职业方面,用户的职责和作用不仅影响着用户所需信息的范围、类型和数量,而且决定了用户所需信息的获得方式。根据有关调查,不同职业的行业对待信息消费的态度积极程度依次为:计算机、教育、销售服务、生产加工、建筑;信息消费支出高低依次为:计算机、销售服务、教育、生产加工、建筑;对新鲜信息产品的关注程度依次为:计算机、教育、销售服务、建筑、生产加工；对上网的热情程度依次为：计算机、教育、销售服务、生产加工、建筑。从而不难看出，随着计算机的普及和网络的不断发展，技术含量相对较高的行业对信息的敏感度较高，他们更注重利用现代化的信息手段来为自己服务①。不同职业的信息消费者对信息的需求特点是大不相同，社会科研人员的信息需求特点是：依赖于文献信息，所需信息的时间跨度大，要求提供全面、系统、完整的信息，所需信息具有一定政治评价与选择标准，并且所需信息的学科范围不断扩大。基础科学与技术科学研究人员信息需求特点是：所需信息的学科范围较窄、内容专深，信息需求的系统性、完整性、准确性和阶段性，获取信息的方式具有多样性，信息需求难以预见，不易表达清楚。不同职业类型用户使用信息行为特征不同，从职业上看，管理人员、从事第三产业者和学生使用电子邮件较多，从事一线生产的工人，以及没有固定职业的无业和自由职业者使用电子邮件较少。

（四）学历

1. 学历影响信息消费内容、方式及层次选择

学历反映个人所受的教育及知识水平。由于信息消费是一种知识型和智力型消费，知识层次越高，获取信息的能力则越强，信息消费的能力越强。对于不同学历的人，信息消费所产生的效用会存在较大差异。受教育程度高的居民由于本身的文化涵养较高，对信息产品的理解和认知能力强于受教育程度低的人，所以高学历更易对信息消费产品产生共鸣，信息消费给他们带来的效用就更大而低学历者更多倾向于物质消费，信息消费对他们的效用

---

① 白振田、宣江华：《我国城市家庭信息消费结构浅析》，《农业图书情报学刊》2006 年第 2 期。

则较小。受教育程度越高,家庭或者个人文化、教育消费支出就越大。即使用户的职业与工作任务相同,但所受的教育及知识水平不同,结果将仍然出现对信息需求的明显差异。通常反映信息主体基本信息素质最权威的测度指标是信息应用能力和受教育水平。2006 年 1 月发布的《中国互联网络发展状况统计报告》的结果显示,网民普及率与受教育程度有直接的联系,学历越高,网民普及率就越高。2005 年大专及以上人口的互联网普及率为84.8%,高中(中专)人口互联网普及率为 20.5%,高中(中专)以下人口的互联网普及率只有 1.8%。大专以上人口的互联网普及率是高中以下人口的 47 倍①。由此可见,由教育程度不同导致的网民普及率差距非常明显。马立平(2009 年)通过实证研究表明:不同学历的消费者购买手机的价格之间存在着显著差异,学历越高的消费者,购买手机的价格越高。学历不同的信息消费者,其信息消费内容、方式、层次选择会有不同。网络科普用户中,高学历人群比例较高,其中大专学历人群占比为 20.4%,大学本科及以上的人群占比更高达 26.8%,与全国网民平均水平比较,网络科普用户中近一半(47.2%)学历在大专及以上,比全国网民整体水平高出近 20 个百分点。虽然科普工作主要是向大众普及科学知识和思想,但是网络科普的用户目前仍然以高学历为主,这类人群对科学知识的兴趣更高、求知欲更强。社交网站用户大专以上学历占到了的近六成水平,达到 59.1%,超过全国平均水平 34 个百分点。学生群体是社交网站的最大用户群体,比例达到 50.3%。硕士及以上学历的用户偏好于即时通讯、第三方支付、用户间的真

---

① "中国数字鸿沟研究"课题组:《中国数字鸿沟报告 2006》,中国信息年鉴网,http://www.cia.org.cn/subject/subject_01_xxhzt_2.htm。

实物品交易（C2C），分别有 32.1%、52.8%、24.5% 的硕士及以上学历的用户表示希望在社交网站中增加以上三类服务[①]。

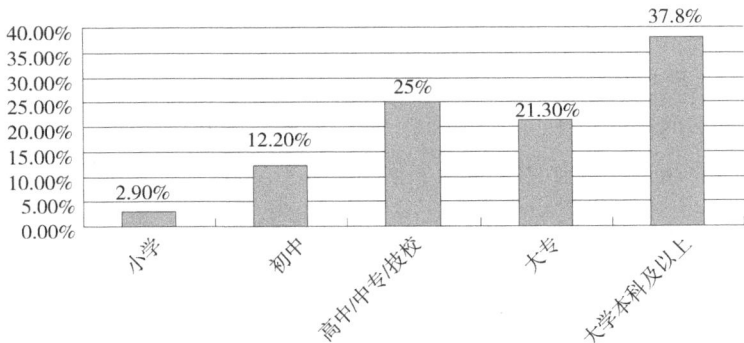

图 4-2　社交网站用户学历结构

　　根据贺修铭的观点，信息消费从低到高划分为生活信息消费、学习信息消费、科研信息消费和决策信息消费四个层次。这四个层次所对应的学历也是从低到高，初级的生活信息消费满足后，可以刺激更高层次的学习信息消费，并不断向更高层次发展。教育程度是影响信息消费偏好的一个非常重要的因素。例如：博客市场中博客作者的学历层次相对较高。高中文化程度的博客作者仅占 10%。本科和大专所占的比例最高，分别为 26% 与 23%。另外，专科以上学历的人在选择笔记本电脑、定制收费信息、数码相机、网上购物的比例分别为：44.3%、51.1%、43.1%、61.2%[②]，由

---

　　①　中国互联网络信息中心《2009 中国网民社交网络应用研究报告》，http://research.cnnic.cn/html/1257998660d1530.html。

　　②　白振田、宣江华：《我国城市家庭信息消费结构浅析》，《农业图书情报学刊》2006 年第 2 期。

此可见,新型的信息消费由于运用大量的技术手段,这就对使用者的文化程度有所要求。越是受教育程度高的人,他们在接受技术含量较高的产品时,接受能力越强。搜索引擎使用率与学历同样存在很强的相关性,学历越高,使用率越高。初中以下学历的网民搜索引擎使用率为 54.7%,大学本科学历的群体中,搜索引擎的渗透率达 87.1%①,硕士及以上学历的网民搜索引擎使用率则升至 97% 几乎人人都使用搜索引擎②。电子邮件的使用率与学历也有很密切的关系。学历越高,电子邮件使用率也较高。学历为初中及以下的网民,电子邮件使用率仅有 31.1%,学历为硕士及以上的网民,电子邮件的使用率已经上升到 94.2%。由此可见,教育程度不同导致的信息消费类型差别非常明显,消费者必须具备与其信息消费活动相适应的知识和经验才能消费所获得的信息商品,消费者的信息消费能力决定了其信息消费的层次性。

2. 学历影响收入与信息消费支出水平

教育部部长在新中国成立 60 年教育事业发展成就新闻发布会上表示,我国 15 岁以上人口和新增劳动力平均受教育年限分别超过 8.5 年和 11 年,有高等教育学历从业人数超过 8200 万人,均处于发展中国家前列,这是一个根本性的变化,标志着中华民族科学文化素质大大提高,我国已经成为人力资源大国,正在加速向人力资源强国转变。常用的反映社会成员受教育水平的指标有:大学毕业生占总人口的比例、在校大学生占总人口的比例、人口平均受教育年数等。综合考虑这些指标,人均受教育年数或完成不同

---

① 中国互联网络信息中心《2009 年中国搜索引擎用户行为研究》,http://research.cnnic.cn/html/1253600840d1370.html.

② 《第 21 次中国互联网络发展状况调查统计报告》,http://tech.sina.com.cn/focus/cnnic21/。

层次教育人口数量更加能够完整、全面地反映整个社会信息主体的受教育水平。收入水平与受教育程度和工作年限是正相关的，即收入越多的群体其平均受教育年限越多，平均工作年限也越长；低收入组的平均受教育年限为 10.5 年，中低收入组 11.4 年、中高收入组 12.2 年、高收入组 12.9 年。

表 4-5　中国劳动力市场 2005 年公布的典型城市的年工资指导价位[①]

单位:元/年

城市	博士及以上	硕士学历	本科学历	大专学历	高中、中专及技校学历	初中及以下学历
湘潭	21408	16632	15871	12731	10221	6600
广州	57508	40774	32553	31799	23469	20732
郑州	28644	20928	14856	11772	9216	8904
杭州	88400	57241	36256	23369	16003	13207

资料来源:程静、张勇:《劳动力受教育程度与收入分配相关性分析》,《科学教育》2010年第 3 期。

　　认知能力水平是影响消费行为的重要因素,知识分子阶层、高学历者不仅收入增幅大,同时对未来收入也有较好的预期。马立平利用统计资料进行回归,证明学历水平与收入之间存在着显著的关系,调查数据[②]显示,1993—2000 年间,学历越高,可支配收入增长越快,无论是增长量还是增长速度均如此,消费支出也呈现出相同的变化趋势。当收入水平相同时,不同学历的居民家庭由于其消费习惯、消费观念及对未来收入预期的不同,导致其信息消费

---

　　①　程静、张勇:《劳动力受教育程度与收入分配相关性分析》,《科学教育》2010 年第 3 期 。

　　②　马立平:《居民消费行为的定量研究》,首都经济大学出版社 2009 年版,第 101—102 页。

支出水平有显著的差异。总体上看,学历低的居民家庭的信息消费支出水平低,大专学历以上及以下者的居民信息消费差异较大。

（五）可支配时间

1992 年诺贝尔经济学奖得主加里·贝克尔首先将时间引入对家庭活动的分析之中。他认为,时间是有价值的,其是一种机会成本。家庭活动在消耗人力资源和物质资源的同时,还要使用十分稀缺的时间资源,这样,对于家庭成员而言,任何一种家庭活动(包括消费活动)都可以被视为在家庭货币收支和家庭时间约束这两种限制条件下进行的经济行动。在家庭的生产或消费过程中,时间既作为一种稀缺资源又作为一项约束条件,这决定了它必须同其他市场物品一样具有经济价值,即将时间作为等同于物资和人力资源的一种重要的资源。可支配时间有以下几个特征:

第一是稀缺性,从一般意义上来认识,时间是最不稀缺的资源,因为它分配给每个人和每个单位的数量、品质、消耗进度是完全一样的,人与人之间的物质财富可能差别巨大,但相对而言,人们之间时间资源却差别不大,从生存的意义上讲,时间绝对是极为稀缺的,比如人的生命不过百年左右,况且我们绝对不可能重复利用哪怕是一秒的时间,因而时间是稀缺的。

第二是价值性。时间是无价的,时间的无价并不是因为它不值得定价而无价,而是因为它太珍贵无法用有价的东西来衡量而无价。俗话说 一寸光阴一寸金,寸金难买寸光阴。其实黄金的珍贵与时间的价值是无法相提并论的,当然时间的价值性更主要的体现在它能产生效益方面,任何效益的产生如果离开了时间因素都是不现实的。

第三是不可替代性。我们的其他生产资料一般都是可以替代的,一种材料不行,我们可以用另一种,电能可以代替煤炭,旧的家居可以换新的,我们可以采用机械代替人工;但时间不能倒流,过去的时间不可替换。

第四是不可储存性。资金、物料、能源、人工这些成本都可以采用相应的方式进行储备,而时间不行,世界上不存在任何一种储存工具和设施可以用来储备或留住时间。如前所述,时间作为信息消费的成本之一,对信息消费的选择影响越来越重要。随着我国互联网发展的逐渐平民化,时间对互联网普及的影响越来越大。历次中国互联网络发展状况统计报告显示,网民中学生所占的比例最大。因为学生的时间资源最多。

"信息搜索浪费专业人士的时间",这是 Outsell 公司①于 2005 年发布的《2001 对比 2005:研究发现信息消费者巨大变化》研究报告中得出的结论。2005 年专业人士花费 53% 的时间用于找寻到相关信息,而 4 年前的 2001 年,知识工作人员(knowledge workers)会花费 58% 的时间用于分析并利用他们找到的信息。总体上,美国公司每年花费在收集和寻找信息上的时间约为 54 亿小时。

---

① Outsell 公司建于 1994 年,位于美国加州 Burllingame,是一家为信息产品提供可行性市场分析的领先调查咨询公司。Outsell 主要帮助出版商、商业信息提供商及内容软件技术销售商鉴定、保持并发展市场和收入流。同时 Outsell 公司还与顶级公司、政府机构及教育机构的信息管理主管合作,指定开销基准,优化绩效以及示范最佳操作。Outsell 在独特信息产业数据资产方面进行了大量投资,从而建立起一套高质量的实事求是的调查分析和推荐服务。

表 4-6　收集与分析信息的时间支出变化（**2001** 与 **2004**）

单位:%

	收集与寻找信息		分析与利用信息	
	2001	2004	2001	2004
金融/人力资源/法律	42	52	58	48
技术信息	45	55	55	45
销售/营销	44	58	56	42
科学/工程技术	46	42	54	58
制造/购买	44	49	56	51
总计	44	53	56	47

资料来源:http://www.sgst.cn/xwdt/kjqy/200705/t20070518_105190.htm。

由表 4-6 所示,2004 年各行业收集与寻找信息的时间花费多于 2001 年,而 2004 年分析与利用信息的时间花费少于 2001 年。报告指出,使用者平均每周花费在获取信息上的时间从 8 小时增长到 11 小时,相应用于分析和利用信息的时间也在增加,相对于有限的可支配时间而言,其对信息消费的影响越来越大。

二、信息素质因素

所谓信息素质,国内一般译为信息知识、信息能力、信息素养。1979 年,美国信息产业协会把信息素养解释为人们知道在解决问题时利用信息的技术和技能。信息消费能力固然首先与消费者收入水平有关,但信息消费与一般物质消费的不同之处在于信息消费更注重消费者本身获取信息的能力。消费者的信息素质是整个信息消费过程中一个重要的影响因素。同样的信息商品,由于消费者素质差异,可能产生的效用有很大的差别。信息消费水平与消费者的信息素质密切相关,信息消费者信息素质的高低决定了其信息消费水平的高低。一方面,高素质的信息消费会产生高质量、高水平的信息需求,从而促进信息消费效用的提高,而信息消费效用的提高反过来又可以从信息的知识性功能上来提高信息消费者的信息素质,两者之间相互促进,相得益彰;另一方面,如果信息消费者的信息素质较低,将会降低其对信息消费水平的要求,从而制约信息消费的发展,信息消费的不足,反过来又会进一步限制信息消费者信息素质的提高,两者相互制约,从而阻碍信息消费的发展。综观西方发达国家的信息消费,我们可以清楚地看到其信息消费水平基本上都与知识水平相关。信息商品是一种精神商品,它的质量及其使用效用与生产者和消费者的素质有关。就消费者来说,首先必须具有一定的文化水平和理解能力,才会不断地产生对信息商品的购买欲望,才有能力去挑选商品、鉴别商品、使用商品。信息消费者水平高,信息需求欲望高,则需求就越大;反之,如果消费者的知识水平低,信息意识淡薄,不善于获取和利用信息,必然导致信息需求少,而消费者的信息需求又直接影响信息商品的价格。

(一)信息意识

信息意识是人们利用信息系统获取所需信息的内在动因,具体表现为对信息的敏感性、选择能力和消化吸收能力。有无信息意识决定着人们捕捉、判断和利用信息的自觉程度,而信息意识的强烈与否对能否挖掘出有价值的信息、对信息获取能力的提高起着关键的作用。同样重要的信息,有的人善于抓住,有的人却漠然视之,这正是由于各人的信息意识强弱不同所致。

信息消费者的信息意识包含了三方面的含义:一是对信息具有敏锐的感知力,这是对信息的一种特殊的、内在的心理倾向,能够从大量的、习以为常的、甚至微不足道的事物或者社会现象中,发现并能迅速捕捉到自己需要的有价值的信息,并把它应用到日常的生活及工作决策中;二是对信息具有持久的注意力,能够把自身的注意力长久地集中在发现、了解、搜集、组织可以利用的信息上,对信息的注意已经成为一种习惯;三是对信息的洞察力,这是能够准确判断信息的价值,并对其进行筛选,过滤出对自己有用的信息。人们只有具备了信息意识,才能自觉去捕捉信息,分析信息以及利用信息,才能提高对信息及信息产品的敏感性,保持对信息持久的注意力和对信息及信息产品价值的判断力、洞察力。信息意识主要包括信息主体意识、信息获取意识、信息传播意识、信息保护意识以及信息利用意识等。

(二)信息道德

信息道德就是信息用户和管理者尊重信息的产生、存储、利用以及传播的规范,指人们在信息活动过程中应遵循的道德规范,是调节信息创造者、传递者、信息服务者、信息消费者之间的行为规范的总和。通过建立信息社会的道德,来协调信息社会中人与人之间的关系,规范信息社会中人的行为,促进信息社会的发展;它是对信息使用(如信息开发、信息传播、信息利用等)的道德要求和准则。信息道德是一种新型道德,植根于本土文化的土壤之中,具有本土文化提供丰富的养料。信息道德是自律的,体现在人类个体在信息消费利用中产生的道德观念、情感和品质,如对信息劳动的价值认同,对非法窃取他人信息成果的鄙视等,体现在社会信息活动中人与人之间的关系以及反映这种关系的行为准则与规范,如扬善抑恶、权利义务、契约精神等等,并且这种信息道德是由最初人们内在自觉的信息道德发展而来的。它强调的是信息获取手段、方法等与人权(尤其是隐私权)之间的矛盾如何在伦理层面上解决的问题,同样,它也是由人们最初自觉的情报道德发展而来,可以使信息消费者遵循一定的信息伦理与道德准则,规范其信息消费行为活动,尊重信息知识的原创性,提高知识产权的保护意识,促进信息消费的良性发展。

（三）信息能力

身处信息时代,如果只是具有强烈的信息意识和丰富的信息知识,而不具备较高的信息能力,还是无法有效地利用各种信息工具,搜集、获取、传递、加工、处理有价值的信息。消费者的信息能力主要是指信息的获取、加工处理、利用及信息知识创造等的能力。在当今快速发展的知识经济时代,信息消费者的信息能力的高低决定着他的社会活动能力和工作能力。信息对消费者行为改变的影响程度与消费者获取和处理信息的能力有关。Malcolm C. Munro 等提出一个多方面的网络用户能力架构,它由终端用户个体技术知识的广度和深度,以及个体创造性运用这些技术的能力构成,广度指个体拥有的并且能够给工作带来影响的不同终端用户工具、技能和知识内容或种类,这包括计算机软件、硬件使用能力及实践能力;深度代表着用户在其计算机使用范围内目前的知识能力水平,这包括用户掌握特定计算机软件包的全部能力和他们在问题任务中应用工具包的程度[1]。吴跃伟(2007)通过网上问卷和走访调查,在被问及科研人员利用信息资源过程中遇到的最大障碍是什么时,有46%的科研人员认为是不了解相关信息资源;有36%的人认为是因为缺乏信息检索知识,还有36%科研人员是因为语言障碍;另外12%的科研人员是因为缺乏计算机网络

---

[1]　Malcolm C. Munro. Understanding and measuring user competence. *Information & Management*, Volume 33, Issue 1,1997,pp.45-57.

知识①。由此可见，信息消费者的信息能力强，则他就能在纷繁无序的信息中筛选、甄别出其所需的信息，并能熟练应用有关信息技术和信息工具充分加工和利用这些信息。信息消费者的信息能力包括以下几个方面的内容：

1. 信息技术能力

信息技术能力是指信息消费者可以熟练地应用计算机、互联网、多媒体等信息技术处理问题的能力。中国互联网络信息中心2006年1月发布的第17次中国互联网络发展状况统计报告的结果表明，同历次统计结果相同，我国非网民不使用网络的最主要的原因仍然是不懂电脑网络、不具备上网所需的技能，在大陆、香港和澳门这一份额分别为38.7%、44%和37%，远远超过了物质方面的因素（比如上网费用太贵、无电脑等）②。对美国和非洲互联网使用状况的调查也得出了类似的结果③。在信息社会，人们的工作和生活已经离不开计算机技术、现代通信技术、网络技术、数字化技术、多媒体技术等现代信息技术，所以信息消费者必须熟练掌握这些信息技术。David Nicholas 等描述并解释了正在兴起的、重要的数字化信息搜索行为，该研究是通过五年的日志分析进行的，研究结果表明，相当高比例的信息消费者只关注极少的信息或网页，相当多的用户不返回网站，或很少返回，这是搜索结果太多的自然结果，也是不可避免的，这将导致用户广泛地搜索信息，但

---

　　①　吴跃伟：《网络环境下科研用户信息利用障碍分析》，《现代情报》2007年第3期。
　　②　中国互联网络信息中心：《中国互联网络发展状况统计报告》（2006年1月），http://www.cnnic.cn/。
　　③　中国互联网络信息中心：《第19次中国互联网发展报告》，http://tech.qq.com/zt/2007/cnnic19/。

同时也是用户检索信息的优势,从消极角度讲,这说明用户在网络中找到他们所需要的信息时,由于网络内容的庞大、内容质量参差不齐等,用户过分依赖于搜索引擎,过分信赖搜索引擎;用户缺乏信息检索培训,信息能力比较低;用户为提供的选择而困惑,而搜索引擎增强了这种困惑感。从积极角度讲,其可能是搜索引擎有效的检索结果,用户对数字化信息资源的理解越来越强。在购买信息技术的决策上,费用将变得相对不重要"①,信息技术能力是决定因素。

2. 信息认知能力

由于信息产品提供消费的是信息所表示的思想和知识等,这些思想和知识的作用是因人而异的,知识类信息消费的效用受个人认知水平的影响较大。虽然任何产品的需求和效用都会随着消费者的知识结构和认识水平差异而变化,但知识类信息消费的效用对消费者认知水平的依赖性更强。因此,某一或某类知识类信息消费边际效用的变化因消费者的认知水平不同而不同。信息消费者的信息认知能力是指其对信息内容的属性问题、信息源及信息产生过程的认识,对信息系统及数据库构成的了解,对信息传递与运动的理解以及信息产生和利用过程中的信息组织与管理等的认识,是信息消费者获取与利用信息的开端。它是由信息消费者自身的信息资源储备和信息知识状况共同决定的。尤其知识信息消费更强调对信息的认知能力,这反映了信息消费的精神消费本质。

认知水平较低的消费者,由于其掌握、吸收和运用知识的能力较差,也许他们消费知识类信息的目的性和针对性不强,在反复消

---

① 　吴士余、曹荣湘:《解读数字鸿沟》,上海三联书店 2003 年版,第 69 页。

费同一知识类信息产品和多次消费同类知识类信息产品的过程中,都需要较长的时间才能获得较大的效用,但当边际效用达到最大后,边际效用下降的速度也较慢。例如大学生和中学生相比,同样阅读一篇论文,大学生阅读3遍和中学生阅读过8遍之后,同时掌握到其中80%的精华,在阅读第9遍之后,虽说这篇论文对他们还有价值,但其边际效用对大学生已经很小了,对中学生下降较慢,并且可能还有少部分精华始终得不到完全理解。总之,与较低认知水平消费者相比,较高认知水平的消费者在知识类信息消费过程中,在边际效用递增阶段,边际效用增加速度较快,到达边际效用最高点时消费量更少,边际效用最大值更大;在边际效用递减阶段,边际效用下降的速度也较快。认知水平的不同及对事物看法的各异形成不同的消费需求。

3. 信息获取、组织及利用能力

信息消费具有累积效应,因而具有强烈的路径依赖性,也就是说,当信息消费者进行信息选择时必须从自身信息获取、组织及利用能力结构这个预设前提出发。一方面,信息能力结构影响消费者的信息消费偏好,信息消费者总是偏好于自身信息基础能够很好相容的信息产品;另一方面,信息消费者的信息能力结构决定了信息消费者能够处理和利用的信息源和信息内容,超出信息消费者处理和分析能力的信息,哪怕质量再好也很难进入其信息消费选择的视野[①]。如网络信息消费者必须掌握各种网络信息搜索引擎的应用技巧及各种信息检索方法,能够制定成功的检索策略,在浩瀚的信息海洋中,获得自己需要的信息资源;能够对检索到的信

---

① 刘雅静:《信息消费:内涵、决定因素及发展对策》,《图书馆理论与实践》2005年第5期。

息资源进行合理组织,并具有分析和评价的能力;信息消费者能够应用获得的信息资源进行正确的决策,并能采用批判性思维创造性地解决实际问题。它主要包括:①信息工具使用能力。包括会使用文字处理工具、浏览器和搜索引擎工具、网页制作工具等。②信息搜集获取能力。指人们根据自己的目的,运用科学方法,采用多种方式,从各种信息载体中提取有用信息。③信息分析识别能力。指人们运用批判思维,对大量的信息进行分析、鉴别,剔除无用、无关信息,寻找有用、相关信息的能力。④信息加工处理能力。指人们根据特定任务要求,对所获信息进行整理、归纳、筛选、重组,应用信息使用价值的能力。⑤信息再生创造能力。指人们对所掌握的信息,从更新的角度、更深的层次进行加工处理,再分析、再综合,抽象升华为自己的观点,从而产生新的信息的能力。⑥与信息能力相关的其他能力。是指与信息相关联的从事其他项活动的一般能力,包括人们的语言能力、观察能力、判断能力、思维能力、公关能力等。信息能力是信息素质诸要素中的核心,它不仅体现着信息消费者所具有的信息知识的丰富程度,而且还制约着信息消费者对信息知识的进一步掌握。信息消费者必须具备一定的信息能力,不然难以在信息社会中生存和发展下去。

综上所述,构成信息素质的三个要素相互联系、相互作用,共同构成一个不可分割的统一整体。提高信息主体的信息素质,对于提高信息技术应用水平,推动信息消费具有至关重要的意义,信息意识是先导,信息能力是核心,信息道德是保证。

三、信息消费心理因素

用户通过信息活动,获取信息,用以解决问题,这是用户信息活动的目的所在。在信息消费活动过程中,伴随消费者心理活动,如对信息消费内容、数量、价格、方式、效用的预期心理;对信息消费后的感知心理等,这些心理因素对信息活动有深层次影响,可以说,用户对信息的认知心理和消费前后的心理变化就成为信息心理的两大现象。因此,探讨信息心理的实质是什么,用户的信息认知心理和消费心理的内部机制是什么等问题,就显得比较重要。

对于个体信息消费而言,由于个体的差异及复杂性,每一个体都具有独特的信息心理,个体心理活动的特点,有些是偶然的、暂时的,有些则是经常的、稳定的。这种经常的、稳定的特点称为个性心理特征,在信息消费心理活动中归纳如下:

(一)信息消费价值心理

在传统的思想中,信息是不被作为商品看待,而大多是作为一种福利产品而存在的,人们对信息商品的消费不愿意付费,因此,当信息作为一种商品出现时,很多人有一种抵制情绪。据有关调查表明,对网络信息实行收费的态度,坚决支持的占 5.2%,可以接受的占 19.3%,认为时机不成熟的占 27.4%,坚决反对的占 49.1%。任何一位用户在信息消费时,总是希望获得物有所值的信息,而这里的价值判断,可以说是个人的认定,是用户根据自己的兴趣爱好,或者研究需要等来判定的。价值心理也可以说是一种求实心理,主要是以自我价值为标准,进行自我审视与判断,从而获得一些对自己真正有价值、实用的信息。例如,有助于完成课程任务、科研课题,解决学习、生活中的一些疑难问题,或者扩大自己的知识面等。对于有用的信息,用户的要求就迫切,查找的态度也认真,查找的行为也越积极[1]。除了信息商品本身因素影响外,

---

[1]　彭玲玲:《网络环境下用户信息心理分析》,《科技情报开发与经济》2007年第 12 期。

信息用户的态度也对信息产品价格产生影响。大量用户信息意识薄弱,不重视信息产品,更不重视信息商品的价值,这是导致信息产品价格普遍较低的社会心理因素。另外,信息商品的价格形成与消费者的预算有关。如果说用于购买信息商品的预算开支占总体预算的比例较大,那么信息商品的价格可望高些,反之就低。

(二)信息消费偏好心理

消费者偏好是指消费者习惯于消费某种产品或特别喜爱消费某种产品的心理行为。信息商品作为一种特殊的商品,其消费者偏好与物质产品的消费者偏好存在着较大差异。偏好行为(个性行为)是信息消费者根据自己的意愿对可供消费的信息产品进行选择和排序。偏好纯粹是一种个体行为,受个体知识、精力、经历、背景、习惯等影响,消费者不论是个体还是群体,其偏好必定影响其消费行为。

1. 偏好公理

在西方消费者需求理论中,消费者被假定遵循一定的理性,并在此基础上形成检验消费者行为的理论,称为偏好公理,信息消费者的偏好遵循以下公理:

①选择性公理。信息消费的选择性公理,指消费者总以达到他最偏好的状态为目的,信息消费者在消费某类信息产品与服务时,总是尽可能地比较信息产品及其替代产品,从中选择最偏好的。民族性偏好,消费者潜意识中偏好本国产品而抗拒外国产品的心理倾向,当本国产品在质量上接近于国外产品时,这种潜意识是容易被激活和利用。品牌偏好,主要表现在对品牌产品的设计、科技含量、口碑与售后服务、性价比的偏好。②锁定性公理。指信息消费者的偏好被长期固定在某一类信息产品上,一经选择,就可能被长期锁定。信息产品的高技术性对消费者的信息素质和消费

者所处的信息环境提出了比较高的要求。消费者一旦习惯使用某一类信息产品,就很难有所改变。③人际性公理。指消费者对信息产品与服务的偏好在很大程度上受其联系人的影响,如消费者可能偏爱使用电子邮件联系他人,但是如果其大部分联系人偏爱使用电话,或者不具备上网的条件,则该消费者可能就会大量使用电话,而非电子邮件。信息消费市场有多种替代产品,如果没有偏好,就不可能有消费选择。④个性化公理。偏好行为差异将导致其采取不同的消费决策,当一个信息消费者根据自己的偏好,决定按既定价格购买一定数量的信息产品,实际上就是一种选择行为。选择的一般驱动机制是,目标——效益最大化,力争买到最满意的信息产品;选择的方案——对可能买到的信息产品的种类和数量的各种组合,选择的自己认为是最优组合的信息产品①。

　　2. 偏好序列

　　消费者为了获取最大可能的满足,在决定消费产品时,需要将各种产品按能给他提供的满足程度的大小排列,然后再决定消费什么,消费多少。按照这些可能提供的满足程度大小排序,构成一个消费者偏好序列,从而使消费者决定消费这一产品,而不消费另一产品。这种偏好序列并不是很完善,有时是固定的,有时具有一定的随机性。但是,没有偏好序列,则消费者的行为是无法捉摸的。事实上,消费者的消费习惯是较为固定的,故其偏好序列常常在一定程度上是合理的和稳定的。

　　①偏好序列差异

　　由于消费者个体的差异,不同的信息消费者面对同类的信息

---

① 刘海霞、李后卿:《信息消费心理及行为分析》,《情报杂志》2004 年 第 2 期。

产品,偏好序列是不一样的。在消费者心中的偏好序列不同,消费的结果也就不同。假设现在有三个消费者要购买电脑,消费者 1 的偏好序列是品牌知名度,消费者 2 的偏好序列是价格便宜,消费者 3 的偏好序列是售后服务,现有的可供选择的三种电脑分别具有一定的优势,按照其优势从大到小的顺序排列为:

电脑 A:品牌知名度、价格便宜、售后服务

电脑 B:售后服务、品牌知名度、价格便宜

电脑 C:价格便宜、售后服务、品牌知名度

那么,按照三个消费者偏好序列差异,消费序列从大到小为:

消费者 1:A、B、C,即最偏好 A,其次是 B,最后是 C。

消费者 2:C、A、B,即最偏好 C,其次是 A,最后是 B。

消费者 3:B、C、A,即最偏好 B,其次是 C,最后是 A。

按照消费序列的不同,三个消费者最后的消费结果可能为:消费者 1 选择 A,消费者 2 选择 C,消费者 3 选择 B。

②偏好序列转变

在一个比较长的时期内,消费者形成了一个比较固定的偏好序列,在一定程度上是合理的和稳定的。但是,偏好不是一成不变的,如果环境因素发生比较大的变化,偏好也会发生大的转变。在消费者购买电脑的例子里,偏好序列如果发生了这样的转变:

消费者 1 由于突然偏好售后服务,偏好序列转变为选择售后服务优先,于是消费选择为 B。

消费者 2 由于讲究品牌,于是偏好序列转变为品牌知名度,于是消费选择为 A。

消费者 3 没有发生任何特殊情况,偏好序列没有转变,所以消费选择依然为 B。

于是,由于偏好序列的转变,三个消费者购买电脑的结果,转

变为消费者 1 选择 B,消费者 2 选择 A,消费者 3 选择 B。

　　一般而言,信息消费存在几种主要心理偏好:求新心理、求知心理、求廉心理、求易心理、求快心理、求近心理、求名心理以及获得某种满足感心理,不同生命阶段的心理状态是不同的,不同心理状态导致消费者形成不同的信息消费行为。根据艾瑞咨询调研数据显示,网民选择媒体首先考虑的因素为信息更新的速度,选择该因素的网民占比达 44.2%,接近半数。根据凡勃伦的炫耀性消费的观点,我们可以看到信息消费也具有典型的这种示范效应。很多人看别人买了手机,不管自己的收入状况如何也跟着买,特别是在中学生及大学生中,这种现象尤为普遍,这就是典型的炫耀性消费心理对信息消费的影响。信息消费行为具有典型的"随大流"消费心理。如对手机彩铃、MP3、视频摄像头等的消费行为就属于这种"随大流"的示范性信息消费,这种消费心理对信息消费具有重要影响。如博客读者常浏览的博客的主要内容涉及最多的为心灵独白或心情记录、其次为个人生活记叙和兴趣爱好,这说明阅读博客能满足个性化心理的特点,多数浏览者关注博客主人的自身属性。而博客作者更关注朋友或熟人,博客越来越趋于其个人化属性,作为一种自我展现平台,接受朋友或熟人的关注。

(三)信息消费习惯因素

　　从经济学视角观察,杜森贝里认为消费决策取决于消费习惯,习惯性选择也是一个比较重要的因素,消费主体的消费习惯具有"棘轮效应",即不可逆性。该理论认为,消费主体增加消费容易,但减少消费困难。因为高生活水平的人,当实际收入降低时,他们不会立即降低其消费水准,而是继续保持其在收入最高期时所达到的消费标准。消费标准提高后,就像"棘轮"一样,很难再降下来,因此消费习惯具有不可逆性,只会随收入的增加而增加,容易向上调整,而不易随收入的降低向下调整。消费主体前期的信息消费行为影响其后期的行为,其信息消费水平不会由于当期收入的下降而立刻随之下降,因此信息消费不可逆性对消费主体后期信息消费水平的延续具有重要的影响作用,如用过手机、电脑网络、数码产品等电子信息消费品的人,不会由于收入的下降而放弃这些信息产品的消费。消费习惯是针对偏好而言的,从观众选择影院习惯看,超过五成的观众表示影院音响效果是观众选择影院最重要的考虑因素。另外,当各大影院票价趋向相近的情况下交通的方便性也是影响观众选择影院的一个重要因素。消费习惯也有待进一步培养。

（四）信息消费预期因素

对未来的预期包括对收入的预期,对未来经济形势、社会发展的预期。当外部环境较为稳定,不确定因素较少,居民对未来的收入有较好的预期时,其信息消费支出水平将随收入的增长而逐步提高;否则,消费者将会对未来的不确定性做必要的准备,从而影响到当期的正常消费。一般地,收入波动的加大会降低人们对收入的预期,这是因为,收入增长较快时,人们会加大收入增量中的储蓄的比重,而当收入增长或收入下降时,人们则意识到收入的不稳定性,为使未来的消费不至于降低,人们一般要增加储蓄,减少消费的比重,使消费更趋于谨慎。年龄越年轻,他们花费在现代化物品的钱越多。这种趋势毫无疑问地将继续下去,因此未来若干年内,我们有理由期待看到年纪相仿的人有相同信息消费方式。最年轻的人群,在新兴信息产品的花费比其他任何群体都占有绝对优势。

第二节　影响信息消费的客体因素分析

作为信息消费的三个结构性要素之一的信息商品及其服务是信息消费的客体,也是信息消费的终极产品,它既包括有形信息商品也包括无形信息服务,二者不可分割。信息产品必须通过信息消费才能实现其使用价值和价值,满足人们和社会对信息的需求。信息商品及其服务因素对信息消费的影响是客观影响,通过分析这种影响有助于信息产品设计与推广。

信息商品的构成一般包括实体和载体两部分。信息商品的实体是指信息商品的实质性内容,或者说是人类智力劳动的凝结体。信息商品的载体则是指体现信息商品的物质形式,这种形式只是作为载体出现,是信息商品中的次要部分,以网络信息产品为例分析其客体因素对信息消费的影响。

一、信息商品效用对信息消费的影响

在信息商品交易过程中,效用起着较大的作用。"效用"一词是经济学研究中衡量消费者从消费商品(包括劳务)中所获得的满足程度。效用既取决于商品自身的客观物质属性,又因为效用是消费者的一种主观感觉,而取决于消费者对商品的主观评价。按照效用价值论的观点,信息商品满足信息用户需要的是信息内容的效用,信息的效用价值是通过使用价值来体现,可以用使用效果来计量信息的使用价值。效用是信息消费的约束条件,消费者需要那些能够为自己带来价值的产品,信息消费者在选择信息产品与服务的时候,一般遵循的原则是效用最大、价格最低、质量最优。

信息商品的效用通过影响信息商品的需求价格弹性来影响信息需求。信息商品价格会受到该产品实际效用的影响,在一定程度上,效用的大小也影响信息产品价格的一个重要因素。信息商品的性能会影响信息需求的欲望。对于性能优质的信息商品,人们有接近的兴趣并有获取的欲望,例如好的网络游戏商品,即使价格较高,也不乏消费者;对于劣质的信息商品,人们对其反感,往往敬而远之,供应商势必会降价销售。

决定信息商品效用的商品方面因素是信息商品的使用价值:即信息具有的满足信息需要的属性就是信息的使用价值,以网络信息商品为例,网络信息商品是指在计算机网络,特别是因特网上存贮和传递的信息资源,主要包括信息服务产品(包括在线咨询、搜索引擎、电子邮箱等)和数字化信息产品(包括特色数据库、软件、eBOOK、视频、音频等),它一般是由各网站供应商提供的,人们要获取这些信息,必须上网检索,并按上网时间缴纳一定的费用才能获得。这些互联网的基本功能与服务的效用决定网民对它们的消费需求,成为最主要的网络消费活动内容。

二、信息商品质量对消费效用的影响

如前所述,信息商品分为信息内容商品、信息工具商品、信息服务商品等,以下分别探讨其质量因素对其效用的影响。

1. 信息内容商品的内容质量影响其使用价值

信息内容商品的使用价值主要取决于其内容质量,对信息内容质量评价的关键指标有

(1)权威性:信息内容的权威性是指信息来源的可信程度。它通过两方面体现,一是信息发布机构的权威性,二是作者或编辑的权威性。一个网站的权威性不仅产生于网站本身质量和网页质

量,还受到建站机构在社会上声誉的影响,一个信息源的权威的评估是基于一系列因素的。如网站(期刊)影响因子、当年影响因子、学科排名;作者论文数篇均引用数、作者 H 指数等,网站上高质量内容依赖于网站内拥有较高学术水平的作者群和著名的编辑、编委进行质量控制,权威是与声誉包括资源本身的声誉以及那些负责产生资源个体的声誉分不开的,一个好的声誉是由先前已经成功的、有用的或有价值的资源创造的,或者是由该领域知识或专门技术非常著名的作者或协会创造的,一个资源的权威和声誉影响个人依赖信息的程度,因此影响人们对它的相对质量的理解。

(2)客观准确性:客观事实性是信息转变为商品的首要前提条件。如果信息缺乏客观事实性,那么这种信息商品是属于虚假商品。准确性涉及事实的精确或信息源的正确,评估精确度是受信息的属性和评估者的专业技能影响的,例如:数学信息的正确与错误。但是有一些理论是主观的,而且不存在对错,存在大量的可能影响精度及用户对精确度的理解的其他因素,包括信息内容是否经过审查、核对等质量控制。

另外信息内容的思想性(政治和道德)是构成一部分社会文化娱乐等信息商品质量的必需因素,这是因为,思想内容不健康的信息商品对用户的身心健康乃至对社会产生不良的影响。

(3)影响力。影响力是信息产品在某个时期内对某领域活动的影响范围和深度的反映,以学术论文为例,论文的相互引证反映了学术研究之间的交流与内在联系。反映科学研究的贡献与影响。人们一般认为,文献被引数量与其影响力呈正相关关系,被引量越大说明文章的学术影响力越大。引文分析法是目前最常用的量化评价论文质量的方法,笔者通过实证研究获得评价论文内容影响力指标有总被引频次、年均引用次数、施引文献数、学科论文平均引用、年均浏览次数、总浏览次数、引用率、施引网站、读者人数、下载次数等。

（4）时效性：是指信息商品流通的一定时间内所能起的作用，即信息商品使用价值的时效性。生产信息商品的劳动是以脑力劳动为主、具有探索性和创造性的劳动，其本质是创新的，这种创新的过程带有一定的风险性，其使用价值具有很强的时效性或不确定性。在 IT 产业，技术创新和市场信息日新月异，信息商品的使用价值的时效性表现得很明显，而相应的信息消费的时效性同样明显。因此信息内容新颖性是构成信息商品时效性的重要部分，也是决定信息商品价值实现一个主要因素，网民看重视频网站的直播和独家播放资源，这也充分显示出网民对资讯时效性的较高要求。

（5）主题覆盖度：是指信息内容涉及某学科或主题内容的广度和深度。广度与深度是对于特定的目标用户而言[1]，文献的关键词、主题词个数反映其主题覆盖度。例如中国知网[2]通过与期刊界、出版界及各内容提供商达成合作，已经发展成为集期刊论文、博士论文、硕士论文、会议论文、报纸、工具书、年鉴、专利、标准、国学、海外文献资源为一体的、具有国际领先水平的网络出版平台，中心网站的日更新文献量达 5 万篇以上，基于海量的内容资源地增值服务平台，其文献主题覆盖度是达到全学科范围任何人、任何机构都可以在中国知网建立自己个人数字图书馆，定制自己需要的内

---

[1]　袁毅：《网络信息资源内容评价关键指标研究》，《中国图书馆学报》2005年第 6 期。

[2]　中国知网是中国学术期刊（光盘版）电子杂志社，它的前身是中国期刊网。中国期刊网于 1999 年 6 月上线服务，到 2003 年的时候，中国期刊网发展为集期刊、报纸、博士硕士学位论文、会议论文、图书、年鉴、多媒体教育教学素材为一体的知识服务网站，同年，中国期刊网正式更名为中国知网，并确立了建设"中国知识基础设施工程（简称 CNKI）"的远大目标。

容。越来越多的读者将中国知网作为日常工作和学习的资料来源。

（6）利用性：指信息商品对消费者信息需求的适用性，有用性是信息商品产生使用价值和相应社会消费群体的原因，也是信息转变为商品的关键条件。如果一种信息商品缺少使用价值，那么这种商品失去其商品的意义。总之，如果以上各个因素不够完善或缺少其中某个因素就必然影响信息商品的质量。

从以上六个内容质量评价的关键指标考量，目前为止，中国知网和万方数据①处于国内领先水平，其用户几乎遍及国内所有的大学图书馆、省级公共图书馆和所有的科技信息机构。从满足学术研究的需要而言，二家数据库内容质量优良。万方数据股份有限公司作为中国第一家以信息服务为核心业务的股份制高新技术企业，依托强大的数据采集能力，走在全国同行的前列②。而对未经知识整理的互联网信息商品内容质量调查显示，由于因特网缺乏统一的管理机制，网上信息发布具有很大的自由性和任意性，不像出版部门和广电行业的信息经过编辑和主管部门的权威审核，因而缺乏必要的过滤和质量控制，从而影响了用户使用网络信息的积极性。由此可见，互联网信息产品经历了由初期"渠道为王"到"内容为王"再到现在"应用为王"的发展阶段。

2. 信息工具商品质量对信息消费效用的影响

不同的信息工具（设备、手段）商品都有不同的质量指标体

---

① "万方数据数字化期刊群"是专门收录中国核心期刊的大型数据库系统，由国家科技部组织实施，中国科技信息研究所万方数据股份有限公司具体操作运行，自1998年开发运作以来集纳了3000多种学术期刊的全文内容，其中既包容自然科学类期刊，又吸纳人文社会科学类期刊，成为国家遴选和评价中国核心期刊的重要依据。

② 贺德方：《信息内容服务异军突起》，《计算机世界》2005年第34期。

系。以个人电脑(PC)为例,品牌、性能、性价比、使用便捷性、个性化设计等,都不同程度影响其消费,售后服务也是影响消费者购买PC 的主要商品因素。钟婷(2008)研究证实,广州大学生电脑购买决策的各影响因素在大学生消费者心目中的相对重要性,从高到低依次为质量、功能、配置、经销商信用、品牌、售后服务、外观设计、促销活动①。尽管,目前的硬件性能已经超越了大部分的应用需求,但是从那些日趋高端的游戏、视频回放等使用需求看,高性能产品肯定是颇受用户青睐,如果不考虑价格因素,人人都会选择这样的产品。另据调研数据显示,网民通过网络观看世界杯,媒体选择的主要因素是赛事播放的流畅性和清晰度,选择上两类因素的网民分别占比为 55.0% 和 52.7%,均超过半数以上。信息工具商品的性价比越高,被选择的可能性越大。

3. 信息服务(商品)质量影响信息消费的满意度

从用户是否满意的角度来看,信息服务的质量可定义为:用户对在接受信息服务过程中的感受和对信息服务结果的效用的综合认识与其对服务的期望相比较的结果。当用户的感受和认识超出或等于期望时,信息服务的质量对用户而言就高;当用户的感受和认识低于期望时,信息服务的质量就会令用户不满意。越来越多的手机厂商已开始意识到手机服务质量对于产品销售的重要性,都希望自己的服务系统尽快得到完善。

网络信息服务质量涉及网络能否迅速快捷地提供切合用户实际需求的信息商品,目前宽带消费者对宽带网性能与服务选择的主要因素是网速、网络稳定性、故障维护服务、增值服务等服务投

---

① 钟婷:《电脑首购决策影响因素及信息搜寻研究——基于广州大学生电脑购买决策的实证分析》,暨南大学 2008 年硕士学位论文。

诉,反映在断网现象频繁、时高时低、服务质量不高,由于标准缺乏、取证困难、涉及因素较多,消费者利益往往得不到保障。网站信息服务的成功因素在于信任的文化氛围、网站的易用性等。基于搜索引擎的服务是最有前景的互联网服务之一。因为在海量信息面前,搜索引擎是最有效的互联网工具。本土搜索引擎的质量(技术进步)突出表现在相关性、网页覆盖率、反作弊、中文分词等方面①。在互联网企业激烈竞争的今天,信息服务业同样面临着"细节决定成败"的命运。所谓的"细节",一方面细分客户需求,提供细致服务,另一方面则是细化行业组成,设计多元产品。准确的市场细分是内容服务业创新的前提,谁能领先细分出特定的、有一定规模效益的相对成熟的消费群体,谁就能在业务创新上把握先机。根据艾瑞市场咨询对网民长期连续性行为监测系统 iUserTracker 监测到的数据显示,截至 2008 年 4 月,在中国网民平均浏览量达前十的网站中,生活服务类网站以 8.4 亿次排在第 7 位,用户的关注度较高。

三、信息商品价格对信息消费的影响

(一)信息消费需求的价格弹性

消费需求的价格弹性是指:在其他条件不变的情况下,信息产品价格变化 1%时所引起的城镇居民信息消费需求量的变化。信息需求价格弹性有自价格弹性和互价格弹性两种,后者又称需求交叉弹性。需求交叉弹性指某一种信息产品的需求量对其他信息产品价格变化作出反应的灵敏程度。根据消费支出额计算商品的自价格弹性(E^L)和互价格弹性(E^{Lj})的公式如下:

---

① 清华大学 IT 可用性实验室:《2005 中文搜索引擎质量对比》,《计算机世界》2005 年 11 月 14 日。

$$\varepsilon^L = \frac{(1-\beta^L)p^L X^L}{c^L} - 1 \qquad (4.2.1)$$

（$P^1 X^1$、C^L 分别为 L 类商品人均基本消费,全部消费）

$$\varepsilon^{LJ} = -\beta^L \frac{P^J X^J}{C^L} \qquad (L、J 是不同类别信息商品) \qquad (4.2.2)$$

根据公式(4.2.1)、(4.2.2)计算结果见表4-7。

表4-7　各类信息消费自价格弹性与互价格弹性

项目	时间	教育	通信	文化娱乐	文化娱乐用品
教育	1995	**-0.2274**	-0.0029	-0.0008	-3.7E-05
	2000	**-0.1552**	-0.0045	-0.0009	-0.0009
	2005	**-0.1681**	-0.0059	-0.0016	-0.0013
	2010	**-0.2627**	-0.0056	-0.0038	-0.0009
通信	1995	-0.017	**-0.5628**	-0.0021	-0.0003
	2000	-0.0151	**-0.3122**	-0.0022	-0.00186
	2005	-0.0105	**-0.2395**	-0.0024	-0.0027
	2010	-0.0080	**-0.2958**	-0.0049	-0.0012
文化娱乐	1995	-0.0297	-0.0078	**-0.7697**	-0.0017
	2000	-0.0228	-0.0183	**-0.6455**	-0.0047
	2005	-0.0217	-0.0184	**-0.4926**	-0.0040
	2010	-0.0100	-0.0091	**-0.4006**	-0.0015
文化娱乐用品	1995	-0.0321	-0.0104	-0.0051	**-1.0502**
	2000	-0.0402	-0.0204	-0.0052	**-0.8086**
	2005	-0.034	-0.025	-0.0068	**-0.6824**
	2010	-0.0218	-0.0197	-0.0127	**-0.8562**

上表中主对角线加粗的数据为各项商品或服务的自价格弹性,其余数据为互价格弹性。每一行数值反映的是其他各类消费品价格变动对该类消费需求量的影响;每一列数值反映的是对应种类消费的价格变动对其他各类消费需求量的影响。

信息商品普遍遵循摩尔定律①：功能每 18 个月翻一番，价格却以减半的方式下降，信息商品的供给曲线是一条完全与物质商品供给曲线不同的曲线。本书实证研究表明，通信消费的价格弹性大于其收入弹性，通过价格手段调节供需平衡效果较好。

一般在信息商品需求的决定因素上，内容往往比价格更重要，也就是说，相对价格而言，信息内容产品的需求是较无弹性。信息商品需求价格弹性小于物质商品需求价格弹性。社科信息商品供求的价格弹性小于科技信息市场供求的价格弹性。一次信息市场供求的价格弹性小于二、三次信息市场供求的价格弹性。信息市场供给的价格弹性小于信息市场需求的价格弹性。随着信息商品化程度的提高，信息市场供给的价格弹性增大，信息市场需求的价格弹性减小。根据信息商品需求弹性系数的大小，我们通常将其分为 2 类：①需求富有弹性，即 $1<Ed<\infty$ ，说明信息商品价格稍有变化就会引起其需求量较大的变化；②需求缺乏弹性，即 $0<Ed<1$，表明在信息商品价格有较大变化时，其需求量只有较小变化。对信息商品而言，消费者欢迎的是"同质降价"，即质量相同、价格更便宜。

从表 4-7 可以看出，各类信息消费需求的自价格弹性系数较大，互价格弹性系数较小，即各类信息消费品的需求量受其自身价格的影响较大，受其他信息消费品价格的影响较小。各项信息消费需求自价格弹性都为负值，即在其他条件不变的情况下，随着消

---

① 摩尔定律是戈登·摩尔先生在创建英特尔之前，也就是 40 年之前所发现的半导体技术发展的规律。这个规律是：每隔两年半导体集成电路的密度便会提高一倍，也就是在同样的体积情况下，每两年可以集成的晶体管的数量要翻一番。如果要在晶体管的数量不变的情况下，就是晶体管的体积是上一代的 70%。这个规律一直延续到现在。

费品价格上涨,其需求量将会减少,如果$|\varepsilon^{\perp}|<1$,说明需求量变动率小于价格变动率,具体来看,信息需求自价格弹性绝对值排位顺序是文化娱乐用品>文化娱乐>通信>教育,说明近十几年文化娱乐用品和文化娱乐消费对我国城镇居民而言属于较高层次的非必需信息消费品。教育消费需求的价格弹性小于其他各类信息消费价格弹性,说明教育消费最不易受价格变动的影响,刚性较强,这与现实情况相同,即教育对城镇居民而言属于必需信息消费,文化娱乐用品和文化娱乐自价格弹性分别位居第一、第二位,即城镇居民对这二类消费需求量的多少与这二类消费品自身价格紧密相关。从每一纵列来看,教育消费品价格变动对其他各类消费需求量的影响相对最大,其次是通信价格变动对其他各类消费需求量的影响,各信息消费需求之间基本不具有替代性。

(二)信息商品的定价特点对消费的影响

信息商品作为一类特殊的商品,由于内容与形态各不相同,其定价有不同方式特点:

①使用价值的时效性定价。信息商品的使用价值会随着时间的变化而变化,这就是其使用价值的时效性。信息商品的时效性比较强,存在着生命周期,处于成长期或成熟期的信息商品往往能带来较高的经济效益,其价格自然偏高。而在生命周期中处于饱和期和淘汰期的信息商品,则得到的经济效益较低,其价格也会随之慢慢降低。时效性定价适用于消费期限较短的产品,如考试试题册。

②生产的风险性与难度性定价。信息商品生产的风险性与难度性与价格成正比这一规律对于开发信息商品和普通产品同样适用。即生产者所承担的风险越大,生产产品的难度越大,产品的最终价格就越高,反之则低。开发信息产品有比开发普通产品更大

的风险性与难度性。信息商品生产,特别是创造性生产的风险性是很大的,创造性信息产品生产过程可能会出现两种情况:一种情况是,由于其生产产品性能目标往往不能确定,有可能使该产品的生产投入量大于产出量,产品的功能没有得到突破,产品生产失败。另一种情况是,经过科研人员的努力和创新,产品的性能取得重大突破,产品的价值和信息量有很大的提高,这时产品的价格一般远远高于生产成本。这一类信息产品大多是首次创新型产品,其价值的最终实现是通过知识产权保护来实现,体现在对信息商品的整体价格水平产生很大影响,对它消费是有条件的合理利用。可见,在信息商品创造生产中,信息产品价值的最终实现是不确定的,这必然会给信息生产者带来巨大风险,势必会对信息商品的整体价格水平产生很大影响。

③信息商品价格在形成过程中的不确定性。首先信息商品的效用具有滞后性、不确定性,属于后验产品。因为信息产品生产具有不同程度的创新性,这种创新性所表现出来的价值量是难于用明确的计算公式加以计算的。其次,信息产品所引用的每一条信息,每一份信息资料,并不一定对信息用户都能产生效用,而对于定型的信息产品,也难以评价其所能产生的经济效益和社会效益,从而决定其价格水平。第三,反映信息消费价格变动的指标,主要有信息消费平均价格和价格指数,信息消费品的价格和一般商品的价格不一样,主要是其影响因素不一样,其包含的知识含量是看不见的,所耗费的社会一般劳动时间也不是容易计算的,对消费价格的影响往往是不确定的。

④信息产品垄断性定价。由于信息产品生产具有唯一性、独创性及非重复性,并存在知识产权保护的法律,形成了信息产品价格的垄断性,许多信息生产都会经历由竞争到垄断的发展过程。

当信息用户能从多种不同渠道获得同一内在属性的信息商品时,说明该信息的垄断性不好,此时,该信息商品的定价就会下跌;而当信息用户仅能从有限的渠道获得具有某一内在属性的、用户所急需的信息商品时,此时价格上升,通常会形成垄断价格,此类信息产品往往是无替代品的特色信息。

　　⑤信息商品生产成本定价。信息商品的生产必然耗费一定量的成本,而信息生产者必然将生产总成本通过价格转移给买方,显然,成本越高,定价也越高,信息产品的成本决定其价格。成本定价适用工具类信息产品,类似普通商品定价;其消费价格随信息产品成本变化而浮动。

　　⑥信息商品供求关系对价格的影响。信息商品供求关系不同于物质商品。社会对于信息商品的需求是无限的,不同的信息用户有不同的信息需求状态,用户需求状态经常处于变化之中,而信息商品的生产则是有限的,因此信息商品的供求关系从短期讲应该是供不应求的。从长期看,当信息用户能够从多种不同的渠道获得同一内在属性的信息商品时,信息商品的价格就要下跌,反之就要上升。由于具体信息交易行为中存在着这样的情况,即买方信息需求的层次难以完全得到表达,而信息商品的获得渠道又具有一定的复杂性,即需求和供给并非总是在数量、质量能够吻合,再加上"信息爆炸"、"知识激增"给信息商品的生产带来的外部效应,必然导致信息交易长期的供过于求。同时,出于对时效性的考虑,信息商品极有可能因为过时而变为废物,而不会像普通物质商品那样大量积压后仍可降价处理。因此,与普通物质商品相比,信息商品价格受供求关系的影响要大得多。

　　信息商品价格除了受传统经济理论中所讲的供求关系影响之外,还要受社会信息化程度和社会心理因素影响。社会信息化程度比较低,则表现为信息的商品化程度和信息技术水平较低;在信息化程度较高的社会,信息资源成为比物质和能源更重要的资源,人们的信息意识普遍比较高,社会对信息商品的需求量比较大,信息商品化和技术水平比较高,因此有利于信息商品价值的实现。在信息商品价格形成中"社会心理因素"有较大的影响。在信息商品的交易中,消费者对信息商品的认知能力、认识程度和心理承受能力,虽不会直接在价格中得到表现,但对信息商品的价格制定都有着潜在的影响。

四、信息商品的替代品对信息消费的影响

所谓替代品是指功能或用途基本相同的不同种类的商品,在满足消费者需求时可相互替代,它们之间互称为替代品。替代品多和替代性大的信息品,其需求富有弹性;替代品少和替代性小的信息品,其需求缺乏弹性。网络信息商品的替代品包括传统信息商品,如图书、期刊、广播、电视及其他声像资料等。人们获取信息的渠道既可通过网络也可通过以上传统信息渠道,因而传统信息商品的存在和发展也影响着网络信息商品的需求。由于不同类型信息产品所具有的效用的可替代性是不同的,对于不同的信息产品的消费受到替代品的影响程度是不一样的,诸如用看电视替代读报纸之类的精神消遣,具有效用的可替代性,因而报纸消费受到电视替代影响程度较大。而替代程度越小的信息商品,用户对其的依赖性越大,其消费需求就越大,信息工具类商品的替代品是很多的。如 PC 商品的种类繁多,手机商品的种类也很多,对某一品种的电脑或手机消费的依赖性就小。

五、信息商品的共享性对信息消费的影响

信息商品与非信息商品在使用价值上的一个显著差别,是信息商品的使用价值具有共享性,信息资源具有许多其他资源无法相比的经济功能,其中共享性以及消费无损耗性是信息资源的两个重要特征,这也决定了信息具有公共物品的非排他性和非竞争性的特点,同时,由于商品能够被无限多次地使用和消费,但无论使用多少次,被使用的信息商品的内容都不会因此而损耗,当第一个用户消费了网络信息产品后,可以通过各种方式免费向其他人传播该内容,与他人共享该商品,这也是困扰信息生产与消费的一大问题。信息的生产具有高的首创成本和低的边际成本,使得任何一个消费者都可以指望"搭便车"来获取信息,排斥"免费乘车"的行为十分困难,或者说排他的费用是昂贵的,因此"信息明显地具有一定的公共性",但随着科学技术的不断进步,实现许多曾经公认的公共物品的排他性日益变得可行,排他的成本也日益降低,在现实经济活动中,由知识产权等法律手段以及一些技术手段来规范其对信息内容的使用,比如有的网络商品设置用户登录手段实现排他性,使信息消费的收费成为可能,于是在现实社会中,纯粹的公共物品越来越少,信息产品付费消费逐渐增多。

通过分析,我们认为信息消费客体因素对信息消费的影响,都反映在对价格的影响变化上,最终影响信息消费。

第三节　影响信息消费的环境因素分析

一、信息环境与信息消费环境概念

信息环境作为社会环境的重要组成部分,不但从物质上作用于人类社会,更重要的是从精神上在影响和改变着人类社会,如对

人类思想道德、生活观念、行为方式、劳动技能的影响和改变等,而这后者对一个民族、一个国家乃至全人类的健康发展有着至关重要的作用。信息环境是一种特殊的社会环境,它是指社会中的个人、群体或组织可能接触的由信息资源、信息设施、信息机构、信息活动,以及相应的信息制度等构成的一种信息化生存与发展环境。一般地讲,信息环境由信息人、信息资源、信息基础设施、管理体制与政策法规四要素组成。谢俊贵认为,信息环境大体可以分为信息资源环境、信息设施环境、信息服务环境、信息教育环境、信息制度环境等具体内容①。本书所强调的信息环境主要指,与人类信息活动有关的技术的要素和社会诸要素(社会、政治、经济及政策法律等)。李学英在《信息接受论》中对信息环境和思维演化的关系进行了分析,她提出良好的信息环境可以扩大人们的行动空间,延伸人们的感知时间长度,活跃人们的思维,提高创造性思维的能力;良好的信息环境可以改造社会思维的惰性,克服社会思维的弊病,提高社会思维的质量。这是信息环境的正效应;反之,信息环境负效应是由于信息环境系统中一些要素的相互作用和影响,对信息消费带来了不容忽视的负面影响,另外信息环境系统也受到外部因素,如经济、政治等的影响而导致了信息负效应的产生。信息环境对信息消费的影响是双重的。

　　信息消费环境指影响人类信息消费活动的一切自然、社会因素的总和。信息消费环境赋予信息消费活动特定的时空和社会经济背景,是信息消费的基本要素之一,它影响着信息消费的方式、结构以及信息消费质量和效果,具体表现在良好的信息消费环境

---

　　① 谢俊贵:《信息环境共享的信息社会学论析》,《中国图书馆学报》2009 年第 3 期。

能够刺激信息需求的产生以及潜在信息需求转变为现实信息需求,直至信息消费的转化,可以扩大信息消费的对象,使信息消费从图书、期刊等传统信息产品向计算机、数据库、网络信息服务、技术服务和专业咨询服务扩展,可以改进信息消费的方式。信息消费环境是社会环境的一个重要组成部分,但由于信息和信息交流无处不在,信息消费环境不可能和其他社会环境完全割裂开来,只能表现为从各种社会环境中的一种抽象,其他社会环境的影响可以通过信息消费环境的变化部分体现出来。

本书所指信息消费环境,是指除信息消费主体和信息商品客体以外的社会信息环境,具体为信息技术环境、信息政策法规环境、信息市场环境及社会发展环境。如图 4-3 所示:

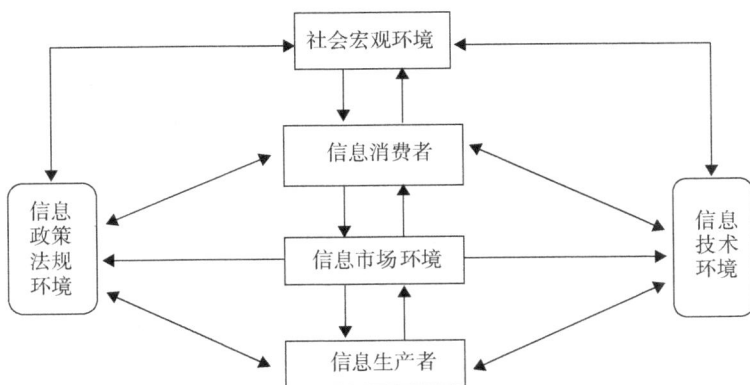

图 4-3 信息消费环境系统要素相互关系

二、信息技术环境对信息消费的影响

信息技术环境是指:用于信息传输、信息开发、信息利用的各种信息技术(如数据库技术、知识挖掘技术、信息安全技术、人工智能等)及社会信息基础设施(信息网络、信息空间)。信息技术环境是人类认识与改造自然和社会的产物。信息技术环境对信息消费的效率有直接影响。如果没有互联网这种国家信息基础设施环境，就不可能有电子商务、网络信息消费、网络传递等信息服务方式。

（一）信息技术环境是信息消费的客观基础

信息技术在信息环境中主要表现为各种各样的信息媒介、工具。以信息媒介为结构框架形成的信息商品世界是信息消费的客观基础。人类最初只靠手势、表情或简单的图画，作为信息媒介来达到交流的目的。后来，在长期的生产实践中形成了语言，语言的诞生是信息环境演变过程中第一次信息革命，但语言并没有解决信息记录和保存的问题，到了农业时代，由于人们开始了定居的群居生活和以种植方式来获取食物的生产方式，人们温饱和安全问题得到了一定的保证。他们对信息的需求也随之进一步提高。在此基础上产生了更适合信息交流的媒介即文字。但是，文字的载体材料还没有得到较好地解决，先后用到的载体材料多达十余种。后来，人们为了更广泛地传播信息，发明了印刷术，从而大大提高了信息交流速度和扩大了传播范围。印刷术的普及利用推动了近代自然科学的发展和工业革命的产生。由此，人类社会进入工业时代。工业时代由于一系列动力机械技术的发明，人们的工作效率和生活节奏明显加快，人们需要更多更及时的信息以适应越来越快的生活节拍。在这一需求下，相继出现了报纸、电报、电话、广播、电视等大众媒介。这些媒介的出现使人类的信息环境进入了一个新的发展时期，人们迫切需要更高超的技术来处理越来越多的信息，电子信息技术的发展，促进产生了各种电子信息商品。因特网的出现和应用极大地满足了这种需要。至此，人类的信息环境就进入了一个相当发达的阶段并以更加快捷的速度发展着。信息技术环境经历了不同的发展阶段,为各时期人们信息消费奠定的客观技术条件。

(二)信息技术延伸了人类的信息消费能力

信息技术在影响和改变着人类社会的各个层面,从个人、家庭到社会。信息技术是信息环境的"硬件",是信息环境系统的手段性(工具性)要素。信息技术的每一次进步都会带来信息环境的变革和发展。在信息环境中,信息技术的变革主要体现在信息传播媒体的变革上。从信息环境演变的过程看,信息技术经历了造纸术的发明及印刷术的发明及电报、电话、广播、电视的发明和应用,以及当前正在迅猛发展的计算机技术、电信技术、多媒体技术这样一个过程。与这些信息技术相对应,人类的信息环境也由原始手段走向现代化手段、由封闭走向开放、由低级走向高级、由简单走向复杂。它延伸了人类的信息功能,作为现代信息环境系统中必不可少的信息处理、存储、传递手段而发挥着越来越大的作用。信息技术的发达和普及程度与信息消费水平呈正相关,如计算机硬件和软件技术、电信技术和网络技术等越发达,信息商品供给能力就越强;电脑、电话、广播、电视越普及,信息商品消费水平也必然越高。而今所有信息行为都要受到信息技术的限制和影响,如查找某专业文献,需要借助专门信息检索工具和使用信息检索语言获取所需信息,借助现代信息技术很容易快速完成这些人工行为,做到异地远程随时消费专业信息。

(三)信息技术因素对信息消费负面的影响

现代信息技术的飞速发展和全面应用,在为人类造福和扩展人类能力方面达到了前所未有的水平,但是同时也带来了一系列的严重问题,如计算机病毒、信息灾害、信息污染、信息超载等。这就是信息技术的"双刃效应"或者是称为信息技术负效应的问题。

因为技术的工具性,决定其应用的不确定性。尤其是人为性信息技术负效应,滥用和误用信息技术导致的不良后果。信息技术对人类究竟起到什么作用,关键在于什么人掌握这种技术,以及他们应用技术的方式和所要到达的目的。现代信息技术的双重作用日益明显,科学技术在给人带来巨大福祉的同时,也可能给人类带来巨大的灾难,但这并不是科学技术本身的错,如一个掌握先进信息技术的人,可以为公司创造很大的利润,也可以成为一个进入公司系统疯狂偷窃的盗贼。现在的网络犯罪,计算机病毒,黄色信息传播,利用高智能技术侵犯隐私权和知识产权等等都是与人为滥用信息技术有密切关系的现象。

(四)信息技术发展与传统伦理的冲突

随着信息技术和信息产业的飞速发展,它对传统伦理道德规范的冲击与挑战的力量之强、范围之广、影响之深远、变革之彻底是人类历史前所未有的。信息环境改变了人类的信息消费基础,而伦理道德作为上层建筑的一部分,具有滞后性,旧的伦理道德规范跟不上时代发展的脚步,而新的伦理道德规范的建立和完善又是一个长期的过程。在信息社会,网络交流无处不在,电脑已经大众化,人与人之间的交往变得更加间接和虚拟,这种交往方式速度快,缺乏人情味,当事人的行为很难用传统的伦理准则去约束。信息的个体拥有性与信息共享性之间产生激烈的冲突,加大了信息持有人与使用人的矛盾,这种矛盾是传统准则所不能规范和调解的。另外,由信息技术的滥用导致的违反社会信息伦理问题,如拼接制作虚假图片、黄色内容、散布谣言等,引发了一些严重社会问题。

三、信息政策法规环境对信息消费的影响

信息政策法规是信息消费环境系统的协调性要素,主要是对系统中诸要素及其相互关系进行计划、组织、控制和协调。作为一个独立的要素,信息政策要素被人们认识得最晚,但随着社会信息环境问题的日趋复杂化,它在信息环境系统中的作用越来越大。

(一)信息政策法规的概念与作用

卢太宏教授提出"信息政策是指国家用于调控信息产业的发展和信息活动的行为规范的准则,它涉及信息产品的生产、分配、交换和消费等各个环节,以及信息产业的发展规划、组织和管理等综合性的问题。"信息法律系指国家制定的调整在信息的取得、使用、转让和保护等过程中所产生的各种利益问题和安全问题的全部法律。信息政策法规包括一个国家对信息产业的重视程度,是信息领域的行为准则和行动指南,伴随着信息重要性而自然受到了各国的高度重视。当前,对信息政策大致有5种解释:①从管理的角度出发,认为信息政策就是根据需要制订的,有关发展和管理信息事业的方针、原则和办法。②从信息作为一种资源出发,认为它是涉及信息的搜集处理、传递和利用的资源分配的有关团体和组织的决定。③从信息活动出发,认为它应涉及研究成果的传递、信息产业的津贴和资助,广播、电讯、图书馆和档案馆、政府信息源的组织、大众信息活动、计算机和信息文化等。④信息政策是一个国家或组织在一定时间内为处理信息和信息产业中出现的各种矛盾而制订的具有一定强制性的一系列规定的总和。⑤信息政策是具有法令性的以保证信息系统优化运行和履行其社会功能的基本准则。信息政策的总目标是发挥国家信息系统的总体功能。信息消费的发展离不开信息政策的指导。

信息政策对社会信息化程度有直接影响,从而间接影响信息

消费。信息政策从概念上具有复杂性,因此内容也显得十分广泛,涉及信息的生产、流通、反馈和应用的各个方面。不同的国家根据其各自的国情及信息化的程度制定不同目标的信息政策,从总的、较传统的分类体系上来划分,可分为:政府信息资源管理政策、信息技术政策、信息产业政策、信息流通政策、信息机构组织政策、信息物资管理政策、信息人才使用与培养政策、信息安全保密政策、信息产权政策、国际信息交流与合作政策。一项信息政策经过实践证明在现在和将来一段时间内是正确的、有效的,因而以法律的形式被固定下来,这就是信息政策的法律化。信息政策法律化的过程也就是信息立法的过程,它是信息政策形式上的终止和内容上的继续,是信息政策的一种重要变化现象。信息政策与信息法律一起成为社会信息环境管理的主要手段。作为信息环境中的政策法规因素,对信息环境的影响也是双向的。好的信息政策一方面具有纠正信息环境中所出现的问题,优化信息环境,具有促使居民信息消费能力的发挥和提高消费水平的作用;另一方面通过政策导向作用,引导居民产生健康的信息消费心理和信息消费行为,使信息消费向有利于满足人的信息需求的方向发展,减少信息环境给信息消费造成的负面影响。

（二）信息政策和信息立法相对滞后的负面影响

随着信息消费环境的日益复杂化,种种新的社会关系相继出现,法律问题也就接踵而来,使传统的法律体系受到了极大的冲击。由于信息商品的特殊性,在交易过程中会出现一些普通物质商品交易中不会出现的问题。在版权保护方面出现新的问题:第一,静电复印和影印技术的应用和普及,大大削弱了版权法的效力;第二,目前由计算机创作音乐、美术、诗歌等作品已屡见不鲜,那么版权法是否运用于该类作品? 若运用,其著作权属于谁? 第三,对数据库这类电子信息产品是否应运用版权法保护? 同时,随着网络技术的发展,数字作品上网传输后,何种行为构成复制? 作品上网后的发行权及其所谓"首次销售说"或(权利)耗尽论,都是亟待解决的现实问题。信息立法中存在相当多的空白,信息环境法、信息资源法、个人隐私保护法、信息商品法、数据库保护法等都是空白。由于法规的不健全,信息市场竞争环境的建立、信息市场交易秩序的维护、信息产品质量地控制等等活动都无法可依,一旦出现信息污染就无法有效地控制其传播与蔓延。由于信息政策和信息立法相对滞后,使得信息犯罪与其他刑事犯罪相比,隐蔽性强、风险小、不易掌握犯罪证据和确定罪与非罪的界限等特点,这就给信息消费带来负效应。

(三)健全信息政策法规有助于解决信息消费问题

美国经济学家 M.U.波拉特认为,现代信息技术引起的经济的,社会的摩擦有一部分可以根据市场的原理得到解决,但有一些靠市场不能解决,需要利用信息政策进行调整,将信息政策作为对付和解决这些问题的主要手段之一,以争取合理开发和利用信息技术的主动地位,维护自身的利益和主权,是世界越来越多国家的共同选择。正如美国密执安大学的 V.罗森堡指出的:"信息技术的最新发现使许多国家(包括美国)以一种新的观点去看待用于控制信息的法规、条例、法律和政策"。新的信息传播方式的激增是需要新的信息政策的主要原因之一。

①信息政策与法规对信息消费管理的影响。我国的信息法规和政策性文件数量种类众多,包括了法律、行政法规、司法解释、部门规章、地方性法规、地方政府规章及相关文件、地方政府部门规范性文件等。一个国家对信息业发展制定政策,可以起到大力宣传信息的重要性,普及信息知识的作用,提高整个社会对于信息消

费的认识。使信息用户掌握和使用信息;对于国家信息系统从生产到使用信息的有效管理加以指导。协调和改善全国和地区性信息资源配置,最大限度地促进信息流的定向流动,并最大限度地满足社会所需求的信息。②信息政策法规促进信息消费目标实现。信息政策对信息服务活动提出目标和任务,并通过政策的力量,为到达这些目标和任务提供人、财、物的保证。信息政策一方面通过有关政策和措施,推广和利用信息成果,将知识化、信息化的潜在生产力,最有效、最快速地转化为现实生产力。另一方面,通过信息政策引导信息为社会各行业、领域服务,达到为国民经济服务的目的。③信息政策会影响信息传播的效果。由于信息政策规定什么机构提供信息,什么人或机构有资格生产信息,以及如何对信息进行定价和采取何种生产传播信息的方式,从而对用户获取信息产生影响。以数字经济为例,中国著名经济学家盛洪认为:"发展数字经济必须要有相应的制度基础。"经济学家张维迎也认为:"跨越数字鸿沟应先填平制度鸿沟。"可见信息制度和信息政策的重要意义。④信息政策是建立信息消费法规的重要依据。为确保信息市场得到良性发展,信息业更好地为社会经济服务,在制定一部完整健全的信息消费法规的条件还不成熟的情况下,对于通过实践检验,证明符合我国当前实际的一部分信息政策,应参照一般程序予以立法,以法律的强制性和规范性来保障政策的连续性和稳定性,这是保证信息政策的顺利实施,克服人治,加强法治的必要措施。

四、信息市场环境对信息消费的影响

　　国内学者关于信息市场的定义已经基本达成共识,信息市场是信息商品供求反映的经济关系和经济活动现象的总和,信息市

场的职能就是联系信息生产和信息消费的桥梁,是信息消费的交易场所,通过市场信号,合理配置信息资源,自发地调节信息的生产和服务过程,有效实现市场供给与需求的平衡。信息市场的发展,对社会经济的发展起着明显而重要的作用:一是为社会生产和流通提供大量有效的信息资源,有利于促进经济发展。二是为企业提供必要的市场需求信息,有利于提高企业的竞争能力和应变能力。三是为消费者提供有关商品供应信息,是促进销售的有利手段。我国的信息市场正处于发育阶段,面临很多矛盾和问题直接影响到信息消费,如信息市场规模、市场准入制度、信息机构条块分割、市场化程度存在地域差距、信息市场服务内容单一等。信息商品及其交易的特殊性,使得信息市场与非信息市场相比,在很多方面具有自己的特殊性,进而造成信息消费的特殊性。因此,信息市场的完善程度将直接影响信息商品的消费。信息市场环境主要通过制约信息商品流通能力,影响信息商品的价值实现,继而影响信息商品消费。

广义信息市场被定义为信息商品交换关系的总和,具体指信息生产者、经营者和信息用户之间交换关系的总和,它不仅包括信息交易的场所,而且包括信息商品提供者和需求者不在特定场所发生的交换关系。狭义上信息市场是以提供各种信息来满足用户需要的信息交换的场所。笔者认为,信息市场是把信息商品纳入整个经济活动中,和其他商品一样进行流通、交换。实际上,信息商品市场不仅涉及信息商品及其交换场所,还涉及信息生产者、经营者、用户及其经济活动和经济关系。信息市场规模决定于消费者数量、支付能力,以及他们的精力和时间等要素。信息商品供需双方通过信息市场进行交易,使信息、知识扩散并应用到社会经济活动的各个领域,转化为直接的生产力。由于信息商品及其交易的特殊性,信息市场呈现出特有的形式与规律性,作为消费类信息商品,由于它包含的范围极其广泛,而且其消费者的存在是不确定的,因此信息商品的使用和交换价值在信息市场中具有极强的潜在性和隐蔽性。随着人们对信息的收集、加工和传递能力逐渐强,社会信息流量不断增长,信息流向不断扩展,日趋多样化和社会化的信息需求使信息商品不断得以开发和生产。信息市场从新兴市场逐步发展成为成熟市场,信息市场环境对信息消费的影响在以下几个方面。

（一）信息市场形态对信息消费的影响

1. 信息市场形态多样性与复杂性

如前所述,在人类技术文明的推动下,信息消费市场的结构一直都在随着媒介技术的发展而不断演变。从早期的印刷术,到现代电子技术,再到当代互联网技术,媒介技术的每一次重大升级不仅会导致信息传播手段和传播途径发生巨大变革,还会对大众的信息消费习惯带来潜移默化的影响;大众信息消费习惯的变化反过来又会进一步推动信息技术的发展。在这种循环作用下,信息消费市场结构逐渐走向了多样化和复杂化①。信息商品的价值是其所含的信息内容实体,它有多种多样的表现形式,每一种信息商品形式都可以从不同的角度和层次划分,加之信息供求具有的个性特征,因此,信息商品与服务的交易范围很广,经营形式多种多样。在信息市场上,不仅按正规程序处理加工而得到的信息可以成为商品,就是未经专门加工而得到的,或只是由某些具有特殊才能的人依据某一现象做出的特殊判断,或在从事别的研究活动时

---

① 王晓光:《信息消费市场的演变与出版业的对策》,《出版发行研究》2008年第8期。

而得到的附带结果,都可以去找到特殊的需求者,从而可以被作为商品出售,这样便使信息市场的形态与供求关系变得多样而复杂。

2. 信息市场形态的隐蔽性

在信息市场上作为商品的信息,其使用价值并不是直接的,而是要通过买方接受并影响其思想,改变消费者知识结构,获得比以前更多的知识成果而间接地表现出来。对于卖方来讲,不可能立即找到购买者,因此,要首先通过各种形式(如电视、广播、报刊等新闻媒介)发出供给信息,信息商品的购买者只有在市场上通过广告和其他媒介渠道才能实现购买。信息产品生产出来并易手之后,其交换关系并未结束,有时需求方仍需要供方继续提供服务并支付费用;有时商品载体的交易只是表面现象,而实质是用户购买包含于该物品中的信息。由于信息商品交易的特殊性,有时需要用法律手段、行政手段和契约形式来实现正常交换,这些都使得信息市场形态具有隐蔽性,相应地信息消费也具有隐蔽性。

(二)信息经营方式对信息消费的影响

在信息市场中,信息商品的生产者关心如何以各种不同的定价方式尽可能多地卖出或租出自己的产品,实现利润最大化;信息商品的消费者考虑怎样以最合适自己的价格买进和租用生产者的产品,实现产品使用价值最大化。针对信息商品的这一特点,在信息市场的交易中,无论是生产者还是消费者都会做出谨慎的选择,以期达到各自局部利益最优,实现"自我选择"。

1. 信息经营灵活性和交易方式的多样性

从信息商品经营者的所有制成分来看,有全民的、集体的、个体的,也有国内外合资和国外独资的;从经营方式来看,有专营的,也有兼营的。灵活的经营方式,使信息市场充满了生机和活力,其交易方式亦呈现出多样性:一是简单性交易(或称一次性交易），当场可以拍板，当场成交，如购买图书资料、咨询市场行情等；二是阶段性交易，即买卖信息过程是有阶段的，初次交易，互相了解对方，甚至先要经过调查、取证、论证等咨询过程，然后再购买信息商品，还要进行随访、检查、定向服务和实行技术培训等；最后，当信息运用到实际生产过程并产生了重大效益，再向信息提供方支付了最后费用时，交易才算结束；三是定向交易，根据周期性的信息需求，固定提供一定量的信息，用户只要定期交费，便可以及时、准确地获得所需要的信息；四是建立信息协作网关系，发展互惠互利的长期用户。尤其是一些一次性用途的产品，如一些图书、音像制品等，因为消费者对某产品用途取舍千差万别，采取出租和买卖并存的经营方式，可吸纳更多的消费者。各种交易方式可采取买卖双方直接见面，也可以是由中介人"牵线搭桥"；可以是联机检索、查询服务，也可以是发布会、展销会等。用户支付方式对信息消费也有一定的影响，如果用户是一次性支付，则交易所带来的风险完全由买方承担，价格相应低一些，如果分期支付，那么支付时间越长，价格越高。

2. 信息交易不受时空限制

随着科学技术的发展，世界上越来越多的国家和地区出现了信息市场，并通过网络形成全球市场。此外，各级信息部门及其派生的各类信息网络、信息中心、企业、科研单位、学校、管理决策部门等，它们既是信息的生产者，又是接收者和储存者。世界各国、各地区、各信息部门的信息交易，可不受时空限制，而借助现代通讯技术跨越时间和空间在供需双方之间实现商品的交易和转让，如远隔重洋的联机检索，使得信息市场的概念真正超越了"场所"的狭隘范围，而具有交流的含义。信息商品可通过网络、电话、传真等各载体快速传递，有的是在短时间内完成它们的交易；而不像物质商品那样，必须经过复杂而又庞大的运输条件才能实现。信息借助文献存储，可供不同时代的人使用、不受时空限制。

（三）过度信息市场环境对信息消费的影响

1. 加大信息消费的供需双方选择难度

过度信息市场环境是指供给、竞争和欲求信息处于相对过剩化的市场状态。过度信息市场环境的形成，源自买方市场顾客的选择主导权和企业间的竞争。竞争是过度信息市场形成的内因和自变量条件，而信息技术之于互联网等各种传播媒介之间的信息竞争，则是过度信息市场形成的外因和因变量条件。因此，过度信息市场的基本特征是竞争过度、传播过度和信息过度，由此形成了过度信息市场环境的趋同性、复杂性和风险性等基本特征。在过度信息市场环境下，由于信息生成与传播的过度化竞争，市场总体上处于信息"过度"的形态，信息生成、传播和消费的内容与形式趋向共性聚合，从而导致了信息商品的趋同性，趋同性则导致了信息内容的同质化，导致顾客很难有效识别信息；同样，由于过度信息传播激活了顾客的多样化欲求心理，导致企业很难有效识别顾客的欲求信息，也就是说，过度信息市场环境加大了信息供需双方决策难度。

2. 使信息商品形成低水平供求平衡

信息商品就总体而言，有供求不平衡的问题，特别是有新的信息需求却无供给的状态是常态，信息商品供求规律就是不平衡与平衡不断相互转化的规律，即"不平衡→平衡→不平衡"互相转化的规律。不平衡是绝对的，是常态，平衡是相对的，是暂时的形态；经济学上的解释是，生产与消费的不平衡性，经济发展速度的不平衡性，以及诸多市场因素的错综复杂的影响，导致信息商品的供求的变化。从市场机制来看，信息消费需求与信息供给保持动态的平衡,当信息需求量剧增而信息供给不足,出现"卖方市场"时,就会刺激信息生产和加工,增加信息传递和供给量,求得新的平衡;当信息供给量剧增而信息需求没跟上,出现"买方市场"时,就会压缩供给或刺激需求,达到新的平衡。另外,就消费主体来看,其个体信息需求相对是有限的,供给的信息过多,会出现超饱和状态而感到困惑,反而增加过滤信息的成本,就是说,如果用户已有足够的信息,那么附加的信息就没什么帮助了;相反,当获得的信息不够时,用户就会继续查寻,直到需求被满足。

我国人均信息资源少,信息生产力水平低,人均收入少,当前出现的买方市场是建立在一种很低的信息水平之上,信息市场中的"产品过剩"是相对于很低的生产及生活需要而言。它的根源在于居民日益增长的精神文化生活需要与落后的精神生产力之间的矛盾,也是信息生产与消费脱节的产物。由于有关的法律、法规不健全,缺乏相应的和必要的过滤监督和质量检查机制,导致信息量大、内容庞杂、质量不一;信息的虚假、过时、错位等,造成严重的信息污染,但信息供给部门却埋怨信息市场需求不旺、信息商品积压和过剩。对于信息需求市场来说,信息供给部门没有准确地针对用户的需求,提供他们所需要的、经过深加工的、浓缩的、有序的信息。用户找不到所需的有价值的信息,真正反映用户需求的信息供不应求,难以满足。目前主要表现为低档次信息产品出现过剩,如广告信息、低俗信息、大量同质信息等,这种低水平、低层次的市场态势与发达国家绝大多数信息商品的全面过剩形成了鲜明的对照。

(四)信息商品供求良性互动促进信息消费

由于供求间存在互动关系,一方面供给创造和满足需求,另一方面需求拉动和实现供给。信息商品生产一定要面向需求,特别是个性化和多样化的需求,而新的需求往往又是供给创造出来的。信息商品在消费中还有引发更大需求的特点。

1. 信息商品创新性特点促进信息消费需求的上升

信息内容商品的生产是创新性生产,要不断地研究和生产新的信息,这就使得信息商品具有一种不断更新的特点。对于消费者来说,情况则相反,一件信息商品可以被众多的消费者依次消费,而生产者可以依次将同一种信息商品出卖给众多的消费者,但当有新产品问世后,过时的信息商品就没有人再买,而要购买新的。这是由于信息商品在市场中交换的次数是有限的,其交换次数的有限性受多种因素制约,诸如信息商品的新颖性、适应性、区域性,以及服务质量等。其中新颖性最为重要,当某个信息商品失去新颖性时,其交换次数就会显著下降,直至终止,这时就要生产新的信息商品,使得其供求经常被打破。影响信息商品供给的因素包括信息劳动者能力、信息工具、信息材料、信息科技、信息企业的经营管理等各种要素。

2. 信息消费效益提升信息商品供求水平

在扩大信息消费过程中,把潜在的信息市场转化为现实的信息市场极为重要。信息消费就总体而言,总有供求不平衡的问题,特别是有需求却得不到满足;当新的信息商品推出后,如果最先使用它的消费者获得预期的效用,对其他人起到一种示范效应,可能导致多人同时使用、重复使用,进而出现供不应求的问题,刺激卖方增加供给,不断满足消费者需求,这种供求的良性互动不断推动信息供求水平的上升。在社会信息化与信息商品化初期,信息商品供应量少而需求量大,生产什么,生产多少、价格高低均由卖方决定。如今,在信息市场上信息用户对信息商品的选择较之其他物质市场对物质商品的选择要强烈得多,内容也要丰富得多。信息用户面对大量的可供选择的信息,就要考虑多方面的因素,如新颖性、适应性、准确性和经济性、最重要的是信息消费效益的大小,因为这是信息商品价值高低的决定因素。

五、社会宏观环境对信息消费的影响

社会宏观环境是指社会政治制度、法律制度、经济制度、国家的方针、政策;文化传统、共同价值准则、社会道德规范、风俗习惯、宗教信仰、生活观念、行业分工等社会因素,是间接影响信息消费的环境因素。

(一)社会发展环境对信息环境的影响

社会分工的明确化和行业的发展,使科学信息、生产信息、物质交流信息、战争信息和生活信息等各类社会信息大量产生和交换流通;在社会需求激励下的信息交换、传播等服务,随着经济、文化、科学的发展逐步形成了社会组织系统,产生了现代意义的印刷、出版、通信、流通等信息服务的雏形。随着科学技术的全面发展和社会经济的不断变革,信息已渗透到社会的各个方面,成为社会、政治、经济、科技、教育、文化、军事、生活等各种活动的保障因素。社会整体环境的发展带动了信息环境的不断改善。社会信息资源通过社会生产力对科技和经济环境产生影响,科技的进步和社会经济的发展决定着用户信息行为的构成和实现。人均国民生产总值(GDP)指标、民众受教育程度、社会生活质量等因素直接影响信息商品的需求。一般认为,人均 GDP 超过 1000 美元后,社会对信息商品的需求会急剧增长。现代化科学技术和经济环境担负着信息传递、研究与利用的重任,决定着用户信息消费行为的各个方面,这些社会发展因素包括科学技术水平、经济发展水平、信息投资、信息人才、信息生产效率、信息市场发育状况及其他因素等,它们直接影响信息基础设施的建设、信息化政策法规的环境、信息产业化和商品化的发展等途径,间接影响信息商品的供给与消费。

(二)社会制度与管理环境对信息消费的影响

社会制度变迁的结果使居民家庭面临更多的不确定性因素,包括收入的不稳定性和支出的不稳定性等。我国制度变迁是导致边际消费倾向下降的重要原因之一。因此居民家庭在消费与储蓄之间需要重新进行权衡与选择。人的行为首先是社会的行为,信息行为也不例外。用户需求是在一定的社会制度下产生的,在经济全球化的环境中,尤其是 Internet 的迅猛发展,使得用户行为可以跨区、跨国界进行活动,信息需求的产生不仅受到所在国的政治制度、政策法规和社会管理各方面因素制约,而且更具有国际化特征。两者从宏观和微观上都制约着用户信息消费需求的产生及其内容、形式、结构和范围的要求,决定着信息需求的认识与表达以及相关信息行为规范。

(三)社会信息环境对信息消费的影响

社会信息环境是与社会信息交流活动有关的社会因素的集合,是影响整个社会信息交流活动的具体社会条件和社会基础的表征。从特定的组织或个人来讲,所谓信息环境即组织信息环境或个人信息环境,就是社会中特定组织或个人可能接触的信息资源以及特定信息交流活动的影响因素共同构成的环境。随着信息社会的到来,信息资源无论从时间广度、专业深度还是知识覆盖面,在数量和形式上都有极大的扩充,对信息消费供求的影响很大。社会信息环境的变化决定着信息资源的布局、形式、传播途径和利用方式,信息资源和信息处理与传递技术随之发生深刻的变化。信息资源迅猛增长、信息类型的扩展、信息载体的种类不断丰富,从根本上影响着用户的信息需求结构,影响用户对信息技术与信息服务的需求形式,影响用户对信息技术设备的掌握和应用能力,最终影响着用户信息获取和开发利用的深度和广度。随着信息资源的电子化和网络化,运用先进的网络传输功能和信息传递手段,产生了新的信息资源布局和共享模式。如网络信息基础设施、信息科技与材料、信息企业的自营管理等各种要素,影响信息商品需求与供给的模式;社会信息环境因素中,信息消费需求的紧迫程度、信息共享程度、信息部门服务能力、信息产品价格及信息产品价值预期、信息互补商品和替代品的状况(如计算机、通信设备等的价格、性能)等其他因素,对信息消费的选择产生影响较大。网络信息环境中,电子信息资源的大量出现,尤其是网络对一次信息的组织和利用,使得信息消费的内容更加丰富,信息服务更具有动态性。

综上所述,从系统的观点看,信息环境是人类社会大系统中的一个有机组成部分,是人类社会进行信息发现、信息交流、信息接收、知识创新所需的诸因子构成的信息生态系统环境。信息环境与个人及社会组织既相互联系又相互影响、既相互制约又相互促进。一方面,信息环境为人类的发展演化提供了信息基础、对社会进步具有重大的推动作用;另一方面,社会经济发展对信息环境的改善具有促进作用,因为信息环境的发展总是受一定社会发展水平的制约,在不同社会历史发展阶段,都必须要与之相适应的信息环境。这样才能更好地开发利用信息资源,使之更符合人类社会发展的需要,信息环境与人类社会的相互作用是多方面的,随着社会的发展和信息技术的进步,信息环境与信息消费之间的相互作用也越来越显著。

第五章　我国城镇居民信息消费水平与消费力

　　信息消费水平是反映信息消费系统运行效率高低的指标,它是由信息需要、用户素质、支付能力、信息消费时间、信息商品的质量与数量、技术手段和社会信息环境等指标共同构成的测度指标体系。目前缺乏对居民实际信息消费量的统计指标,缺乏对居民信息消费力测度的指标。从系统性角度来说,反映居民信息消费指标构成了一个包含信息消费量、消费时间、消费能力等内容的整体性复杂系统。

第一节　居民信息消费水平测度指标体系

一、信息消费统计指标体系探讨

　　信息消费品中,既有有形的信息产品也有无形的信息消费服务。生产出来的信息产品并不是全部都被人们消费利用,还存在消费选择和导向问题。我们对信息消费的统计主要是看人们消费了哪些信息产品,消费了多少数量。相比较而言,教育消费、通信消费是基础性信息消费,教育消费是信息消费结构中必需消费品,是其他信息消费的基础,所以是优先被满足,但教育消费缺乏收入弹性。通信消费已由过去高档消费转变为基本消费,文化娱乐用品及文化娱乐服务是精神享受性信息消费。

（一）信息消费的实物种类及数量统计指标探讨

根据不同信息产品实物标的的分类，信息消费在实物种类及数量上的主要统计指标应反映信息消费实际状况，可从消费品拥有数量、消费服务状况、消费品销售数量三个方面考虑：

1. 反映信息消费品拥有数量的指标

信息消费品百户拥有量和人均拥有量。如每百户家庭平均拥有电视机、收音机、电脑等的数量，每百户家庭拥有通讯工具的种类和数量，人均拥有书报杂志的种类和数量等。

2. 反映信息消费服务状况指标

信息服务指标分为：①通信服务业指标。人均电话通话次数、人均通信消费额。②大众信息传播业。包括广播、电视、新闻、出版、广告等。③文献信息资源开发服务业，包括文献信息中心、信息检索产业等。④信息中介服务业包括各种形式的信息交流、中介服务业和经纪服务业。⑤咨询服务业。包括各种形式的咨询服务。⑥网络信息服务业。主要提供网络信息产品、包括信息服务产品在线咨询、搜索引擎、邮箱服务等。⑦信息技术开发服务业等。主要指数字化信息产品服务，包括特色数据库制作、软件开发、视频、音频产品等。

3. 反映信息商品销售状况指标

如销售电脑的台数及付费上网浏览信息的收入，销售不同种类的报纸杂志的数量，销售电话或其他通讯工具的数量，及该地区人们拥有电视机、广播等的数量，接收函件等的数量，一个地区咨询服务机构收入及人们咨询访问的内容等各个方面的统计。一个地区拥有各种不同类型的书刊的数量，论文、书法等作品的数量。

（二）信息消费的货币支出统计指标

居民信息消费水平的高低最直接的体现，就是为获取信息产品而发生的消费支出。而消费支出的直接决定因素是消费者的收入水平。因此,在很大程度上信息消费的水平高低与收入水平息息相关。对信息消费支出的统计也包括支出数额、支出结构比例、增长额及增长率等。首先我们可以从整个消费支出来看信息消费额及其在总的消费支出中所占的比例,例如我国每年统计年鉴上都会有通信、科教文的支出占总支出的比重的统计数据,也会有相关的增长情况的统计;其次,我们可以统计信息消费中的各个部分消费额及比例;再次,我们统计每个部分中的不同商品支出的组成情况。

①工具消费:购买电脑、电视机、收音机等产品的支出额;购买通信设备如移动电话、网卡等的支出额。②通讯消费:每月通话费用,购买杂志报纸广告等的支出费用,到咨询服务机构咨询的各种费用等。③教育消费:人们用于各种学校或培训机构的学习费用,其中包括有书籍杂费,文具费用,住校费用,考试费用,课外培训费等。④文化消费:去电影院、音乐会的支出;购买文化书籍刊物、文娱乐器的费用,参观博物馆、展览馆的费用,有偿利用图书馆等的支出。以上指标数据可作为研究信息消费的物质基础与社会条件是否相适应的重要依据。同样,可用信息商品销售收入与增长数据来替代信息消费支出与增长数据,因为销售收入与消费支出是正相关关系,可以用销售收入数据说明消费支出水平。

(三)信息消费时间占用量统计指标

信息消费时间的分配和利用,对不同的消费者来讲,存在着较大的差异。因此,信息消费统计应反映信息消费所占用时间的情况,并在此基础上,对时间的分配和利用状况及其在不同时期的动态变化进行分析和研究。因此,从量的方面对各种信息消费时间进行统计,观察各种信息消费时间占用、结构、合理利用程度及其变化趋势。研究信息消费的时间统计指标和方法,可以为全面系统地反映消费时间量水平和消费时间结构提供科学依据。从时间消耗反映不同类别的信息消费指标：看电视或收听广播的时间，看报纸、期刊、杂志等的时间，上网查找信息的时间，在各种事务所或中介机构等进行咨询访问的时间等。根据以上时间指标的不同可以分类，得出信息消费各种时间指标：

1. 反映信息消费时间占用量指标

主要指标有：①信息消费时间占用总量，是指一定时期信息消费所占用时间的总和。它是编制信息消费服务业的时间安排计划的参考依据。②人均信息消费时间占用量，是指一定时期内信息消费时间占用总量与人口数的比率，该指标的增加，是社会进步的标志，也是衡量信息消费水平高低的评价标准。③信息消费时间占用率。指信息消费所用时间占全部生活时间的比重。消费时间占用率的高低受社会经济发展水平的影响，该指标可以表明社会经济的发展程度。

2. 反映不同信息消费时间分配结构的指标

主要有：消费时间分配结构比。是指各种类型的信息消费活动时间占全部生活时间中的比例。如媒体消费时间占用率，主要包括阅读书报杂志、上互联网、听广播及看电视的时间占用率。不同地区、不同年龄段及不同文化程度的人们每日看各种电视节目的时间，每天阅读的时间，每月上网搜索信息的时间，每年咨询服务的时间消耗是不同的。可按不同地区、文化程度、不同年龄段、性别、职业的不同分类统计各类消费者每周上网时间及在总时间中所占的比例，收看电视或广播节目在每日时间中所占比例，看报纸或杂志书刊等在每日时间中所占的比例等。信息消费活动占用的时间按活动内容性质不同可分为接收教育时间、欣赏文化娱乐时间、参观浏览时间、信息交流时间和其他时间。

（四）信息消费公共设施及服务能力指标

我国制定的《2006—2020 年国家信息化发展战略》中，提出"要创造以人为本，惠及全民，创造广大群众用得上、用得起、用得好的信息发展环境"。

1. 反映信息消费设施供需状况的主要指标

①设施满足率，是指用于信息消费的设施的容量与人口数的比率。一个地区拥有文化馆、图书馆等的数量以及参加的人数和类别，拥有出版社、杂志社机构等的数量及光顾的人数。一个地区拥有的电视台或广播台的数量。这些设施包括用于增进文化知识方面的设施，如学校、公共图书馆；用于培养知识文化修养方面的设施，如美术馆。②设施投资增长率与人口增长率的比率。设施投资增长率与人口增长率的比率主要是用来测算设施的投资建设与人口的增长是否同步，是否跟上人口增长的脚步。因此其统计的指标包括有各种学校可容纳的学生总和，图书馆可容纳的读者总和，美术馆、博物馆等可容纳的人数和，以及这些指标与总人数的比率。

2. 反映信息消费服务方面的指标

①服务业规模。服务业规模可用信息服务在业人数占总人数的比率，亦可用信息机构数或固定资产总值及其增长率等指标来表示。②服务设施分布密度。服务设施分布密度可按某种设施平均服务的人数或平均服务的地域面积计算，如广播电视节目人口覆盖率、电视节目综合人口覆盖率等。例如律师事务所的机构数量、规模、贡献率以及从事事务所咨询服务机构的从业人数比例，如拥有会计事务所、律师事务所的数量及营业状况等也可以反映人们对咨询服务的消费。

3. 反映信息消费利用状况的主要指标

有信息消费质量系数，指从事正面效益的信息消费活动所占用时间与全部生活时间总量的比值,信息消费有健康有益的消费,也有不健康、不利于人们生活质量提高的消费。对信息消费中健康有益的部分做相关的统计,能反映社会精神文明建设情况和社会风气转变情况。因此消费质量是反映社会文明发展,人们接受健康信息,反映社会精神文明建设质量的重要指标。其基本公式可以定义为:信息消费质量系数=健康的信息消费所占用的时间/全部生活时间。

(五)信息消费主体素质指标

我国政府制定的《2006—2020 年国家信息化发展战略》中,把提高国民信息技术应用能力作为我国信息化发展的战略重点之一。消费主体素质是构成信息社会核心竞争力的重要因素。对于建立在信息和知识利用基础上的信息社会,劳动者对信息、知识及其相关技术的掌握和应用能力具有至关重要的意义。信息技术、信息资源本身并不能对经济和社会的发展起到推动作用,还要取决于这些技术和资源在生产和生活中应用的状况。根据美特卡夫法则,网络的价值和使用人数的平方成正比,接入网络的人越多,使用网络的人越多,网络就越能发挥其效用。因此,要最大限度地发挥信息技术的潜力,就必须有与信息技术的发展相适应的消费主体信息应用水平。

反映信息消费主体素质指标。①教育水平指标:平均识字率,每百户家庭拥有的大学及以上学历的人数;分年龄或级别段的在校学生数,受高等教育的人口数,一个地区拥有的学校数量以及老师的数量,接受远程教育的人口数量。②教育时间成本:受国家教育的义务教育、高等教育的时间,受社会教育如自学、夜大等参加学校学习、科学文化知识所占用的时间,同时还包括收看电视或广播里的知识讲座的时间,人均受学校教育的年数等。

二、信息消费水平测度指标确定

（一）信息消费总体水平测度指标

通过对信息消费统计指标进行理论探讨,确定反映信息消费总体水平的指标。

1. 信息消费率、人均信息消费支出及其增长率

信息消费率＝信息消费支出额/可支配收入。这里的消费支出额包括各项用于信息消费的支出额的总和,可支配收入则是指人们手中可以用来自由消费的收入。信息消费率反映了信息消费在人们的纯收入中所占的比重,反映人们对信息产品的消费水平,反映信息消费在人们生活中所处的地位。信息消费率越大,说明人们对信息产品消费的越多,信息消费对人们生活的影响越重要。从整体范围来说我们可以计算出总的消费率也可以计算出平均消费率,前者将包括一些企业和单位对信息的消费,后者仅指个体居民。人均信息消费支出则能从绝对数上来说明人们花在信息消费上的支出,人均信息消费支出增长率反映了居民信息消费水平提高的速度。

2. 信息消费支出结构比

该指标反映信息消费支出构成状况,也就是各种信息消费额的结构。该指标反映人们对各种信息消费的偏好,能体现信息消费的结构。各种信息商品的价格不一样,一般技术、知识含量越高,供给量越小,其价格越高;而价格越高,人们能购买并舍得购买就更能够体现信息的重要性,体现人们对信息消费的看重,体现人们生活质量的提高。例如,信息消费中,上网的价格越来越低,可是人们上网的总费用却是在逐渐的上升,这就说明网络信息消费越来越普及,对人们生活越来越重要;说明人们的闲暇时间越来越多,对精神享受的需求层次越来越高,生活质量步步上升。

表 5-1　信息消费要素水平测度指标

一级指标	信息消费主体测度指标	信息消费客体测度指标	信息消费环境指标
二级指标	①居民可支配收入★：个人消费中除衣食住外杂费比例。反映居民信息消费能力。②可支配信息消费的时间★，如看电视时间、上网时间、阅读时间等。③每千人中大专及以上毕业生文凭数（大专及以上学历人数／千人）★，反映信息主体认知水平和信息素质。④网民人数比例★，反映使用新技术消费信息的广度。	①人均通信消费支出额★。包括固定电话和手机使用费。②每百户拥有电视机数（台）★，包括彩色电视机和黑白电视机。③每百户拥有计算机数（台）★④每百人手机数★⑤每百户固定电话数★⑥人均上网费用★。⑦人均年使用函件数，报纸、图书销售额，人均年图书出版量，报刊期发数、人均年报刊期发数★。用此类指标测度传统文献信息资源的利用情况⑧人均电话通话次数★，通过这个指标测度电话主线使用率，反映信息应用程度	①每千人广播电视播出时间、有线电视用户台数（台）★。用此指标测度传统声、视频信息资源，有线电视的普及率②卫星站点数★，由于我国幅员广阔，卫星通信占有一定地位③每百人拥有电话主线数（条）★用这个指标反映主线普及率（含移动电话数）④数字信息资源（每万人 CN 下注册的域名，每万人 WEB 站点数，百万人在线数据库数）★⑤每千人拥有计算机数（台）★反映计算机普及程度，包括全社会拥有的全部计算机⑥互联网普及率（%）★。用来测度互联网的使用与发展状况⑦人均宽带拥有量（千比特）★。用此指标测度实际通信能力⑧长途光缆长度（公里）★。用来测度带宽，是通信基础设施规模最通常使用的指标⑨网络资源数据库总容量（G）★。反映信息资源状况⑩信息产业人数的百分比（%）★。反映信息产业从业状况

注：有★表示为定量指标。环境指标主要是信息公共产品，不是居民直接消费，但对居民信息消费有直接影响。

（二）信息消费要素水平测度指标

本书借鉴日本信息化指数模型[①]，参考我国社会信息化指数测度模型中各级指标，本着科学性、实用性、现实可操作性、有代表性并能反映社会和时代发展的原则，考虑到数据获取的难易，从信息消费主体、信息消费客体、信息消费环境三个结构要素方面，共确定了 3 个一级指标和 22 个二级指标来测度我国居民实际信息消费水平（见表 5-1）。

（三）信息消费系数

1. 信息消费系数的概念

改革开放 30 年来，我国居民消费结构随收入增长和产业结构变革而逐步升级，从传统的基本生活消费满足转向发展型和享受型消费的轨道，信息消费成为新时期我国居民消费结构升级的领头羊。这从居民年人均信息消费支出在居民人均全年消费支出构成中的绝对数和相对比重两项指标中可以看出，也可从城镇消费结构变化中得到明证[②]，随着居民家庭收入增长和消费性支出提高，我国城镇居民家庭信息消费迅速成长，且增幅明显高于家庭收入和消费性支出的增幅，显示出结构成长特征。信息消费在居民家庭消费性支出中的比重提高，反映出我国居民消费的结构升级事实与趋势，但这种结构升级水平又是存在结构性差异的。不同的居民家庭有不同的升级程度差异。国际上常用恩格尔系数来衡量一个国家和地区人民生活水平的状况。研究显示，随着恩格尔系数的下降，与信息类有关的消费比重正在上升。基于此，在研究信息消费时，信息消费系数概念应运而生。

---

① 袁俊：《日本信息化指数模型研究》，《情报杂志》2006 年第 4 期。
② 郑英隆、王勇：《我国城乡居民信息消费的结构差异成长》，《经济管理》2009 年第 1 期。

①信息消费系数定义

信息消费系数是由程岩(1993)建议明确界定的。信息消费系数定义为居民消费支出中用于信息类商品和服务的支出占总消费支出的比重。信息消费系数拓展了研究信息社会和信息化发展阶段的一个新维度。在价格、市场竞争、福利政策等因素相同的条件下,信息消费系数的高低从信息消费角度反映了信息化发展水平的高低。在居民消费支出中,用于衣、食、住的支出满足人的生理需要,而用于信息消费的通信、教育和文化娱乐等支出则用于满足更高层次的社会需要和精神需要,只有当工业文明相当发达和人的物质消费得到快速增长的条件才能实现。从这个意义上讲,信息消费系数的增长可以反映信息消费水平和信息产业的发展,进而反映整体信息化水平的提高。信息消费系数能较好地反映不同地区之间、城乡之间、不同收入群体之间信息消费水平的差距,可揭示数字鸿沟问题①。

②信息消费系数测算方法

参照恩格尔系数的测算方法,信息消费系数为居民用于消费信息类商品和服务的支出占总消费支出的比重。其计算公式是:

$$IC_C = \frac{\sum_{i=1}^{k} e^i}{E} \times 100\%$$

其中 ICc(Information Consumption Coefficient)表示信息消费系数,分母 E 表示居民总消费性支出总额,分子 e 表示居民消费性支出中与信息消费有关的部分②,它的统计口径因对信息消费范

---

① 杨京英、吴钢华、闻海琪:《信息消费系数初探》,《数据》2006 年第 7 期。

② 吴钢华、杨京英、闻海琪:《信息消费系数及其测算方法研究》,《图书情报知识》2007 年第 2 期。

围界定不同而不同。表 5-2 为我国城镇居民信息消费系数与恩格尔系数。

表 5-2　我国城镇居民信息消费系数与恩格尔系数

年份	人均信息消费支出	人均消费性支出	信息消费系数(%)	恩格尔系数(%)
1992	157.97	1671.7	9.4	53.0
1993	165.63	2110.8	7.8	50.3
1994	246.31	2851.3	8.6	50.0
1995	400.68	3537.57	11.3	50.1
1996	477.9	3919.5	12.2	48.8
1997	569.92	4185.6	13.6	46.6
1998	641.8	4331.6	14.8	44.7
1999	740.7	4615.9	16.0	42.1
2000	860.6	4998	17.2	39.4
2001	971.5	5309.01	18.3	38.2
2002	1261.08	6029.92	20.9	37.7
2003	1358.39	6510.94	20.9	37.1
2004	1487.4	7182.1	20.7	37.7
2005	1594.6	7942.88	20.1	36.7
2006	1743.23	8696.55	20.0	35.8
2007	1927.44	9997.47	19.3	36.3
2008	1971	11242.9	17.5	37.9
2009	2114.5	12264.55	17.2	36.5
2010	2356.5	13471.45	17.5	35.7

资料来源:根据《中经网统计数据库》计算整理(信息消费支出 = 通信 + 教育 + 文化娱乐用品)。

信息消费系数可根据居民家庭消费的统计构成项目计算,在具体测算时,应当尽可能剔除那些与现代信息消费关系不是很大的内容,基于国际可比性和数据可得性的考虑,本书中的信息消费统计内容主要采用城镇居民家庭信息消费支出数据。

2. 信息消费系数与恩格尔系数的相互关系

1857 年,世界著名的德国统计学家恩格尔阐明了一个定律:随着家庭和个人收入的增加,收入中用于食品方面的支出比例将逐渐减小,这一定律被称为恩格尔定律,反映这一定律的系数被称为恩格尔系数。其公式表示为:

恩格尔系数(%)= 食品支出总额/家庭或个人消费支出总额×100%

恩格尔定律主要表述的是食品支出占总消费支出的比例随收入变化而变化的趋势,揭示了居民收入和食品支出之间的相关关系,用食品支出占消费总支出的比例来说明经济发展、收入增加对生活消费的影响程度。信息消费系数和恩格尔系数同为反映消费结构的指标。前者反映了信息化发展水平;后者反映了人民的富裕程度,进而反映了工业化水平。食品消费是基础层次消费需求,而信息消费是高层次消费。信息消费系数与恩格尔系数两者之间存在着此消彼长的关系,统计分析表明两者存在高度的负相关关系。如表 5-2 所示。1992 至 2002 年期间,信息消费系数呈现出逐年提高的趋势,恩格尔系数呈现出逐年下降趋势;2002 至 2004 年信息消费系数保持不变,恩格尔系数基本保持不变;2005 年至 2008 年信息消费系数呈回落态势。同期恩格尔系数呈小幅相反变化。杨京英通过实证研究表明,2001 年 25 个国家的信息消费系数与恩格尔系数的相关系数达-0.763。

3. 信息消费系数的重要意义

信息消费系数可以从最终消费角度反映一个国家或地区信息

化水平的高低,因此,可将信息消费系数作为衡量一个国家或地区信息化发展阶段的重要指标之一。借鉴划分工业化发展阶段的主要方法,结合信息化的特点,构建划分信息化发展阶段的指标体系,可考虑三方面的指标:一是信息消费系数,二是人均收入水平(人均 GNI);三是信息产业增加值占 GDP 的比重。信息消费系数从居民家庭的信息消费水平反映了信息化水平;人均收入反映了生产力发展水平和经济整体发展水平,既体现了信息化的经济成果,又体现了信息化的资源约束;信息产业增加值占 GDP 的比重则从生产角度反映了信息化发展水平。实证研究表明,用信息消费单项要素与上述三要素指标划分信息化发展阶段的一致程度达80%,也就是说信息消费系数可作为主要指标来测度信息化水平。

第二节　居民信息消费力

　　信息消费活动包含三个构成要素,即信息消费者(主体)、信息消费品(客体)和信息消费环境。信息消费者是信息消费的主体,分为个体消费者和组织消费者;信息消费品是信息消费的客体,是信息消费的终极产品,既包括有形信息产品也包括无形信息服务;信息消费环境指影响人类信息消费活动的一切自然、社会因素的总和。信息消费力是指消费者在一定的信息消费环境下为了满足和提高自己的文化、精神等发展需要对信息商品和服务进行消费的能力与财力。构成信息消费力的要素包括:①信息消费主体素质、货币支付能力、可支配时间,②信息消费客体数量与质量,③信息消费环境条件。信息消费主体能力、信息消费客体质量和信息消费环境这三个要素是相对独立、相互联系、相互影响的共同构成信息消费力。信息消费力本质上是一种个人才能的发展,一种生产力的发展水平的反映。

一、信息消费力的特性
（一）信息消费力是一种精神消费生产力

从信息消费客体来看，与物质消费相比较，信息消费的对象是精神产品，消费过程属人类精神活动的范畴。从信息消费主体能力来看，与物质消费更注重购买能力不同，信息消费更强调信息获取能力、信息的理解和整合的能力、利用与再创造的能力，这些能力反映了信息消费的精神消费本质。从信息消费主体的目的来看，信息消费主要满足人的精神需要，如社交、尊重、自我实现、创新等。不同于物质需求，精神需要是无限的，是人类持久行为的真正动力，从某种意义上可以说，正是满足人的精神需要的信息消费力创造了灿烂辉煌的人类文化，它是人类精神产品的生产力，但这并不意味着信息消费与物质消费没有关系，在信息社会，图书、书刊、教育设备等发展资料，与音乐、电影、手机等享受资料一起，成为大众化、普及化的消费资料，已经转化为生存资料。所以，信息消费力是物质消费力和精神消费力的结合，以精神消费为本质的消费力。

（二）信息消费力是具有投资性质的消费力

从信息消费的客体来看，信息消费是对知识和信息的消费，消费的过程本身就是一个学习认知和创新过程，信息消费者同时又可能是知识和信息的传播者和生产者，因为通过消费信息可以增加消费主体的知识和技能，因此提高了信息消费主体的人力资本价值，而人力资本是一种具有未来收益的增值性资本。从这种意义上说信息消费是一种投资性消费。从根本上来说，促进人的全面发展是信息消费的最终和最高目标。按照马克思的论述，人的全面发展是指普通的个人的全面发展,是人类特性、社会特性和个人特性在个体层面的充分发展,从某种意义上说,人力资本的本质是创造和积累信息与知识,而信息和知识的创造与积累要以信息消费为前提,是在信息消费过程中实现的,没有信息知识的消费与创造,就没有人类文明的进步,也就没有人的全面发展。

(三)信息消费力决定信息消费水平

信息消费力实质上是信息消费主体能力、信息消费客体质量和信息消费环境这三个要素的有机结合,信息消费力本质上是"一种个人才能的发展,一种信息生产力的发展水平"。在信息消费过程中,信息消费主体能力、信息消费客体质量和信息消费环境这三个要素对信息消费的影响既有其独立作用的一面,同时三者之间又相互作用、彼此影响,只有在三者的有机结合中,全社会信息消费力才能不断形成和发展,其中消费者信息消费能力是信息消费力的主要决定因素,它直接决定着信息消费的质与量。而信息消费的水平是信息消费力的外在具体表现,两者是现象和本质的关系①。要提高信息消费水平,就要使信息消费力达到最优或最佳状态,一是要使三者各自保持高质量状态,二是三者要协调发展。

综上所述,信息消费力是一种精神消费与生产力,是具有投资性质的消费力,它决定信息消费水平。

二、信息消费力评价

信息消费力概念既包含情报学视角的信息主体素质构成要素、信息客体质量构成要素,也包含了经济学视角的购买能力及有限的时间成本。基于构成信息消费力的主体、客体、环境三个要

---

① 　崔建华:《信息消费力几个理论问题研究》,《消费经济》2006年第8期。

素,就构建我国居民信息消费力的评价指标进行探讨。

（一）确立评价指标的原则

结合我国国情,在建立和完善居民信息消费力评价指标体系时要遵循如下原则：

①科学性：从信息消费力基本定义出发,选取能准确反映信息消费力水平的适当指标。②完整性：选出的指标,既要能全面地反映全体居民的信息消费力水平,又要能反映出影响信息消费力水平各个构成要素的情况。③综合性：精选出来的系列指标要有概括性,能够达到少而精的目的,即用尽可能少的指标来反映信息消费力水平。④可操作性：在考虑具有科学性的基础上,不仅要使选取的指标能客观地反映问题,而且还要保证能在这些指标中获取较为准确的数据,完成测算的任务。⑤可比性：信息消费力测算与评价的指标体系既要符合我国国情,能反映我国信息消费力变动的实际,也要能进行国家间信息消费力水平的比较;既可以纵向测算国家(或地区)信息消费力的历史进程,又可以横向比较不同国家、不同地区间信息消费力水平的差异。信息消费力评价指标体系包括三个方面的内容,即反映信息消费主体能力水平的指标、信息消费客体数量与质量水平的指标、信息消费环境水平的3个一级指标。

（二）信息消费力评价指标探讨

1. 信息消费主体评价指标

居民信息消费主体是信息消费力1级指标。由4个2级指标、9个3级指标构成,如表5-3所示。是反映居民信息消费所必须具备的个体资源,包括4个要素(2级)指标：

（1）消费者的货币支付能力指标

支付能力是对信息产品和服务的潜在购买能力,是影响信息消费需求的客观物质基础,取决于收入水平和信息消费成本两个方面,基于信息消费的特殊性质,搜寻和购买有效的、高附加值信息的成本要远远高于物质消费。这些成本的大小将决定消费者是否进行和采取什么方式进行信息消费。其次,信息消费的高成本要求信息消费者有较高的收入水平,较高的收入水平是信息消费主体支付能力的重要支撑。因此,一个国家的经济发展水平决定的人均收入水平的高低,是衡量一国信息消费者的支付能力的重要指标,用年人均可支配收入表示。

(2)消费者的时间资源指标

从信息消费耗用的资源结构看,是典型的"耗时性消费",信息消费行为实际上是对货币和可自由支配时间的消费。因此,从这个意义上说,人们的可自由支配时间,是信息消费得以实现的必要条件、是影响消费者信息行为的重要因素。前面已反复论述了时间对于信息消费的约束性,作为信息消费力的要素之一,这种时间是指居民整体的时间资源,在此把时间约束一般化。对于个人而言,时间的经济性体现在三个方面:一是个人可以支配的时间是有限的。一天只有 24 小时,一年只有 365 天,任何人都不可能长生不老。二是个人的时间可以有不同的用途。个人行为活动有多种多样的目的,个人需要对时间的使用做出选择以取得最大的人生效用。时间资源指标用人均可支配时间、周人均可支配时间量表示。

(3)消费者信息素质指标

信息消费力在很大程度上取决于消费者的信息素质,它是一种判断、获取、分析、评价和整合利用信息的综合行为能力,只有具有这种行为能力才会对信息产品和服务有强烈的需求;高素质的消费主体将会产生较高的信息消费效益。如前所述,信息素质包括文化知识、信息意识、信息道德、信息能力。可用四个指标反映群体信息素质①受教育年限(年/人均)②受过中等教育的人口占全部人口的比重③受过高等教育的人口占全部人口的比重④每千人中信息专业技术人员人数。

（4）消费者的人口统计学特征指标

人口统计学特征对信息消费有直接影响。①年龄对信息消费的影响表现为年龄越大则体力和精力越不够，且越难以理解和学习新观点和新行为，在消费选择上更倾向于保守的方案。用人均年龄指标表示年龄特征②不同职业背景的人具有不同的认知基础和价值观，他们在消费选择时所关注的重点存在差异，用各类职业人数占全体居民人数的比例表示职业特征；③性别差异表现在信息消费偏好的不同，如男性对游戏的选择更多喜欢运动型，用男女比例表示性别特征。

2. 信息消费客体评价指标

信息消费客体是信息消费力 1 级指标，包含 2 个 2 级指标、7 个 3 级指标。如表 5-3 所示。

（1）信息产品供给水平指标

用于反映一个国家或地区信息商品生产能力的指标，通常与当地经济发展水平相关，与信息产业的地位和作用有密切关联。①人均国内生产总值（GDP）（美元/人）②信息产业增加值占 GDP 比重；③信息产业对 GDP 增长的直接贡献率；④信息产业研究与开发经费占国内生产总值（GDP）比重。

（2）信息产品性价及其消费水平指标

信息商品的性能和价格是制约信息消费的重要因素。①性能指标，包含 a 产品意义 b 产品的信息量 c 信息产品形式 d 产品效益。这些指标可通过问卷调研方式获得数据。②价格指标：a 信息产品及服务的价格指数 b 互联网接入费占人均收入的比重 c 移动电话资费占人均收入的比重。③实际信息消费指标：a 年人均

信息消费支出 b 信息消费系数 c 用户消费满意度

3. 信息消费环境评价指标

信息消费环境指标作为 1 级指标包含 4 个 2 级指标：①信息市场环境综合指标②政策法规完善程度③家庭信息化水平④信息基础设施指数。包含 33 个 3 级指标，如表 5-3 所示。

表 5-3　居民信息消费力评价指标体系内容

指标级别及名称			指标解释
1 级	2 级	3 级	
1. 信息消费主体指标	(1) 消费者货币支付力	①年人均可支配收入（元/人）★	衡量信息消费者实际货币支付能力的一个重要指标。
	(2) 消费者的时间资源	②年人均可支配时间（小时/人）★	衡量信息消费者实际时间支付能力的一个重要指标
	(3) 消费者信息素质指标	①（人均）受教育年限（年）★	反映了一国家（或地区）信息消费者的人力资源整体情况。反映信息消费主体信息素质整体水平。
		②受过中等教育的人口占全部人口的比重★	指最高学历为初高中、中专、职高的人口占总人口的比重。反映受中等教育的程度
		③受过高等教育的人口占全部人口的比重★	指受过高等教育的人口占总人口的比例。反映受高等教育的程度，
		④每千人中信息专业技术人员人数★	反映国家（或地区）信息消费专业技术人员的素质、规模和水平。一个国家（或地区）信息消费单位专业技术人员越多，技术水平越高，总体素质越高，国家（或地区）使用信息技术的需求与能力就越强，信息消费的发展也就越快。
	(4) 消费者的人口统计学特征指标	①人均年龄★②各类职业人数占全体居民人数的比例★③男女比例★	反映人口统计学特征因素对信息消费的影响。

续表

指标级别及名称			指标解释
1级	2级	3级	
2. 信息消费客体指标	(1)信息产品供给水平指标	①人均国内生产总值（GDP）（美元/人）★	通常是被用来衡量某特定地区的经济发展水平的重要指标之一。
		②信息产业增加值占GDP比重。★	信息产业增加值包括信息产品制造业、信息产品销售业和信息服务业三部分的增加值之和，反映信息产业的地位和作用。
		③信息产业对GDP增长的直接贡献率★	信息产业增加值中当年新增部分与GDP中当年新增部分之比，反映信息产业对国家整体经济的贡献。
		④信息产业研究与开发经费占国内生产总值（GDP）比重（%）★	是用于信息产业方面的研究与开发活动支出占GDP的比例。反映对信息产业研发的重视程度
	(2)信息产品性价及其消费水平指标	①性能指标 a产品意义 b产品的信息量 c信息产品形式 d产品效益	a产品意义指产品针对性、准确性、有用性、新颖性。b产品的信息量指信息深度（可理解性）、信息广度（相关性、完整性）、信息时效（及时性）。c产品形式指信息结构（可接收性、易获得性）、信息表达（正确性、客观性、可靠性）。d产品效益指成本与收入、加工难度、信息利用情况、用户反映。
		②价格指标 a信息产品及服务的价格指数★。b互联网接入费占人均收入的比重★，c移动电话资费占人均收入的比重★。d信息产品性价比指标	d可根据信息产品与服务的价格与性能、效果、效益、品牌，建立性价比指标。
		③消费指标 a年人均信息消费支出★ b信息消费系数★ c用户消费满意度	b信息消费系数即人均信息消费支出/人均消费总支出(%)c信息产品和服务无法像一般产品和服务一样，用一个统一的规定来确定质量，只能通过信息消费者的满意度，来确定信息产品与服务的质量，

指标级别及名称			指标解释
1级	2级	3级	
3.　信息消费环境指标	(1)信息市场环境综合指标	①信息消费市场化指数(%)★,②风险投资可获得性、③出版自由④最新技术的可获得性、⑤专利的使用★、⑥高技术出口★、⑦数字产品的接入程度⑧税收规模和效果、⑨开办公司所需程序数★、⑩开办公司所需时间★、市场竞争强度、	①用信息市场交易额反映信息消费市场化水平。
	(2)政策法规完善程度(分)	①信息产业政策水平②信息投资政策水平③信息技术政策水平④信息人才政策水平⑤信息市场政策水平⑥国际信息交流政策水平	主要考核各种信息政策导向性、国际性、动态性、全面性、可行性等方面。
	(3)家庭信息化水平指标	①固定电话拥有率★②移动电话拥有率★	拥有一部及以上固定电话的家庭占全部家庭的比重。反映固定电话普及程度;拥有一部及以上移动电话的家庭占全部家庭的比重。反映移动电话普及程度
		③有线电视普及率★④数字电视普及率★	拥有一台及以上有线电视或数字电视的家庭占全部家庭的比重。反映有线电视普及程度
		⑤家庭互联网接入率★	能登录互联网的家庭占全部家庭的比重。反映互联网接入普及程度
		⑥家庭网络购物支出的比例★	家庭平均每月通过互联网购买商品或服务的总额占家庭全部支出的比例。反映互联网对生活方式的影响
		⑦通讯费、上网费用支出占总支出(家庭支出)的比例★	指通讯费和上网费与总支出的比值。反映通讯费和上网费在消费结构中的比例

指标级别及名称			指标解释
1级	2级	3级	
3. 信息消费环境指标	（4）信息基础设施指标	①每百人固定电话用户数★	反映国家（或地区）在发展信息消费建设方面的硬件基础设施,是制约信息消费力水平的重要物质基础因素。指居民经常使用的主要的信息设备,固定电话普及率、移动电话普及率、计算机普及程度、电视机（彩色电视机和黑白电视机）、有线电视普及率、互联网站普及率、互联网基础资源,广播电视综合人口覆盖率。⑨每千人广播电视播出时间指一国家（或地区）的所有广播电视频道播出时间总和/1000人,该指标测度传统声、视频信息资源。
		②每百人移动电话用户数★	
		③拥有计算机的家庭比例数量★。	
		④拥有互联网的家庭比例★	
		⑤每百户电视机数★	
		⑥每千人有线电视用户数★	
		⑦互联网普及率(%)★	
		⑧互联网基础资源（域名总数、CN域名总数、网站总数）★	
		⑨每千人广播电视播出时间★	
		⑩广播电视综合人口覆盖率(%)★	

有★表示为定量指标。环境指标主要是信息公共产品,不是居民直接消费,但对居民信息消费有直接影响。

（三）信息消费力评价项目指标体系内容

通过对信息消费力的主体、客体、环境三个方面评价指标的探讨,汇总信息消费力评价指标体系内容于表5-3,在实际评价中结合我国具体国情,可根据需要选择部分指标测算,再经过加权处理就可以得出全国和各地区居民信息消费力水平总指数。信息消费力水平总指数涵盖了信息消费力要素的各个方面,可以对全国和各个地区信息消费力水平作较为科学的综合评价。通过比较分析各国或各地区的三个方面指数和总指数,能够从中分析出该国(或地区)信息消费力水平的优势和劣势,为分析国家间或地区间信息消费力水平的差异,制定信息消费的发展政策提供科学的、量化的依据。

第三节 居民信息消费水平与结构现状

信息消费水平及其结构是一个具有多角度、多层次规定性和很强的实证分析及可操作性的经济范畴,具有丰富的理论内涵。信息消费水平及结构有三种表现形式:即价值形态、实物形态和时间形态及其结构形式。

一、基于价值形态的信息消费水平与结构

价值形态的信息消费水平与结构,是以货币形式表示的城镇居民消费的各种不同类型的信息商品的数量及比例。

(一)人均信息消费支出水平与结构变化

1.人均信息消费支出水平变化

居民信息消费水平可以通过居民人均信息消费数额、主要信息产品普及率等指标来衡量。个人可支配收入是信息消费产生的重要条件。随着人均可支配收入的增加,人均信息消费支出相应增大,二者关系曲线的趋势基本呈线性正相关(见图5-1)。人均可支配收入由1985年739.10元到2010年19109.44元,增加了近25倍;人均信息消费支出由1985年72元到2010年2356.50元,增加了近31.73倍;人均总消费支出由1985年673.2元到2010年

13471.45 元增长了约 19 倍，信息消费支出增幅大大超过人均总消费和人均可支配收入增幅。

从 1994 年开始，城镇居民恩格尔系数下降到以下 0.50 以下，标志着城镇居民消费结构由温饱型进入小康型阶段，信息消费快速增长是上世纪 90 年代后。从 2000 年开始到 2010 年，恩格尔系数的大小在 0.4—0.35 间变化，说明目前城镇居民家庭消费结构已经迈入了更加富裕的生活阶段。为消除价格变动因素对城镇居民收入和各类信息消费支出的影响，以 1995 年价格指数为定基指数，对 1985—2010 年期间各类信息消费支出进行调整，得到以不变价格表示的人均信息消费分类支出水平与结构（见图 5-1）。

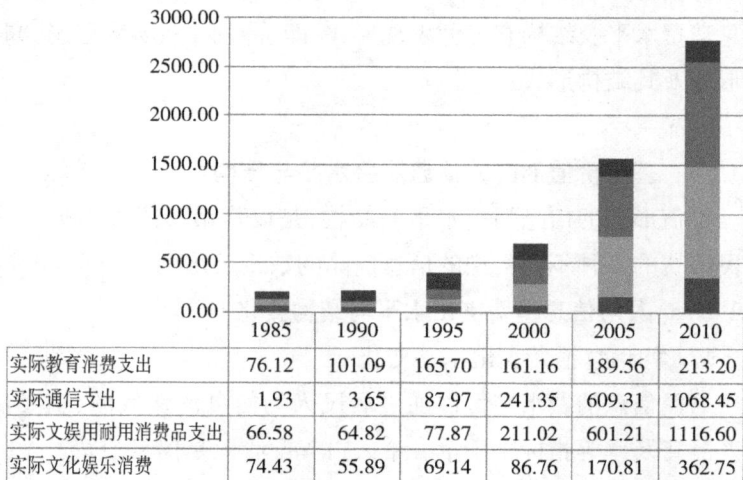

	1985	1990	1995	2000	2005	2010
实际教育消费支出	76.12	101.09	165.70	161.16	189.56	213.20
实际通信支出	1.93	3.65	87.97	241.35	609.31	1068.45
实际文娱用耐用消费品支出	66.58	64.82	77.87	211.02	601.21	1116.60
实际文化娱乐消费	74.43	55.89	69.14	86.76	170.81	362.75

■实际文化娱乐消费　■实际文娱用耐用消费品支出　■实际通信支出　■实际教育消费支出

图 5-1　1985—2010 年我国城镇居民信息消费分类支出阶段变化

扣除物价因素（1995 = 100），信息消费实际增长率起伏较大（见图 5-2），从 1994 年后信息消费增长率基本高于消费性支出增

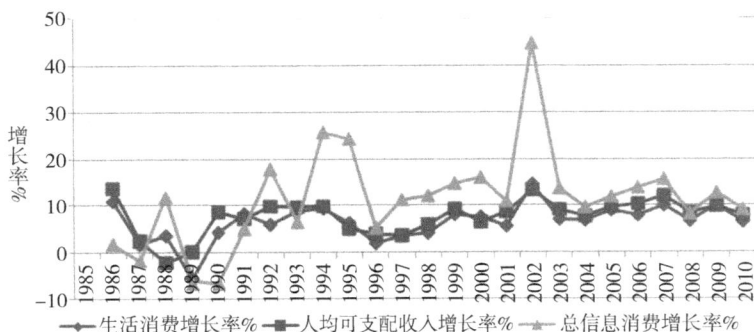

图 5-2　城镇居民信息消费与生活消费和可支配
收入增长率比较（1995＝100）

长率和可支配收入增长率；其原因多方面的，第一信息类商品生产和服务的规模经济效应，导致其价格逐步下降，如在移动通信开始的初期，由于研发、设备投资昂贵、价格很高，客户群数量较少，必然存在单位信息产品成本高的现象，也就直接导致了移动通话资费的高昂，随着生产规模的增大，单位产品生产成本下降，使主要信息消费工具和通信资费市场降价，如手机、电脑、电视、通信资费价格下降，进而消费增加；第二，信息消费受前期消费影响更大，前期消费具有滞后效应，近几年，我国居民信息消费支出重点是信息工具，尤其是工具类信息产品，如电脑、手机、电视等耐用消费品前期出现集中消费，2002 年呈爆发式增长，耐用消费品使用寿命较长，以后几年就不再持续。以会增长率不再增长。第三，是各商家在面对激烈的市场竞争之时，为吸引和稳定消费群体，不断推出新型信息消费出现，将信息产品和服务价格调低是顺理成章的事情，以上原因引起信息消费增长率出现一次起伏。

2.人均信息消费结构变化

（1）教育消费实际占比明显下降

相比较而言，教育消费是信息消费结构中基础性消费，所以是优先被满足，虽然 1995 年以来教育消费支出绝对数上升，但在总信息消费支出中的占比长期呈下降趋势。1995 年信息消费结构中，教育占 41.35%；2010 年人均教育消费支出是 1995 年约 4 倍，教育占比 28.06%，2010 年教育消费价格是 1995 年的 3.1 倍，如果剔除教育价格上涨因素，实际人均教育消费 213.2 元，只增长了 47.5 元，实际人均教育消费增长幅度最低，2010 年教育消费实际占比仅 7.72%，明显下降。

（2）通信消费实际占比上升幅度最大

剔除通信价格因素，1985 年通信支出占比只有 0.88%，1995 年通信支出占比 21.96%；2010 年通信占 38.7%，实际占比上升 37.82%，显然通信消费比例明显上升，2010 通信消费支出是 1995 年的约 14.3 倍（见图 5-3），表明通信消费支出实际增长幅度最大。

（3）文化娱乐用品及其服务消费实际占比最大

1995 年文娱用耐用消费品及其服务占比 19.43%、虽然 2010 年人均文娱用耐用消费品及其服务消费支出是 1995 年的约 5.23 倍，由于 1995—2010 年期间该类产品价格下降幅度很大，所以 2010 消费市值占比反而下降到 17.27%，剔除价格下降因素，其相对占比上升高达 40.44%；表明我国文娱用耐用消费品及其服务发展很快，居民对该类信息用品需求得到较大程度的满足。

（4）文化娱乐消费占比变化幅度最小

1995 年人均文化娱乐消费占 17.26%，虽然 2010 年文化娱乐消费支出是 1995 年约 8.29 倍，但因文化娱乐服务价格上升较大，因价格上涨而导致其 2010 年消费市值占比上升到 23.74%，剔除

物价因素后,相对占比反而下降,只有 13.14%。文化娱乐消费是
高层次精神享受性信息消费。只有在基本物质生活和基本信息消
费满足的基础上,才有文化娱乐消费需求,文化娱乐消费提高是生
活质量上升的体现。

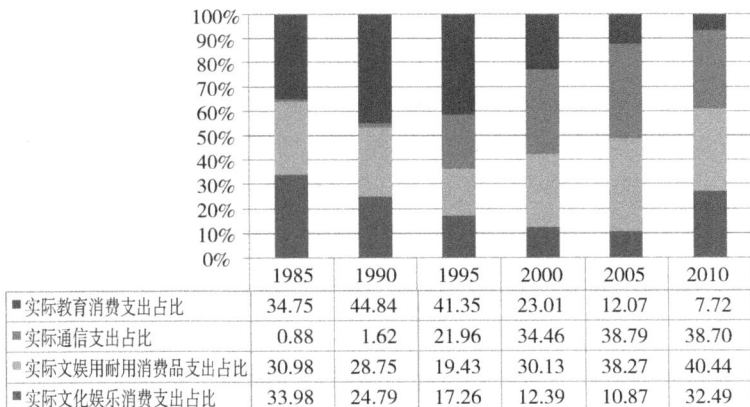

	1985	1990	1995	2000	2005	2010
■实际教育消费支出占比	34.75	44.84	41.35	23.01	12.07	7.72
■实际通信支出占比	0.88	1.62	21.96	34.46	38.79	38.70
■实际文娱用耐用消费品支出占比	30.98	28.75	19.43	30.13	38.27	40.44
■实际文化娱乐消费支出占比	33.98	24.79	17.26	12.39	10.87	32.49

图 5-3　1985—2010 年我国城镇居民信息消费结构阶段变化

表 5-4　1985—2010 我国城镇居民信息消费结构变化情况

单位(%)

	教育消费占比	通信消费占比	文娱用耐用消费品及其服务占比	文化娱乐占比
1985 实际占比	34.75	0.88	30.39	33.98
1995(= 100)	41.35	21.96	19.43	17.26
2010(市值占比)	28.06 ↓	30.93 ↑	17.27 ↓	23.74 ↑
2010(实际占比)	7.72 ↓	38.7 ↑	40.44 ↑	13.14 ↓

资料来源:根据图 5-1、图 5-3 数据计算所得,实际值是以 1995 = 100 的调整值,↓ 表示
　　　下降 ↑ 表示上升。

　　1985 年教育、文化娱乐和文化娱乐用品各约占总信息消费的
1/3,通信消费占比不到 1%,到 2010 年通信消费市值占信息消费

1/3，扣除物价因素后，2010 年实际通信消费占信息消费比例是38.7%（见表 5-4）；虽然各类信息消费支出绝对数上升，但在总信息消费支出中的比例有升有降。教育和文化娱乐服务占比分别明显下降；而通信和文化娱乐用品消费在总信息消费中占比则有较大幅度的提高；由此可见，近十几年来，我国城镇居民信息消费在必需消费品得到满足的前提下，向追求消费各种满足其偏好的信息商品延伸，城镇居民对通信工具和文化娱乐用品的消费出现前所未有的需求，它标志着我国城镇居民信息工具消费结构已经完成从传统媒体向现代电子媒体工具的转变。

1998 年前，在我国居民信息消费结构中，教育支出所占比例最大，随着经济增长和人们收入水平的提高，居民不再仅满足于基础信息需求，而逐渐转向对各类信息消费品和服务的精神享受、其信息结构开始转向通信、文化娱乐用品、文化娱乐服务等应用与个人发展型信息消费。1999—2010 年是通信、文化娱乐用品消费增长较快时期，也是信息消费结构剧烈变动期，各项信息消费支出比例变动对总信息结构变动的贡献率大小是不同的。居民在满足了基本信息消费后，对高层次的发展型和精神文化信息产品需求较大，对增长率较大的消费应予关注。

（二）人均信息消费支出增长率变化

不同类别信息消费需求满足先后顺序不同，在某一段时间中其增长幅度不同，教育是基础信息消费，被优先满足，其次是通信和文化娱乐用品及其服务消费，主要是对信息工具（手段）的消费，信息工具让消费者更便捷地获取信息，最后尚未被满足的是文化娱乐需求，它是信息消费的核心，是高级心理需求，1995—2010教育占比下降是由于经济增长和人们收入水平的提高，居民对各类信息消费品和服务的支出不再仅满足于基础信息需求，而逐渐转向通信、文娱用耐用消费品消费,信息消费从传统媒体向现代电子媒体及工具的转变,不同类别信息消费增长出现分化,通信和文化娱乐用品消费在总信息消费中的比例则有了较大幅度的提高,剔除物价因素分别提高了 16.74 和 21.01 个百分点。文化娱乐服务占比实际下降 4.12 个百分点,是由于居民生活水平还不够富裕,加上文化娱乐产品价格上涨和预防性动机需求所至。

1995 年至 2010 年,15 年间总信息消费增长率平均每年为 14.02%。各类信息消费平均增长率从高到低依次为:文化娱乐用品平均增长率为 20.9%(见表 3);通信消费的平均增长率是 18.45%;文化娱乐消费为 12.32%;最低为教育消费平均增长率是 1.8%;基础类(教育)和高层次(文化娱乐)信息消费增长慢,工具类信息产品(通信、文化娱乐用耐用消费品)消费增长幅度较大,由此可见,近十几年来,我国城镇居民各类信息消费支出增长率发生了分化(见表 5-5)。

表 5-5　1995—2010 城镇居民家庭人均信息消费分类支出平均年增长率

各类信息消费支出增长率%(1995=100)	教育支出增长率%	通信支出增长率%	文化娱乐支出增长率%	文化娱乐用品支出增长率%	总信息消费增长率%	实际人均可支配收入增长率%
15 年平均	1.8	18.45	12.32	20.9	14.02	8.37

资料来源:根据中国统计年鉴数据计算所得。

二、基于实物形态的信息消费水平与结构

实物形态的信息消费水平与结构,指的是城镇居民在信息消费时消费了一些什么样的信息商品及它们各自的数量比例,实物信息消费同样分为传统与现代信息商品两部分。传统与现代的区分主要体现在传播媒介上,前者以报刊、书籍、电话、电视、照相机、

录音机、录像机等工具载体类为主,现代信息商品主要是以新技术信息产业提供的信息产品和服务为消费对象的消费,如电脑及其耗材、移动电话、互联网服务、影视光盘等,或传统传媒与电脑网络的融接方式上。由于居民购买各类信息产品支出数据难以获取,通过对众多相关统计资料的分析,本文用中国统计年鉴中每百户所拥有主要信息工具和载体的数量来表现实物类型的信息消费水平。

(一)主要信息工具消费水平

在 20 世纪 80 年代前期,我国居民信息消费基本是以图书、报刊、电影、广播为主要载体。80 年代后期,电视逐渐普及,一跃成为人们获得信息的主要载体。到了 90 年代,电视普及率大大提高,固定电话开始步入寻常百姓家庭,手机得到广泛使用,使人们的消费生活更加高度快捷。随着社会发展的日新月异,信息内容更加丰富,人们对信息的需求也在急剧的增加,对信息的载体方面要求越来越高,在信息传递速度上不断超越,而且出现了具有良好的互动性和个性化特征的工具载体,以互联网为工具(载体)的信息消费受到广大消费者的青睐,正逐渐走向全面发展阶段。

从图 5-4 可明显看出,我国城镇居民家庭彩电拥有量从 2003 年已趋于饱和,发展空间有限。2008 年城市百户家庭彩电拥有量出现下降(比上年减少 4.8 台),表明我国城市居民彩电拥有量基本饱和,我国彩电扩散已进入后期。城镇居民每百户计算机拥有量在 2001 年达到 13% 以后进入快速扩张期,2009 年达到 65.74%;1992—2009 年我国城镇居民信息工具消费从少数传统的信息工具向拥有多种现代化多功能型信息工具发展,期间主要新增了移动电话、家用电脑及互联网工具设施。从 1992—2005 年间每百户彩色电视机数量位居第一,2004 年每百户移动电话数量超过固定电话,2005 年后每百户移动电话数量超过彩色电视机,位居第一,2009 年每百户移动电话、彩色电视机和固定电话数量分别为 181.04/百户、135.65/百户和 81.86/百户,远远高于家用电脑、照相机、组合音响等,显然,移动电话、彩色电视机和固定电话是目前我国城镇居民信息消费的主要工具。其次是家用电脑(台)、照相机(台)和组合音响(套),排在最后是每百人每年订报刊数、摄像机。

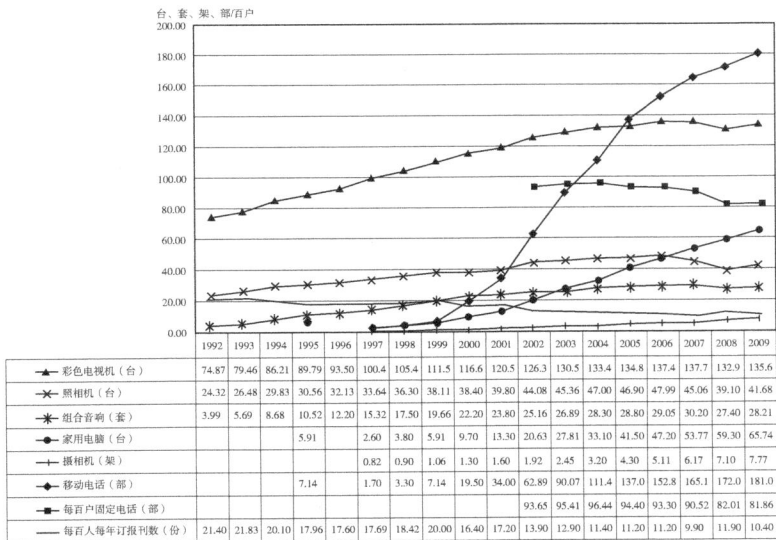

台、套、架、部/百户

	1992	1993	1994	1995	1996	1997	1998	1999	2000	2001	2002	2003	2004	2005	2006	2007	2008	2009
彩色电视机(台)	74.87	79.46	86.21	89.79	93.50	100.4	105.4	111.5	116.6	120.5	126.3	130.5	133.4	134.8	137.4	137.7	132.9	135.6
照相机(台)	24.32	26.48	29.83	30.56	32.13	33.64	36.30	38.11	38.40	39.80	44.08	45.36	47.00	46.90	47.99	45.06	39.10	41.68
组合音响(套)	3.99	5.69	8.68	10.52	12.20	15.32	17.50	19.66	22.20	23.80	25.16	28.90	29.05	30.20	27.40	28.21
家用电脑(台)				5.91		2.60	3.80	5.91	9.70	13.30	20.63	27.81	33.10	41.50	47.20	53.77	59.30	65.74
摄像机(架)						0.82	0.90	1.06	1.30	1.60	1.92	2.45	3.20	4.30	5.11	6.17	7.10	7.77
移动电话(部)				7.14		1.70	3.30	7.14	19.50	34.00	62.89	90.07	111.4	137.0	152.8	165.1	172.0	181.0
每百户固定电话(部)											93.65	95.41	96.44	94.40	93.30	90.52	82.01	81.86
每百人每年订报刊数(份)	21.40	21.83	20.10	17.96	17.60	17.69	18.42	20.00	16.40	17.20	13.90	12.90	11.40	11.20	11.20	9.90	11.90	10.40

图 5-4　1992—2009 年城镇居民主要信息工具
类商品消费水平(台、部、架、套/百户)

资料来源:根据历年中国统计年鉴数据制图。

(二)信息工具类商品消费增长率变化

在 1997—2003 年期间,每百户移动电话基数虽然不大,但增长速度较快,明显高于其他信息工具产品消费增长率,2009 年每百户移动电话数量几乎是 1997 年 106.5 倍,而同期每百户彩电仅为 1.51 倍,而相对传统型信息工具(电视机、)由于发展历史较长,其增长率变动幅度不大,幅度在 1 位数水平内浮动,偶尔出现负增长,从 2003 年电视机消费增长率开始明显下降,2008 年出现了负增长;其次每百户家用电脑增长率(%)保持在 2 位数水平,2009 年位居第一,有逐步取代彩电的趋势。传统型产品发展趋势是减少,每百人每年订报刊数增长率常常是出现负增长;上世纪九十年代中期每百户组合音响增长率(%)曾居前列,由于其功能单一而被后来的多媒体电脑取代,说明居民信息工具消费由传统类型向新兴电子信息产品转换,呈现了传统信息工具与现代电子信息工具并存局面。

　　近 10 余年来,传统信息工具消费如电视机、固定电话、组合音响等增长速度由正转负,2008 年传统信息工具中,如彩电、照相机、组合音响均为负增长。2007 年至 2009 年连续三年出现固定电话用户总数和普及率双双下降的衰退现象;移动电话和家用电脑等信息工具产品的拥有率由快速增长到逐年放缓增长;从 2003—2008 年其增长率趋势开始下降,不同信息商品消费增长速度出现明显分化(见图 5-5)。

　　不同层次结构的信息商品满足消费者信息需求的能力是不同的。目前彩色电视机、电脑及其设备消费、移动通信及设备、固定电话的消费支出在城镇居民家庭日常信息工具消费中占有相当的比例,是居民信息消费的重点,其原因主要是城镇居民生活水平提高,信息商品(服务)消费项目增加也是推动各项消费增长出现分化的重要原因。

1993–2009年城镇居民主要信息工具及载体消费增长率（%）

	1993	1994	1995	1996	1997	1998	1999	2000	2001	2002	2003	2004	2005	2006	2007	2008	2009
每百户彩电增长率（%）	6.13	8.49	4.15	4.13	7.47	4.9	5.85	4.51	3.34	4.88	3.26	2.22	1.05	1.95	0.26	−3.55	2.06
每百户照相机增长率（%）	8.88	12.65	2.45	5.14	4.7	7.91	4.99	0.76	3.65	10.75	2.9	3.62	−0.21	2.32	−6.11	−13.2	6.6
每百户组合音响增长率（%）	42.61	52.55	21.2	15.97	25.57	14.23	12.34	12.92	7.21	5.71	6.88	5.24	1.77	0.87	3.96	−9.27	2.96
每百户家用电脑增长率（%）						46.15	55.53	64.13	37.11	55.11	34.8	19.02	25.38	13.73	13.92	10.28	10.86
每百户摄相机增长率（%）						9.76	17.78	22.64	23.08	20	27.6	30.61	34.38	18.84	20.74	15.07	9.44
每百户移动电话增长率（%）						94.12	116.4	173.1	74.36	84.97	43.22	23.68	22.98	11.59	8.05	4.13	5.26
每百人固定电话增长率（%）							24.36	33.22	24.54	18.77	22.65	18.65	12.41	4.95	−0.58	−6.91	−8.53
每百人每年订报刊数增长率（%）						4.13	8.58	−18	4.9	−19.19	−7.2	−11.63	−1.75	0	−11.61	20.2	−12.61

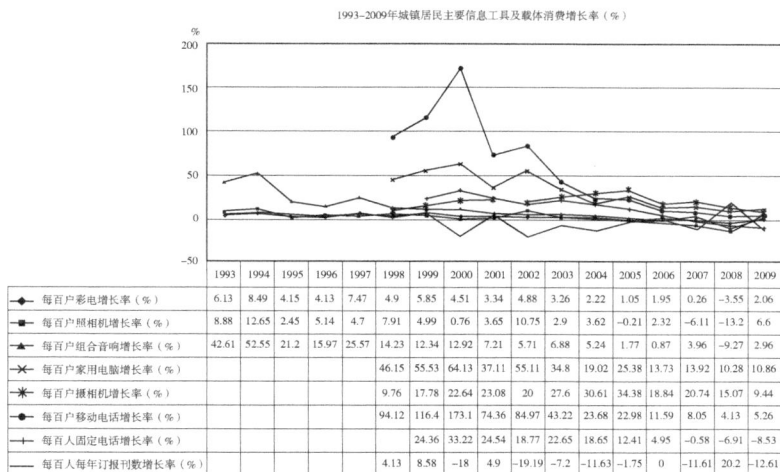

图 5-5　1993—2008 年城镇居民工具类信息商品消费增长率

资料来源：根据图 6-2 数据计算绘制。

（三）主要类型信息商品消费水平

1. 电信类信息商品消费水平

我国固定电话、移动电话用户均居世界之首，近年来，固话普及率呈现出下降态势，移动电话普及率呈不断上升态势。2010 年我国的移动电话用户为 8.05 亿，普及率达到了 60.5%，北京、上海地区移动电话普及率已超过 100%（见表 5-6）。

表 5-6　2002—2009 年我国居民电信类商品消费服务水平

指标	2002	2003	2004	2005	2006	2007	2008	2009
固话普及率（部/百人）	17.5	21.1	24.1	27.0	28.1	27.8	25.8	23.6
城市固话普及率（部/百人）	26.1	31.3	35.9	40.3	41.7	40.6	37.4	
移动电话普及率（部/百人）	16.1	21.0	25.9	30.3	35.3	41.6	48.5	56.3
住宅电话普及率（部/百人）				20.9	21.6	21.1	19.1	16.4
电话普及率 *（部/百人）	33.6	42.1	50.03	57.22	63.40	69.45	74.29	79.9
电信业务总量（亿元）	5201.1	6478.8	9148.0	11403.0	14595.4	18591.3	22247.7	25680.6

资料来源:根据《中国第三产业统计年鉴》整理所得(包括固定电话和移动电话)。

2. 广电类信息产品消费水平

我国电视机的拥有量居世界之首。2009 年我国传统广播电视节目人口覆盖率已达 96.31%,数字电视用户数、有线电视用户数增长较快,其增长空间也大(见表 5-7)。电视仍然是居民获取新闻资讯的最为重要的渠道。

表 5-7　2004—2009 年我国居民广电影视消费水平

	指　标	单位	2004	2005	2006	2007	2008	2009
广播	广播节目综合人口覆盖率	%	94.05	94.48	95.04	95.43	95.96	96.31
	广播节目套数	套	—	—	2366	2433	2437	2521
	全年公共广播节目播出时间	万小时	—	—	1078.05	1127.24	1162.97	1226.6
电视	电视节目综合人口覆盖率	%	95.29	95.81	96.23	96.58	96.95	97.2
	电视节目套数	套	—	—	3092	3214	3287	3337
	全年公共电视节目播出时间	万小时	—	—	1360.45	1454.7	1495.34	1577.68
	全年对外电视节目播出时间	万小时			19.03	22.55	22.46	28.82
	有线电视用户数	万户	11604	12569	13995	15325	16398	17523
	数字电视用户数	万户	—	—	1266	2686	4528	6199
电影	全国电影综合收入	亿元			57.3	67.3	84.3	106.65
	#国内电影票房收入	亿元			26.2	33.3	43.4	62.06
	电视播映收入	亿元			12	13.79	25.28	16.89
广播电视	全国广播电视总收入	亿元			1099.1	1316.4	1583.9	1852.85
	有线广播电视入户率	%	—	35.44	37.02	39.9	41.63	43.99

数据来源：根据历年《中国统计年鉴》、《中国第三产业统计年鉴》2009 年、《中国统计摘要》2008 年等整理。

3. 网络信息消费水平

(1) 网民规模

截至 2010 年底，我国网民规模达 4.57 亿人，网络与用户规模均居世界第一，互联网普及率持续上升增至 34.3%（见表 5-8）。互联网正处在快速扩张初期，计算机应用进入快速扩张初期，2009 年全国平均计算机普及率达到 11% 左右。超过九成的网民将互联网作为主要资讯来源，这一比例远远高于电视、报纸等传统媒体。此外，无线互联网发展迅速，有超过三成的网民通过无线互联网获取资讯，新闻资讯是网民最主要的信息需求，而互联网凭借其时效性和互动性等优势,成为网民获取其他各类信息的首要渠道,截至 2010 年底,手机网民成为拉动中国总体网民规模攀升的主要动力,达到 3.03 亿人,较 2009 年底增加了 6930 万人。手机网民在总体网民中的比例进一步提高,从 2009 年末的 60.8% 提升至 66.2%。

表 5-8　2004—2010 年我国互联网用户发展情况

指标	单位	2004	2005	2006	2007	2008	2009	2010
互联网普及率	%	7.3	8.5	10.5	16	22.6	28.9	34.3
互联网用户总数	万人	9400	11100	13700	21000	29800	38400	45700
宽带上网用户数	万人	4280	6430	9070	16338	27000	34600	45000

数据来源:根据中国互联网络信息中心数据整理。

(2)网络数字出版与服务水平

网络出版,又称互联网出版,是指互联网信息服务提供者将自己创作或他人创作的作品经过选择和编辑加工,登载在互联网上或者通过互联网发送到用户端,供公众浏览、阅读、使用或者下载的在线传播行为。据统计,我国网络出版总销售收入由 2004 年的35 亿元到 2008 年已超过 530 亿元,增长了 14.14 倍,我国数字出版蓬勃发展,市场规模不断壮大。截至 2008 年年底,全国 578 家图书出版社 90% 开展了电子图书出版业务,出版电子图书约 50 万种,年发行总量超过 1500 万册;全国 300 多家报社定期出版数字报纸 697 份,电子期刊出版总量达 9000 种,年产值达 7.6 亿元;民族原创网络游戏年收入超过 110 亿元;盛大网络文学原创作品日增 3000 万字,浏览量达 3 亿次;清华同方"中国知网"出版了《中国学术期刊全文数据库》等 40 种大型数据库电子期刊,汇编文献资源达 6000 多万篇,2008 年销售产值超过 3.5 亿元。新型出版业已成为新闻出版业新的经济增长点。随着网络基础设施,特别是宽带和移动通讯网络建设加快,数字内容产业规模迅速壮大。2008 年,我国数字内容产业规模达到 2173.8 亿元。互联网数字内容服务整体规模达到 452.7 亿元,数字内容产业快速发展,基于网络的信息服务与传统的出版、媒体、娱乐、唱片等行业的融合,向网络化方向发展,导致了其商业模式变革;根据 iResearch 艾瑞咨询推出的《2009—2010 年中国网络游戏行业发展报告》统计,2009 年中国网络游戏市场规模为 271 亿元,同比增长 30.2%,其中:国产网络游戏市场规模达到 157.8 亿元人民币,同比增长 41.9%,占总体市场规模的 61.2%①。带动相关产业如通信、IT、传统媒体、教育等增加的产值达 250 亿元。预计在未来的 4-5 年间,网络游戏还将继续保持 20% 以上的增幅,在 2011 年整个市场规模将达到 401 亿元。艾瑞认为,网络游戏的快速发展主要得益于中国庞大的用户基数与游戏运营商对用户的深度挖掘。互联网及网络文化、网络经济的快速发展,以及技术和业务融合不断催生出更多新业务,内容和应用在信息服务业中占据了越来越重要的位置,如:IPTV、数字电视、手机电视等。随着未来"三网融合",信息服务的范围还将逐步延伸扩展。

(3)居民网络应用水平

截至 2011 年 6 月,受众最广的前五大网络应用分别为搜索引擎(79.6%),即时通信(79.4%),网络音乐(78.7%),网络新闻(74.7%)和博客/个人空间(65.5%)。增长最快的前三个应用分别是微博(208.9%),团购(125.0%)和网上支付(11.7%)。从数

① 《2009 年中国网络游戏市场白皮书》,http://www.gov.cn/gzdt/2010-01/19/content_1514798.htm。

据看,当前我国网民的互联网应用主要呈现出以下几个特点:①即时通信使用率增加,目前即时通信用户已经达到3.85亿,已经提升为用户规模第二大的应用类型。②微博应用爆发,2011年上半年,我国微博用户数量从6311万暴涨到1.95亿,半年新增微博用户1.32亿人,增长率达208.9%,在网民中的使用率从13.8%提升到40.2%。③商务应用稳步发展,团购使用率快速上升。大部分商务类应用使用率都在增加,如网络购物使用率提升至35.6%,团购应用发展势头迅猛,用户已达到4220万人,使用率从4.1%提升到8.7%,增长率达到125.0%。网上银行和网上支付的用户使用率也小幅上升,网上支付用户规模达到1.53亿。④娱乐应用热度继续回落,用户规模依然庞大。娱乐类应用的使用率一直处于持平或下滑的状态。网络视频用户规模为3.01亿,使用率与去年底持平。娱乐应用的相对"衰落"和商务应用的稳步"兴起",表明了网民网络应用水平的提升。表5-9显示我国网民各类网络应用水平。

表5-9　　　2011年6月各类网络应用水平与排名

类型	应用	用户规模(万)	2011年6月使用率	排名
网络娱乐应用	网络音乐	38170	78.7%↓	3
	网络文学	19497	40.2%↓	10
	网络游戏	31137	64.2%↓	6
	网络视频	30119	62.1%↓	7
信息获取	网络新闻	36230	74.7%↓	4
	搜索引擎	38606	79.6%↑	1

类型	应用	用户规模(万)	2011 年 6 月使用率	排名
交流沟通	即时通信	38509	79.4% ↑	2
	电子邮件	25172	51.9% ↓	7
	博客应用	31768	65.5% ↑	5
	微博	19497	40.2% ↑	10
	社交网站	22989	47.4% ↓	9
	论坛/BBS	14405	29.7% ↓	15
商务应用	网络购物	17266	35.6% ↑	12
	团购	4220	8.7% ↑	17
	网上支付	15326	31.6% ↑	13
	网上银行	15035	31.0% ↑	14
	网络炒股	5626	11.6% ↓	16
	旅行预订	3686	7.6% ↓	18

↓ ↑ 分别表示与上年同期相比下降与上升。

数据来源:《第 28 次中国互联网络发展状况统计报告》。

4. 纸质类信息产品消费水平

以图书、报刊、广播、电视等大众传播媒介为主要内容的信息消费是传统类信息产品主体。从图 5-6 看出,2008 年图书出版发行种数是 1978 年的 18.27 倍,是 1996 年的 2.43 倍、新出版图书种数 2008 年是 1978 年的 12.61 倍,是 1996 年 2.36 倍。图书印数 2008 年是 1978 年的 1.87 倍。印张数 2008 年是 1978 年的 4.14 倍。由此表明,我国图书种类增加比册数增加快,信息内容产品种类丰富。对传统纸质出版物的阅读情况调查发现,2009 年我国国民人均期刊阅读量约为 6.97 本/年,比 2008 年的 8.2 本减少了 1.23 本。平均每月读 1 本以上的读者比例为 15.8%。不同人群的期刊阅读量之间存在显著性差异。年龄越轻的人群人均期刊阅读量越大,其中 18—29 周岁人群的期刊阅读量约为 9.61本/年;学历越高的人群期刊阅读量越大,博士研究生这一学历群体 2009 年的人均期刊阅读量约达 26.00 本/年①。

目前,我国拥有报刊约一万多种,从图 5-7 看出,我国期刊种类从 1978 年的 930 种,到 2008 年期刊种数为 9549 种,增加了8619 种,20 世纪 80 至 90 年代,期刊种类增加较快。近几年一直稳定在 9500 种上下的水平线;1992 年每期印数达到最高值 2.5亿册,近十年因网络出版的替代,每期印数有所减少。从期刊总印数趋势图来看,与期刊出版总数相比,我国期刊总印数相对起伏较大。1987 年期刊总印数首次突破 26 亿册后,其后 10 多年,均没有超越这一水平,1998 年期刊总印数为 25.37 亿册,随后期刊总印数开始超越 1987 年的 26 亿册,1999 年为 28.46 亿册,其后均在28 亿册线上下浮动,2008 年期刊总印数为 31 亿册。1978—2008总印张数增加了 135.26 亿印张。从期刊种数和期刊总印数的发展趋势图可以看出,与 20 世纪 80 年代期刊大规模发展相比,现在的期刊发展更注重内容品质和效益,市场竞争也相对更加激烈。

由图 5-8 看出,报纸出版种数由 1978 年 186 种到 2008 年1943 种,是 1978 年的 10.45 倍,1978 年到 1997 年间,我国的报纸出版种数呈快速发展态势,1996 年、1997 年报纸出版种数达到最大,以后有所减少;每期印数由 1978 年 0.43 亿到 2008 年 2.12 亿份,是 1978 年的 4.93 倍,从报纸总印数趋势图来看,与报纸出版总数相比,中国报纸的总印数基本呈上升态势,从 1978 年的 128亿份,到 2008 年报纸总印数达到 443 亿份,2008 年报纸总印数是

---

① 张晶媛:《2009 年我国国民人均年阅读传统纸质版期刊 6.97 本》,中国出版网,2010 年 4 月 20 日。

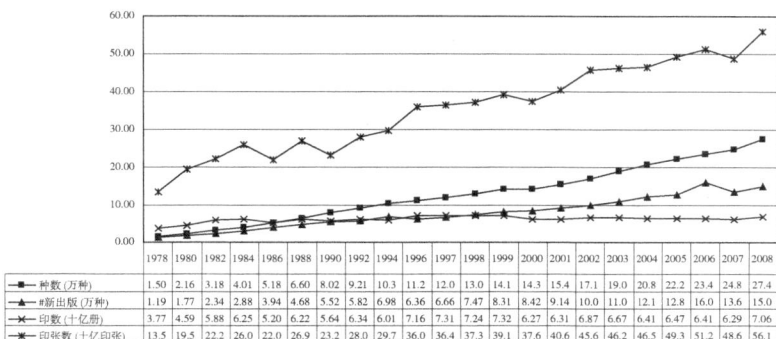

	1978	1980	1982	1984	1986	1988	1990	1992	1994	1996	1997	1998	1999	2000	2001	2002	2003	2004	2005	2006	2007	2008
种数(万种)	1.50	2.16	3.18	4.01	5.18	6.60	8.02	9.21	10.3	11.2	12.0	13.0	14.1	14.3	15.4	17.1	19.0	20.8	22.2	23.4	24.8	27.4
新出版(万种)	1.19	1.77	2.34	2.88	3.94	4.68	5.52	5.82	6.98	6.36	6.66	7.47	8.31	8.42	9.14	10.0	11.0	12.1	12.8	16.0	13.6	15.0
印数(十亿册)	3.77	4.59	5.88	6.25	5.20	6.22	5.64	6.34	6.01	7.16	7.31	7.24	7.32	6.27	6.31	6.87	6.67	6.41	6.47	6.41	6.29	7.06
印张数(十亿印张)	13.5	19.5	22.2	26.0	22.0	26.9	23.2	28.0	29.7	36.0	36.4	37.3	39.1	37.6	40.6	45.6	46.2	46.5	49.3	51.2	48.6	56.1

图 5-6　1978—2008 年图书出版发展情况

资料来源:根据"中国经济统计数据库"数据整理制图。

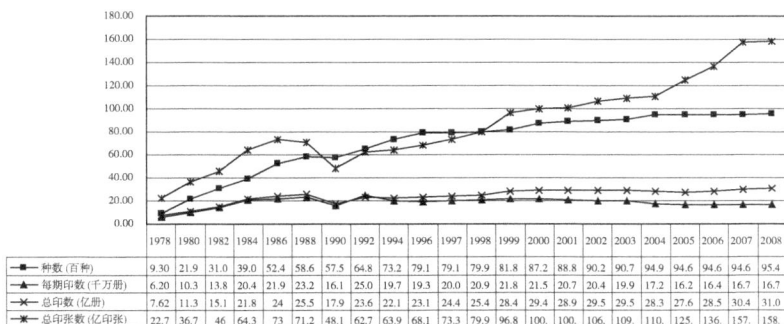

	1978	1980	1982	1984	1986	1988	1990	1992	1994	1996	1997	1998	1999	2000	2001	2002	2003	2004	2005	2006	2007	2008
种数(百种)	9.30	21.9	31.0	39.0	52.4	58.6	57.5	64.8	73.2	79.1	79.1	79.9	81.8	87.2	88.8	90.2	90.7	94.9	94.6	94.6	94.6	95.4
每期印数(千万册)	6.20	10.3	13.8	20.4	21.9	23.2	16.1	25.0	19.7	19.3	20.0	20.9	21.8	21.5	20.7	20.4	19.9	17.2	16.2	16.4	16.7	16.7
总印数(亿册)	7.62	11.3	15.1	21.8	24	25.5	17.9	23.6	22.1	23.1	24.4	25.4	28.4	29.4	28.9	29.5	29.5	28.3	27.6	28.5	30.4	31.0
总印张数(亿印张)	22.7	36.7	46	64.3	73	71.2	48.1	62.7	63.9	68.1	73.3	79.9	96.8	100.	100.	106.	109.	110.	125.	136.	157.	158.

图 5-7　1978—2008 年期刊出版情况

资料来源:根据"中国经济统计数据库"数据整理制图。

1978 年的 3.47 倍;2008 年报纸总印张数是 1978 年的 16.9 倍。从报纸出版种数和报纸总印数的发展趋势可以看出,在报纸种数减少的情况下,总印数增加,单份报纸市场占有率相对就高。这说明报业发展更注重发行品质和发行效益。

报纸出版发行情况

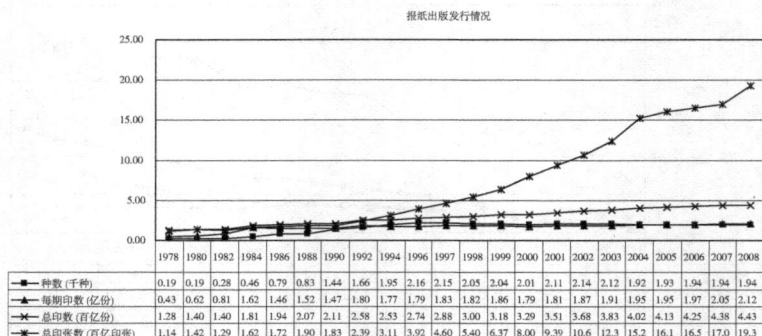

	1978	1980	1982	1984	1986	1988	1990	1992	1994	1996	1997	1998	1999	2000	2001	2002	2003	2004	2005	2006	2007	2008
种数(千种)	0.19	0.19	0.28	0.46	0.79	0.83	1.44	1.66	1.95	2.16	2.15	2.05	2.04	2.01	2.11	2.14	2.12	1.92	1.93	1.94	1.94	1.94
每期印数(亿份)	0.43	0.62	0.81	1.62	1.46	1.52	1.47	1.80	1.77	1.79	1.83	1.82	1.86	1.79	1.81	1.87	1.91	1.95	1.95	1.97	2.05	2.12
总印数(百亿份)	1.28	1.40	1.40	1.81	1.94	2.07	2.11	2.58	2.53	2.74	2.88	3.00	3.18	3.29	3.51	3.68	3.83	4.02	4.13	4.25	4.38	4.43
总印张数(百亿印张)	1.14	1.42	1.29	1.62	1.72	1.90	1.43	2.39	3.11	3.92	4.60	5.40	6.37	8.00	9.39	10.6	12.3	15.2	16.1	16.5	17.0	19.3

图 5-8　1978—2008 年报纸发行情况

资料来源:根据"中国经济统计数据库"数据整理制图。

注:1996—1997 年为省、自治区、直辖市级以上报纸的数字,其他年份均包括地市、县级报纸的数字。

5. 主要信息服务商品消费水平与增长

由于各类信息服务消费支出数据难以获取,可用主要信息服务商品销售收入与增长数据来替代信息服务消费支出与增长数据,因为销售收入与消费支出是正相关关系,可以用销售收入数据说明消费支出水平。近年来,据不完全统计,2007 年我国信息服务业业务收入达到 15122 亿元,从 2004 年到 2007 年期间,年均增速接近 20%;我国信息服务业部分产品和领域已居世界前列。固定电话和移动电话用户数、互联网网民规模、有线电视用户数、报纸发行量等均位居世界第一。目前我国通信业占据了信息服务业的大半壁江山,2007 年,我国信息服务业的各个子类中,电信业收入达到 7607.4 亿元,占信息服务业收入的 60%。从趋势上判断,未来通信业的占比会持续下降,软件和技术服务以及信息内容服务占比将不断提升。2008 年,软件产业完成业务收入 7573 亿元,同比增长 29.8%。其中软件技术服务收入同比增长 37.9%,所占比重达 18%,比 2007 年同期高 1.4 个百分点。网络游戏由于其基数小,市场规模连续几年保持高增长率(见表 5-10)。

表 5-10　主要信息服务销售收入与市场规模增长情况

指标		2004 年	2005 年	2006 年	2007 年	2008 年
电信业务	收入(亿元)	5187.6	5799.0	6483.8	7607.4	8139.9
	增长率%	12.0%	11.8%	11.8%	17.3%	7.0%
有线电视收视费收入(亿元)			159.55	183.55	212.20	250.06
软件产业	收入(亿元)	2424	3905	4801	5834	7573
	增长率%	51.5	61.1	22.9	21.5	29.8
网络游戏	市场规模(亿元)	27.0	40.7	65.0	113.5	183.8
	增长率%	51.7	50.7	59.7	74.6	61.9
移动增值	市场规模(亿元)		701.0	871.4	1050.0	1251.3
	增长率%		42.6	24.3	20.5	19.2

资料来源:根据《中国第三产业统计年鉴》2009 年数据整理。

表 5-11　2008 年中国信息商品分类零售额

	书报杂志类(内容类)	电子出版物及音像制品类(内容类)	家用电器和音像器材类(工具类)	文化办公用品(工具类)	通讯器材类(工具类)
零售额(亿元)	473.65	63.22	2706.64	687.01	620.36
	图书零售(内容类)	计算机、软件及辅助设备零售业(工具类)	通讯设备零售(工具类)		
零售额(亿元)	433.55	554.64	312.01		

资料来源:根据《中国第三产业统计年鉴》2009 年数据整理。

从表5-11显示,2008年我国信息消费结构中,对信息工具、器材、设备类消费支出明显超过对内容类信息产品支出。

三、各地区城镇居民信息消费水平比较

(一)总信息消费水平地区差距

1.人均信息消费支出排名

随着地区收入差距的拉大,不同地区城镇居民信息消费支出的差距也在增加,1995信息消费支出最高的广东(849.2元)和最低的吉林(248.6元),其差距为600.6元,相差2.42倍;2009总信息消费支出最高的上海(4211.8元)和最低的西藏(1089.8元),其差距为3122元,相差2.86倍,其差距有所扩大。2009年总信息消费排名前六名是上海、北京、浙江、广东、江苏、天津;可支配收入排名前六名的也是上海、北京、浙江、广东、天津、江苏。可见人均可支配收入与总信息消费相关。

近几年我国城镇人均信息消费支出稳定地排在前4名的是上海、北京、浙江、广东,天津这些地区是我国经济发展较发达地区,说明经济发达地区居民对信息商品有着更大的自发消费潜力,总体生活质量较高,消费结构比较合理,而中部、西部和东北地区一些以农业、重工业等为主的省份城镇居民生活质量相对较差,其消费层次相对较低,消费结构需进一步优化。人均信息消费支出倒数后4位的是新疆、黑龙江、青海、海南(见表5-12)。其中安徽省2003—2005年人均信息消费连续3年排名位于末位,而2007—2009年人均信息消费连续3年排名跃升中上位。

表 5-12　2003—2009 年我国各地区城镇人均信息消费支出排名

地区	2009	2008	2007	2006	2005	2004	2003	7 年平均排名
上海	1	1	1	2	1	1	2	1.3
北京	2	2	2	1	2	2	1	1.7
浙江	3	3	3	3	3	4	4	3.3
广东	4	4	4	4	4	3	3	3.7
天津	6	7	5	7	6	6	6	6.1
福建	7	6	6	6	7	7	7	6.6
重庆	10	9	8	5	5	5	5	6.7
江苏	5	5	7	8	8	13	10	8.0
陕西	9	11	12	9	10	9	11	10.1
湖南	15	15	9	10	9	8	8	10.6
山东	12	10	11	11	12	11	12	11.3
内蒙古	8	8	10	12	13	18	18	12.4
四川	13	18	16	14	17	17	15	15.7
辽宁	11	12	15	20	20	16	17	15.9
湖北	18	21	14	16	19	13	13	16.3
山西	19	17	18	13	15	15	19	16.6
广西	16	13	21	29	14	14	20	18.1
贵州	17	24	17	17	22	22	23	20.3
甘肃	25	26	19	15	16	21	21	20.4
河南	20	19	20	19	21	26	25	21.4
安徽	14	14	13	18	30	31	31	21.6
吉林	23	20	23	21	23	23	22	22.1
西藏	31	31	31	31	11	12	9	22.3
云南	28	29	30	23	18	19	14	23.0
江西	22	23	22	22	26	24	28	23.9
宁夏	21	16	28	24	24	28	26	23.9

续表

地区	2009	2008	2007	2006	2005	2004	2003	7 年平均排名
河北	24	22	25	25	25	29	27	25.3
新疆	29	30	27	27	29	20	16	25.4
黑龙江	27	27	26	26	27	25	29	26.7
青海	30	28	24	30	28	27	24	27.3
海南	26	25	29	28	31	30	30	28.4

资料来源:中国统计年鉴数据计算整理所得。

2. 地区消费系数比较

信息消费系数是指信息消费支出占全部生活消费支出的比例,信息消费系数较高的地区,其居民消费结构优化,生活质量较高。1995 年信息消费系数排在前 5 名是广东、湖南、北京、湖北、广西、宁夏;2009 年排在前 5 名是浙江、北京、上海、广东、江苏。信息消费系数地区差距 1995 年是 5%,2009 年是 9%,表明不同地区城镇居民生活消费结构的差异也在增加。信息消费系数增长最快的地区浙江、上海、江苏、福建、河南,说明信息消费给这些地区居民带来了好的作用,并且加大信息消费在生活消费中的比重。地区间信息消费系数差距 2009 年较 1995 年加大(见表 5-13)。

表 5-13　1995 年与 2009 年我国各地区城镇居民信息消费系数比较

地区	1995 信息消费系数	2009 信息消费系数	地区	1995 信息消费系数	2009 信息消费系数
全国	11%	18%	河南	9%	17%
北京	13%	20%	湖北	13%	16%
天津	11%	17%	湖南	14%	16%
河北	12%	16%	广东	14%	19%

续表

地区	1995 信息消费系数	2009 信息消费系数	地区	1995 信息消费系数	2009 信息消费系数
山西	11%	17%	广西	13%	17%
内蒙古	11%	17%	海南	11%	15%
辽宁	10%	16%	重庆		17%
吉林	10%	16%	四川	11%	16%
黑龙江	11%	15%	贵州	10%	17%
上海	11%	20%	云南	12%	14%
江苏	10%	19%	西藏		12%
浙江	10%	21%	陕西	11%	18%
安徽	11%	17%	甘肃	10%	17%
福建	9%	18%	青海	10%	16%
江西	11%	16%	宁夏	13%	16%
山东	11%	16%	新疆	11%	15%

资料来源：根据中国统计年鉴数据计算所得。

（二）各类信息消费水平地区差距

同一时间不同地区横向比较能比出地区之间的差距，同一地区不同时间纵向比较可以看到一个地区的消费增长情况。根据附表 1-6 数据，1995—2009 年四类信息消费地区比较结果如下：

1.通信消费支出的地区差距及其变化

通讯消费支出地区差距在缩小，2009 年通讯消费支出地区最大差距 2.55 倍，较 1995 年的 4.64 倍明显缩小。1995 年人均通信消费支出前几名是浙江、广东、上海、北京、宁夏等，通信消费占比（占总信息消费比例）最高的是浙江、宁夏、福建、河北、安徽；2009 年人均通信消费支出前几名是上海、广东、浙江、福建、北京；而通信消费占比最高的是西藏、云南、福建、四川等；通信消费增长率最大的是山西,2009 年是 1995 年的 14.5 倍。

2. 教育消费支出的地区差距及其变化

教育消费支出地区差距在扩大,2009 年教育消费支出最高地区(上海)是最低地区(西藏)的 5.94 倍,大于 1995 年最高地区(广东)是最低地区(吉林)的 2.97 倍的差距,1995 年教育消费前几名是广东、广西、湖南、湖北、北京;1995 教育消费占比最高是山西、辽宁、内蒙古、广西、湖南。2009 年教育消费前几名是上海、浙江、北京、江苏、广东;教育消费占比最高是吉林、辽宁、黑龙江、湖北等。教育和通信消费占比高的省份大多是欠发达地区,其信息消费水平还位于基本信息消费水平。人均教育支出增长率最大的是上海,2009 年是 1995 年的 6.8 倍;值得注意的是,教育是必需信息消费品,缺乏收入弹性,地区之间教育消费差距增大,也导致了地区之间文化娱乐消费差距的扩大,对此要引起关注。

3. 文化娱乐用品消费支出的地区差距及其变化

文化娱乐用品消费地区差距在减少。2009 年文化娱乐用品消费最高上海是最低地区西藏的 6.32 倍,而 1995 年最高广东地区是最低地区吉林的 6.50 倍,1995 年文化用品消费前五名的是广东、上海、北京、浙江、广西;消费比例最高前五名是广东、海南、四川、浙江、云南;2009 年文化用品消费量前几名的是上海、北京、天津、江苏、广东;消费占比高的省份是河北、山东、北京、上海。人均文化娱乐用品增长率最大是内蒙古,2009 年是 1995 年 9.4 倍。

4.文化娱乐消费地区差距及其变化

文化娱乐消费地区差距在扩大。2009 年文化娱乐消费最高地区上海是最低地区西藏的 8.73 倍,比 1995 年该项消费最高地区北京是最低地区山西的 5.24 倍大;1995 年文化娱乐支出前几名的是上海、广东、北京、浙江、江苏;消费占比前几名的是广东、江西、北京、江苏；文化娱乐用品、文化娱乐消费支出和占比较大的地区往往是经济发展水平较高地区或地域文化特色鲜明的地区。根据附表1-6数据，福建省2009年人均文化娱乐支出是1995年11.7倍，是该项目增长率是最大的，表明较早开放地区，收入增长较多，在满足温饱和基本教育消费基础上，重视追求文化娱乐等精神生活。

综合来看，北京、上海、广东、浙江等地区，各项信息消费的支出都远远高出全国平均水平，这类地区经济较发达，收入水平较高，各方面的消费能力都较高。

表5-14　1995年与2009年我国各地区城镇居民人均
分类信息支出结构比较 ※　　（%）

	2009 通信比例	1995 通信比例	2009 文化娱乐用品比例	1995 文化娱乐用品比例	2009 教育比例	1995 教育比例	2009 文化娱乐比例	1995 文化娱乐比例
安徽	29.8	27.2	16.2	15.7	36.5	42.2	17.4	14.9
北京	24.9	20.2	23.2	20.9	26.2	31.8	25.7	27.1
福建	37.2	29.4	17.1	15.7	24.9	42.3	20.8	12.7
甘肃	30.7	19.7	20.7	18.1	28.8	44.2	19.7	18.1
广东	32.4	19.4	14.7	27.8	24.3	36.9	28.6	15.9
广西	35.2	13.2	19.9	22.9	23.5	47.7	21.3	14.3
贵州	32.3	16.9	18.3	21.6	25.7	41.7	23.7	16.9
海南	34.7	13.2	17.5	26.8	31.1	42.1	16.7	17.9
河北	34.4	29.3	24.7	18.1	24.1	41.2	16.8	11.3
河南	33.8	21.1	18.0	19.1	30.2	41.7	18.1	18.1
黑龙江	31.8	22.6	16.4	16.6	37.3	43.7	14.5	17.0
湖北	28.6	18.3	15.9	18.0	37.1	47.2	18.3	16.5
湖南	30.6	22.8	14.7	15.2	33.1	47.2	21.6	14.7
吉林	31.7	26.5	13.2	14.6	43.9	42.4	11.2	16.4

	2009 通信比例	1995 通信比例	2009 文化娱乐用品比例	1995 文化娱乐用品比例	2009 教育比例	1995 教育比例	2009 文化娱乐比例	1995 文化娱乐比例
江苏	21.8	25.6	20.5	17.7	33.5	36.7	24.1	20.1
江西	30.5	25.3	16.1	15.9	27.6	45.5	25.8	13.2
辽宁	31.2	20.6	16.8	14.0	39.4	53.5	12.7	11.9
内蒙古	26.3	19.8	20.2	15.7	30.9	48.6	22.7	15.9
宁夏	30.8	33.4	22.6	15.6	28.2	34.3	18.4	16.7
青海	32.1	20.8	21.2	13.3	28.0	47.1	18.7	18.8
全国	30.3	22.0	18.0	19.4	30.5	41.4	21.1	17.3
山东	28.4	21.4	24.4	17.9	30.8	42.0	16.5	18.7
山西	34.7	13.3	15.5	20.3	33.4	55.2	16.4	11.2
陕西	27.9	22.4	17.4	15.6	34.3	42.7	20.4	19.3
上海	25.5	24.9	22.7	23.1	28.2	28.4	23.5	23.6
四川	36.6	16.4	14.7	25.3	28.9	41.0	19.8	17.3
天津	30.2	26.5	22.3	15.1	28.8	39.6	18.8	18.8
西藏	57.3		13.9		18.4		10.4	
新疆	34.7	19.8	19.5	14.9	30.8	44.9	14.9	20.4
云南	41.1	22.7	15.7	23.3	20.6	38.2	22.6	15.7
浙江	28.9	36.0	14.6	24.8	36.6	38.3	19.9	20.6
重庆	30.6		19.1		27.7		22.7	

※以上各项比例是各类信息消费占总信息消费比例,根据各地区各类信息消费支出数据计算所得。

表5-15　　我国城镇居民各类信息消费占比的地区差距*

地区差	通信占比	文化娱乐用品占比	教育占比	文化娱乐占比
	最高—最低	最高—最低	最高—最低	最高—最低
1995(现价)	22.89	14.45	26.80	15.96
2009(现价)	35.44↑	11.49↓	25.51↓	18.21↑
地区差	平均—最低	平均—最低	平均—最低	平均—最低
1995(现价)	9.16	5.47	13.92	5.84
2009(现价)	10.29↑	5.10↑	11.71↓	9.09↑

*指每类信息消费支出占总信息消费的比例最大省份减去该比例最小省份的差距。
根据附表1-6数据计算所得。

　　表5-15结果表明只有教育消费支出的占比差别趋于缩小,说明不论富裕地区还是贫困地区都把教育放在优先消费的地位,这符合我国居民重视教育,希望投资教育改善或保证未来生活的需求。这给我们启示,只有地区间收入差距缩小,才能真正缩小教育差距;而教育差距的缩小是其他信息消费差距缩小的基础。

　　2009年通信消费、文化娱乐消费占比的地区最大与最低、最低与平均的差距增加了,表明这两项消费地区结构差距在扩大,教育消费占比地区最大与最低、平均与最低差距有所降低,表明教育结构差距还在缩小;文化娱乐用品消费结构差异程度缩小,平均占比提高。

四、基于可支配时间的信息消费水平

　　时间是信息消费的约束条件之一,以时间支出表示的各种不同类型信息消费活动时间比例,从时间占用量形式反映各类信息消费时间利用及其结构。

（一）城镇居民可支配时间的变化

可支配时间是人们在劳动时间之外,除去满足生理需要和家庭劳动需要等生活时间支出后,剩余下的个人可自由支配的时间,它是信息消费必备要素之一,居民可支配时间来自于闲暇时间。闲暇时间的不断增多,是社会进步的一个重要标志。与过去几十年相比,生活实态出现了这样的新特点:①大部分中国人的闲暇时间增多了;②技术进步的成果在家庭中的应用已经帮助人们缓解了部分时间压力,减少了人们在一些主要家务劳动上所花费的时间;③人们休闲度假具有多元化的趋势。当前,我国全年共有五个三天的小长假,分别是元旦、清明、五一、端午和中秋节,还有两个七天长假即春节和国庆节,全年节日总放假天数由原来的十天增至十一天,加上双休日,人们全年的假日时间达 115 天,一年中有近三分之一的休假期。我国工薪阶层年闲暇时间为 125 天,教师和学生为 168 天。一个更加值得重视的现象是带薪休假政策的出台,带薪休假将使职工的闲暇时间增加近 25%,人们开始享有越来越多的闲暇与自由。自由时间的增多不断改变着我国的信息供求关系。

表 5-16　我国月法定工作天数的变化

时间	月法定工作天数
1949	25.5 天(六天工作制)
1994	23.5 天(五天半工作制)
1995.5	21.5 天(五天工作制)
1995.8	21.16 天(五天工作制)
2000.3	20.92 天(五天工作制)节假日 10 天
2007.12	20.83 天(五天工作制)节假日 11 天

不同年龄群体可支配时间不同,总体而言,中年人可支配时间最少,老年人可支配时间最多。其中 20—29 岁人群,可支配时间较多,因为这一年龄段学生及单身青年较多。20 岁以后刚开始进入工作,生活也相对简单,在经济上一般有家庭的保障,家务劳动的时间比较少,所以有一定的闲暇时间;在中年时期,事业和家庭进入稳定时期,平时要忙于工作,这个年龄段一般有老人和孩子需要照顾,工作和家庭占用较多的时间,个人的闲暇时间在各个年龄段里是最少的;在老年时期,人们大都结束了工作,开始安度晚年,老年人没有工作的压力,家务事也比较少,因此这个阶段的闲暇时间最多。男性可支配时间较女性更多。高收入群体可支配时间较低收入群体少。

(二)居民信息消费时间占用及结构

1. 信息消费活动时间占用项目

可支配收入和可支配时间是信息消费过程中两种必备的要素,缺一不可。如果消费者购买信息载体,而不花时间去享用,再好再多信息也不会带来任何效用。当前在居民可支配收入保持稳定增长的情况下,通过适当增加居民自由时间,无疑将提升居民信息消费。

信息消费时间占用量反映各类信息消费活动占用时间及其比例结构。居民信息消费活动属于休闲娱乐大类,其中可分为五个中类活动,每个中类又分为若干小类(见表5-17)。

表 5-17　　与信息消费相关的活动项目

1. 使用媒体	①阅读书籍、②阅读报纸期刊③阅读其他材料④看电视⑤观看收听光盘节目⑥听广播⑦收听其他音频设备⑧利用计算机技术阅读和收看节目⑨使用互联网
2. 业余爱好与游戏和消遣	①棋牌游戏②计算机游戏③群体性游戏④收藏活动⑤艺术活动
3. 外出参观与看电影和演出	①看电影②外出参观③观看表演④观看体育比赛
4. 社会交往	①交谈与交流②阅读信件和写信③其他社会交往
5. 正规教育活动	①学校教育活动②完成课后作业或复习、预习功课等③业余学习与非正规教育

资料来源：根据《2008 年时间利用调查资料汇编》(中国统计出版社 2009 年版)数据整理。

2. 信息消费活动时间占用量与结构

由于缺乏历年居民时间利用调查资料，在此利用国家统计局《2008 信息时间利用调查资料汇编》中的数据来说明问题。

表 5-17、表 5-18 基本列出了与信息消费相关的活动及时间占用结构，从五个中类活动看，按参与率高低排序，使用媒体的参与率最高，是目前居民获取信息的主要方式；其次是社会交往；第三是业余爱好与游戏和消遣；第四教育活动；第五外出参观与看电影和演出。如按信息消费小类统计占用时间，2008 年按信息消费活动参与率高低排序，有货币支出的并且占用时间量第一的是看电视，平均时间达 153 分钟、参与率高达 86%；其次参与率较高是阅读报纸期刊，第三是上互联网，信息消费者上互联网的时间已接近看电视时间，时间为 123 分钟。随着互联网普及率提高，其参与率将不断增加；交流与交谈平均时间和平均参与率较高，但该活动没有货币支出；此外，外出参观活动、计算机游戏、学校教育活动、艺术活动、业余学习与非正规教育和看电影耗时较高，但参与率较

低;近几年人们的自由时间总体有所增加,各类信息消费活动参与率有望提高。

表5-18　2008年我国城市信息消费活动参与者平均时间及活动参与率

信息消费项目	参与者平均时间（分钟/日）	平均参与率（%）	信息消费项目	参与者平均时间（分钟/日）	平均参与率（%）
阅读报纸期刊	53	21	交流与交谈	69	29
阅读书籍	71	9	其他社会交往	128	1
阅读其他材料	80		学校教育活动	392	5
看电视	153	86	完成课后作业或复习、预习功课等	170	4
观看收听光盘节目	76	1	业余学习与非正规教育	137	1
上互联网	123	19	棋牌游戏	159	13
外出参观、看电影与演出	117	3	计算机游戏	112	1
听广播	57	2	群体性游戏	129	1
收听其他音频设备	48	1	收藏活动	51	
利用计算机技术阅读和收看收听节目	97	1	看电影	82	1
艺术活动	116	1	外出参观活动	128	2

资料来源:根据《2008年时间利用调查资料汇编》(中国统计出版社2009年版)数据整理。

　　调查显示,北京市城镇居民日均可以自由支配时间为4小时21分钟,比20年前增加了22分钟(见表5-19)。一是电视在丰富北京城镇居民文化生活中的作用进一步提高,2008 年居民日均看电视时间为 1 小时 53 分钟,比 20 年前增加了 34 分钟;二是家用电脑的普及和互联网的飞速发展为进一步丰富北京城镇居民的生活提供了新的平台。统计数字显示,2008 年城镇居民日均上网时间达 32 分钟,互联网已成为人们获取信息服务、娱乐身心的重要工具。目前北京市男性居民日均可以自由支配时间为 4 小时 30 分钟,女性居民为 3 小时 43 分钟,男性比女性多 47 分钟①。

表 5-19　2008 年北京城镇居民可支配时间利用情况

活动内容	时间(分钟/天)	百分比	活动内容	时间(分钟/天)	百分比
合计	261	100	交通时间	15	5.75
看电视	113	43.3	棋牌游戏	10	3.82
上互联网	32	12.26	其他	9	3.45
健身锻炼	28	10.73	学习培训	6	2.3
阅读书刊	22	8.43	外出参观	6	2.3
社会交往	19	7.28	听广播	1	0.38

有关可支配时间的利用问题研究在我国仅仅处于起步阶段,相关数据很少,由于缺乏不同时间跟踪对比的数据。近年来,新的信息消费方式、项目不断出现,不同群体有不同时间利用结构,同一群体在不同时间跨度有不同的时间使用结构,目前对信息消费时间调查内容不够细化,尤其对信息消费内容占用时间调研,缺乏科学设计,仅仅能获得一些简单粗放的信息消费时间利用结构,对此深入研究尤为重要。看电视是城镇居民占用时间最多的一项信

①　北京娱乐信报(北京):《居民可自由支配时间增多》,http://news.163.com/09/0320/02/54QJ7V4V000120GU.html。

息活动,人们利用电视了解国内外各种信息、娱乐消遣、学习各种知识等。不同性别、不同年龄、不同文化、不同阶层的人都从各种各样的电视节目中获得某种程度的满足。阅读传统的纸质媒体方式依然在闲暇活动中占有它的一席之地。虽然闲暇时间整体上在增加,但是由于新的信息媒体相继问世,占用了部分可支配时间,1996年城镇居民每天看电视占用100分钟,2001年占用时间增加到159分钟,2008年下降到113分钟,这是因为居民使用互联网等新兴媒体而分流了时间。第七次全国国民阅读调查结果表明,从国民对各类出版物接触时长看,2009年,我国18—70周岁识字国民人均每天读书时长为14.70分钟,人均每天读报时长为21.02分钟,人均每天读杂志时长为15.40分钟,人均上网时长为每天34.09分钟,人均通过手机阅读的时长为6.06分钟。与上年相比,国民每天平均接触报纸、图书、期刊的时间有所下降,人均每天读书不足15分钟;上网和手机阅读时间在增加。

(三)不同群体信息消费时间结构

左鹏①(2010)利用年龄、教育程度、家庭生命周期与"文化产品消费时间比例"进行回归分析,发现年龄、家庭生命周期与消费时间比例具有显著负影响性(见表5-20)。

---

① 左鹏:《中国城市居民文化产品消费行为研究》,上海财经大学出版社2010年版,第135—136页。

表 5-20　人口统计变量对文化产品消费时间比例的回归分析

自变量	因变量	回归系数	T 值	F	R^2
年龄	文化产品消费时间占闲暇时间的比例	−0.0480	−3.2739	10.7181	0.0416
教育程度		0.0068	0.4438	0.1969	0.0008
家庭生命周期		−0.0265	−2.7358	7.4848	0.0311

资料来源:左鹏:《中国城市居民文化产品消费行为研究》,上海财经大学出版社 2010
　　　　年版,第 135—136 页。

　　将年龄、教育程度、家庭生命周期与"文化产品消费时间比例"进行单因子方差分析。对结果分析发现,在存在负影响关系的同时,不同家庭生命周期消费者、不同年龄段消费者进行文化产品消费的时间占闲暇时间的比例有明显差异。18—20 岁的消费者与 41—50 岁的消费者之间,31—40 岁的消费者与 50 岁以上的消费者之间具有显著差异;18—20 岁年龄段的消费者利用近一半的闲暇时间进行文化产品消费,而 51 岁以上的消费者只利用23.6%的闲暇时间进行文化产品消费。

　　网民在网上花费的时间与网龄之间存在密切关系:网龄越长,在网上花费的时间越长。上网时间是各种网络应用的基础和使用程度的客观反映。一般而言,网民上网时间越长,使用的各种网络应用就越丰富,网民的网络行为成熟度越高。反过来,网民的网络应用越丰富,网络行为成熟度越高,则会体现在上网时长的不断增长上。8 年网龄网民平均每周上网时长 26.4 小时,远远超过 1 年网龄网民平均每周上网时长 12.4 小时。

　　我们认为用受"教育程度"与"专业技能培养"是能够代表信息认知能力的。

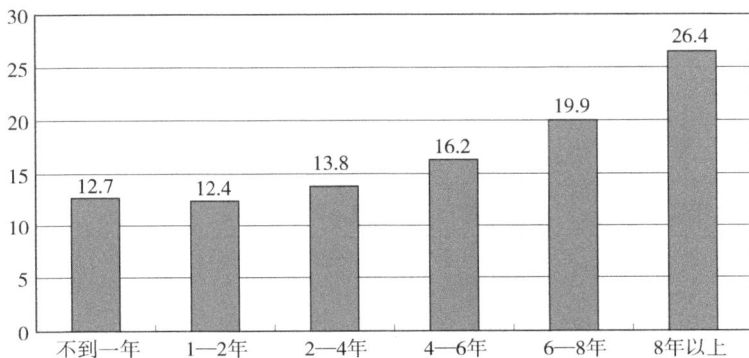

图 5-7 不同网龄网民平均每周上网时长

资料来源：《第 23 次中国互联网络发展状况调查统计报告》，http://wenku.baidu.com/view/31d3968bd0d233d4b14e694f.html。

表 5-21 按教育程度划分的信息消费活动参与者平均时间（休息日）

（单位：分钟）

信息消费活动	未上学	小学	初中	高中	大学
使用媒体	138	154	176	206	238
阅读书报	52	66	64	70	80
看电视及影视光盘	136	149	162	167	169
听广播及音频节目	60	66	62	52	52
上互联网	102	135	132	144	153

资料来源：根据《2008 年时间利用调查资料汇编》（中国统计出版社 2009 年版）数据整理。

从表 5-21 中数据可知，教育程度越高，其使用媒体的平均时间越多。另外教育程度不同，其信息消费内容及方式都不相同。左鹏将"专业技能培养"与"文化产品消费时间占闲暇时间的比例"进行回归分析，分析结果见表 5-22。通过对结果的分析发现，

"专业技能培养"与"文化产品消费时间比例"之间呈正相关影响关系。即消费者越是注重相关的专业技能的培养,就越倾向于利用大量的闲暇时间进行专业文化产品消费。

表 5-22　专业技能培养对文化产品消费时间比例的回归分析

自变量	因变量	回归系数	T 值	F	R^2
专业技能培养	文化产品消费时间占闲暇时间的比例	0.0385	2.2867	5.229	0.020

资料来源:左鹏:《中国城市居民文化产品消费行为研究》,上海财经大学出版社 2010 年版,第 149 页。

表 5-23 表明,60—70 岁群体看电视、阅读报纸书刊、听广播时间最高,显然与他们退休后闲暇时间最多有直接关系。

表 5-23　不同年龄群体信息活动消费时间占用　单位:分钟

项目 ＼ 年龄	15—20	20—29	30—39	40—49	50—59	60—70
学习文化科学知识	74	22	4	3	1	5
阅读报纸	6	8	12	15	19	30
阅读书刊	9	15	7	8	10	16
看电视	108	156	155	156	180	196
听广播	5	4	7	5	10	21
观看影剧文体表演	3	2	0	2	1	1
观看各种展览	0	3	1	1	1	1

资料来源:马惠娣、张景安主编:《中国公众休闲状况调查》,中国经济出版社 2004 年版,第 21 页。

随着我国社会由计划经济向市场经济的过渡和转型,职业阶层尤其是中、上阶层的休闲方式发生了重要的变化。人们从"有闲时代",迈入了"无闲时代"。导致了生活节奏的加快,引发了中上阶层的时间饥荒。信息消费与时间资源匮乏的矛盾、与市场化转型相关的大众媒介的普及,导致了信息行为方式的变化,即信息的媒介化和电视化(被动化参与)。电视化信息既满足了有闲阶层的信息需要,也适应了无闲阶层的信息需求。但是,随着电脑互联网的出现,这种被动的信息参与方式将不断让位于网络化信息的主动参与方式。

五、居民信息消费水平国际比较

(一)人均信息消费水平比较

虽然我国居民信息消费意识逐步增强,信息消费增长很快,信息消费领域不断拓宽,信息消费方式日渐多样化、个性化。仅从信息消费的增长看,我国的传统信息消费已由过去极为有限的国内书籍、报刊扩展到目前成千上万种中外文图书报刊和网络电子读物等。电子信息产品消费增长较快,以移动电话为例,我国移动电话普及率由1998年的1.89%到2010年的64.4%。但我国居民信息消费的人均水平偏低、层次不高。统计数据显示,无论是传统的信息消费还是新兴的信息消费,我国的水平都远远低于发达国家。

我国人均信息和通讯技术支出由2003年94.1美元增长到2007年192.69美元,已超过中等收入国家185.76美元的水平。但距世界人均608.23美元水平仍有较大差距,从表5-24可知,我国人均信息和通讯技术支出还不及世界平均水平的1/3,在所比较的38个国家中排名30位。只是略高于中等收入国家支出水平。

表 5-24   2003—2007 年中国与世界人均信息和通讯技术支出

（单位：美元）

国家和地区	2003	2004	2005	2006	2007
世界	439.93	489	521.23	556.78	608.23
高收入国家	2008.62	2197.6	2300.11	2408.43	2564.2
中等收入国家	88.18	109.29	129.33	152.46	185.76
中国	94.1	115.81	132.2	156.91	192.69
中国香港	1227.19	1274.22	1284.22	1387.81	1414.42

数据来源：根据《中国统计年鉴》2009。

（二）互联网用户普及率比较

尽管中国的网民规模和普及率持续快速发展，但是由于中国的人口基数大，到 2008 年底，我国互联网普及率以 22.6% 的比例首次超过 21.9% 的全球平均水平。互联网普及率在全球各个国家和地区中只能排在第 87 位。截至 2008 年 12 月，美国、日本和韩国互联网普及率分别达到 74.1%、75.5% 和 77.3%，目前全球互联网普及率最高的国家是冰岛，已经有 85.4% 的居民是网民。由此可见，一方面，我国互联网与发达国家互联网还存在较大的发展差距，中国整体经济水平、居民文化水平再上一个台阶，才能够更快地促进中国互联网的发展；另一方面，这种互联网普及状况说明，中国的互联网处在发展的上升阶段，发展潜力较大。

2008 年 5 月，Parks Associates 公司发布调查报告称，美国互联网家庭普及率已达 82%。截至 2010 年 12 月，我国网民规模已达 4.57 亿，互联网普及率达到 34.3%。虽然普及率持续提升，但是相比发达国家，中国的互联网普及率还较低，只有 1/4 多的中国居民是网民。2008 年我国互联网用户为 224.8 个/每千人，已超过世界 219 个/千人的平均水平，见表 5-25。

表 5-25　中国与国际互联网用户　　（单位:个/千人）

国家和地区	2000	2004	2005	2006	2007	2008
世界	67.36	146.46	162.15	186.36	212.54	219
高收入国家	314.86	567.59	599.71	623.78	651.49	671.10
中等收入国家	18.22	74.68	88.74	116.57	147.45	
低收入国家	1.57	14.89	21.93	30.92	36.60	
中国	17.82	72.52	85.79	106.01	161.25	224.80
中国香港	278.35	512.97	517.55	549.85	571.97	591.01
中国澳门	136.09	314.84	348.63	433.18	463.87	

资料来源:《国际统计年鉴》2010 年。

2008 年我国宽带用户 62.89 个/千人,超过中等收入国家 34.96 个/千人,但也未达到世界 78.47 个/千人水平,并且远远低于高收入国家和中国香港及澳门,见表 5-26。

表 5-26　中国与国际宽带用户

国家和地区	2000	2007	2008
世界	3.61	57.05	78.47
高收入国家	16.66	224.35	246.79
中等收入国家	0.05	25.89	34.96
低收入国家		1.97	
中国	0.02	50.38	62.89
中国香港	66.68	274.18	279.21
中国澳门	8.46	215.36	230.73

资料来源:《国际统计年鉴》2010 年。

截至 2011 年 6 月,中国网民规模达到 4.85 亿,互联网普及率攀升至 36.2%,与此同时法国互联网普及率达 73%①,从另外一个方面说明,我国的网络消费增长还有更大的空间。

(三)信息消费基础设施比较

1. 国际互联网带宽

2007 年我国人均国际互联网带宽为 279.9 比特/人,远低于世界 3267.6 比特/人水平(见表 5-27);2010 年我国的带宽与 2009 年同期相比,国际干线带宽已经增长 33.5%,国内干线带宽差不多增长 200%。尽管如此,内地网民平均拥有的国际干线带宽只有 2.34kps,而香港的网民 2007 年就是 20kps,现在内地的网民所占的带宽不及香港网民的十分之一②。2010 年虽然我国宽带普及率已经高达 98.3%,但是全国平均互联网连接速度仅为 100.9 KB/s,远低于全球平均连接速度(230.4 KB/s)③。

表 5-27　国际互联网带宽

国家和地区	国际互联网总带宽 (兆比特/秒)		人均国际互联网带宽 (比特/人)	
	2000	2007	2000	2007
世界	17.0	800.0①	101.7	3267.6
高收入国家	2192.5	24587.0①	586.5	18177.3
中等收入国家	29.5	686.0①	3.8	377.2
低收入国家	1.7	20.6②	0.2	24.7

---

① 中国信息产业网—人民邮电报:法国互联网普及率达 73%,http://tech. sina. com. cn/i/2011-08-17/11465941496. shtml。

② 邬贺铨:《内地网民人均国际带宽 2.34kps 不及香港 1/10》,http://www. c114. net(2010/8/17 13:10)。

③ 《第 27 次中国互联网络发展状况调查统计报告》,http://research. cnnic. cn/。

续表

国家和地区	国际互联网总带宽 （兆比特/秒）		人均国际互联网带宽 （比特/人）	
	2000	2007	2000	2007
中国	2799.0	368927.0	2.2	279.9
中国香港	4180.0	110068.0	627.2	15892.2
中国澳门	105.9	4455.0	240.2	8682.9

注：①2004 年数据　②2003 年数据
资料来源：《国际统计年鉴》2010。

2. 电话主线和移动电话普及率

我国电话主线 2007 年已超过世界和中等收入国家水平，我国移动电话 2009 年达到 563 部/千人，仍未超过 2008 年的世界 597.61 部/千人，见表5-28。

表5-28　中国电话主线和移动电话普及率水平

国家和地区	电话主线（条/千人）			移动电话（部/千人）		
年份	2000	2007	2008	2000	2007	2008
世界	160.60	194.78		121.58	512.02	597.61
高收入国家	564.57	489.78		511.20	1013.24	1055.77
中等收入国家	93.29	156.32		51.57	467.17	550.27
低收入国家	10.96	43.62	10.51	3.73	164.77	288.53
中国	114.70	277.35		67.52	415.16	478.26
中国香港	589.02	595.56	588.72	817.31	1552.38	1630.08
中国澳门	401.08	346.95	334.34	319.92	1548.16	1772.40

资料来源：《国际统计年鉴（2010）》。

从国际上看，移动电话的饱和点在 100% 左右，已经有部分国家达到这一目标，我国部分地区（如北京、上海等城市）已达到或接近这一水平。从全国水平来看，增长空间仍然很大。

3. 个人计算机普及率

我国的个人计算机普及率低于世界水平,这与我国人口基数有关。

表 5-29　个人计算机普及率　　　　　　　单位:台/千人

国家和地区	2000	2003	2004	2005	2006	2007
世界	79.90	79.58	114.71	127.46	153.14	
高收入国家	375.32	395.81	557.89	605.51	674.26	
中等收入国家	20.62	37.60	43.23	50.44	56.16	
低收入国家	3.41	7.71	11.29	16.03		
中国	16.31	39.13	40.88	48.72	56.53	
中国香港	401.65	559.56	617.30	612.40	653.66	685.74
中国澳门	158.77	250.99	283.36	328.12	384.07	

资料来源:根据《中国信息年鉴》2009 年、《世界各国和地区信息化综合指标数据》整理。

4. 信息化指数比较

2011 年信息化蓝皮书《中国信息化形势分析与预测(2011)》指出,与世界各国比较,中国的信息化仍处于全球中间偏低的水平。2008 年,瑞典信息化发展指数(IDI_{CN})达到 1.048,继续位居世界第一;而中国 IDI_{CN} 为 0.645,居世界第 42 位。根据国际电信联盟的信息化指数(IDI_{ITU})进行国际比较研究可以发现,2008 年中国的 IDI_{ITU} 指数水平在 157 个国家和地区中位于第 79 位,相比 2007 年下降了两位[1]。

综上所述,我国信息消费水平与发达国家比较仍存在较大差距,中国与最高水平国家和地区相比差距较大的是基础设施指数。2007 年中国基础设施指数相当于该分类指数值最高国家瑞典的

---

[1]　2011 年信息化蓝皮书《中国信息化形势分析与预测(2011)》,第 351—352 页。

25%,环境与效果指数相当于瑞典的56%,信息消费指数和使用指数分别相当于挪威的70%和81%;知识指数相当于爱尔兰的88%。我国在整体经济发展实力、研究开发经费投入以及计算机人均拥有率等方面与发达国家差距较大①。从表5-27可看出,2007年我国国际互联网总带宽超过高收入国家,但人均国际互联网带宽低于中等收入国家水平。从表5-28可看出,2007年中国电话主线277.35条/千人,已超过中等收入国家和世界平均水平,2008年我国移动电话478.26部/千人,不及中等收入国家和世界平均水平。由此可见,我国传统信息工具消费已达到世界水平,而新兴信息工具消费还未达到世界水平。由表5-30显示,自2003年后,我国信息通讯技术支出占国内生产总值比重已超过世界各国平均数。

表5-30 2002—2007年世界各国信息通讯技术支出占国内生产总值比重

(单位:%)

国家和地区	2002	2003	2004	2005	2006	2007
世界	6.81	6.58	6.56	6.56	6.56	6.49
中国	4.29	7.39	7.77	7.71	7.74	7.93

资料来源:《中国信息年鉴》2009年。

(四)信息技术消费价格比较

目前,各国信息通讯技术(ICT)服务价格的差异很大。这种差异不仅体现在绝对数字(美元)上,而且体现在转化成的购买力或者所占人均国民总收入的百分比上。高收入国家或者发达国家

---

① 国家统计局科研所、信息化水平的国际比较研究课题组:《中国信息化发展指数(IDICN)的国际比较——〈信息化水平的国际比较研究〉系列报告之一》,《中国信息界》2010年第3期。

往往拥有相对较低的 ICT 服务价格,而低收入国家或发展中国家
的 ICT 服务价格却往往很高。然而,也有一些国家的 ICT 服务价
格要低于与其收入水平相当的国家的平均价格。这些国家或者提
供政府补贴(如固定电话),或者使运营商国有化,更为成功的是
吸引投资,以建成固定宽带和移动电话的市场竞争环境。一个简
单的回归分析结果表明,ICT 服务价格和信息化水平有着密切的
联系。这说明了决策者在制定 ICT 服务价格时的重要性①。我国
的宽带市场竞争不够充分,资费比较高,平均每 Mbps 接入速率费
用是发达国家平均水平的 3 至 4 倍,而且网络质量不令人满意。
中国内地网速全球排 71 位,资费为发达国家 4 倍②。人民网 2007
年 5 月 1 日报道 发达国家互联网使用价格不到其收入水平的
1%,而我国的比例超过 10%,我国网民上网费所占收入比重是发
达国家 10 倍。发展中国家的 ICT 应用水平仍然很低,大多数人是
因为成本太高而用不起,互联网宽带的高价格抑制了人们的需求。
2008 年,我国宽带用户平均月资费83.8 元,相当于每 Mbps 每月
46.6 元(约合 6.7 美元),是韩国宽带价格(0.37 美元)的 18 倍、
日本(0.13 美元)的 51.5 倍。"如果考虑到收入差距的话,2008
年韩国人均国民收入是我国的 6.9 倍,这意味着我国的宽带资费
水平相当于韩国的 124 倍。"③

① 国家统计局科研所、信息化水平的国际比较研究课题组:《国际电信联盟
的信息化发展指数(IDIITU)国际比较——〈信息化水平的国际比较研究〉系列报
告之二》,《中国信息界》2010 年第 4 期。
② 2011 年中国信息化蓝皮书《中国信息化形势分析与预测(2011)》,
http://www.acsi.gov.cn/web/NewsInfo.asp? NewsId=478。
③ 2011 年中国信息化蓝皮书《中国信息化形势分析与预测(2011)》,ht-
tp://www.acsi.gov.cn/web/NewsInfo.asp? NewsId=478。

(五)图书报刊类消费比较

首先从人均期刊拥有量来看,2006年全年我国共出版期刊9386种,总印数28.5亿册,总印张134.7亿张,定价总金额140亿元(数据来源于《中国新闻出版报》)。同我国的近邻日本相比较,日本期刊总印量达30亿册,但按人均计算是我国人均期刊拥有量的10倍。根据世界报业协会2004年发布的数据显示,我国的日报期发行总量居世界首位,占世界发行总量的22%;从每千人日报拥有量来看,北欧地区每千人超过500份,发达国家达到250份,世界平均水平为96份/千人,发展中国家的平均水平是60份/千人,而我国只有每千人63份,刚刚超过发展中国家的平均水平,低于世界平均水平,远远落后于发达国家。与联合国教科文组织在20世纪70年代确定的发展中国家最低标准每千人100份的目标相差还很大,所以报业发展的空间还很大。与报业发达国家相比,我国仍然属于市场竞争比较低下的国家。2002年日本报纸日发行量7000多万,每千人拥有664份;从世界报业协会公布的数据看,我国每百万人口的日报发行量只相当于日本的1/5、芬兰的1/4、英国的1/3、美国的1/2;与秘鲁、爱沙尼亚、泰国、马来西亚等发展中国家相比,我国日报读者市场只开发了一半左右的空间①。《新闻出版业"十二五"时期发展规划》提出,到"十二五"期末,实现人均年拥有图书5.8册、期刊3.1册,每千人拥有日报达到100份,国民综合阅读率达到80%,人均书报刊用纸量达到240印张,千人拥有出版物发行网点数0.13个,版权登记数量70万件。最近调查显示,我国国民每年人均阅读图书仅4.5本,远低于

---

① 林琳:《解读"世界日报发行量前100名"》,http://news.eastday.com/eastday/xwjz/node23670/node23672/userobject1ai329859.html。

韩国 11 本,法国 20 本,日本 40 本,以色列 64 本①。

(六)信息消费指数比较

近年来,由于信息产品价格和通信价格下降,信息消费支出虽然总量上升,但占居民消费支出的比重却有所下降。受此影响,2007 我国信息消费指数下降了 2 个百分点,2008 年下降了 3.3 个百分点,居世界第 38 位,增长速度由正转负,信息消费指数增长下降的原因并不是居民信息消费的绝对量在此期间持续减少,而是居民其他消费增加得比信息消费更快,导致居民信息消费所占比例走低。颇有意味的是我国人均信息消费绝对量低于世界平均水平,但是 2002—2007 年信息消费指数却高于世界平均水平。这是因为我国居民收入较低,而信息消费支出占全部消费的比例较高所至,并不代表我国居民信息消费水平高于世界平均水平。

表 5-31　1995—2010 年中国与世界信息消费指数

信息消费指数	1995	2000	2002	2003	2004	2005	2006	2007	2008	2009*	2010*
中国	0.27	0.425	0.507	0.554	0.538	0.551	0.569	0.549	0.516	0.510	0.541
世界		0.479	0.496	0.499	0.51	0.514	0.517	0.523	0.531	0.537	0.544

资料来源:《中国信息年鉴》2009 年,2011 信息化白皮书, * 表示该年份为预测数。

联合国《2008 年千年发展目标报告》表明,在发达国家,2006 年有 58%的人口在使用互联网,而发展中国家则为 11%,与此同时,我国信息消费的层次偏低,不少消费者重视物质消费、轻视精神消费,重视享受性消费、轻视发展性消费,如有些人拥有计算机

---

① 中国新闻网:《从中国国民每年人均阅读 4.5 本书说起》,http://www.chinanews.com/cul/news/2010/05-25/2302800.shtml。

却很少使用,一旦使用大多时候都沉迷于玩游戏、聊天。

按照世界信息化水平的不同,可分为五类发展极不平衡的地区,尤其是在基础设施指数和信息消费指数方面差距极大,世界各国和地区之间存在的数字鸿沟问题不容忽视。我国宽带上网的速度仍落后于世界上其他互联网发达国家。在过去 5 年里,我国现代信息服务业复合增长率达 37.5%,但我国信息服务业在国民经济或服务业中所占比重较低,西方发达国家的信息服务业产值占GNP 的比重超过 3%,其中美国已经达 6%,且其增长速度大大高于它依赖的信息技术产业。在全球现代信息服务市场格局中,美国、西欧和日本凭借其信息技术优势遥遥领先,信息服务市场的规模分别占全球份额的 40%、33%和 17%,合起来占世界信息服务市场份额的 90%以上,而我国目前只占据全球信息服务业份额的2.5%,人均信息资源占有率与发达国家相差 2—3 个数量级,我国信息服务市场只相当于美国 20 世纪 60 年代末、日本 70 年代中、中等发达国家 80 年代中期水平。

第六章　我国城镇居民信息消费特点与问题思考

第一节　居民信息消费发展的特点

就总体趋势来说,我国居民信息消费正处在从传统向现代转变时期,近十多年来居民信息消费发展呈现出以下基本特征特点:

一、网络信息消费快速发展

(一)网民规模快速扩张

网络信息消费成长快,规模总量大,2001 年至 2010 年,网民人数持续增加,潜在消费群体不断扩大,互联网普及率进一步提升,超过全球平均水平,人们对网络的依赖性日益增强。2010 年网民数 45.7 千万,网民规模居全球第一,是 2001 年 3.37 千万的 13.56 倍,平均每年增长 10.29%, 2010 年网民平均每周上网时间 18.3 小时是 2001 年 8.5 小时的 2.15 倍、2010 年互联网普及率 34.3%,是 2002 年 4.6%的 7.46 倍,平均年增长 10.82%,可以看出我国居民网络信息消费快速发展特点(见图 6-1)。

宽带普及率平稳上升,其发展速度也位居世界前列;宽带上网人数持续扩大,宽带网民规模达到 4.5 亿人,是网民总体的 98.3%。数据显示,截至 2010 年 12 月底,中国互联网平均连接速度为 100.9KB/s,也就是 0.81Mbps,按照目前的发展势头,"十二五"末期,中国的网民数量可能增至 6 亿—7 亿人次,即全球 1/4 的网民在中国。手机上网网民规模达到 3.03 亿人,占整体网民的 66.2%。手机和笔记本作为网民上网终端的使用率迅速攀升,互联网随身化、便携化的趋势日益明显。商务交易类应用的快速增长,也使得中国网络应用更加丰富,经济带动价值更高。互联网对居民日常生活的渗透性变得越来越广,居民的网络信息消费也越来越普遍,网络信息消费逐渐成为信息消费的主体。

我国互联网实现 1 亿用户规模大约用了十年左右的时间。2006 年互联网普及率首次突破 10%(实际为 10.5%)后,开始进入快速扩张期,实现第 2 个亿级用户只用了两年的时间。2007 年底全国互联网用户达到 2.1 亿户,普及率上升到 16%。考虑到互联网普及的饱和点在 80%左右,我国互联网正处在快速扩张初期,扩张期还有很长。随着我国互联网普及率的逐年提高,互联网正在走进人们的工作与生活。CNNIC《报告》调查显示,在家和单位上网的网民比例在 2010 年有了明显的提高,有 89.2%的网民选择在家上网,另有 33.7%的网民选择在单位上网[①],互联网作为人们日常工具的价值正在日益提升,网络信息消费已经成为居民消费生活中重要的内容。

(二)网络信息工具消费整体处于快速扩张初期

随着信息技术发展的日新月异,信息内容更加丰富,人们对信息的需求也在急剧的增加,往往导致信息获取方式的变迁。不同的信息消费方式对信息工具载体要求不同,在信息传递速度上不断超越,而且出现了具有良好的互动性和个性化特征的信息工具,

---

① 中国互联网络信息中心:《第 27 次中国互联网络发展状况统计报告》,http://research.cnnic.cn/。

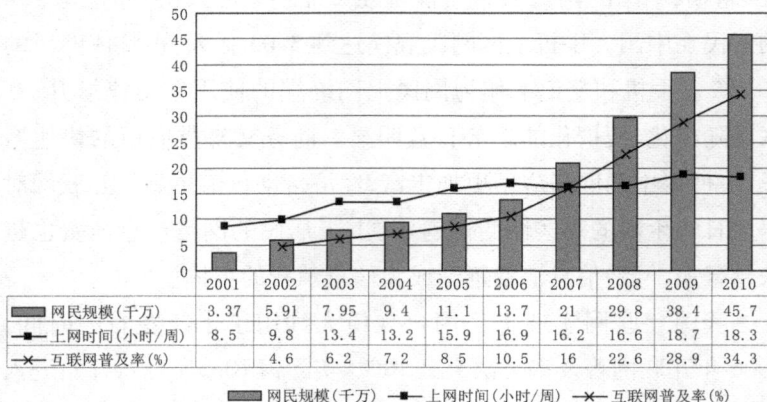

图 6-1　2001—2010 年互联网发展情况

资料来源:根据历次中国互联网络发展状况统计报告数据绘制。

对网络媒体工具的消费正逐渐走向高速发展阶段。如表 6-1 城镇居民每百户计算机拥有量在 2001 年达到 13% 以后进入快速扩张期,2008 年达到 59.3%;明显高于全国百户家庭计算机拥有量水平。

表 6-1　2000—2008 年我国计算机发展情况

(单位:部/百户)

指　标	2000	2001	2002	2003	2004	2005	2006	2007	2008
城镇家庭计算机普及率		13	20.6	27.8	33.1	41.5	47.2	53.8	59.3
全国家庭计算机普及率	3.8	5.4	8.7	12.1	14.9	19.0	22.2	26.2	30.0

资料来源:根据《中国数字鸿沟报告 2009》、历年《中国统计年鉴》数据整理。

自 1987 年移动电话引入大容量蜂窝移动电话系统以来,我国移动电话用户总数达到 1 亿户用了将近 14 年，在 2001 年首次突破 1 亿用户、普及率超过 10%以后，移动电话开始进入快速扩张区。从 1 亿户到 2 亿户用了 20 个月，从 2 亿户到 3 亿户用了 18 个月，从 3 亿户到 4 亿户用了 21 个月。此后大约每一年半就新增 1 亿用户，并在 2003 年首次超过固定电话用户①。2006 年到 2011 年年底，我国移动电话用户平均每年新增一亿用户，2011 年 8 月达到 9.27 亿用户，普及率达到 64.5%；2012 年 5 月，中国手机用户将超过 10 亿（见图 6-2）。手机普及率约为 77%，比 80%的全球平均普及率低数个百分点。

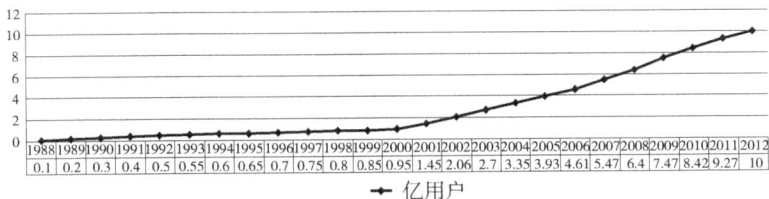

1988	1989	1990	1991	1992	1993	1994	1995	1996	1997	1998	1999	2000	2001	2002	2003	2004	2005	2006	2007	2008	2009	2010	2011	2012
0.1	0.2	0.3	0.4	0.5	0.55	0.6	0.65	0.7	0.75	0.8	0.85	0.95	1.45	2.06	2.7	3.35	3.93	4.61	5.47	6.4	7.47	8.42	9.27	10

→ 亿用户

图 6-2 中国移动电话用户过亿时间表

资料来源：根据《中国信息年鉴》数据制图。

从图 6-3 可以看出 2001—2008 年移动电话呈现快速扩张态势，固定电话消费呈缓慢下降态势，二者呈剪刀差态势。

目前，使用 PC 上网的传统互联网网民正在向手机网民渗透。既使用 PC 又使用手机上网的网民比例已经超过网民半数，融合的趋势已经相当明显。在 2008 年底，中国手机/PC 双重网民仅占到总体网民不足 20%；但发展到 2010 年末，这一比例就已经达到了 56.8%，而且还在保持着增长的态势。目前手机网民中安装过

---

① 黄长征：《2005—2006 年移动通信发展状况》，《中国信息年鉴》2006 年。

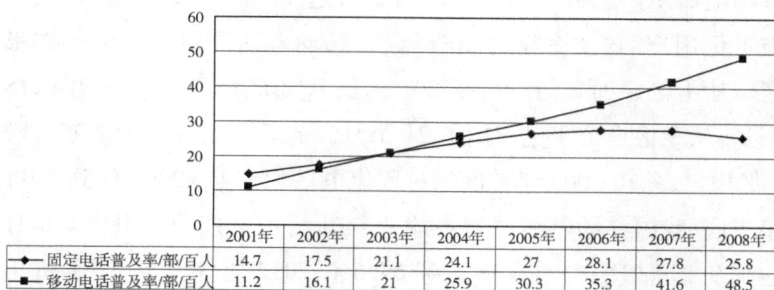

图 6-3　2001—2008 年中国固定电话与移动电话普及率

数据来源:历年《中国统计年鉴》。

软件的比例已经很高,客户端服务的趋势正在萌发。截至 2010 年 12 月,整体手机网民中半年内曾经在手机上安装过软件的用户占到了 44.5%,有接近一半的手机网民已经具备了使用手机软件(客户端)的能力。传统意义上手机的核心功能是通话,2009 年我国移动本地电话通话时长同比增长 19.5%,移动长途电话通话时长同比增长 31.8%。比较而言,智能手机上网用户中安装软件的比例明显高于总体。各大智能手机操作系统的手机网民中,安装手机软件的比例都接近 80%,达到了一个极高的水平。可见,智能手机的普及将加速手机上网进入客户端时代①。第三方手机浏览器正在加速普及,加上 3G 服务的不断渗透,使得通过手机直接访问 WEB 网站变得十分简单。在对用户手机上网工具的调查中,分析人员发现,目前手机自带浏览器占据了移动互联网用户市场的 49.6%。这表明,用户自行下载安装的手机浏览器的应用需

---

①　中国互联网络信息中心:《2010 年中国手机上网行为研究报告》,http://www.cnnic.cn/research/bgxz/ydhlwbg/201108/P020110829414792261998.pdf。

求还没有被完全开发出来,手机浏览器市场仍有较大的发展空间。

(三)网络应用特定用户群体结构形成

我国网民数量居世界第一,用不同方法,从不同视角、不同层面对网民分类,其结果表明我国已形成网络应用特定用户群体结构。《第 23 次中国互联网络发展状况统计报告》根据网民网络应用特点,结合网络应用数量、应用类型和应用时间,我国网民可划分为三大序列、七类特定用群体:

1. 重度用户序列

重度用户在使用的网络应用数量和上网时长上都远高于网民总体的平均水平。可分为以下三类①网络依赖群:此群体占网民总规模的近 11%,他们在各种网络应用上的群体特征值都高于总体平均水平,他们使用的网络应用最多,每周上网时间也最长。他们是互联网的最忠实的用户。②网络商务群:此群体占网民总体的 6.7%,是网民中最小的一个群体。此群体与网络依赖群比较接近,但是在上网时长、网络应用数量上都远低于网络依赖群,在应用上的一个重大区别在于此群体几乎不访问论坛。同时他们在电子商务、在线炒股、旅行预订等应用上的特征明显强于搜索引擎、即时通信、电子邮件等基础应用。③网络社交群:此群体占网民总体的 12.3%。他们在具有社交特征的应用上的比例明显高于其他群体,他们在即时通信、博客、论坛/BBS、交友网站等社区类网络应用上的渗透率明显偏高。

2. 中度用户序列

中度用户的网络应用数量和上网时长与总体水平接近,从使用的网络应用判断,他们可能是轻度用户向重度用户的过渡群体。此群体在网民总体中所占比重达到 21.5%,是最大的一个群体,称为基础应用群,在搜索引擎、电子邮件、即时通信等互联网基础应用上的比例远高于总体水平,而在其他应用上的使用率却明显偏低。

3. 轻度用户类别

他们在上网时间和应用数量上都远低于平均水平,同时他们也是网龄最小的用户。可分为以下三类:①自我展示群:此群体占总体的 12.6%。此群体中的用户 100%拥有博客,而在其他应用上他们的使用率明显低于总体。此群体平均使用 5.3 个应用,每周上网 12.27 个小时。②非主流网游群:此群体中的网民 100%玩网络游戏,他们占总网民规模的近 18%,此群体除了游戏之外,在其他应用上的指数都低于总体。③网络浅尝者:此群体占总体的18.2%,是规模仅次于基础应用群的一个群体。此群体在各个应用上的群体特征都不突出,他们上网时间最少,使用的网络应用数量最少,同时他们也是网龄最短的群体,但是他们却是年龄最大的群体,平均年龄达到 32 岁。此群体显示了互联网向高年龄群体的扩张。

网民生活形态研究发现:越是重度用户,对互联网作为生活助手的价值认可度越高,同时他们对互联网的信任与安全性认可度也较高;另外不可忽视的一点是:越是重度用户,对互联网可能产生的社会隔离认同度越高[1]。

窦伊男(2010)基于网络流量、宽带网络业务、网民上网行为等多个维度对用户行为特征进行分类,得到八类网络应用群体[2](见表 6-2)。

---

[1] 中国互联网络信息中心:《第 23 次中国互联网络发展状况统计报告》(2009 年 1 月),http://www.cnnic.net.cn/html/Dir/2009/01/12/5447.htm。

[2] 窦伊男:《根据多维特征的网络用户分类研究》,北京邮电大学,2010 年。

表 6-2　网络应用群体分类特征及比例

分类	分类特征	比例
搜索引擎用户群	主要使用搜索引擎,少量的论坛、博客、音乐访问,各种类型均有涉及,但基本不访问门户网站。	23.62%
音乐和社区用户群	主要访问音乐类网站,一定的社区论坛访问,访问部分搜索引擎和博客网站。有门户网站访问。	12.56%
游戏用户群	主要访问游戏类网站,同时访问少量搜索引擎、论坛社区和博客网站。基本不访问门户网站。	7.58%
论坛社区用户群	主要访问论坛社区类网站,同步访问部分搜索引擎、博客和音乐网站。基本不访问门户网站。	31.59%
影视用户群	主要访问影视类网站,同时访问部分搜索引擎、论坛社区和博客网站,基本不访问门户网站。	3.03%
博客和社区用户群	主要访问博客类网站,同时访问部分论坛社区、搜索引擎音乐网站,基本不访问门户网站。	12.99%
新闻用户群	主要访问新闻类网站,同时访问部分搜索引擎、论坛社区和博客网站,有访问门户网站。	4.66%
财经用户群	主要访问财经类网站,同时访问部分搜索引擎、论坛社区和新闻网站,基本不访问门户网站。	3.98%

资料来源:窦伊男:《根据多维特征的网络用户分类研究》,北京邮电大学,2010 年。

艾瑞咨询近期推出《2010 年中国网民生活群落划分研究报告》①。报告中,艾瑞通过对长期监测样本生活形态信息的分析,将网民划分为有显著差异的七类群落。通过多年的网民行为监测及研究,艾瑞咨询已经对网民的上网行为有了深入的了解,获得了稳定的连续性样本的生活形态信息,为对网民的心理特征及生活形态的研究提供了支持。基于问卷调研结果,艾瑞咨询运用因子分析、聚类分析等多种方法尝试对网民生活形态数据进行统计分

---

① 艾瑞咨询:《2010 年中国网民生活群落划分研究报告》,http://www.ire-search.com.cn/View/114555. html。

析,最终通过先进的动态样本优化的聚类方法,获得了持续稳定的七类网民群落。七类网民群落在生活态度、人口特征和网络行为等维度上都有显著的差异,如追求风格的引领者,在25—30岁的高学历高收入用户中比例最高,习惯访问社区博客网站、汽车网站;艾瑞咨询结合这些用户特征分析认为这部分用户中,喜欢用博客抒发观点。而安逸生活的居家者则集中于35岁以上用户,经常访问汽车房产网站,这部分用户属于已经有稳定的家庭和事业,有一定的经济基础,考虑买车买房的族群。

(四)网络信息消费逐步向低龄化、低学历、低收入人群渗透

近十多年,我国18岁以下低龄网民占比呈上升趋势;高中以下低学历网民占比呈上升趋势;2003年起每年收入低于500元以下网民占比都是最高的(见表6-3)。

表6-3　1999—2010年我国低龄、低学历、低收入网民占比　(%)

		1999	2000	2001	2002	2003	2004	2005	2006	2007	2008	2009	2010
年龄	18岁以下	2.4	14.93	15.3	17.6	18.8	16.4	16.6	17.2	28.6	35.6	32.9	28.4
	18—30岁	75.6	60.02	52.5	47.5	51.3	53	71	54.9	38.1	31.5	28.6	29.8
学历	高中	13	23.5	30	30.6	29.3	29.3	30.2	31.1	36	39.4	40.2	35.7
	高中以下	3	6.4	10.2	12.9	13.5	13	16.2	19.8	27.8	33.4	35.6	41.2
收入	500元以下	7	15.31	23.6	23.5	23.8	28	21.8	25.3	24.2	26	18	19.4
	500—1000	29	25.94	25.94	25.3	20.9	15.6	19	15.7	16.7	16.2	14.59	15.1
第一行2007年后为19岁以下网民比例													

资料来源:根据CNNIC历次互联网调查报告数据整理,http://research.cnnic.cn/。

1. 互联网逐步向低龄人群渗透

18岁以下网民比例由1999年2.4%发展到2010年28.4%,平均每年增长2.36%,该群体规模的增长主要有两个原因促成:

首先,教育部自 2000 年开始建设"校校通"工程,计划用 5—10 年时间使全国 90%独立建制的中小学校能够上网,使师生共享网上教育资源,目前该工程已经结束;第二,互联网的娱乐特性加大了其在青少年人群中的渗透率,网络游戏、网络视频、网络音乐等服务均对互联网在该年龄段人群的普及起到推动作用。手机已经成为中国青少年第一位的上网工具。

2.互联网使用继续向低学历人群渗透

从发展趋势看,互联网使用正逐步从高学历向较低学历人群扩散。1999—2010 年,高中(中专)网民比重从 13% 上升到 35.7%,11 年里上升了 22.7 个百分点,平均每年增加 2.06 个百分点;同期高中(中专)以下网民比重从 3% 上升到 41.2%,11 年中上升了 38.2 个百分点,平均每年增加近 3.47 个百分点,表明网络的易用性、可用性得到越来越多的低文化阶层大众的认可。2010年,我国网民中初中学历人群增加明显,占比从 26.8% 提升到 32.8%,增加 6 个百分点。高中学历的网民占比首次下降,从 40.2%下降到 35.7%,降低了 4.5 个百分点。大专和本科及以上学历网民均保持相对下浮的态势①。

3.低收入人群开始越来越多地接受互联网

互联网进一步向低收入者覆盖。由于上网费用越来越低,网民中低收入者主要是学生,他们时间资源丰富,是低收入人群中比例最大的群体。从 2003 年开始,收入低于 500 元以下的网民占比超过所有收入等级网民占比,与 2009 年相比,2010 年个人月收入在 500 元以下的网民占比从 18%上升到 19.4%。

---

① 《第 27 次中国互联网络发展状况统计报告》,http://www.cnnic.cn/research/bgxz/tjbg/201101/P020110221534255749405.pdf。

（五）互联网基础资源增长迅速

最近几年,我国已成为世界上发展最快、潜力最大的网络信息消费市场。中国互联网基础资源增长迅速,但增长不均衡。IPv4 地址的增速已经连续两年落后于网民的增速,IPv4 地址的增速如果持续落后于中国网民的增速,未来将成为制约中国互联网发展的瓶颈因素。CN 域名和 CN 域名下网站增速均超过域名总体和网站总体的增长速度,成为拉动中国互联网资源增长的重要力量。从 2004 年至 2009 年,IP 地址和域名的年平均增长率分别达到 31.2% 和 72.5%,CN 域名数年平均增长率是 133.5%,网站年平均增长率 41.5%、网页数年平均增长率 109.8%,网上信息资源日益丰富(见表 6-4)。

表 6-4　2004—2009 年我国互联网资源发展情况(总量)

指标	单位	2004	2005	2006	2007	2008	2009	平均年增长率
IPv4 地址数	万个	5995	7438	9802	13527	18127	23245	31.2%
域名数	万个	–	259.2	410.9	1193.1	1682.6	1681.8	72.5%
CN 域名数	万个	43.2	109.7	180.3	900.2	1357.2	1345.9	133.5%
网站数	万个	66.9	69.4	84.3	150.4	287.8	323.2	41.5%
网页数量	亿	9	26	45	85	161	336	109.8%
国际出口带宽	Mbps	74429	136106	256696	368927	640287	866367	64.8%

资料来源:根据中国互联网络信息中心数据整理。

目前,基于互联网和移动通信网络的数字内容产品蓬勃发展,数字化和网络化大大改变了信息内容的创作、生产、传播和消费方式,网络音乐、网络视频、网络游戏等数字文化内容得到快速发展并形成产业。截至 2009 年,全国网站总数达 323.2 万家,移动通信与数字内容服务相结合,不断创造出新的业务形态,对传统信息

内容服务业的发展产生了深远影响。互联网资源发展情况在很大
程度上反映居民网络资源消费水平(见表6-4)。

网页的规模反映了互联网的内容丰富程度。自 2003 年开
始,中国的网页规模基本保持翻番增长,2009 年的网页数量达到
336 亿个,平均年增长率超过 90%。

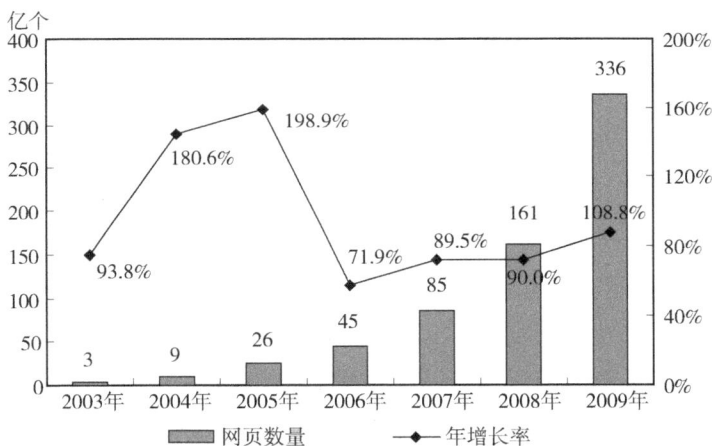

图 6-4　2003—2009 年中国网页规模变化

资料来源:《第 25 次中国互联网络发展状况统计报告》,http://tech.qq.com/zt/2010/cnnic25/。

截至 2009 年底,中国已建立政府门户网站 4.5 万多个,75 个中
央和国家机关、32 个省级政府、333 个地级市政府和 80%以上的县
级政府都建立了电子政务网站。据统计,过去 16 年,中国信息产业
年均增速超过 26.6%,占国内生产总值的比重由不足 1%增加到
10%左右,互联网已经成为中国发展低碳经济的新型战略性产业。

(六)网络信息消费成本较高

中国居民信息消费的绝对数并不高,但是占收入的比重较高。
互联网应用成本更高。2006 年我国居民人均每月上网费 83.5

元,相当于 2006 年城镇居民人均月收入的 8.5%。中国互联网协会有关负责人解释说,这个数字统计口径为有花费网民上网费用的平均值,仅限于上网接入费用及上网电话费,不包括使用网络服务的费用。

　　根据《全球信息技术报告(2009—2010)》提供的数据,2008年互联网普及率超过 75% 的前 10 个国家,固定宽带费占人均GDP 的比重都在 1% 左右,而中国的这一比重为 7.4%,在所比较的 99 个国家中,属于资费水平最高的 30 个国家之一。如果考虑到网速因素,2008 年我国上网接入速率是韩国的 1/22,宽带价格却是韩国的 18 倍。对此。专家指出,中国的资费水平依然偏高,影响了信息技术普及和应用效果,成为信息社会发展的巨大阻力。网络信息消费,包括上网费和用于上网的电话费支出、网上有偿下载各种数字报刊、数字书籍、数字资料、数字音乐、数字影视、数字游戏等等各种在线支出的网络消费。根据《第 21 次中国互联网络发展状况统计报告》,显示,2007 年每户家庭接入费用平均是74.9 元/月,全年接入费用平均为 900 元/户。2010 年中国电信在每户宽带用户上的月平均收入约为 71 元。上网仍旧不属于非常平民化的消费,上网费用的进一步降低应该可以推动更多的居民上网。当前我国的宽带资费对于国内绝大多数地区的收入水平来说都是明显偏高的。以上海最近推广的 10 兆宽带服务为例,月资费 259 元,相当于上海城市居民人均可支配收入的 11% 和农村居民人均纯收入的 25%,相当于全国城市居民可支配收入的 18% 和农民人均纯收入的 60%[①]。如此高的资费水平,严重影响了互联

---

　　①　国家信息中心信息化研究部:《走进信息社会:中国信息社会发展报告2010》,《中国信息导报》2010 年 7 月 31 日。

网的进一步普及与应用,严重影响到新技术的进一步扩散和深化
应用。由中国社科院、北京大学及香港理工大学组成的"移动通
讯与中国社会"课题组进行的调查涵盖大连、上海、广州、兰州、成
都和南宁这 6 个城市的居民样本。调查显示,6 个城市的手机人
口月均资费为 71.72 元,手机资费已经占到居民收入的 5.43%,在
年收入不到 1 万元的手机人口中,这一比例则达到了 10.31%①。
CNNIC《报告》显示,制约网民手机上网活跃度和深度提升的排名
第二位的因素是"上网资费太贵"。尽管 3G 服务可以解决网民
最关注的网速问题,但是偏高的上网资费和换机成本限制了手机
网民向 3G 服务的升级,无法提升整体网民的上网体验。

二、网络信息消费快速增长的原因

(一)罗杰斯的创新扩散理论解释

罗杰斯在其名作《创新的扩散》一书中,对新技术的传播过程
进行了详细研究。罗杰斯认为,从新技术本身的特征考虑,有 5 个
主要因素影响它的传播普及速度;①先进性。新技术在何种程度
上能够感觉比现有技术更好;②兼容性。新技术与潜在用户现有
的价值观、过去的经验和需要在何种程度上具有一致性;③复杂
性。新技术在何种程度上被认为理解和使用有困难;④易用性。
新技术能以何种程度在一个有限的基础上尝试;⑤显示性。新技
术的结果能在何种程度上被公众了解。结合考虑传播渠道、时间
因素以及社会影响之后,罗杰斯建立了一整套认识阐述新技术传
播普及的理论体系。这一关于创新扩散的高新技术传播理论被广
泛引用,成功解释和预测了很多新技术的传播普及过程,因此目前

---

① 京华时报—京华网,http://www.jinghua.cn,2011 年 1 月 8 日。

已成为西方高新科技传播研究领域的主流思想①。

按照罗杰斯的创新扩散理论,互联网技术在中国几乎完全符合其有利传播的五大特征,新技术的扩散总是一开始比较慢,然后当使用者达到一定数量(即"临界数量")后,扩散过程会突然加快,直到系统中有可能使用新技术的人大部分都已使用,到达饱和点,扩散速度又逐渐放慢,使用新技术的数量随时间而呈现出"S"形的变化轨迹(即 S 曲线)。一般来讲,一项新技术在普及率达到10%—20%时将进入快速扩散期。按照这一理论,目前我国网络信息技术扩散已全面进入快速扩张期。2006 年 12 月中国互联网普及率是 10.5%,2007 年 12 月中国互联网普及率增至 16%,2008年底,普及率达到 22.6%,2009 年普及率达达到 28.9%,高于全球平均水平。美国和韩国的互联网普及率的增长趋势同样符合创新扩散理论,当其互联网普及率在 10% 以上时,互联网规模及普及率迅速增长。美国 1998 年的互联网普及率是 18.6%,1999 年即快速增长到 26.2%;韩国 1999 年普及率是 22.4%,2000 年则跃升至 33%,网民规模从 943 万快速增加至 1393 万。

(二)我国信息基础设施与应用实现跨越发展

从我国的信息社会发展进程看,2000 年全国 ISI(信息社会指数)为 0.2215,还处于起步阶段,2008 年中国 ISI 首次超过 0.3,开始进入工业社会向信息社会的加速转型期。加速转型期的信息技术应用对经济社会发展的影响开始从量变走向质变。主要体现在两个方面:一方面时间上实现赶超,某些信息技术应用比其他国家用了更少时间达到同样甚至更高的普及程度;另一方面技术上实

---

① 　焦硕等:《中国新技术普及过程的特异性分析——关于罗杰斯创新扩散理论的一个补充》,《中国科技论坛》2004 年第 2 期。

现赶超,某些信息基础设施直接应用国际上的先进技术,如互联网的广泛应用,或通过自主研发达到国际领先的技术。①宽带基础设施实现跨跃式发展,第一,近十年我国光缆线路铺设增长近7倍,截至2009年,基础电信运营企业的宽带接入用户达到1.03亿;②3G投资建设加快,技术不断取得突破,2009年三家基础电信企业共完成3G网络建设直接投资1609亿元,建设规模超过了十多年累计规模的一半;3G信号覆盖面加大,目前中国联通WC-DMA网络已基本覆盖全国地市级以上城市。中国移动已经实现全国70%以上TD-SCDMA网络,其中东部省份100%地市实现覆盖。③互联网利用呈现宽带化、移动化。2008—2009年我国宽带网民占总网民的90%以上,移动宽带优先渗透落后地区,网民呈现移动化特征,城镇手机上网用户1.6亿元,占城镇网民总体的58.3%①。尽管继续保持高速增长,但必须看到,整个传媒产业也正面临着艰巨的结构转型。从统计数据可以看出,近几年传媒产业的增长主要是靠互联网和移动新媒体产业的拉动作用。

(三)数字化生活需求拉动网络信息消费与服务增长

现代信息技术在各领域中的创新应用正在塑造着全新的生活、工作与学习方式。电视、电话、计算机、互联网等普及率显著提高,日益成为人们的生活必需品。除手机和互联网在过去十多年里迅速普及外,现在我国平均每百户城市家庭的计算机拥有量已达到60台,彩电达140台。2000—2010年间,我国数字化生活指数从0.0319迅速增加到0.3910,十年间增长了10倍,网络渗透到人们日常工作、商务、生活、学习、娱乐、交友、游戏的方方面面,成

---

①　国家信息中心信息化研究部:《走进信息社会:中国信息社会发展报告2010》,《中国信息导报》2010年7月31日。

了现实生活须臾不可或缺的重要内容。人们工作生活中的许许多
多体验都和互联网密切相关,而且互联网本身也在不断地演变。

表 6-5　　中国信息社会发展指数

指数类型	2001	2006	2007	2008	2009	2010
知识型经济	0.2666	0.2891	0.3019	0.3160	0.3245	0.3406
网络化社会	0.3661	0.3086	0.3296	0.3516	0.3777	0.4028
数字化生活	0.0319	0.1476	0.1696	0.3173	0.3539	0.3910
服务型政府	0.3905	0.4461	0.3724	0.5122	0.5260	0.5443
ISI	0.2215	0.2627	0.2849	0.3327	0.3680	0.3929

资料来源:张新红:"十二五"信息社会形势与信息技术发展,http://wenku.baidu.
com/view/da9676621ed9ad51f01df2a0.html。

　　网站已经成为政府信息公开的重要渠道,网络民意将越来越
深刻地影响政府决策与社会制度的完善,互联网正在成为一种新
的工作和生活方式。几乎在个人生活的每个方面都能感受到信息
技术应用的影响和威力:网上信息越来越丰富,足不出户就可以了
解天下大事;取款、交费不需要排长队,通过 POS 机、ATM 机就能
实现;远程教育让偏远地区的人们也能享受到优质的教育资源;网
上购物、持卡出行、高速公路自动收费,让人们的生活越来越便利。
数字化生活已经并将继续催生新的产业形态,从全球范围看,随着
通信、计算机、消费电子和数字内容的不断融合,所有智能设备可
以便捷、实时控制,各种数字媒体可以实现声音、文字、图像的综合
集成和共享,正在构建新的数字家庭形态。在这种大的背景下,现
代信息服务业处在高速成长期,成为当今信息产业中发展最快,技
术最活跃,增值效益最大的一个产业。

　　马成文(2011)通过计量分析表明 1998—2001 年现代信息服

务业产值每增加 1 亿元,使城镇居民人均信息消费支出平均增加
0.1576 元;2002—2008 年现代信息服务业产值每增加 1 亿元,使
城镇居民人均信息消费支出平均增加 0.0417 元①。目前,全球信
息产业"服务"化的趋势愈来愈明显,信息服务业在国民生产总值
中比例也不断提高。"十五"以来,我国政府也不断出台相关的政
策扶持信息服务业的发展,制定了国家不同时期信息化发展规划,
各地区、各行业也制定了信息化专项规划,并对信息服务业的发展
及定位提出了一些新的看法和思考;进一步推进产业结构调整,大
力推动软件及信息服务业发展,我国数字内容产业整体市场规模
保持快速增长,如表 6-6 所示。

表 6-6　2004—2012 年我国数字内容产业整体市场规模

年份	2004	2005	2006	2007	2008	2009	2010*	2011*	2012*
产业规模（亿元）	537.0	849.8	1276.5	1719.1	2173.8	2887.2	3854.4	5014.6	6453.8
增长率（%）	73.0	58.0	50.2	34.7	26.5	32.8	33.5	30.1	28.7

＊表示 2010—2012 年为预测值。数据来源:CCID 2010,08。

　　另一方面,我们也看到随着移动、通信、计算机等产业的融合
趋势也为中小企业提供更多的商机,如动漫游戏、软件业、数字电
视等,这些信息服务业正得到了迅速的发展。赛迪顾问互联网与
电子商务咨询中心指出,2009 年,中国互联网总体市场规模达到
1834.5 亿元,较上年增长 32%(见图 6-5)。推动市场规模快速发
展的动力主要来自:①网络基础设施建设加快,宽带网络普及率快

---

① 马成文、田杰:《现代信息服务业对我国居民生活质量影响分析》,《情报
探索》2011 年第 5 期。

速提升,同时,电脑、手机等上网终端设备数量增长;②网民规模持续大幅增长,用户对互联网的接受程度、应用水平以及消费能力都明显提升;③互联网主流应用的盈利模式趋于成熟,盈利能力大幅度提升;④传统企业对互联网的接受和应用程度明显提高。

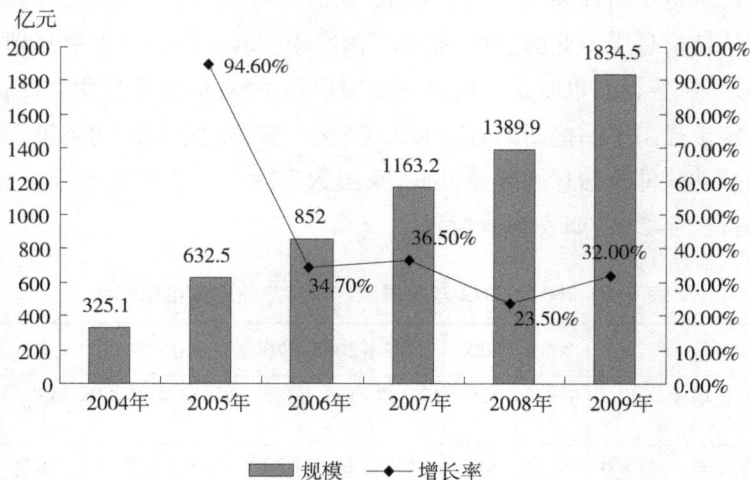

图 6-5 2004—2009 年中国互联网市场规模

数据来源:http://tech.qq.com/a/20090403/000317.htm。

互联网发展趋势表明,随着网络市场经济的发展,互联网与人们的生活更加紧密,人们对互联网的使用将越来越频繁,居民的网络信息消费会更趋合理。

(四)信息消费应用方式的渐变

近年来我国数字化生活水平稳步提高,信息社会对个人生活的影响开始显现;全国范围内数字应用水平尚处于起步阶段,人们消费"信息"的方式一直在变化,准确把握这种变化并提供相应产品或服务,就能创造新的商业机会。通过梳理信息消费方式的变化,可有效预测其未来变化趋势,从传统媒体的集中、单向的信息提供方式到以互联网为载体的信息门户提供方式,缩短信息生产和提供周期、信息量剧增,提供部分免费信息服务等优点,使庞大的信息消费群体选择使用互联网媒体,雅虎和新浪这样的互联网新闻巨头由此诞生。用户们发现信息生产和传播的禁锢被冲破后,在巨大信息量中寻找特定信息变成了一个问题,从用户的角度来看,搜索引擎满足了用户对特定信息的追踪,进一步加快了用户获取信息的速度,最关键的是帮助用户进行了信息筛选,但用户的期望值不仅在于此,博客与微博的出现让信息消费者获得了空前的选择空间,传统媒体在信息制造和信息传播方面失去垄断地位,而这种剧变其实来源于看似微不足道的一个跨越,降低技术门槛。博客解决的是信息创造需求,博客几乎不需要信息创造者具备任何技术能力,因此,很多用户从"受众"转变到"施众",从信息的消费者转化为信息的生产者,满足了用户的创作欲望,吸引了大量的网络用户。一些敏感的运营者则提供了另外的解决方法:基于feed 的订阅。订阅器的出现确实是信息消费的进步,它把信息选择权交给了用户,它是真正的个性化选择,而不是搜索引擎的机械式推送。但是,人们需要的不仅是这种成型的信息,用户需要更立体、更可控、更个性化的信息,而非海量、单向、批量式的信息。而且互联网本身也在不断地演变。Web2.0 时代的核心特点是互动和共享,用户既是网络内容的浏览者,也是网络内容的制造者、发布者、共享者。第三代移动通信最明显的特征就是个人化,包括网络的接入无处不在,有线、无线不仅可以自由选择,而且可以无缝连接、自由切换;终端百花齐放,PC、上网本、智能手机、移动互联网设备(MID)、电子书、游戏机、电视机、车载信息娱乐设备(IVI)等,都具备接入网络的能力,这种"个性化"的信息消费方式具有草根的生命力,只有把所有权利交给用户,用户需求才能获得满足。这些由于信息消费方式改变衍生出来的产品和服务,加速了互联网应用消费的发展。

(五)信息消费价格逐步下降

根据国际电联 2011 年 5 月发布的最新数据,2008 年至 2010 年间的全球宽带价格下降幅度超过 50%;移动电话服务的相对价格差不多减少 22%,移动电话用户数量从 40 亿增加到 53 亿;固定电话费用平均下降 7%。与两年前相比,全球消费者和企业在基本信息通信技术(ICT)服务上所支付的费用平均降低了 18%,高收入国家在享受信息和通信技术时支出较少,而世界上最贫穷的国家相反却要为此支付相对高昂的费用。在美国、加拿大、欧洲及亚太高收入经济体中,信息和通信技术价格只相当于人均国民总收入的 1%。而在发展中国家,信息和通信技术服务的成本却占到人均国民总收入的 17%[1]。价格仍是维持富裕和贫穷国家之间"数字鸿沟"的主要因素。有学者经实证分析表明,互联网使用价格每下降 10%,上网用户人数量增加 16.11%[2]。互联网业务成本随着网络技术进步,网络产品价格不断下降,业务成本也随之下降,而互联网业务服务质量将随着网络产品功能不断提升,为用户提供价优质高的网络服务,这说明了低资费策略的实施可行性。从全球来看,电信和互联网业务正变得越来越便宜。我国互联网用户快速增长主要原因之一是电信运营商大幅下调上网资费和实施积极市场营销策略,增强了用户上网的意愿,提高了上网用户的

---

① 国际电联:《信息社会世界峰会论坛在日内瓦召开》,http://www.un.org/chinese/News/fullstorynews.asp? newsID=15594。

② 刘渊:《互联网信息服务理论与实证——用户使用、服务提供与行业发展》,科学出版社 2007 年版,第 132 页。

活跃度和使用黏性；另一方面，网络应用服务快速发展更好地满足用户多元化和个性化服务需求，很大程度上提升了用户体验。艾瑞咨询预计，短期内互联网用户结构还将以青年群体为主体，但用户群体的学历层次、年龄层次和消费能力等方面将呈现向上延伸的趋势。总之，互联网带宽增加、上网资费下调、电脑价格下降和应用服务多样化，都将促进互联网用户规模稳步增长。

表 6-7　手机的功能与价格变化

年份	手机功能	价格
1997	电话	10000
2000	电话、短信	1500
2005	电话、短信、拍照、闹钟	1300
2010	电话、短信、拍照、闹钟、MP^3、上网	1000
2015	电话、短信、拍照、闹钟、MP^3、上网、钱包	500

资料来源：《"十二五"信息社会与信息技术发展形势》，国家信息中心，http://www.doc88.com/p-97930525277.html

三、传统信息消费特点

（一）纸质信息商品消费增长呈停滞状态

传统纸质信息商品的发行印数量反映了其消费量状况，如图6-6所示。

图书印数在1999年的达到最高73.2亿册，到2009年的70.4亿册；说明图书的消费量十多年来没有增加，反而有所减少。期刊的种数、总印数增加缓慢；只有报纸总印数逐年稳定增加，但2009年出现下降，说明纸质信息载体消费发展呈停滞状态。这是因为网络信息消费种类、方式手段不断丰富，替代了部分传统介质的信息商品。在整体信息产业高速增长的同时，产业结构也面临着快

图书、期刊、报纸出版情况

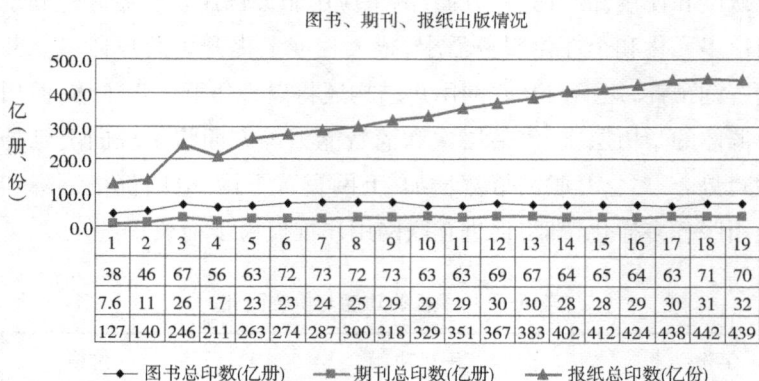

	1	2	3	4	5	6	7	8	9	10	11	12	13	14	15	16	17	18	19
	38	46	67	56	63	72	73	72	73	63	63	69	67	64	65	64	63	71	70
	7.6	11	26	17	23	23	24	25	29	29	29	30	30	28	28	29	30	31	32
	127	140	246	211	263	274	287	300	318	329	351	367	383	402	412	424	438	442	439

→ 图书总印数(亿册)　■ 期刊总印数(亿册)　▲ 报纸总印数(亿份)

图 6-6　传统纸质信息商品的发行印数量

资料来源:根据历年《中国统计年鉴》数据整理制图。

速的转型。在移动传媒等新兴媒体产业快速发展的同时,图书、报刊等传统媒体产业比重将持续下降,传统媒体尽管保持一定比例的增长,但在总体产业格局中的比重正在下降。这一方面说明我国的传媒结构正在发生积极的变化,但另一方面也给传统媒体提出了艰巨的挑战,如何从市场与体制双方面寻求突破,谋求行业发展的新思路、新模式是其面临的难题。传统媒体陷入困境应该说是目前全球传媒产业都面临的一个普遍问题。

(二)固定电话消费呈现下降现象

我国固定电话到 1999 年 7 月实现第一个用户总量过亿户,总共用了约 50 年的时间,此后进入快速扩散区,2006 年总用户 36781万户,普及率达到 28.1%。按照国际上通常在 50%—60%达到饱和点的常规,我国目前的普及率水平应该正处于快速扩张区。但2007 年、2008 年、2009 年连续三年出现了用户总量和普及率都比上年下降的现象(见表 5-6)。与发达国家固定电话普及率到达

60%甚至更高水平才开始下降有所不同,中国城市固定电话普及率在 2006 年达到 41.7%后首次即开始出现下滑。出现这一情况的主要原因有四个:一是城市固定电话普及率已超过每家一部电话,到达饱和点后出现"拐点";二是"移动替代",即部分城市家庭使用移动电话后不再使用固定电话。中国固定电话扩散在还没有到达理论峰值时就迎来了移动电话快速发展,因此"移动替代"现象相对提前了。三是随着宽带应用,许多家庭撤掉了原来专用于上网使用的专线;四是受支付能力和消费水平制约,多数家庭从节约开支的角度考虑,如果不是必需,不大可能保留多余的固定电话线①。

(三)广电类信息消费注重提升质量

表 5-7 显示,我国广电类信息消费从广播、电视节目人口覆盖率、电台数、节目套数等指标看,我国广播电视节目综合人口覆盖率已接近饱和,广播电视节目播出时间出现滞胀,百户家庭彩电拥有量已经滞胀;其消费发展体现在选择新的电视接收方式以提高收视内容效果,2004 至 2008 年有线电视用户平均增长率为 9.15%,2007、2008 年数字电视用户数增长迅猛,分别增长为 112%、68.6%,未来有较大增长空间。2007、2008 全国广播电视总收入分别增长为 19.8%、20.3%。

(四)音像产品消费结构调整

改革开放 30 年,我国音像出版业大致经历了 3 个阶段。前 10 年是快速发展和扩张阶段,中间 10 年是产业形成阶段,后 10 年音像业遭遇到了前所未有的困难。现有的音像出版社,大多数

---

① 国家信息中心"中国数字鸿沟研究"课题组:《2008 年中国数字鸿沟报告》,《中国信息年鉴》2008 年。

处境艰难。音像等部分行业则面临着绝对值下降的产业危机。衡量音像产业发展水平的三项指标——发行品种、发行数量、发行金额这三项数据下降程度均为历年之最,面临着盗版和网络免费下载的冲击,加之经济危机的大背景,中国的音像产业处于异常恶劣的市场环境中。目前,音像市场不再是以前的卖方市场,网络下载等多种途径都能满足消费者的需求,正版音像制品销售额和发行量持续下滑,尤其值得关注的是音像产业,2004—2009年,产业总值从27.25亿元降到17.37亿元,降幅达到36.3%。正版音像制品销售额和发行量持续下滑,但这并不表明市场没有需求,在未来10年间,传统发行与数字发行将并存,音像业将向集约化、规模化和品牌化方向发展。国内音像制品市场发展呈现两极分化,传统音像市场持续低迷,数字音像市场则实现井喷式增长。这一方面说明中国的音像产品结构正在发生积极的、质的变化,另一方面也给传统行业提出了艰巨的挑战,如何从市场与体制双方面寻求突破,谋求行业发展的新思路、新模式是这些行业所面临的迫切需要解决的难题。

四、信息消费增长特点
(一)信息消费年增长率的波动性特点

如果不考虑价格因素,信息消费支出的年增长率波动比可支配收入与总消费性支出的增长率更大,1985年至2010年间出现了三次较大峰值,分别是1988年、1994—1995年、2002年,出现了四次低谷,分别是1987、1990年、1993年、2008年,说明增长率变化存在明显阶段波动特点(见图6-7),1994年至2002年人均信息消费支出增长率超过可支配收入与总消费性支出的增长率,是信息消费的快速成长期。自2003年后信息消费支出年增长率开

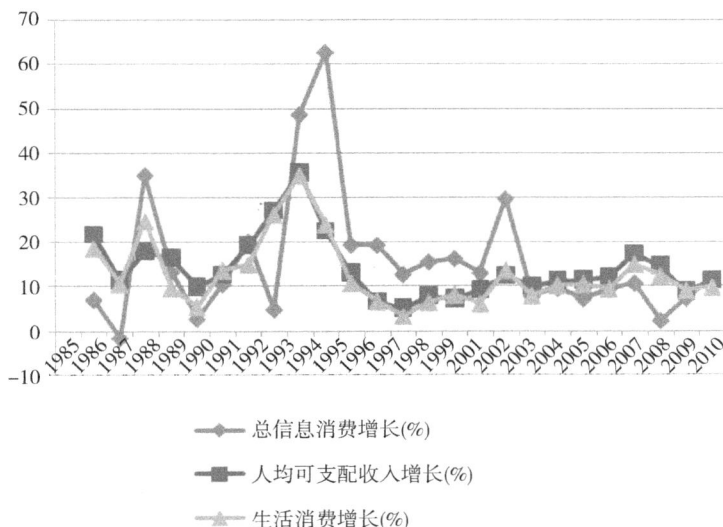

图 6-7

始低于可支配收入增长率和全年消费支出年增长率,这是因为,第一,是由信息消费边际效用先增加后减少的基本特征所决定。第二,收入对信息消费的影响作用在减弱,而可支配时间对信息消费的影响在增强,可支配时间对消费者而言是有限的。

当温饱问题基本解决,消费者的基本物质需要得到了满足,开始注重精神方面的信息消费,一部分收入用于信息消费,物质消费与信息消费二者都在递增。这一阶段,虽然信息消费的总量,边际倾向小于一般商品的,但信息消费的增加速度要大于一般商品消费的增加速度。第三,房价高涨的"挤出效应"。1996 年至 2002年,房价保持温和平稳上涨,增幅在 10% 以下;2003 年至 2007年,房价涨幅开始加大,并且呈逐年递增的态势,居民过快增长的购房消费,带动其他消费的增长,超过信息消费的增长速度。

（二）信息消费指数的年均增长速度居世界前列

信息消费指数是信息化五个分类指数之一,其指标是用信息消费系数表示。国家统计局科研所信息化水平的国际比较研究课题组为了分析中国信息化发展在世界中的地位和差距,选取了包括中国在内的世界 57 个国家和地区进行比较。选取的原则是:①分布于世界各大洲,对全球各个地区有代表性;②有经济发展程度的代表性,包括按人均 GDP 划分的高收入国家、中上收入国家、中下收入国家和低收入国家;③有信息化发展水平的代表性,包括按国际电信联盟(ITU)数字接入指数(DAI)划分的信息化高水平、中高水平、中等水平和低水平国家。鉴于数据的可获得性,在实际选取中发达国家相对多一些。2001—2007 年我国信息消费指数年均增长速度 3.92%,居第 13 位,居所比较国家前列①;在此之前杨京英等选取了世界 32 个国家(地区)与中国进行比较,结果表明,2001—2005 年,中国信息消费指数的年均增长速度为5.32%②,居所比较国家(地区)的第 1 位;2005 年中国信息消费指数比其他 4 个分类指数排名靠前,在所比较国家(地区)中名列第17 位,2001—2006 年信息消费指数年均增长速度为 4.96%,位居第 4 位③。通过比较分析可以看出,中国信息化发展指数(IDICN)的五个分类指数中,信息消费指数居世界的位次相对较高。

2001—2010 年中国信息消费指数年均增长速度是 2.638,是

---

① 国家统计局科研所、信息化水平的国际比较研究课题组:《中国信息化发展指数(IDICN)的国际比较——〈信息化水平的国际比较研究〉系列报告之一》,《中国信息界》2010 年第 3 期。

② 杨京英、杨红军:《2007 年中外信息化发展指数(IDI)研究报告》,《中国信息年鉴》2008 年。

③ 杨京英等:《2008 年中外信息化发展指数(IDI)研究报告》,《中国信息年鉴》2009 年。

世界的 2.07 倍。2007—2009 年信息消费指数增长速度分别下降了 3.52%、6.00% 和 1.16%(见表 6-8)。信息消费指数增长速度下降的原因并不是由于居民信息消费的绝对量在此期间持续减少,而是因为居民的其它消费增加得比其更快,导致居民信息消费所占比例走低。预测 2010 年信息消费指数的增长速度将达到 6.07%,"十一五"期间年平均增长速度将下降 0.39%。此期间,信息消费占居民总消费的比重下降的主要原因是:一方面,信息通讯产品价格下降,以及电信资费价格下降,使居民信息消费支出相应减少;另一方面,居民在居住、购车和食品消费等方面支出加大,使这些消费支出占比上升,而信息消费支出占比则相应下降。①

由于近年来中国信息化快速发展、增长速度较高,2006 年中国信息化水平由中低水平进入到中等水平国家行列。通过信息化发展水平五个类型国家和地区的比较,目前中国位于信息化第三类(中等发展水平)国家和地区的行列(见表 6-9)。

表 6-8 世界与中国信息消费指数增长速度比较 单位%

	2001	2002	2003	2004	2005	2006	2007	2008	2009*	2010*	2001—2010 年平均
世界	1.78	1.83	0.63	2.01	0.94	0.47	1.18	1.57	1.13	1.21	1.275
中国	1.8	17.1	9.29	-2.86	2.38	3.27	-3.52	-6.0	-1.25	6.07	2.638

* 表示预测值。资料来源:根据《中国信息年鉴》2008 年、《中国信息化形势分析与预测》(2011)、《中国信息化发展指数(IDICN)的国际比较——〈信息化水平的国际比较研究〉系列报告之一》(《中国信息界》2010 年第 3 期)数据整理。

---

① 统计科研所信息化统计评价研究组:《"十一五"时期中国信息化发展指数(IDI)研究报告——中国信息化发展水平的监测与评估》,《中国信息界》2010 年第 12 期。

表 6-9　2008 年世界及信息化五类国家（地区）的信息消费指数比较

世界平均水平		0.531
第一类国家和地区	瑞典、英国、荷兰、丹麦、挪威、美国、瑞士、德国、奥地利、冰岛、澳大利亚、加拿大、日本和卢森堡	0.665
第二类国家和地区	法国、中国香港、芬兰、爱尔兰、新加坡、爱沙尼亚、新西兰、韩国、比利时、意大利、西班牙、斯洛文尼亚、捷克、拉脱维亚和希腊	0.625
第三类国家和地区	匈牙利、立陶宛、斯洛伐克、葡萄牙、保加利亚、俄罗斯、波兰、白俄罗斯、巴西、马来西亚、乌克兰、阿根廷、中国、哥伦比亚、委内瑞拉、泰国和墨西哥	0.528
第四类国家和地区	吉尔吉斯斯坦、危地马拉、蒙古、菲律宾、洪都拉斯、阿塞拜疆、斯里兰卡、印度、尼日利亚和巴基斯坦	0.247
第五类国家和地区	孟加拉国	0.024

资料来源：《"十一五"时期中国信息化发展指数（IDI）研究报告——中国信息化发展水平的国际比较与分析》，《中国信息界》2011 年第 1 期。

（三）青少年是网络信息消费最大群体

青少年网民是指年龄在 25 周岁以下的我国网民。青少年思维活跃，接受新媒体能力强。截至 2009 年 12 月底，我国青少年网民规模达 1.95 亿，是网民总体的 50.7%，是中国最大的网民群体，其互联网普及率已经达到 54.5%，远高于整体网民 28.9%的平均水平。青少年网民中，19—24 岁的网民居多，占到 50%；非学生和处于中学阶段的网民居多，占到 82.2%。对青少年网民而言，互联网的娱乐性仍然是吸引其网络使用的重要动力之一，青少年网民在网络音乐（88.1%）、网络视频（67%）、网络文学（47.1%）和网络游戏（77.2%）的使用率均高于整体网民；在网络沟通交流上也属于活跃群体，其在博客（68.6%）、社交网站（50.9%）和即时通信（77%）的使用率也高于整体网民。同时，青少年使用网络的综合工具作用更加明显,其对搜索引擎有较强的使用需求,使用率达73.9%,高于整体网民73.3%的水平。网络游戏在中小学生网络应用排序中位于第三,是中小学生上网的一个重要应用;大学生使用的前三种网络应用是:网络音乐、即时通信、网络新闻。大城市中八成小学生9岁开始接触网络,九成孩子玩过网络游戏。调查显示,"看动漫、看电影、下载音乐"、"玩网络游戏"等娱乐追求是小学生上网的主要目的,九成孩子玩过网络游戏,有"超过四成"表示"学习"是上网的目的之一。

(四)信息消费内容与形式个性化趋势显现

纵观我国居民信息消费的发展过程,一直以来,是沿着不断满足个性化信息需求服务的趋势而向前发展的,曾经以图书、报刊、广播、电视等大众传播媒介为主要内容的信息消费占主导地位。传统信息媒介只能让消费者以被动方式接收信息发布机构传播的内容,消费者处于受众地位。目前,以电信为基础的网络信息消费日益成为人们消费生活中不可缺少的内容,社会各界对互联网的需求增长,使网络媒体在社会传播中趋于主流化,互联网应用在资讯传播中的优势凸显,吸引了社会各类群体的参与,向社会各界加速渗透。这些新的信息消费内容非常广泛,满足了人们对各类信息的个性化需求,信息消费内容向具有特定对象、特定项目、特定目标、特定活动的方向转变,消费形式上要求提供系统化、智能化、个性化的信息服务,信息机构以最大限度满足用户的需求,是一种"以用户为中心"的服务。

消费者利用网络可以网上购物、网上交流、网上炒股、网上拍卖、网上保险、网上医疗等。同时,还可以利用远程教育手段接收网络化教学,促进了各种知识与信息的共享,使用户信息消费发生了就近、快速、个性、互动、一站式、无障碍、无缝链接等诸多变化,形成一个包括用户及信息服务人员在内的互动机制,在一个更加完善的网络环境下,全程跟踪用户的信息活动,强调服务者与用户之间的相互交融,以用户或者问题为中心,以用户满意为目标提供信息服务的趋势逐渐显现。网络平台的最大限度的开放性和中立性,也使其具有可持续发展的能力。这表明居民网络信息消费正逐渐向个性化趋势发展。

(五)信息消费工具形态与功能不断升级

在 20 世纪 80 年代以前,我国居民信息消费基本是以图书、报刊、电影、广播为主要载体。80 年代后期,电视逐渐普及,一跃成为人们获得信息的主要载体。随着社会发展的日新月异,人们对信息的需求也在急剧的增加,对信息消费工具的功能要求越来越高,到了 90 年代,固定电话开始步入寻常百姓家庭,进入 21 世纪后,居民家庭通信工具由固定电话变成移动电话,电脑由单一媒体到多媒体电脑、由台式电脑到手提及掌上电脑,其形态不断变迁,其功不断改进。新的信息工具的不断更新,上升为具有良好的互动性和个性化特征的信息工具,并得到广泛使用,使人们的信息消费生活更加高度快捷。以互联网为载体的信息消费满足了信息传递速度上不断超越的要求,带动了与网络相关的主要信息工具不断升级,受到广大消费者的青睐。从 2000 年开始,我国进入了宽带网的发展时期,极大地促进了人们的信息消费。随着技术环境的进一步优化(3G 网络普及),移动传媒与互联网等新兴媒介将呈现出爆炸式的发展态势,成为居民信息消费工具主要构成。据统计,2009 年我国手机上网人数已超过 1.8 亿,而互联网经济整体市场规模达到 743 亿元。我国网民上网设备多样化发展,笔记本电脑上网使用率增速最大。2010 年,网民使用台式电脑、手机和笔记本电脑上网的占比分别为 78.4%、66.2% 和 45.7%,与

2009 年相比,笔记本电脑上网使用率上升最快,增加了 15 个百分点,手机和台式电脑上网使用率分别增加 5.4% 和 5%[①]。

第二节　居民信息消费存在的问题及原因

一、信息消费水平不均衡

信息消费不均衡存在于城乡之间、地区之间、不同收入水平或不同受教育程度的人群之间等,是指不同社会群体在拥有和使用现代信息技术方面存在的差距。也就是所谓的"数字鸿沟"。

数字鸿沟问题不仅关系到国家信息化战略目标的实现,也将对统筹城乡和区域发展产生深远影响,日益成为和谐社会建设过程中必须面对的重大难题。英国广播公司(BBC)的在线新闻里则直接把"数字鸿沟"称为"信息富有者和信息贫困者之间的鸿沟"意指在不同国家、地区、行业、人群之间由于对信息和通信技术应用程度的不同以及创新能力的差别造成的"信息落差"、"知识分隔"等问题。是由对现代信息技术和信息资源掌握的多寡而产生的差距现象,是信息技术在普及过程中呈现出的一种极不平衡的扩张状态。信息鸿沟,既存在于信息技术开发领域,也存在于信息技术应用领域。

(一)信息消费地区差距

在我国,信息消费鸿沟现象更多地表现为"不及"。这首先由于国情的原因,即地区发展的不均衡。而使信息消费及其结构呈现出明显的地域不均衡性。地区间居民信息消费差距是指各地区

---

① 《第 27 次中国互联网络发展状况统计报告》,http://www.chinanews.com/it/z/cnnic27/。

居民在消费现代信息技术方面存在的差距。2009 年北京的信息消费指数值达到 0.636,位居全国首位。吉林的信息消费指数处于全国末位,仅为 0.361,与北京差距为 100∶57。2009 年北京居民家庭中用于通信、信息类商品和服务的支出占居民消费总支出的比重(即信息消费系数)达到 12.7%,而吉林仅为 7.2%①。

借鉴国家信息中心"中国数字鸿沟研究"课题组的研究方法②,选择全国 31 个省、自治区、直辖市地区互联网普及率、计算机、固定电话、移动电话、彩电五个相对差距指数构成地区间居民信息消费差距总指数。在计算地区间考察指标的相对差距指数时,使用以各年最低地区普及率与全国平均水平进行比较计算。

1. 地区互联网普及率差距

地区互联网普及率差距是指不同地区之间在互联网消费应用方面存在的主要差距。考察指标是互联网普及率。我国互联网发展、普及和应用存在区域发展不平衡问题。受经济发展、教育和社会整体信息化水平等因素的制约,互联网呈现东部发展快、西部发展慢,城市普及率高、乡村普及率低的特点。截至 2010 年底,全国互联网普及率达到 34.3%,在 31 个省区市中,北京互联网普及率保持全国最高水平,达到 69.4%,比上年提高 4.3 个百分点;贵州最低,为 19.8%,比上年提高 4.7 个 百分点。北京互联网普及率是贵州的 3.5 倍(2000 年最高地区是最低地区的 78 倍)。从绝对差距看,最低地区普及率与最高地区及全国平均水平间的差距都

---

① 统计科研所 信息化统计评价研究组:《"十一五"时期中国信息化发展指数(IDI)研究报告——中国信息化发展水平的监测与评估》,《中国信息界》2010年第 12 期。

② 在《中国数字鸿沟报告 2008》中采用地区数字鸿沟总指数作为反映地区数字鸿沟水平的主要指标,代表地区数字鸿沟的大小。

呈继续扩大趋势。2010 年,最低地区互联网普及率落后全国平均水平 14.5 个百分点,这一差距水平是 2000 年(相差 1.52 个百分点)的 9.54 倍。绝对差距的扩大是互联网扩散在不同地区所处阶段差异的表现和结果。尽管所有地区的互联网扩散都已进入快速扩张期,但由于落后地区刚刚进入,其扩张幅度小于发达地区,致使地区间绝对差距进一步扩大。这一现象如果用最落后地区与最先进地区进行比较,结果会更加明显。2000 年最落后地区互联网普及率比最先进地区落后 19.91 个 百分点,到 2010 年这一差距扩大到 49.6 个百分点(见图 6-8)。

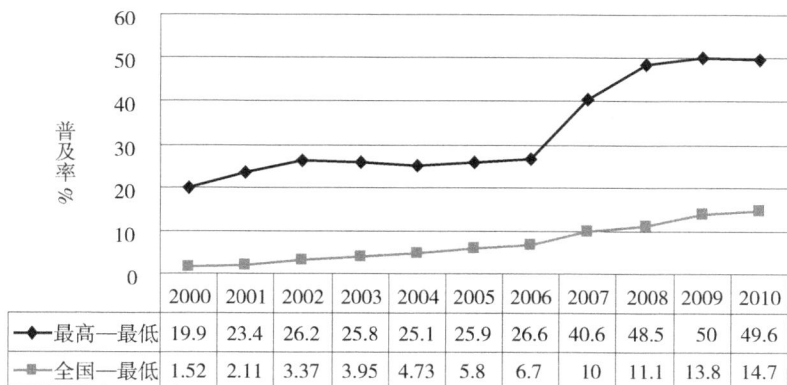

	2000	2001	2002	2003	2004	2005	2006	2007	2008	2009	2010
最高—最低	19.9	23.4	26.2	25.8	25.1	25.9	26.6	40.6	48.5	50	49.6
全国—最低	1.52	2.11	3.37	3.95	4.73	5.8	6.7	10	11.1	13.8	14.7

图 6-8　2000—2010 年全国各地区互联网普及率差距

资料来源:根据历次中国互联网络发展状况调查统计报告数据计算绘制。

2. 地区计算机差距

地区计算机差距是指不同地区之间在拥有和使用计算机方面存在的差距。考察指标是城市居民家庭每百户计算机拥有量。受家庭收入、教育水平等多种因素影响,地区间计算机拥有量存在很大的差距。2008 年上海城市家庭计算机拥有率最高,每百户居民

拥有计算机 109 台;西藏城市家庭电脑拥有率全国最低,每百户居
民拥有计算机 30 台;最高地区城市家庭计算机拥有量是最低地区
的 3.6 倍(2000 年这一数据为 32 倍)。除 2008 年地区计算机差
距较上年有所缩小,其他年份较上年都在扩大(见图 6-9)。

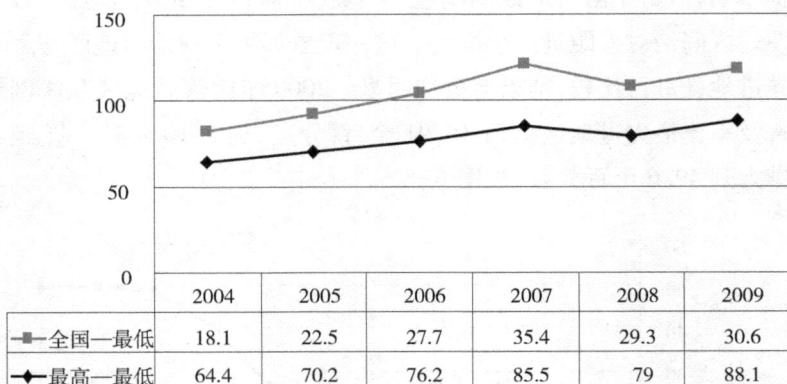

	2004	2005	2006	2007	2008	2009
全国—最低	18.1	22.5	27.7	35.4	29.3	30.6
最高—最低	64.4	70.2	76.2	85.5	79	88.1

图 6-9　2004—2009 年中国地区计算机绝对差距(台/百户)

资料来源:《中国数字鸿沟报告 2010》,《中国信息年鉴》2011 年。

3. 地区移动电话差距

地区移动电话差距是指不同地区之间在拥有和使用移动电话
方面存在的差距。考察指标是移动电话普及率。2007 至 2008 年
移动电话最高与最低地区差距有所缩小,全国平均与最低地区差
距并没有缩小,表明移动电话普及率平均数提高较快(见图 6-
10)。

4. 地区信息消费平均支出及增长速度差距

根据中国统计年鉴全国不同地区城镇居民 1995 年至 2009 年
15 年平均信息消费支出,可以比较地区信息消费支出差距(见表
6-10)。

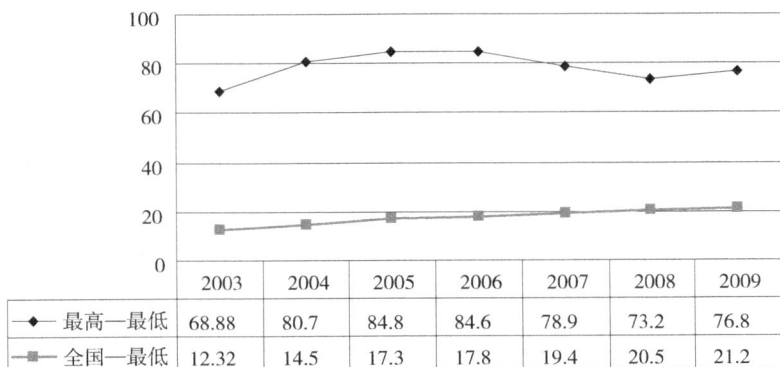

图6-10　2003—2009年中国移动电话绝对差距(部/百人)

资料来源:《中国数字鸿沟报告2010》,《中国信息年鉴》2011年。

表6-10　1995—2009年我国各地区城镇居民人均信息消费
15年平均支出与平均增长

地区	15年平均支出(元/年)	平均增长率(%)	地区	15年平均支出(元/年)	平均增长率(%)
上　海	2294	15.7	辽　宁	1007.5	13.8
北　京	2216	13.5	西　藏	1006.7	8.0
广　东	1924.1	10.2	云　南	998.3	9.4
浙　江	1870.1	14.6	山　西	966.7	13.5
重　庆	1469.9	8.2	安　徽	945	12.3
天　津	1409	13.1	新　疆	944.6	10.4
福　建	1317.9	16.4	贵　州	940.7	12.6
江　苏	1284	14.3	甘　肃	937.4	13.7
湖　南	1225.5	9.2	宁　夏	926	11.2
全　国	1208	12.8	河　北	922.7	10.7
山　东	1137.8	12.9	吉　林	902.9	14.2

续表

地区	15年平均支出（元/年）	平均增长率（%）	地区	15年平均支出（元/年）	平均增长率（%）
陕　西	1102.1	14.4	海　南	893.2	9.7
广　西	1065.5	9.2	江　西	890	12.9
湖　北	1055.7	10.7	河　南	883.2	14.6
四　川	1054.2	11.8	青　海	872.6	11.7
内蒙古	1029.7	15.5	黑龙江	850.5	11.9

资料来源：根据中国统计年鉴数据计算整理。

　　根据表6-10数据，经过比较分析全国31个省（自治区、直辖市）城镇居民1995—2009年15年平均信息消费支出，可划分为以下五个类型地区：第一类地区（信息消费高水平地区）：主要特点是：信息消费支出远高于全国平均水平，15年平均支出超过2000元以上（年人均）；第二类地区（信息消费中高水平地区）：该类地区的信息消费支出（15年平均）高于全国平均水平，明显低于第一类地区，这也是该类型地区与第一类型地区的主要差距。第三类地区（信息消费中等水平地区）：该类地区的信息消费支出低于全国平均水平，高于1000（年人均）元。第四类地区（信息消费中低水平地区）信息消费支出低于第三类地区，高于900元（年人均）的水平；第五类地区（信息消费低水平地区），信息消费支出低于900元。如表6-11所示。

表 6-11　　1995—2009 全国五类地区信息消费平均支出比较

第一类 高水平地区	第二类 中高水平地区	第三类 中等水平地区	第四类 中低水平地区	第五类 低水平地区
>2000 元	>全国平均 （1208 元）<一 类地区	>1000 元<全 国平均	>900 元<1000 元	<900 元
北京、上海	广东、浙江、重 庆、天津、福 建、江苏、湖南	山东、陕西、广 西、湖北、四 川、内蒙古、辽 宁、西藏	云南、山西、安 徽、新疆、贵 州、甘肃、宁 夏、河北、吉林	海南、江 西、青海、 河南和黑 龙江

资料来源:根据表 6-10 数据整理。

　　我国信息消费水平五类地区的比较表明,地区之间存在着较大信息消费差距,即存在较大的数字鸿沟。地区数字鸿沟综合指数是反映不同地区间在拥有和使用主要信息技术产品方面存在差距的综合性指标,是反映地区数字鸿沟水平的主要指标,其基本含义是最落后地区与全国平均水平间的综合差距,由互联网（权重1/4）、计算机（权重 1/4）、彩电（权重 1/4）、固定电话（1/8）、移动电话（1/8）五个地区间相对差距指数构成。2008 年地区数字鸿沟总指数为 0.44,比上年（0.53）下降 0.09,即最低地区的信息技术综合利用水平落后于全国平均水平 44% 左右,表明地区之间仍存在着明显的数字鸿沟。从分类指标看,地区数字鸿沟在各主要技术应用方面都很大,而计算机方面最为突出（0.66）,彩电方面的差距最小（0.33）,中间依次是互联网（0.63）、固定电话（0.50）、移动电话（0.47）。从总体变化趋势看,2006 年以前地区数字鸿沟呈逐年缩小趋势,2001—2008 年地区数字鸿沟指数缩小了 17% 左右。2007 年地区间数字鸿沟比上年有所扩大,主要原因是计算机和彩电方面的差距有所扩大（见图 6-11）。

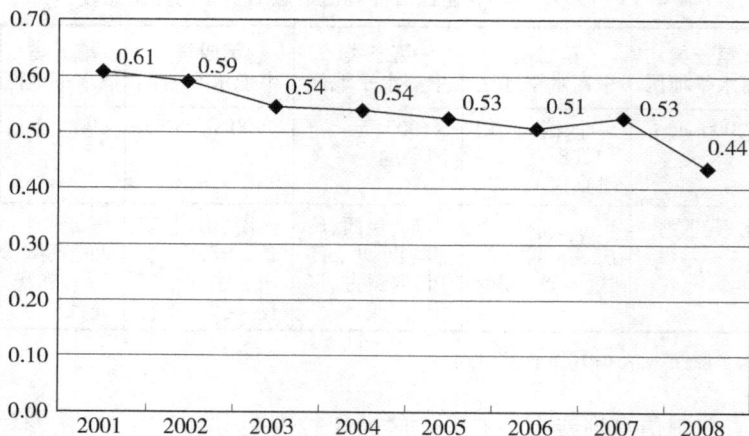

图 6-11　2001—2008 年中国地区数字鸿沟指数变化①

资料来源:《中国数字鸿沟报告 2009》,《中国信息年鉴》2009 年。

5. 我国信息服务业发展的国际与国内差距

信息服务业发展的国际差距在三个方面,一是行业整体规模比重偏低。中国信息服务业的整体规模较大,但存在整体比重较低的问题,与发达国家和准发达国家相比,信息服务业占经济总量的比重差距十分明显:我国只有 7.3%,而发达国家的信息服务业平均比重已经达到 11.7%,准发达国家的信息服务业比重也已达到 9.7%。从总体上看,我国信息服务上升空间依然很大。二是行业内部结构有待改善。与发达国家相比,我国信息服务业的内部产业结构差别较为明显,目前信息服务业四大子行业的产值比重与发达国家和准发达国家相比均有不同。主要体现在信息传输

---

① 国家信息中心"中国数字鸿沟研究"课题组:《中国数字鸿沟报告 2009》,《中国信息年鉴 2009》。

服务业和信息分析与咨询业这两个子行业上,信息传输服务业中,发达国家比重最低,其次为准发达国家,我国最高;信息分析与咨询业则相反,发达国家比重最高,其次为准发达国家,我国最低。三是部分子行业生产率较为低下。我国信息服务业与美国相比,整体生产率水平较低,目前美国信息服务业的整体劳动生产率是中国的4.1倍。而信息服务业的各门类之中,差距最大的信息分析与咨询业则达到11.5倍。目前,我国本土IT咨询公司生存十分艰难,缺乏核心技术、产品低端、价格战等问题较为严重[①]。国内信息服务业地区差距表现为东西部地区之间的经济发展状况存在着很大差距,这一点在信息服务业中也有明显体现。东部地区信息服务业职工达86.6万人,中部地区30.1万人,西部地区27.7万人,仅东部地区就占60%。也正是由于这样的差距更加剧了地区间的不平衡发展[②]。

(二)数字鸿沟原因分析

数字鸿沟是由不同主体在使用信息通讯技术获取和利用信息资源上存在的差距所造成的信息贫富分化问题,从本质上讲则是信息资源获取和利用的不平等。我国与发达国家之间、国内各地区之间均存在着明显的数字鸿沟。因此,分析数字鸿沟形成的原因对于我国数字鸿沟的解决具有重要意义。

信息消费水平与经济发展水平有很大关系,多年来我国地区经济发展不平衡,东部沿海地区经济发达,而西部地区经济相对滞后,因而东部沿海地区居民信息消费水平远远高于西部地区。北京、上海两个地区居民信息消费水平居全国前列。我国经济发展

---

① 符武:《我国信息服务业与发达国家差距明显》,2011年1月19日中国信息报网络版, http://www.zgxxb.com.cn/xwzx/201101190009.shtml.

② 张巧:《我国信息服务业发展研究》,《合作经济与科技》2011年。

不平衡导致不同地区收入差距过大,1990 年基尼系数为 0.343;
2000 年为 0.417;2005 年为 0.45。已超过国际上 0.4 的警戒线,并
且还有拉大的趋势。尽管如此,仍有两个原因使得数字鸿沟变化
呈现多样性特征。一方面,一项新技术在不同人群中的扩散轨迹
不一样,导致数字鸿沟在不同时期表现迥然不同。比如,发达地区
城市居民信息素质较高,计算机应用已进入快速扩散期,而落后地
区城镇居民信息素质较低,计算机应用还刚刚起步,使得地区计算
机差距长期处在高位;另一方面,特定时期内不同新技术在同一人
群内的扩散轨迹也会差别很大,同样引起数字鸿沟的变化。比如
同样在落后地区,移动电话、彩电已进入快速扩散中后期,而互联
网、计算机还处在起步期,由此带来数字鸿沟变化的不一致。2008
年上海城市家庭计算机平均拥有量 109 部/百户,而同期西藏城市
家庭计算机平均拥有量仅 30 部/百户。从基础条件看,支付能力
不足是导致信息消费差距的主要原因,2007 年西藏城市人均可支
配收入为 11130.93 元,而上海城市人均可支配收入为 23622.73
元,当时市场上比较便宜的台式计算机一般也在 4000 元左右,相
比之下,高收入城镇居民比低收入城镇居民年人均信息消费支出
就高。提高落后地区居民信息商品应用普及率的目标,有三个因
素可以期待:一是收入进一步提高,二是信息商品价格的进一步降
低,三是提高居民信息素质。

表 6-12　　中国信息社会指数与人均 GDP

		2000	2006	2007	2008	2009	2010
全国	ISI 指数	0.2215	0.2627	0.2849	0.3327	0.3680	0.3929
	人均 GDP	7078.00	10831.62	12025.84	13523.84	14657.79	16390.70

续表

		2000	2006	2007	2008	2009	2010
北京	ISI指数	0.4642	0.5731	0.5889	0.6478	0.6813	0.7074
	人均GDP	22459.66	35026.82	37544.56	40316.34	40702.53	44762.74
上海	ISI指数	0.4059	0.5529	0.5824	0.6286	0.6973	0.7614
	人均GDP	34546.98	39716.95	42921.78	45970.63	47221.63	50903.72

资料来源:《中国信息社会发展报告 2010》,http://wenku.baidu.com/view/d1ea7fd8d15abe23482f4d6f.html。

综合看,北京、上海各项信息消费的支出、信息社会指数(ISI)和人均GDP远远高出全国平均水平,北京、上海两地的ISI指数在2008年就超过了0.6,开始进入信息社会的初级阶段。2010年,上海和北京的ISI指数继续保持领先并双双超过0.7(见表6-12)。北京和上海之所以率先进入信息社会,这两个城市的政府重视信息化的建设,经济发展水平较高,国际化程度较高,知识性劳动者相对集中,而且奥运会和世博会等大型国际活动也起到了推动作用,信息消费水平处于领先地位。①

二、信息消费过程中的问题

(一)信息市场的运行机制不完善

1. 信息市场不对称

在现实的消费世界里,信息生产者所拥有的信息,消费者不可能全部知道;而消费者的主观偏好,生产者也无法尽数皆知。信息商品是典型的经验商品,它犹如物质商品中的新产品,需在使用过

---

① 资料来源:《中国信息社会发展报告 2010》,http://wenku.baidu.com/view/d1ea7fd8d15abe23482f4d6f.html。

程中识别和了解其特性。因此,在交易时,卖方与买方之间对商品的质量和功能产生了信息不对称的情况,从而会导致交易因欺诈受阻、市场因信号有误失灵。例如,对网上出售的某些主题研究报告,其价格很昂贵,从几千元到上万元不等,但内容质量无法完全预知,这样,在生产者和消费者之间就存在着信息的不对称,一般居民个体很难购买,往往束之高阁。在信息产品的消费中,往往供应方处于信息优势,而消费者则处于信息劣势。在交易之前,因为信息不对称,信息商品的交易双方都需要进行信息搜索,以找到合适的交易对象。买方往往会选择价格便宜的质量较低信息产品。这样就会有一部分高价的高质量信息产品被"排挤"出市场。出现"劣币驱除良币"现象,这种情况长期存在,市场上将只剩下劣质产品,市场效率降至最低,帕累托最优也就无法实现,极端情况下市场将无法运行,这就是信息产品市场逆向选择问题而出现的后果。信息消费市场鱼龙混杂,质量伪劣的信息产品随处可见。近年来,信息消费发展很快,一些新的情况层出不穷,相关的管理措施一时没能跟上或没有适应,给了信息产品和服务的不法经营者以可乘之机,质次价高甚至内容不文明、不健康的信息产品与服务开始充斥市场,严重损害了信息生产者和消费者的权益,抑制了信息消费效用的实现。

2. 信息市场发育不健全

目前,我国信息市场的运行机制还不够完善。首先,价格机制尚未形成,由于信息产品的合理价格难以确定,这就容易造成信息产品价格出现混乱现象,在价格确定上存在着较大的随意性。其次,供求机制不够成熟,社会上70%左右的信息资源在单位或系统内部运转,只有30%左右的信息资源进入市场提供服务,信息市场的供求矛盾较为突出。据调查,仅有10%左右的企业认为通过信息市场可以得到满意的信息,有40%的企业从未向信息服务单位咨询过。发达国家信息咨询意识普遍较强，咨询业十分发达，造就了一批在国际上享有盛誉的综合性咨询机构，如美国斯坦福国际咨询研究所、兰德公司；日本的野村综合研究所；英国的伦敦国际战略研究所等。据估计，美国2/3以上的大型公司和更多的中小型公司都需要利用咨询服务。美国咨询业中有55%左右的业务来自企业界，45%左右来自联邦、州、市、县各级政府和公众团体。而我国长期以来以指令性计划为主的经济管理体制导致市场竞争观念淡薄，全社会市场意识比较淡薄，相当一部分经济主体还不习惯运用市场机制、市场服务体系，信息和信息服务市场的价值没有得到应有的承认和重视。

（二）信息污染对信息消费的影响

1. 信息垃圾

现代社会信息污染是极为普遍的，它是指社会信息流中混杂着许多陈旧过时、虚假伪劣、色情暴力和恐怖信息，以至于危害人类的信息环境，影响人们对有效信息的正常吸收利用的社会现象。正如约翰·奈斯特所言"失去控制和无组织的信息，在社会里不再构成资源，相反构成信息污染和成为信息工作者的敌人"。信息垃圾对信息生态的影响体现在以下几个方面：

①冗余信息，即包含与信息内容无关的冗余信息。冗余信息非但不能给社会增加新的知识，反而无谓地成为人类精神生活的"枷锁"。大量的抄袭、转载和复述等，都会导致信息重复和冗余。②污秽信息，即以色情为内容的信息。淫秽信息的毒害较大，足以污染社会环境。③虚假信息，即根本不存在的信息。它是所谓信息生产者或传播者出于某种目的而故意制造出来的，比如假广告、假商标、假招牌、各种渠道的谣言以及某些大众媒介的夸张等。我们经常看到，在通俗性的刊物中，不乏挂一漏万的报道，道听途说的新闻和以

讹传讹的论述。而且在所谓的学术性论著中,竟然也充满了许多作假的成分。④失真信息,指信息在传播过程中,因传播媒介自身或其它的缘故而造成某种程度的失真,结果使所传播的内容偏离了本来的真实。⑤过时信息,即未能得到及时和准确传递的信息。其中一方面是因信息载体材料随时间与外界环境变化而遭受破损,致使其包含的信息内容不能完整地被解读出来,从而失去传播利用的价值;另一方面是由于文献的"半衰期"严重制约了文献信息内容的新旧程度,使大量的文献内容老化而失去使用价值,从而导致信息老化过时。⑥错位信息,即出于主客观的原因,传播者或接受者阴差阳错地把反映甲事物的信息误认为是反映乙事物的信息。

2. 信息超载

信息超载是指在信息时代,伴随着科学技术的迅速发展,社会信息数量急剧上涨、流速不断加快,出现的数据爆炸、信息平庸化以及噪音化趋势,信息超过了人类的信息处理与利用能力,使人们承受着过度的信息冲击,感受到强大心理压力的一种不正常状态,人们无法根据自己的需要和当前的信息能力选择并消化自己所需要的信息。信息超载的后果是十分严重的。这主要体现在如下几个方面:①人类的信息处理与利用能力大大落后于社会信息生产与传播能力,形成信息开发与利用之间的"剪刀差",极大地浪费了社会信息资源。信息超载问题的症结在于社会信息供给能力与消费水平之间的矛盾。这种趋势持续下去,必将给人类社会的信息资源带来极大的浪费,并诱发更加严重的信息环境问题。②信息超载还影响着人类对信息资源的进一步开发利用,降低了科学劳动的效率,增加了信息利用的成本。过量的信息流冲击着人们,使我们每一个人出于求知的需要不得不耗费很大的精力来对付潮水般上涨的信息浪潮。为此,人们付出了愈来愈多的时间来查找和接受有关信息。③人们搜寻、获取和消化利用信息的能力虽有一定提高,但它还远远不能跟上信息增长和复杂化的需要,人们经常处在信息的压力下,并可能会导致生理与心理的不适应感。

(三)网络信息消费安全问题

互联网和普通百姓的工作生活越来越紧密,互联网安全问题越发突显。因为网络安全与个人和企业,甚至社会和国家息息相关。网络安全包括网络设施安全和网络信息安全两个层面的内容。网络设施安全主要包括:网络连接的各类硬件设备、网络运行中各类软件免遭破坏或非法修改,网络运营免遭人为中断或降低效率。网络信息安全主要包括:用户信息在存储和传输过程中免遭破坏,用户隐私免遭非法收集与利用。

网络信息犯罪主要是指具有高级信息技术和熟练信息操作技能的犯罪嫌疑人运用极为复杂与隐蔽的手法实施的偷窃机密、剽窃软件、盗码并机、私自解密入侵网络资源、编制计算机病毒攻击网络系统等犯罪活动,它常常给网络消费者带来巨大经济损失,或威胁个人隐私,会造成极为严重的后果。其中,信息破坏和信息侵权是当前信息犯罪的主要类型。据统计,2009 年计算机病毒感染率为 70.51%,其中多次感染病毒的比率为 42.71%。2009 年密码被盗占调查总数的 27.14%,比上年增长了 8.44 个百分点,位居计算机病毒造成危害的首位。通过对全国主要流行病毒的特点分析,当前用户系统感染的病毒本土化趋势更加明显,同时,由于网页挂马方式已成为病毒传播的主要途径,因此脚本类病毒呈明显上升趋势①。同时,还有利用信息技术与信息网络所进行的诈骗、

---

① 《中国信息年鉴》编辑部:《中国信息化发展综述 2010》,《中国信息年鉴》2010。

窃取、恐吓等犯罪行为,致使网络安全无法保障。由于因特网是建立在 TCP/IP 协议组织上的,而 TCP/IP 本身就是一个高度开放性的象征,它意味着任何个人和组织都可以自由进出网络。因此,网络中有很多信息资源是有可能被第三方发现或者获取的,假如没有相应的严格的网络规则约束,就会使网络中信息安全成为困扰上网者的问题。例如,网络接入者的个人档案、重要隐私一旦进入网络就容易被他人获取或窥探。虽然目前的因特网提供了一些安全性技术保障,但黑客、病毒、木马等仍然在网络中猖獗肆虐。保障信息安全已成为网络信息资源管理日渐棘手的一项任务。根据公安部公共信息网络安全监察局公布的"2008 年全国信息网络安全状况和计算机病毒疫情调查结果"显示,中国信息网络安全事件发生比例较前 3 年连续增长后略有下降,信息网络安全事件发生比例为 62.7%,同比下降了 3%;计算机病毒感染率为 85.5%,同比减少了 6%;2007 年 5 月至 2008 年 9 月奥运会结束,全国没有爆发大范围计算机病毒疫情。在发生安全事件的类型中,感染计算机病毒、蠕虫和木马程序依然十分突出,占 72%,其次是网络攻击和端口扫描(27%)、网页篡改(23%)和垃圾邮件(22%)。未修补网络安全漏洞仍然是导致安全事件的最主要原因(54.63%),同比上升了 5%。

　　2009 年 5 月 19 日,江苏、安徽、广西、海南、甘肃、浙江 6 省的电信机房服务器受到黑客猛烈攻击,很多网民登录互联网时发现,新浪、搜狐、网易等各大门户网站均不能访问,连续两天持续蔓延,波及全国 15 省市。黑客攻击给人们带来了严重的经济损失和生活上极大的不便,如何建立安全的网络体系,值得我们思考①。

---

① 　金巍:《我国网络安全现状的分析及其对策》,《信息与电脑》2010 年第 5 期。

2010年,我国网络和信息安全状况有所改善,安全保障能力稳步提升。政府积极推动法律法规、技术标准、基础设施、网络信任体系等方面的建设,不断加快网络与信息安全管理平台建设,加大对通信网络的监管力度和对钓鱼网站、非法网站以及不良信息的防范和清查力度,尤其加大对手机移动媒体和技术服务网站的主动监管,完善域名注册信息的备案工作。随着政府对网络安全问题集中治理力度的不断加大,我国的基础网络安全问题有了明显的改善。2010年,遇到过病毒或木马攻击的网民比例为45.8%,较2009年下降了10.8个百分点,人数也从2.17亿减少为2.09亿人,减少了近800万。

(四)网络信息消费的侵权问题

在信息时代,信息存在的形式与过去的不同,它多以声、光、电为介质存在,这使它容易被窃取、复制、修改或非法传播。信息的完整性,可使用性和机密性受到前所未有的挑战。信息消费市场中出现了信息破坏和信息侵权犯罪等一系列信息社会伦理问题,如侵犯知识产权、非法存取信息、信息技术的非法使用、侵犯个人信息隐私权、侵犯肖像权等。知识产权是指公民或法人等主体依据法律的规定,对其从事智力创作或创新活动所产生的知识产品所享有的专有权利,又称为"智力成果权"、"无形财产权"。知识产权是个世界性的问题,网络知识产权的保护是一个相当复杂并且值得深入研究的问题①。在网络信息资源的开发、利用、传播、扩散的过程中,都会涉及大量的、复杂的、各个层面的知识产权保护问题,而社会各界关于信息资源共享与知识产权保护之间的矛盾问题的争论也一直没有达成共识。网络侵权,即网络用户、网络

---

① 刘苏扬:《网络知识产权的保护》,《科技资讯》2010年第2期。

内容提供商、网络服务提供商通过网络从事侵害他人民事权利和利益的行为。网络上的侵犯知识产权的行为主要是指侵犯著作权、商标权、网络域名权,其行为有以下几种:①转载侵权。指将作者已经发表、但明确声明不得转载的作品在网络上予以转载;或者著作权人虽然没有声明不得在网络上转载,但转载时没有标明作者姓名、转载发表后也没有向相关的著作权人支付使用费的行为。②网络抄袭与剽窃。这是指单位或者个人剽窃使用网络及其他媒体上已经发表的文字、图片、影音等资源用于非公益目的,即大段抄袭或者剽窃著作权人的作品,在网络上以自己的名义发表、传播,这种行为既侵犯了著作权人的人身权——署名权,也侵犯了著作权人的财产权——信息网络传播权和获得报酬权。③下载复制侵权。这是指有些商业性组织未经网站和著作人同意,私自下载、出版网络上的文字、影音等作品,获取高额利润的行为。事实上,下载侵权已经构成了现实生活中网络侵权的主要形式之一。④盗版侵权。即未经版权所有者同意而擅自翻录、仿制的文献信息,比如,近几年内,中国 33 家出版社因盗版而造成的经济损失达 3000 多万元人民币。有关著作权、技术专利和软件盗版等所涉及的金额已达数亿元人民币。

　　网络社会是一个相对非常自由的空间,既没有中心,也没有明确的国界和地区的界限,人们受到的时间空间的束缚大大缩小。首先,网民法律意识淡薄。目前我国网民的结构相当复杂,从年龄大小、学历层次、职业类别等看,无所不有、差别巨大,网民中懂得知识产权相关法律的人很少,要他们去遵守就更是不可能了。在网络共享要求的驱使下,有相当数量的网络用户在互联网网络使用过程中,其信息资源发布、下载、复制和利用具有很大程度上的自由性和任意性,由此也就形成了一种缺乏管理结构的网络资源的"使用体系"和网络资源的"共享模式"。在这种情况下,信息源不仅分散和无序,而且其更迭、传播、使用和消亡也往往无法预测,以至在网络传播中,网络信息资源产品,复制行为十分频繁并且隐秘,难以得到控制和管理,致使网络信息资源的创造者的利益不能得到保证,网络资源提供的原动力受到巨大打击。而随之出现的后果就是网络各行业的利润分配不均衡,数字信息产品的生产和交换受到影响,社会信息财富总体失衡,并由此产生出大量的网络产品知识产权侵犯问题,这些都使得网络资源的利用关系出现扭曲。虽然我国已经制定了相关法律法规来约束网民的行为,但目前的网络知识产权保护体系尚未完善,由于法律的滞后性和保守性,立法还远远不能适应网络技术的发展速度。网络侵权行为具有涉及地域广,证据易删除、难保留,侵权数量大、隐蔽性强等诸多特点,这些问题的解决都依赖于网络技术的发展和法律法规的完善。

目前我国互联网信息消费的现存问题,可以归纳为三类,分别是网络信息污染、网络安全和网络侵权,这三类现存问题的长期存在将会严重影响网络信息消费,阻碍我国互联网信息服务持续快速健康发展。

三、信息消费异化

信息消费异化是指人们对自己创造的信息商品和服务的消费及其结果与人类满足需要的基本目的相背离,即偏离了信息消费真实意义的一种人为物役,主体缺失的现象。信息异化所表现的对信息的崇拜也常常衍生出对信息的占有欲,甚至垄断性的占有欲,其目的可能是为了炫耀自己作为"信息富人"的身份,也可能是为了经济上和政治上的获利,用其独占的信息去换取其他利益,

这就是从对信息的一般崇拜走向对信息消费的特殊崇拜,从而走向信息消费异化。信息消费异化后果有以下几方面:

(一)过度信息消费对人类生存的负面影响

追求过量的信息占有甚至垄断性占有,扭曲了信息的价值和意义,导致对人类生存环境的破坏。一般说来,从消费的性质来看,信息性消费并不直接造成对自然环境的破坏性压力。然而,所有的信息产品以及具有信息性符号与象征意义的物质性产品,都必须以某种物质形式为载体。所以,人们在从事信息消费的同时也就消费着相关产品的物质载体形式。其内在机理是:信息消费过度→自然物质消耗→生态环境压力→影响人的发展。如果人们在信息消费的活动中,其信息认同频率转换过快,便有可能导致相关产品的信息性消费意义和价值的快速衰竭或死亡。另外,如果过分突出了信息性消费的炫耀性特征,那么,便可能导致对相应产品的奢侈性或铺张性占有。这一切都可能导致对相应产品的浪费性和非理性的消费情况的发生。这样的消费主义情结一旦形成恶性循环,便有可能使相应信息领域的生产、流通和消费的循环周期和循环的更新频率加快,从而不仅引起大量生产、大量消费、大量淘汰或抛弃的非节约型经济行为的发生,而且同时也会对相应的自然环境造成破坏性压力,最终会对人的发展造成影响①。

信息增长的速度惊人,来源广泛,种类繁多,数量巨大,远远超过了人类和社会能够处理和利用的限度,使人们承受着过度的信息冲击,感到身心疲劳,导致人的心理素质下降;过度信息消费减少户外运动,造成体质下降;反过来,对信息消费的疲劳又影响信

---

① 胡琪君:《论信息消费异化、信息创造与信息消费复归》,《图书馆理论与实践》2007年第3期。

息资源开发和利用的速度和效率。所以,在一定意义上说,过度的信息消费成为一种社会负担和社会灾害。电子信息消费过度导致电磁波污染,危害人体健康,破坏生态,导致交通事故,干扰尖端机械等。

(二)不良信息消费模式导致人的能力的退化

在信息爆炸的巨大冲击下,出现了信息超载,使得人们获取知识、信息的方式越来越依赖于网络阅读,这是一种大众化的快餐消费模式,这种模式只是对信息和知识的被动的吸取,即对有关"时间""地点""事件"的信息吸取,而不能主动地对这些信息和知识进行加工处理、消化吸收和再创造,信息消费者满足于对事物的"了解"与"知晓",而不深入思考"信息中隐含的深层意义",长此以往必将导致人的认知能力下降,也就无法处理太多的信息,最终导致患上"信息焦虑症"等现代精神病。这种信息消费模式造成的对电子媒介和虚拟网络的依赖症的具体表现就是数字人的出现。在许多发达国家和一些发展中国家已经形成了在计算机环境中长大的"数字化的一代",他们生活优裕,但逃避现实,而且价值观念摇摆不定,对未来持悲观态度,其能力的退化具体表现为:①人的认知能力下降。电子媒介具有高度综合性,超越简单化静态图像的桎梏,实现声像多维一体化的功能传递的优点,但信息的高度图像化也会导致消费者逻辑思维能力的下降,甚至思维的跳跃、散乱和不规则、不缜密。思维的高度图像化又会导致语言表达能力的下降。同时,网络上海量的信息会逐渐滋生人们一种浅尝辄止的心态。大家会渐渐地习惯停留在某个信息之外,只看到表象、肤浅的一面,难以形成专一的系统的思考。②人的社会实践能力逐渐下降。目前,互联网已使"地球村"成为现实,但作为个体的个人却越来越趋向于部落化,用于人际交往的时间大大减少,具有社会群体聚集、家庭成员团聚的人际传播机会更多地被剥夺,社会交往能力下降,心理趋向自闭。人们越来越习惯于人—机—人的间接交流。

(三)信息消费的非理性与消费结构不均衡

从任何信息都必须以物质为载体的意义上,人消费信息时理所当然离不开消费或使用该信息所负载其上的物质以及传输这种信息所耗费的能量,如我们看书—消费纸质信息—就需要使用纸张和油墨等作为物质载体,上网和看电视时就需要使用各种电子器材以及消耗电能等等,因此,信息消费是不可能脱离物质消费的。信息消费异化所表现出来的信息消费的非理性,其主旨并不是对信息内容的追求,而是对信息载体的追求,此即所谓"内容消费"与"载体消费"之分①。影响手机购买的因素有很多,其中包括:手机是否为行货,手机的构造,品牌和价格等。究竟什么因素是购买手机的最重要的决定因素? 通过比较各个因素得出结论,人们普遍认为品牌为最重要因,手机的品牌因素是决定消费者购买手机的最大决定因素②。因此,信息消费的非理性,实际是对高档信息媒介的"过分"追求,如对音乐的消费导致对高档音响设备的消费,对短信的需求导致对高档手机的需求,对网络游戏的需求导致对高档电脑和网络的需求,以及对各种电子设备的过快更新换代的需求,实际上是对作为电子媒介的物品的一种豪华需求,其中也不乏炫耀性消费:对信息工具、信息载体的虚高要求,实质上是借信息消费之名来炫耀物质占有之实。如同有人对艺术没有鉴赏力,也可以花巨资得到一幅精美的名画;即使不懂音乐,也要买

---

① 肖峰:《论信息消费主义》,《江西社会科学》2009 年第 5 期。
② 陈霭琳、黄建隆:《关于手机质量问题的调查报告》,《现代商业》2009 年第 6 期。

最好的音响设备;我可以买一套豪华包装的世界名著放在书架上,尽管只是为了炫耀之用;我可以买学问,尽管除了作为附加的社会地位之外这学问别无他用。只是有了钱就可得到我所喜欢的任何东西并随意处置它们。

信息消费的非理性还体现在网络信息消费内容结构的非均衡性,如获取休闲娱乐信息(共占78.4%)远远超过学术研究、商务活动和网上购物的总和(0.9%),这种巨大的差距显示出网民信息消费的不成熟性。信息消费内容结构的不平衡必然会在一定程度上影响信息消费的质量。不可否认,现实信息消费市场的非均衡性,网上虚假、无用信息很多,市场上适销对路的信息精品如大海捞针,而大量的假冒商标,以及广告领域、金融领域的信息欺诈等等,对企业、个人消费者和社会造成极大的损失。信息消费产品的特点常常被视为是"无污染的"。艾瑞咨询分析认为,中国互联网的发展历史以及中国互联网整体商业环境和信用环境在某种程度上决定中国互联网内容与应用当前情况下的娱乐化属性。Web2.0所包含的协作、知识分享的思想还没有在国内互联网普及开来,尤其是在非IT领域。对信息消费活动的"非理性"与"不均衡"的认识就是围绕这个本质特征来考察的,而我国信息消费之"过度"与"不及"的本质问题即信息消费的异化也正是在这个层次上说的。在国外90%的搜索应用率足以证明在国外网民中把互联网作为信息的主要来源,在中国很多网民过于沉溺于网络游戏中,没有从网上寻找有利于自己的信息,包括娱乐的、生活的,更多是学习和工作方面的,这是我国互联网信息消费结构不够合理的表现。

(四)未成年人上网行为导致社会问题

"上网"已成为当今青少年日常生活的一部分,潜移默化地影响着青少年行为,更影响着青少年的学习。近年来,伴随越来越多的未成人进入了网民队伍,关于未成年人网络使用的问题争论较多,由于未成年网民不当使用网络带来的问题也成为社会关注的焦点。其实互联网是把双刃剑,它对青少年的影响有其积极的一面,其消极的一面也日趋凸现,主要集中在以下几个方面:

1. 使青少年上网成瘾,荒废学业,影响身体健康。有的同学沉溺于网上聊天交友,陷入虚幻的情感世界不能自拔;有的同学迷恋网络游戏,茶饭不思。上网成瘾,长期"泡网吧",给身体带来不良后果,造成睡眠不足、视力下降、生活节奏混乱、情绪暴躁,失去应有的自制力,严重影响学习。

2. 部分不健康网站,影响青少年身心健康,诱发青少年犯罪。因特网上有一些宣传黄色、暴力等内容的网站。60%的青少年虽然是在无意中接触到网上黄色信息的,但自制力较弱的青少年往往出于好奇或冲动而进一步寻找类似信息,从而深陷其中,最后可能诱发性犯罪动机或行为。

3. 对青少年的人生观、价值观和世界观的形成构成潜在威胁。中小学阶段是青少年人生观、世界观和价值观的重要形成阶段,在这一阶段所接受的思想观念可能会影响到他们的一生。未成年人正处于易接受新事物,创造力丰富的年龄段,同时也处在价值观逐渐形成时期,还没有形成良好自我约束和鉴别能力,他们很可能会受到网络渠道中不良信息和内容的负面影响。网上的内容虽丰富而庞杂,良莠不齐,如果分不清真善、好恶,缺乏判断是非的能力,很容易沉溺其中,使青少年的价值观、人生观产生倾斜。

4. 未成年网民的网络娱乐化更为突出。在网络娱乐应用方面,未成年网民的使用率高于整体网民,其中网络音乐和网络游戏的使用率分别达到 84.8% 和 81.5%,高于整体网民使用率。

在网络作为信息获取工具方面,未成年网民使用率低于整体网民,但是使用率也超过了 50%。其中,搜索引擎的使用率为71.8%,网络新闻的使用率为 64.5%。在互联网交流沟通方面,博客和即时通信使用率分别为 64.6%和 72.4%,均高于整体网民相应水平①。

由于未成年网民大部分处于低等教育学龄期,好奇心较强而自我约束能力和管理能力相对欠缺,尽管受到家长和老师的约束较多,但在互联网内容的爆炸增长背景下,越来越多的网络使用问题也不断显现,该群体的互联网使用与处于高等教育阶段的大学生和非学生群体有较大的不同。娱乐、社交和自我展示是中国大部分未成年网民网络生活的主题。如何在保障青少年身心健康的前提下,使其更加自主地使用网络、用好网络,是家长、学校和社会各界关注的问题。

四、信息服务管理水平落后

国家统计局对信息服务业的界定,主要是传统电信传输服务、广播电视服务、互联网服务业务、软件和技术服务、信息化应用服务。目前,国内外对现代信息服务业的界定还无统一的认识。区别于传统信息服务业,现代信息服务业又可分为信息传输服务业、信息技术服务业、信息内容服务业。结合我国的实际发展状况,将我国现代信息服务市场分为以下 5 类:①数据库和信息提供、②网络应用和数据处理、③软件业、④系统集成业、⑤咨询业及其他②。

---

① 中国互联网络信息中心:《2009 年中国青少年上网行为调查报告》(2010年 4 月),http://research.cnnic.cn/html/1272258870d2105.html。

② 任道忠、张玉斌等:《现代信息服务业的国内外比较和发展对策研究》,《情报理论与实践》2006 年第 1 期。

　　信息服务业的发展水平与信息技术水平密切相关,是信息技术的应用促成了传统信息服务向现代信息服务的转型,加快了信息服务的产业化和市场化进程。我国信息服务管理水平难以满足居民信息消费的要求,主要在以下几个方面:

(一)信息服务机构管理体制和协调机制不健全

　　我国现代信息服务产业还是一个新兴的产业,涉及领域多、涵盖范围广,所以至今连范围还存在着争议。我国信息服务机构分散于各个行业及各个行政系统,多有自己所属的系统或部门,至今还没有综合性的归口领导部门和行业管理组织,从而给组织管理造成很大的困难。由于尚未建立起综合性的管理框架,政府管理机构之间职责分工并不清晰,导致政府部门与监管机构之间的工作大量重复,甚至政策相互冲突。比如广播电视的传输和内容制作都由广电部门管理;电信和互联网服务业务领域的外资由商务部管理,工业和信息化部主要负责监管电信和互联网传输、业务的市场监管和信息化推进,公安部执行与电信网络相关的经济法与刑事法律,国家发展和改革委员会负责制定宏观经济计划、为电信基础设施建设项目编制预算并筹措资金,国务院新闻办公室、中共中央宣传部和文化部对信息内容业务都有各自的监管权[①]。表现在行业统计方面,首先,我国各地没有一个统一的信息服务统计部门,政府的管理很不适应实际需求,缺乏强有力的调控和运作机制。其次,国家虽将包括咨询业在内的信息服务业列入支柱产业加以扶持,但对整个行业尚缺乏强有力的政策扶持。如对一些非营利性的行政单位和营利性的个体企业,未实行恰当的财税倾斜

---

① 王远桂等:《关于加快推进我国信息服务业发展的政策思考》,《电信软科学研究》2009 年第 12 期。

政策。国务院和有关部门也未颁布过有关咨询业的专项政策和法规,仅制定了一些只适用于本系统、本地区的文件,彼此之间不够协调、不尽一致。随着国际信息环境的变化、国际经济整体化发展和市场经济中企业体制的变革与完善,我国信息服务的"部门"发展战略受到了来自各方面的挑战,从而进行了战略上的信息服务机构的社会转型:第一,从部门走向社会。知识信息来源的特殊性和分布的异构性,已不能适应知识信息的跨系统利用需求。国家信息体系的建设和自主创新的社会化信息组织,形成了更高层次和更大范围的组织管理导向,致使信息服务机构纷纷进行服务模式的变革,进行从部门向社会的服务转型。第二,从封闭走向开放。传统服务模式难以满足信息用户的跨系统信息需求,用户信息需求的开放化从客观上提出了信息资源的社会化共享问题。信息服务机构正处于从封闭式的文献服务到开放式的知识信息服务的转变之中。第三,从系统走向行业。在国家改革发展、信息化建设推进中,我国的信息服务系统正面向行业的组织方向演化。政府机构改革中,原隶属于国务院行业部(委)的信息机构也进行了相应的调整和改革,其中一部分转变机制而成为全国行业信息中心。第四,从分散走向合作。用户需求的多元化、个性化和综合化,要求提供多功能和集成化的信息服务,以避免花费大量精力和时间去寻找分散的信息,这就需要信息服务机构实现跨系统的资源重组和服务整合,即对各个相对独立的信息服务系统中的数据对象、功能结构进行融合和重组,以形成高效能、高效率的信息资源服务合作体。我国信息服务机构的体制变革,为跨系统合作服务的开展创造了必要的条件。

(二)信息服务业政策法规不健全

1. 信息服务相关政策法规不适应现实发展

　　信息服务政策的重点在于解决信息服务活动的规范化问题，涉及到信息需求的导向，信息服务活动的组织与管理等方面。信息服务政策应导向于推动人们对职业活动的信息需求，以形成全社会的主动信息消费倾向，从而将人们的信息消费需求与国家的现代化建设和社会主义市场经济体制的确立，以及人们的社会生活更紧密地联系起来。现代信息服务业是市场经济的产物，我国还没有真正建立起完善的信息市场经济体系，反映在信息服务业中，我国还没有建立完善的信息服务法律体系，立法仍处于起步阶段，缺乏完善的立法体系和明确的立法目标。主要表现在：①我国有关信息化问题的立法中缺乏一个地位较高、具有统帅性的基本法，现有的立法多为部门、地方规章，体系不完整，效力等级低。有些部门规章由于利益的驱使、视野的局限性等原因，不可能考虑到本部门以外的问题，很难保证所制定法规、规章的公正性和中立性，有的其效力与内部工作规程相差无几，如电信法迟迟未能出台，政府信息公开、数字内容等法律存在较多缺失，20世纪80—90年代制定的促进咨询业发展的法律法规已不适应网络时代的形势要求。适应信息服务业健康发展的法律法规环境尚未完全形成。②网络信息资源已发展成为具有多种信息形式和类别的一个极具价值的信息源，但由于缺乏一定的网络规范和行为准则的约束，往往有价值的信息淹没于大量垃圾信息之中，人们上网获取信息需耗费大量的时间和精力。随着在线数据库的不断增多和内容质量的不断提高，这些数据库在信息服务中的作用将不断提升，它们将不断地丰富信息服务的内容和形式，为信息服务的发展带来新的契机。尽管出台了一些推动信息消费的政策和计划，但目前尚未形成完善的信息利用调控机制，不能以法律手段对各系统、各地区实现信息资源的共享利用，难以发挥导向和制约作用。③信息市场政策的重点，在于解决公平竞争的问题。信息市场公平竞争局面的形成，主要取决于价值规律不受人为的扭曲而真正发挥其作用。公平竞争导致优质信息产品及其服务的提供，从而有助于人们信息需求的有效满足。当前我国信息市场中的一些问题的存在都或多或少与信息市场政策不够完善和尚未形成配套体系有一定的关系。因此，信息市场竞争环境的建立、市场交易秩序的维护、信息市场调节与监督活动的实施、信息资源的管理等都无法可依。

2. 我国信息政策制定目前存在的问题

我国信息政策建设开始于 50 年代，至今已有 40 余年的历史。信息管理部门制定并颁布了一系列有关的政策，这些政策对信息工作起到了重要的指导作用，同时也促进了信息业的发展。虽然我国的信息化事业取得了一定的发展，但有关信息政策在制定和实施进程中仍然存在一些不足之处。

（1）我国信息政策制定与执行缺乏系统性

我国信息政策在制定上存在着不足，其内容并不完善，存在明显的狭隘特征。我国信息政策体系框架虽已经基本形成，但还存在许多盲点和空白点，缺少全国性的和综合性的信息政策研究，中央与地方信息政策互不兼容，结果导致了信息资源浪费、机构重叠，信息始终处于离散状态，加剧了国家信息系统结构的条块分割。信息政策在执行的过程中缺乏系统性，主要表现为政策手段单一。容易造成信息政策宏观调控的能力变弱，对市场的反应不够敏感①。目前我国的信息政策多是对社会信息活动的指导性原则、方针，缺乏对具体问题的规定，这就导致信息政策缺乏约束力

---

① 丁树芹:《探讨我国信息政策的建设与发展》,《科技管理研究》2011 年第 1 期。

和控制力,难以发挥政策效率。

（2）符合国情的信息政策目标体系尚未建立

国家信息政策目标应当是建立在国家社会经济发展总目标以及本国信息环境现状基础之上的。与发达国家相比,我国国家信息政策处于起步阶段,尚未确立科学、合理的信息政策目标体系,没有目标的发展只能导致盲目和浪费。所以,应尽快确定我国信息政策的总体目标,要立足于发展,以求得与我国总体经济和国力水平的发展需要相适应。

（3）信息政策实施效果反馈系统不健全

长期以来,我国信息政策的制定是一种自上而下金字塔式单向直线形式,包括从提出目标、选择执行手段到监察政策实施都是由主管部门负责,这样就使政策制定者处于积极主动地位,而执行者则处于被动地位。由于在信息政策的执行中缺乏自下而上的市场层面的用户对政策的反馈作用得不到充分的表达,导致二者之间信息沟通不灵,政策制定滞后于客观现实。影响信息政策的可行性。再加上,政策实行主体自身意识及理解的差异,造成政策执行过程中会出现偏差,暴露出政策的不完备性和不周密性,但这些又不能及时反馈到政策的制定机构,而政策的制定机构又没有及时对政策进行评估,使政策运行达不到预期目标。

（三）信息服务机构总体实力较低

1. 专职服务机构不健全

我国信息服务机构自身还没有建立完善的内部运行机制。以咨询业为例,我国的咨询机构呈现出高数量、低质量的状态,高水准的职业咨询机构和专业咨询人员比较少。目前我国咨询机构由两类组成:一类是传统的官办研究所,它们附属于各系统。此类咨询机构大多属于事业单位,不是独立的经济实体。这种行政依附关系的存在,不利于保持咨询的客观和中立,在咨询活动中难免不屈从"长官意志"或隶属主管部门的意图,阻碍了咨询机构的自我发展。第二类是专业化水平较低而实力较强的民营咨询机构,其中一部分没有经过必需的资格认证和专业审批,许多不具备咨询条件的机构也挂牌营业。有的挂牌但不完全从事咨询活动,"兼职现象"比较严重。这两类咨询机构缺乏组织协调与统一管理,在人员与信息资料的利用方面容易陷入混乱,很不利于咨询工作的正常开展。目前,我国咨询机构中真正独立、经营社会化的咨询实体还很少。由于起步晚,受外部环境与自身条件等多方面的影响,我国现代信息服务业的企业数量多,但规模小,整体实力低,具有国际竞争力的大集团公司数量太少。国外一家通讯社对我国信息咨询业的评价是:"比美国落后大约 20—30 年。"

2. 缺少现代信息服务高级技术和管理人才

我国信息服务人才的数量规模不小,其中不乏优秀者,但总的来说,素质普遍较低,尤其是市场经营和国际化管理的高级人才不足,这是由于信息服务在我国起步比较晚,客观上造成我国信息服务人才的经验不足,再加上我国目前尚无统一的人员资格认定和考核制度,人员素质参差不齐,普遍存在专业特长明显,但缺乏现代信息服务意识和经验的现象。另外,高级人才流失现象严重,许多优秀的信息服务人才流向发达国家或者流向国内的外资企业。发达国家对信息服务人员的要求很高,如在美国要获得工程、技术、医疗、律师、会计等领域的咨询执业资格证书,除了学位要求外,必须具有某个专业来源的专家资格,还要强调资历、工作经历,日本和德国也是如此;在英国,对咨询人员资格、从业条件有着极其严格的规定。一个正式的咨询人员,除了要有大学学历外,还必须在私营企业或国营研究所等单位工作 10 年左右,积累一定的经验,并且需要取得有关专业学会的会员资格。根据不同专业学会的具体情况,有的还需要通过专门的考试才能成为正式咨询人员。据统计,我国咨询业中情报专业人员仅占 3.8%,拥有硕士和博士学位的专业人员占咨询人员的比例分别为 1.1% 和 0.065%,而美国分别为 41.9% 和 17.9%。

(四)网络信息资源开发利用水平较低

CNNIC 界定的网络信息资源概念是互联网络上公开发布的网页和在线数据库的总和。具体的说是指所有以电子数据形式把文字、图像、声音、动画等多种形式的信息存储在光、磁等非纸介质的载体中,并通过网络通信、计算机或终端等方式再现出来的资源。网络信息资源的开发利用是指依托现代网络应用技术,将存贮在网络媒体中信息资源进行有目的的搜集和加工处理并组织建立网络信息服务体系,提供网络信息产品以满足用户需求的过程。通过开发使网络信息资源能够从不可利用或不便利用的状态,变为可以有效利用状态。网络信息资源利用即是通过对网络信息资源有目的、有选择、能动地利用,满足信息用户现实需求和潜在需求的行为。依附于网页的信息资源数量反映了网络信息内容的广度,而经过整序加工的数据库反映了网络信息内容的深度。我国在网络信息资源开发方面不仅落后于发达国家,而且落后于我国政治、经济、文化和社会建设的实际需求。存在网络信息资源开发不足,技术手段陈旧,缺乏成熟的资源配置理论和经验,存在网络信息资源开发和配置的盲目、无序和不合理现象。

1. 网络信息资源共享不充分

网络信息资源共享,是指网络上各用户在不同的地方,不同的时间,以不同的角度分享信息资源的效用,以挖掘网络信息的潜在价值,实现各用户最大化的社会经济福利。由于历史性原因,在我国,人们对信息资源共享的意识普遍比较薄弱,导致信息共享的需求不是很强烈。尽管我国的互联网建设已取得了前所未有的发展,但受地域、经济等原因的限制,我国信息资源的共享存在较大的失衡,特别体现在沿海城市和西部落后地区之间,城市和乡村之间。同时,虽部分行业或部门都各自开发自己的网上信息服务系统,但由于建设水平不高,造成信息产品重复、不足与闲置并存的局面,使得信息资源浪费严重,其结果必然是不能形成规模优势和规模效益。我国信息服务业之间条块分割现象严重,行业合作与战略联盟比较薄弱,各省有关部门对于利用网络手段,开发利用政府和行业信息资源虽作了一定的工作,但在全国范围内目前还未形成通过网络利用公共信息资源的态势,且缺乏行之有效的组织和办法,网上可利用的公共信息资源较少。诸多因素表明,我国网络信息资源的共享利用还很不充分,例如,网站和数据库存在大量低水平重复建设,存在大量信息孤岛现象等,难以实现互联共享,信息资源的开发滞后应用。

2.在线数据库数量少、容量小、商业化程度低

由于开技术手段相对落后,目前,信息加工尚处于初步阶段,网络中大部分信息未得到有效开发,网上缺乏高质量的中文信息资源,真正有价值的中文信息资源开发利用不够。从利用效果讲,数据库资源具有较高的信息利用价值。所以,网络信息资源的核心部分是数据库资源,与国外相比,我国数据库建设起步较晚,投入较少,但发展较快。我国数据库产业落后于发达国家10—20年,起步比日本、西欧晚10年,比美国晚20年左右。数据库建设还处于初级阶段,由于缺乏统一的规划与协调,没有制定和采用有效的数据库建设策略,而且存在政府部门参与程度不够,大量信息资源闲置和浪费,共享程度低,很难获得经济效益,难以自我生存

和发展等问题。现已开发的数据库多以篇名、摘要内容为主,全文数据库较少,网络版更少。从各类在线数据库拥有的记录情况看,就总体而言,记录数在 1000 条以上的数据库占全部数据库的29.8%。字节数在 50MB 以上的数据库占全部数据库的 28.9%,说明我国数据库容量小。但从世界范围看,当时数量仅是世界数据库总量的 1/10,容量是世界总量的 1/100,产值更是仅为 1/1000。我国全文数据库所占比例还不超过数据库总量的 30%,与日本(全文数据库所占比例为 78%)相比相差甚远,缺少各种特色数据库,如已立项目、在研项目、决策咨询方面的数据库,企业诚信数据库等也是空白,地方性特色数据库规模小。收费数据库比例小,商业化程度低(见表 6-14)。

表 6-14　2005 年我国在线数据库收费情况　　　（单位:%）

网站类型	全部	政策法规	金融股票	报刊新闻	科技信息	产品信息	企业名录	人物	图片	期刊论文	其他
免费	91.5	94.7	93.3	95.3	90.2	91.3	83.1	89.7	90.8	93.3	96.2
收费	6.7	3.5	6.7	4.7	8.2	6.1	9.1	10.3	8.5	6.7	3.8
二者均有	1.8	1.8	–	–	1.6	2.6	7.8	–	0.7	–	–

数据来源:《2005 年中国互联网络信息资源数量调查报告》,http://www.docin.com/p-21387751.html。

表 6-15　2005 年我国在线数据库数量及分布情况

网站类型	单位	总体	政府网站	企业网站	商业网站	教育科研机构网站	个人网站	其他非赢利机构网站	其他类型网站
在线数据库数量	个	295400	27770	148880	13290	18910	63510	21560	1480
所占比例	%	100	9.4	50.4	4.5	6.4	21.5	7.3	0.5

续表

网站类型	单位	总体	政府网站	企业网站	商业网站	教育科研机构网站	个人网站	其他非赢利机构网站	其他类型网站
拥有在线数据库的网站数	个	170320	11210	93370	7750	8840	37820	9880	1450
占各类网站总数的比例	%	24.5	36.3	22.3	31.7	25.1	24.8	37.8	22.8

数据来源:《2005 年中国互联网络信息资源数量调查报告》,http://www.docin.com/p-21387751.html。

　　从数据库的质量上看,我国数据库缺乏标准化,数据覆盖年限较短,更新速度较慢,高质量的数据库产品较缺乏,能进入国际市场的更少。即使已经数据库化的信息资源也由于重硬轻软,更新乏力,加上网络利用率低,难以形成一定的容量,很难向社会提供有效服务,能对社会服务的只占 5%。

　　3. 网络信息产品数量与内容分布结构不合理

　　网站和在线数据库是提供公共信息服务的主要途径,它的增加反映出网上信息资源的整合和利用有了一定程度的提高。我国网上政府信息、行业和企业信息、科技教育信息、文化娱乐信息、新闻信息、旅游信息、区域特色信息等均已形成一定规模。但是我国互联网络信息资源不断发展的同时,存在网络信息资源优化配置的效率问题,在某一特定时空下,对于某一具体使用方向上的信息用户需求而言,依然稀缺和有限,由于信息生产者分布不均衡,还有技术因素和人为因素,我国信息信息产品数量与内容分布结构,2011 年北京 IPv4 地址比例占全国 25.5%,广东 IPv4 地址比例9.6%,浙江占 5.3%;与此同时,西藏只占 0.1%。域名总数比例北京占 16.3%,广东 15.5%,浙江 11.2%,上海 9.2%,同期西藏只有 0.1%;北京网站数量占网站总数比例 16.3%,广东 15.8%,浙江 10.6%,上海 10.3%,同期西藏只有 0.1%。

表 6-16　2011 年我国.CN 下的分类网站数　　(单位:%)

类　别	cn	com.cn	net.cn	gov.cn	org.cn	adm.cn	ac.cn	mil.cn
拥有该类网站比例	62.2%	29.0%	3.3%	3.1%	1.5%	0.9%	0.1%	0.0%

注:CN 下网站数不含.EDU.CN 下网站。资料来源:第 28 次中国互联网络发展状况统　　计报告。

　　从表 6-16 数据,可以看出,我国现有的网络信息分布结构不合理,我国的学术类网站数量比较少。其中,商业和企业网站数量最多(占 29.0%),以 2005 年为例,我国拥有在线数据库的网站中,拥有"产品信息数据库"的网站最多,占到 61.0%;其次是拥有"图片数据库"的网站占到 37.7%;之后依次为拥有"企业名录数据库"的网站为 20.4%;拥有"报刊新闻数据库"的网站为 17.0%,拥有"科技信息数据库"的网站为 16.2%。从中可以看出我国的科技信息数据库、期刊论文数据库和音频视频数据库数量比较少。其中,商业和企业数据库数量最多(占 35.5%),其次是报刊和新闻数据库(占 12.80%),第三为科技信息类数据库(占 11.90%),而金融类、政府类等数据库的数量很少。因此很难满足多种类型用户的需求。同时,由于网站信息挖掘深度不够,信息增值服务少,专业化信息产品少,与普通百姓密切相关的网上教育、文化体育、证券交易等专业数据库服务发展缓慢,这与我国国民经济和社会发展的节拍不协调。除信息资源内容结构不均衡,网络资源在部门分布更不均衡。政府网站和教育科研网站的在线数据库偏少,政府掌握了我国 80% 的信息资源,而数据库数量却仅占

5.3%,这就要求开放政府的基础数据,使其能为更广大的公众服务,同时也能为政府带来好处。教育科研机构是我们国家科研和创新重要的力量,而数据库却仅占 7.5%,很难满足教育科研工作者的需求,因此要加强政府机构和教育科研机构的在线数据库建设。从对在线数据库的地区分布、内容分布和行业分布的分析来看,我国的网络数据库分布呈现集中与分散的分布规律。目前,我国政府部门对信息资源供给的独占性较为严重。政府部门掌握的可公开信息中有 80%处于封闭状态,开通的一些信息由于更新维护不及时,信息陈旧而没有特色,严重影响了信息的利用。

4. 学术信息资源建设相对薄弱

学术数据库是国家创新战略的基础工程和国家科技创新体系的组成部分,学术数据库水平不仅体现了一个国家的科技研究水平,影响着一个国家未来教育科研、科技创新能力的培育和提升,学术数据库还深刻影响国家的产业经济。在信息社会,学术数据库作为信息经济的重要组成部分,不仅服务于信息服务业和其他现代服务业,其自身的生产和服务已经发展成为一大信息服务产业,并构成社会信息化的物质基础。因此,学术数据库成为影响和衡量一个国家经济发展水平的重要标志。学术数据库是国家综合竞争力的体现。学术数据库在深刻影响国家经济和经济结构的同时,对社会各领域的渗透和影响不断加深,提高了整个社会运行的效能。作为一种文化实力的象征,数据库体现了一个国家软实力,具体反映在科技水平、经济实力、信息化程度及文明程度上,并作为重要战略资源受到了各国政府的重视和关注。当前,国内学术数据库产业相对弱小,学术信息资源严重依赖欧美发达国家学术数据库,且依赖程度不断加深。与发达国家相比,我国数据库建设发展水平则有很大差距,缺乏大型数据库,有特色的学术数据库不

多,国内学术数据库与世界先进国家差距主要表现在以下方面:

①数据库功能开发深度不够。首先是分析功能严重欠缺;其次是文摘型数据库多,全文数据库较为缺乏,缺乏特色鲜明的大型数据库;第三是服务功能层次低。我国学术数据库虽然发展较快,但数据内容覆盖年限短、更新速度慢、时效性不强、标引深度不够,其发展依然滞后。随着信息市场的发展,用户对数字资源的需求会趋向多元化、个性化,在竞争激烈的信息市场上,这些差距导致市场占有率很低,国外数据库在国内市场上压倒性的优势,使得国内高校、科研院所和大型高新企业严重依赖国外数据库,这又导致国内数据库市场占有率的持续下降,恶性循环正在形成。外国数据库不断攀升的价格,使得国内用户不堪重负。国内用户在财政压力下最终会减少购买国内数据库,这一现象严重威胁到国内数据库产业的生存和发展。

②学术数据库资源开发的广度不足。我国开发的学术资源主要是具有学术和研究价值的各类期刊论文、报告、专利、书籍等文献资源,涵盖了当前文献和回溯文献。我国学术数据库绝大多数资源开发仅局限于国内,对国际学术资源的开发几乎是空白。从学科领域看,有的领域开发不足,有的领域则开发过度、无序,如维普资讯、万方数据、中国知网的学术期刊论文重复率相当高;而国外全文数据库各有优点、重复率很低,相互具有不可替代性。从年限来看,我国学术资源数字化以近 10—20 年为主,回溯年代短,尤其是对我国浩如烟海的文史典籍开发很少。

（五）网络信息资源组织的技术水平较落后

目前,如何更有效的组织网络信息资源成为人们日益关注的问题,我国网络信息组织在理论上和实践上都取得了很多的成果,但也存在着诸多问题。

1.缺乏完整的网络信息组织理论体系

随着 Internet 的发展,网络信息的庞杂无序,网络信息组织表现出空前的紧迫性,其理论研究也是百家争鸣。网络信息组织就是指结合网络特点,采用科学的的方法,将大量的、分散的、杂乱的信息经过筛选、整序、优化,形成一个便于有效利用的资源系统的过程。然而,到目前为止,还没有形成一个权威的理论体系,理论的研究跟不上技术的发展,对于网络信息组织的概念、组织方法、基本原理等没有形成统一的认识,这在一定程度上阻碍着实践的进行。

2. 网络信息资源组织技术的问题

第一是由于网络信息资源自身特点带来的问题,如网络信息易于复制,易造成信息冗余过度。网络信息的动态性,易造成信息源的丢失;格式的多样性,易造成信息使用的复杂性等。第二是由于缺乏对网络信息资源系统的有效的组织和管理工具,目前使用的搜索引擎对信息的标引深度均不够,对信息的覆盖率也不足,查准率也不高,不仅网络信息组织的标准化和规范化程度不高,缺乏统一的组织体系,而且缺乏对网络信息资源的深层次的揭示和有效的控制,所以为了更有效的利用网络信息资源,必须采取切实有效的技术方式加强对其的组织和管理。网络信息组织在技术上的研究还不够深入,如元数据、机器翻译技术、自然语言处理技术等,国内对这些新技术的研究仅仅停留在一般层面上,缺乏将新技术应用于网络信息组织的深入研究,也没有将这些新技术应用于信息组织的实践,造成了理论与实践的脱节。

3. 缺乏网络信息构建创新实践

信息构建(Information Architecture, IA)是指为组织信息和设计信息环境、信息空间和信息体系结构,以满足信息需求者的需求,实现他们目标的一门艺术和科学,包括调查、分析、设计和实施过程,涉及组织、标识、导航和搜索系统的设计①。网络信息构建是涉及多领域、跨学科应用的系统工程。在我国,由于 IA 研究尚处于起步阶段, 一些理论还只是借鉴、引进国外的研究, 没有真正构建出自己的理论体系,其有关的技术方法的研究也在逐渐深入当中。但应该明白, 信息构建是基于信息技术的发展。IA 主要体现在网络信息的构建方面。目前,我国 IA 研究应用范围相对狭窄,主要在网站建设方面、图书情报方面有所应用,而 IA 在企业、政府等方面的应用就明显不足,缺乏实证性及主动的网络信息构建创新实践,IA 的应用领域仍有待拓宽,在社会各领域中加强IA 的应用。目前, 我们所研究的 IA 主要还是限制在网站建设方面。实际上, 我们的日常生活中也时刻应用到 IA, 因此, 我们有必要把目前的研究领域扩大。

(六) 网络信息服务质量与效率问题

1. 网络信息服务质量评价体系问题

近年来, 人们越来越重视网络环境下信息服务质量的评价,但网络环境下信息服务质量的评价是综合性的,很难有一个绝对化的指标来衡量,怎样才能准确、客观、全面的评价网络环境下信息服务质量,国内目前对此已经开展了讨论和研究,现有的评价体系不够完整,有的指标设计不尽合理,存在指标重复、含义不清的现象。造成这种现状的主要原因是网络环境下信息服务质量评价体系对研究者来说是一项全新的工作,没有任何现存的经验可供借鉴,设置什么样的指标,怎样进行设计及其评价,没有权威的标准可以利用。所以,从实践的需要出发,网络环境下信息服务质量评

①　张洋等:《网络信息资源开发与利用》,科学出版社 2010 年版,第 160 页。

价体系的构建研究具有非常重要的现实意义。卢涛等（2008）在综合学术界看法的基础上，提出了网络信息服务质量的指标，并以信息服务网站为对象进行了实证研究，以确认出信息服务产业中消费者所关心，以及影响他们评估网络信息服务的五个方面指标：有用性、易用性、有形性、可信性与回应性重要指标，并进一步发展出用来衡量网络信息服务质量的量表，以期为已从事或想进入网络信息服务产业的公司提升其网络信息服务质量提供参考依据。

2. 网络信息服务缺乏个性化服务手段与工具

根据有关统计调查，科研人员要花费 1/3—1/2 的时间用于查阅和甄别信息资源。毋庸置疑，网络信息系统使用的实践活动，可以提高用户对信息工具、信息检索技能与策略的熟练掌握程度，进而为提高网络信息资源利用效率奠定良好的主体条件。而现有的搜索技术，没有一个搜索引擎可以涵盖 60% 以上的互联网网页，随着中文网站的快速建设，各类中文搜索引擎发展迅猛，出现了一些收录丰富、分类科学、功能齐全、质量较高的中文搜索引擎，但无论是管理、技术还是服务，中文搜索引擎都还很不完善。目前，大陆的中文搜索引擎主要由百度与 Google 提供，而在各家搜索引擎内部，功能却相差不大（如利用检索词在几个搜索引擎中检索时，其结果大同小异），不能看出各个搜索引擎的特色。而且，由于网站建设和网页设计缺乏统一的标准，使搜索引擎对网站和网页的理解能力差，不能准确地揭示网站和网页的内容。在我国众多的搜索引擎中，只有少数的几个质量较高，功能较为完善；大多搜索引擎质量比较低，功能也比较单一，主要体现在：分类不合理、收录范围小、更新速度慢、查准率低、查全率无法得到保证等，大多数的检索工具都用自然语言标引和检索，同义词和近义词得不到控制，词间关系得不到提示，造成检索结果中的大量误检。

检索工具覆盖范围有限,即使功能最完善的也只能搜寻到大约1/3 的网页。由于一些隐性信息的存在,使得用户不能及时准确地从繁杂的网络信息资源中找到自己所需的信息。总之,提供信息宽范,没有形成特色,不够权威、不够专深,仅靠提供不加质量控制的中文信息资源是不能吸引用户的;信息资源开发与利用技术水平不高、宽带速率相对滞后、网络安全诚信体系不健全等问题,制约着我国互联网服务水平的进一步提升;当前,随着网民规模的持续增长,我国急需提升网络信息服务质量,实现从"增量"向"提质"转变。

第七章　提高我国居民信息消费水平的对策分析

第一节　提高居民个体信息消费能力

如前所述,居民个体信息消费能力是由居民信息素质和支付能力构成。信息素质由所受相关教育程度决定,支付能力由收入和时间机会成本决定,居民信息消费不均衡很大程度是因为受教育差距和收入差距。提高收入问题非本书研究重点,从信息消费者个体要素看,薄弱环节是信息素质问题应从提高居民信息素质方面采取的措施。

一、加强信息社会公民素质的培养

(一)重视提高全民信息素质

一个国家的综合国力在一定程度上将体现为信息的拥有量、处理能力和利用水平。劳动者素质特别是信息素质的高低,将极大程度地影响一个国家的综合国力、信息水平和信息创新能力。因此,国民信息素质已经成为综合国力评估的一个重要指标,具备较高的信息素质这个目标不单是个人的能力要求,也是国家培养人才的需要。

中共中央、国务院《关于深化教育改革,全面推进素质教育的决定》指出:"要让学生感受、理解知识产生和发展的过程,培养学生的科学精神和创新思维习惯,重视培养学生收集处理信息的能力、获取新知识的能力、分析和解决问题的能力"。这说明我国政府已经意识到信息素质教育的重要意义。要重视全民信息素质培养,利用各种媒体大力宣传信息素质教育,充分认识到提高全民信息素质的重要作用,从基本国情出发,培养国民以科学精神为核心的信息意识、以创新精神为核心的信息能力等基本信息素质。借助信息化建设的社会环境和蓬勃发展的各类型教育培训机构,全面提高国民的信息素质,将多方面的潜能转化为民族智能,以保持其竞争力,推动我国科技发展、经济振兴、社会进步。

信息消费是一种高层次的文化消费,它对消费者的信息素质要求较高。强烈的信息意识和良好的信息能力是形成信息需求、进行信息消费的重要条件。各级政府相关部门应加大信息素质教育,提高我国居民信息消费意识,从而带动信息消费量的增加。各级文化教育机构应当充分利用资源优势对一切可接触的群体和个人进行信息素质的教育,力求提升国民使用信息技术有效获取、评价和利用信息的能力,使其在信息意识、信息能力和信息道德等方面达到与信息社会相匹配的水准。

发展信息消费,要使各级政府及全社会都来关心信息事业,并自觉提高运用信息的能力。目前,国家已投资改善信息服务发展的硬环境,但如果只有先进的设施而没有社会各界人士观念的转变,没有国民应用信息能力的提高,这些投资的作用是有限的。因此,重视提高国民的信息素质是当务之急。国家应加大这方面的宣传力度,通过行政手段、公众舆论、媒体和国民教育体系以及能够利用的一切宣传教育手段,全方位宣传信息知识。

(二)缩小地区间素质教育差距

研究表明,信息素质教育属于公共教育之一,目前我国公共财政对信息素质教育特别是义务教育的投入力度不够。实施信息素质教育首先是政府行为,各级政府要做到认识到位,教育投入到位,要尊重教育规律,为实施素质教育创造宽松的环境。没有财力支持,信息素质教育只是空谈。中共中央、国务院于 2010 年颁布的《国家中长期教育改革和发展规划纲要(2010—2020 年)》在第八章谈到继续教育时明确指出:"继续教育是面向学校教育之后所有社会成员的教育活动,特别是成人教育活动,是终身学习体系的重要组成部分",必须更新观念,加大投入,一方面,要努力争取国家财政加大对教育的投资总量,但不作为唯一来源;另一方面,在知识经济时代,教育已不是一种福利事业,而是具有较高回报、先导性的产业,要积极探索新的办学模式,拓宽投资渠道,建立教育办学主体和经营主体多元化运行机制,开发教育市场;切实增加教育投资,解决素质教育投入不足问题。

要继续抓好义务教育普及工作,努力提高教育资源分配的公正性和合理性,政府切实负担起义务教育的重任,使居民大部分的教育支出真正用于购买非义务的教育服务,用于较高回报的人力资本投资(大学以上教育投资更直接地体现出投资的效益),形成居民"人力资本投资—教育产业发展—全民文化素质提高—经济竞争力提高和经济发展"的良性循环。

我国的人口结构呈现出农村居民不断向城镇居民转化的趋势,由于农村居民文化水平偏低,即便在城镇务工,他们使用先进信息技术的意识和能力不高,从而导致城镇居民之间信息消费差距扩大。教育是准公共产品,具有很强的经济与社会效益,因此,教育的发展与教育差距的改善,是政府不可推卸的责任。政府在教育经费的投入中,应实行向经济落后地区倾斜、向教育条件薄弱的学校倾斜、向低收入阶层倾斜的政策。国家要加强教育和培训,尤其应加大对落后地区、知识层次较低者和普通民众的教育培训，改变他们的观念，提高知识的认识水平，增强人们信息消费的愿望和能力，使全民的信息素质得到均衡提高，促进社会更加和谐。缩小城乡之间、东西部地区之间的教育差距是提高我国居民信息消费力的重要举措之一。为了使农村义务教育经费得到保障，近年来各地中央财政都新增了义务教育经费。中央决定从 2006 年春开始全部免除西部地区农村义务教育阶段学生学杂费。同时，通过各种渠道宣传信息技术，以促进农村居民对信息技术的掌握，从根本上提高农村居民信息素质。大力发展农村文化事业，改善偏远地区和农村的信息消费环境，培育和引导信息消费。

（三）加强未成年人信息行为管理

青少年期跨越了主要的学龄期，经历了由父母监管、学校教育到自我管理、社会监督的转变。青少年内部不同群体心理发展成熟度差异较大，其网络使用特点也各异。因此，对于已经成年或工作的青年网民，应该正确理解和引导其网络使用行为，尊重其网络使用的多样性和丰富性。对还没有形成良好自我约束和鉴别能力的未成年网民而言，应该由家庭、学校和社会共同监督。从加强自我管理、充分利用学校网络资源和坚持对互联网产品的内容管理三个方面对未成年人网络使用行为安全提供保障。

1. 引导未成年人在正确价值观下使用网络

首先，由于处于求学和成长的关键期，加之缺乏理性的鉴别和判断能力，未成年人在网络信息选择和使用上可能受到的负面影响也最大。因此需要加强对未成年人辨别善恶美丑能力的教育，帮助其正确处理信息爆炸时代的信息过滤和吸取问题。其二，在信息爆炸增长和高速流动的今天，未成年人使用互联网不仅仅是娱乐和休闲的选择，更是便捷快速地获取信息的必备方法与工具。

因此应该鼓励未成年人的正确上网行为,帮助其树立良好的榜样典范,发挥互联网促进青少年健全知识,发展技能的作用。其三,应该大力开发和使用帮助未成年人健康上网的软件和产品,协助学校和家长对还没有完全自我控制能力的未成年人进行上网指导。

2. 学校与家庭共同保障未成年人安全的上网环境

首先,应该充分利用校内网络资源,为学生网民提供绿色上网环境。特别是加强中西部地区学校网络资源建设。对于偏远地区的青少年网民而言,由于家庭上网条件的不足,学校是最安全和可靠的上网环境。如果学校的网络资源不能及时满足成长中的学生的信息需求,就会将其排挤到网吧,尤其是"黑网吧"等不具备安全上网环境的场所。因此应该丰富学校上网资源,提供未成年人安全的上网环境。其二,敦促家长采取积极措施引导未成年人上网行为,充分发挥家庭教育功能。随着家庭电脑拥有量的提升,更多的青少年可以在家里使用互联网,因此家长在子女的上网行为的管理中需要发挥更大的作用。一方面,不能因为网络存在的负面影响而封闭未成年人探索网络世界的脚步;另一方面,也不能任其使用而不加限制。家长应该更加重视和合理管理子女的上网行为。

3. 加强网络信息内容的审核与分层分类管理

首先,网络信息由于其来源于大众,更具有草根性,借助网络信息的平台流传更快更广,但是未经过滤的网络信息也含有很多不利于未成年人的内容,未成年人正处于对社会和自身探索的阶段,强烈的好奇心也导致未成年人对不健康的网络内容的追逐。因此,为了帮助未成年人树立更健全的信息意识,应该在加大内容建设力度,满足在多样化、个性化的信息需求的基础上,注重提升网络信息的文化道德情操,利用网络文化促进未成年人德智体发展的作用。其二,为了保护未成年网民的身心发展,应该加强对网络产品的审核和分级,限制未成年人使用带有暴力倾向的网络游戏,取缔带有教唆未成年人犯罪的视频内容,关闭带有色情信息的网站。其三,由于手机上网在青少年网民中的逐渐普及,未成年人的网络使用行为的监管难度在加大,需要强化对手机接入的互联网内容的管理。应该从源头上防止未成年人使用手机浏览及下载色情信息,接触不健康的网络内容。开发适宜低龄群体使用的手机网络应用类型,利用手机网络信息开展多样化的教育形式,促进未成年人身心健康发展。

二、构建完善信息素质教育体制

随着 Web 技术的发展,信息呈几何级数增长,信息资源又依托互联网技术快速无国界地传播、辐射于人类生活的每个角落,信息素质教育的普及是网络时代全新课题。

(一)确立国民信息素质培养目标

国民信息素质是一个国家的社会成员能够认识到,准确和完整的信息是做出合理决策的基础,它表现为一个国家国民能够应用信息源获取信息,评价信息、组织信息用于实际的应用,将新信息与原有的知识体系进行融合以及在批判思考和问题解决的过程中使用信息。信息素质能力包括:"了解自己的信息需求;能在信息需求的基础上系统地提出问题;具有识别潜在信息源的能力;能制定成功的检索策略;能检索各种类型的信息源;具有评价信息和信息源的能力;能为实际应用而对信息进行组织;具有将新信息整合到现在的知识体系中的能力;能采用批判性思维利用信息并解决问题。"简而言之,国民信息素质培养目标是:培养具有"系统提出和分析信息需求的能力;识别和评价信息源的能力;寻找调整、选择和筛选信息源的能力；提取所需信息的能力；记录和贮存信息的能力；解释、分析、综合、评价信息的能力；提供和交流研究成果的能力；运用全部信息过程的能力。"

　　通过开展信息素质教育，使广大消费者树立正确的信息消费观念，强化信息消费意识、建构健康的信息消费文化，克服和抑制那些畸形的病态的信息消费形式，积极倡导健康的信息消费方式，实现信息消费与信息生产、信息消费与物质消费的良性互动，使信息、消费和人自身的价值与意义在这种健康的信息消费活动中得到净化与升华。从整体看，我国居民信息消费者的素质相对较低，外语水平、计算机应用能力和网络知识能力较差，一定程度上阻碍了信息消费的进一步发展。所以，必须提高消费者的信息素质。要以最大的努力，利用先进的信息技术和信息基础设施，尽可能创造给每一个公民获取信息、得到教育和培训的最好条件；要利用各种新的信息技术手段发展教育，改进和补充传统教育的不足，在教育的内容、方法、体制、观念等方面全面创新，培养适应信息时代的劳动者；实现信息资源利用的人力资源保证[①]；在各级各类学校积极推广计算机和网络教育，在全社会普及信息化知识和技能；加强对在职教师、各类在职人员、政府公务员等在职信息技术培训，提高从业人员素质；制定政策，吸引国外信息技术和信息管理人才，引进和学习国际先进信息技术和管理经验，促进高技术信息人才的合理有序流动。

（二）建立国民信息素质教育体系

　　在现有的社会信息素质教育基础上，成立信息素质教育发展

[①]　吴薇、宋立瑛：《对我国居民信息消费问题的分析》，《中国管理信息化》2006 年第 5 期。

研究中心,组织开展信息素质教育。要切实落实国家相关文件精神,制定和完善相关的信息素质教育政策,自上而下地启动信息素质教育工程,加大投资力度,为中小学、大学的信息素质教育提供必要的软硬件支持。保证信息素质教育的有效、顺利实施。同时,结合不同学科组建新型的教育力量,由教育部统一部署,联合中国高等教育学会、中国高等教育发展研究会等部门统一规划,开展信息素质教育的理论与实践研究,寻找信息素质教育的最佳方式和方法,确定信息素质教育的目标和进程。制定开展信息素质教育的研究和实施方案。应采用区域带动、行业带动战略,树立区域信息素质教育的新理念,创建基于网络环境的信息素质教育运行机制,由情报系统信息素质教育中心(省情报学会)、公共系统信息素质教育中心(省图书馆学会)和高校系统信息素质教育中心(省高校图工委)、联合组建区域性的"三位一体"信息素质教育培训中心,以横向联合和纵向辐射的组织形式,形成多元化、多层次的格局,将信息用户教育推进到区域内的各类人群和各个行业①。

构建信息素质教育体系以整体提高全民信息素质为目标,要转变以往单纯的信息技术教育,重点提高全民信息化认识水平、基本知识、实用技能和构建良好的信息化应用环境。以各学会、专业组织以及公共图书馆、高校图书馆等信息机构为依托,在信息素质教育发展研究中心的领导下对公众开展多种形式的信息素质继续教育活动。教育内容主要有:信息理论的基础知识,信息及信息源的查找和检索,信息评估的基本方法及相关知识,有关网络环境、网络资源、网络通信、网络检索、知识产权、信息道德介绍。培养获

---

① 吴志红等:《基于矩阵模式的区域性全民信息素质教育体系构建研究》,《图书情报工作网刊》2011 年 7 月。

取、加工处理、吸收并创造新信息的能力,熟练掌握信息工具的操作方法,从而能够做到重视并科学合理地进行信息消费。重点是提升公民的信息意识和信息检索能力以及信息应用能力。力争3-5年大幅度提高领导干部、公务员、信息化专业人员、在校学生、科技人员、企业经营管理人员等重点人群的信息能力,使大多数城镇居民掌握基本信息技能,充分享受信息化带来的便捷,为创新体系建设、综合实力的可持续发展起到强有力的支撑作用。

改善中小学、高等学校的信息环境和信息教育的基础条件,逐步将信息素质教育课程列为必修课,将具体的课程教学与信息素质教育相结合。在课程教学中营造出基于资源学习、问题解决学习的信息素质环境,将通用的信息技能和课程内容有效整合,分层次、分阶段地惯穿在学校的信息素质教育中。

(三)制定国民信息素质教育评价标准

信息素质教育评价就是按照国家规定的信息素质教育目标,对所实施的信息素质教育活动的效果、完成教育任务的情况和学生学习成绩及信息素质发展水平进行价值判断的过程,评价的主要内容是通过系统搜集有关信息素质教育信息,对获取的实际数据进行科学分析,对信息素质教育水平和教育质量进行评价,为改进和深化信息素质教育工作提供依据。当然,这里所依据的目标和评价标准,必须符合教育的客观规律,要能体现先进的教育思想和科学的教育观,只有这样,才能引导并保证信息素质教育改革沿着正确的轨道前进。2001年1月,美国大学与研究图书馆协会(ACRL)制定了《高等教育信息素质能力标准》,为信息素质教育提供了评价的框架,为教师、学生、管理人员提供了实施信息素质教育的指南。该标准包括了5项标准和22项具体的评价指标,主要从信息的需求和获取、选择与评估、检索与利用以及信息交流等方面评估与考核信息素质能力。我国虽然还未制定信息素质能力标准,但是,国内学者对此已有研究,吉林农业大学图书馆的陈文勇、杨晓光等提出的信息素质核心能力,包括:1)识别信息需求,知道完整和准确的信息是制定明智决策的基础。2)在信息需求的基础上系统地提出问题。3)识别潜在的信息源并制定成功的检索策略。4)检索信息源。5)评价信息和信息源。6)为实际应用组织信息,将信息整合到现在的知识体系中.并以最恰当的方法传递和交流知识。7)批判性地利用信息并解决问题。但是,这种孤立的学术性研究,还不能形成我国正式的信息素质能力评价标准,用以指导全国的信息素质教育。应该由我国政府成立专门的信息素质教育机构,或委托教育部等职能部门成立专门的信息素质教育机构,参考国外的信息素质能力评价标准,吸收专家、学者的建议,结合我国开展信息素质教育的实际情况,制定符合我国实际情况的信息素质教育评价标准,为信息素质教育提供比较客观的评价指南,以此推动和促进我国信息素质教育,提高公众的信息素质能力。

(四)构建信息素质网络教育平台

网络提供了新的信息呈现技术和传播技术,使知识信息的流动呈现多对多的多元化态势,产生了质的飞跃,直接改变了教育的形态和传播方式,从技术上实现了平等地向民众传播信息的问题,为教育技术的迅速发展营造了广阔的空间,促使一种新型的教育模式——网络教育的诞生。网络教育具以下优点:①教学系统的开放性。是指教学对象的开放性,教学时空的开放性。②教学资源的丰富性。指多媒体、超文本方式的呈现方式,电子图书馆、数据库作为资源库③教学过程的交互性。强调教学的互动性和个性化④学习方式的多样性。"大力发展现代远程教育,建设以卫星、电视和互联网等为载体的远程开放继续教育及公共服务平台,为学习者提供方便、灵活、个性化的学习条件"①。信息素质网络教育平台是充分利用计算机和网络技术开展基于 Web 的信息素质教育,主要培养公民准确检索和有效利用数字资源的基本能力,其教学活动不受时空限制,同时强调教学的交互性和个性化。在线信息素质教育应该强调数字资源的检索能力和批判性思维的培养,同时更加注重培养学生信息意识和信息道德。

1. 多层次分专业构建信息素质教育应用平台

目前,国内外许多政府机构、图书馆、学校都纷纷建立了自己的信息素质教育网站,其中影响比较大的有丹麦奥尔堡大学的 SWIM 平台、中国 CALIS 的信息素质教育网站、昆士兰科技大学 Pilot 在线信息素质教程、美国国家信息素养论坛、台湾中华咨询素养协会网站等。目前国内现有的信息素养平台大多是线性静态的,所能提供的用户管理、统计分析、自动响应、用户帮助等功能在完善性和有效性方面存在不足,具体说来问题有:一是培养对象单一。目前信息素质教育网站是针对学生教育的。二是培养目标有待深化。网络平台不仅应该培养学生在学习、科研方面的信息素养,更应该培养学生在生活、工作方面获得有用信息和利用信息的能力。这是目前国内信息素养教育平台的普遍不足;三是教学内容有待完善。网络信息素养平台不仅应该培养学生获得信息、利用信息的基础能力,还应该让学生学会如何升华有用知识和了解信息安全、学术道德等;四是教学方式有待改善。一般的网络信息素养平台仅仅注重单纯的单向灌输,然而在所学知识的测试、实

---

① 中央政府门户网站:《国家中长期教育改革和发展规划纲要(2010—2020年)》,http://www.gov.cn/jrzg/2010-07/29/content_1667143.htm。

践、反馈、互动方面都有所欠缺①。网络时代的到来,给国民素质教育工作以新的挑战和机遇,我们只有大胆地探索实践,创造性地开展工作,才能在这一新的领域实现教育方式和效果的跨越与突破。我们要顺应时代的发展,积极构建网络信息素质教育的新平台,开发网上信息素质教育资源。在设计网络教育平台时,要以方便用户进行自主式学习和自助式信息管理为设计目标,要以符合现代人才信息素质培养目标为设计宗旨。将国民信息素质教育与信息服务融为一体。

2. 培养一支掌握现代信息技术的教育工作者队伍

基于信息素质的重要性,信息素质教育受到了教育部门的普遍重视并成为学术界积极关注的热点课题。发挥网络教育的积极作用,这对全社会是很有意义的工作,需要有大量的教学人员投入。当前信息素质教育者大多没接受过计算机专业的系统学习,网络技术知识相对贫乏。因此教育者必须转变观念,要熟悉了解网络,下力气学习计算机知识、网络信息传播技术,研究和探索网络教育的规律和方法。在原来传统化、经验化教育方法的基础上,通过网络来对受教育者施加行之有效的影响,逐步使教育者既具有信息教育理论与实践经验,又能掌握计算机网络的基础理论与操作。

3. 制定完整的信息素质网络教育内容

信息能力培养是在线信息素质教育的主要内容,包括信息技术能力和利用信息技术获取信息的能力培养。其中,信息技术能力是进行数字资源获取的基本前提,是基本文化素质在信息时代

---

① 赵雅萍、王翌:《针对性的信息素养网络教育平台设计研究》,《图书馆学研究》2011 年第 9 期(应用版)。

的自然延伸,代表信息素质中所包含的技术层面的知识;信息资源的获取能力是在线信息素质教育的核心内容,具体包括:介绍信息源的类型和特点、信息检索步骤和检索技巧以及检索结果的调整和处理。当然,更高层面的信息能力教育则应该培养学生的批判性思维,使各类人员能够将基本的信息获取和利用能力融入到自己的学科领域中去,能够对信息内容进行准确的分析、评价和利用。信息意识教育的目的在于培养国民对信息敏锐的感受力,使他们能准确地识别和表达自己的信息需求。信息道德教育则旨在让国民了解与信息和信息技术相关的道德、法律,提高其获取和利用信息的道德水准。

4. 加强信息素质实践的网络教学

首先,面对网络信息的多样性和开放性,做好对受教育者上网的引导工作。由于很多网民还受着原来传统文献检索行为习惯的影响,对于新的事物还有一个认识、接受、熟悉的过程,因此,对网民应当加以培训,使他们能较快地转变角色,从只会一些简单的检索到能掌握复杂的检索方法,直到能检索到令自己满意的信息。通过开办网络讲座、举办视频演示会、网上论坛等形式,使受教育者学会从网络媒体上获取可用信息、识别信息质量。其次,建立丰富多彩的素质教育网站,增加与受教育者交流的窗口。通过网站指导用户网络信息检索,由于各个检索工具都有自己独特的检索要求,众多的用户对网络信息资源的了解及其利用的程度都各有不同,因教育程度、知识结构的不同、操作技术不过关,不懂得查询技巧和数据库检索的技巧,直接影响到了检索的效果。第三,积极开展信息商品推广培训。网络信息消费是一种依靠技术与互联网络相连接而获取和传递信息的先进的信息消费方式。消费者必须具备一些特殊的信息消费知识和技能,有关互联网方面的基本知识和利用技巧等。因此,我们要把信息消费推广培训作为一项重要任务来抓,通过举办各种培训班,开展信息消费知识讲座,使现实的信息消费者不断提高信息消费水平和质量,使潜在的信息消费者尽快转化为现实的信息消费者。

(五)利用图书信息机构培养公民信息应用能力

1. 图书馆对信息素质教育的影响与作用

图书馆在国民信息素质提高方面的作为是全方位的。图书馆服务的宗旨就是更多地满足人们获取知识信息的个性化需求,其重点之一就是要向人们传授获取文献信息的最佳手段,即传播寻找知识的知识。人们在利用图书馆的同时也在培养自己的信息素质。首先,图书馆不仅具有丰富的纸质文献资源和数字信息资源,具备先进的检索设备和现代信息技术手段,还配备了高素质、熟悉信息语言的信息管理人才,这些都使得图书馆在信息素质教育中占有明显的优势,所以图书馆是对信息应用能力进行培养的理想场所,利用图书馆信息检索设备向读者普及信息基础知识,向读者传授如何浏览、使用因特网上的信息资源;其次,通过成熟的信息技术不仅可以为用户方便地发掘出去伪存真、精雕细凿的实用信息资料,还可以提供信息分析等有价值的参考咨询服务。因此,图书馆对国民信息素质教育的影响与作用是很大的,图书馆应成为传授"信息获取技术"主要基地。。

2. 图书馆对信息应用能力培养的各种资源优势

图书馆拥有完整系统的书刊实体文献,还有各种电子出版物、光盘数据库及其他网络信息资源。随着图书馆网络化的实现,数字信息资源的收藏、计算机网络资源的深度开发都为图书馆提供了更为丰富的网络资源。另外,图书馆的多媒体阅览室和视听室等现代化服务设施的完善为居民信息素质教育提供了良好的物质基础。一般图书馆均有一批素质较高的技术人才队伍。他们拥有一定的信息加工、信息服务经验,掌握科学的信息管理方法和操作技能,熟悉馆藏结构和网络资源分布情况;能够有效地利用各种信息工具,开展定题服务、个性化服务等深层次的信息服务及用户教育和培训。

目前,全国大中城市及高校图书馆都在进行了不同程度的数字化、网络化建设,电子阅览室、多媒体教室等设备齐全,为信息素质教育提供了良好的信息技术环境,另外,图书馆拥有安静舒适的阅览环境、浓厚的学习气氛,置身其中身心愉悦,享受温馨的人文关怀,这有利于培养公民的各种兴趣,也为公民信息素质的提高创造了条件。

第二节　加强信息资源建设与管理

一、大力发展信息内容产业

(一)信息内容产业发展策略

1. 构建完整的分工合作产业链

现代意义上的信息内容产业是一种基于数字化、多媒体和网络等技术,利用信息资源和其他相关资源,创(制)作开发、分发、销售和消费信息产品与服务的产业,涉及内容产品生产、交易、传输、技术支持、服务支持等复杂环节。要对如此众多的产业集群进行有效管理和运营,必须依靠政府的统筹规划,制定相关政策,激励企业通过投资、兼并、收购、合作等方式,形成一个综合的产业生态链。政府在制定政策时,应把握发展好连接该产业链的三个重要环节(部分):第一环节是内容的创意和制作,它是产业核心层,负责信息内容产品的研发、生产和销售等,涉及信息内容生产业(新闻出版业,广播、电视、电影、电视剧和音像制作业及其它内容生产业);第二环节是内容的运营,它是产业基础层,主要负责信息内容的保存与传播、信息公开与共享和信息基础设施建设等。涉及信息传输服务业(电信传输、广电传输、卫星传输及其他传输业);第三环节是内容消费体验。它是延伸产业层,为信息内容产品提供配套服务或衍生产品的生产与服务等,涉及内容服务业(互联网信息内容服务业、信息处理业、咨询业、公共信息内容服务业及其他内容服务业)。只有把这三个环节连在一起,才能构成一个完整的信息内容的产业链。对应于信息内容产业的上述不同部分,政府、企业和非营利组织(或第三部门)三类主体在不同产业层次与领域内应该有不同的作为,在信息内容产业发展中承担不同角色,可以推动政府机制、市场机制和社会机制在分工合作基础上产生发展合力,形成多种运作机制分工合作和共同发展的信息内容产业格局。

2. 营造以市场为主导的产业发展环境

信息内容产业的发展环境包括良好的政策环境、法制环境、市场环境、文化创新环境、技术创新环境等。在政策环境方面,要进一步降低信息内容产业的进入壁垒,以优惠的政策扩充市场规模;在法制环境方面,要加快互联网立法工作,制定有效的法律法规,严厉打击利用技术手段在网络上恶意侵犯他人利益的行为;在市场环境方面,要进一步规范市场秩序,反对信息内容产业的垄断与限制,加强内容产业的市场竞争程度;在文化创新方面,要营造良好的社会文化,理解并支持信息内容的发展,并利用我国传统文化的优势,创造具有民族特色的内容产品;在技术创新方面,要进一步加快我国的信息技术发展步伐,从硬件制造和软件开发两个方面,为信息内容产业的发展提供良好的物质技术。

3.拓宽信息内容产业发展的投融资渠道

建立以政府投入为导向、企业投入为主体,社会资本和外资广泛参与的信息内容投融资机制,在投资策略上要鼓励多元投资,以原先的政府、企业投资为主转向企业投资、合作投资以及鼓励私人资本投资等多种方式,促进信息内容产品种类和层次增加。国家制定信息内容产业规划,有计划地对信息内容产业进行投入,增加政府对信息化网络公共设施和产品的供给,并努力提高政府对各种信息化网络设施管理的效率,保障社会对信息化基础设施需求的满足。准许私人资本进入具有准公共物品性质的信息、网络资源经营领域,并以法律的形式确定和保护私人资本所应得的利益,以促进私人资本对网络信息的投资,扩大网络信息产品的供给,满足社会对网络信息产品的需求。

4. 降低信息产品消费成本

目前,我国信息化呈加快发展之势,但如何降低信息消费成本,使更多的人享受到信息技术的成果,是一个值得关注的重要问题。一方面我国居民对高科技信息消费有强烈的需求,而另一方面由于对信息消费使用先进设备的费用高而承受不起,难于进入应用领域。因此,能否降低我国的信息化应用成本,能否大幅度降低计算机及其附属设备的价格,大幅度降低通信价格及上网价格等,是能否进一步提高和促进我国信息消费水平的重要制约因素。为提高信息化普及率,要降低成本,使信息通道能够深入到千家万户,使普通老百姓能接触网络,享受科技文明,为此,要引入竞争机制,完善管理体制,吸引更多电信、网络服务商的参与,不断打破垄断,以降低电信、网络使用资费[①]。

(二)开发公共基础信息资源

公共信息是指和私人信息相对的,和公众利益密切相关的、有

---

① 国家统计局科研所信息化水平的国际比较研究课题组:《中国信息化发展指数(IDICN)的国际比较》,《中国信息界》2010年第3期。

必要、可以公开，一般具有外部效应的信息和资讯。公共信息的获得主要依靠国家权力机关等政府事业部门。本文所指的公共信息不是一般意义上的公共信息，而是特指由政府部门或授权相关部门审查内容，以电子数据及传统介质为载体，以音频、视频、文字为表达方法，包括市场信息，科学知识、科学研究资料、文化知识为具体形式的公共信息。依据提供的主体的不同，公共信息大致可以分为两类，一是公共部门提供的公共信息，二是私人部门提供的公共信息。开发公共基础信息资源要采取以下措施

1. 政府主导、打破信息垄断

公共信息资源的建设，是一个利国利民的巨大工程。因此，只有以政府为主导，由政府、研究机构、高等院校、企业以及包括公共信息服务在内的相关支撑机构等构成，主要包括信息开发采集系统、传播系统和应用系统，其中信息资源建设是基础，信息传播是途径，信息应用是目的。政府要认识到自己有责任促进、保障公共基础信息资源的开发利用，推进信息资源在全社会共享的步伐，打破政府部门信息垄断，才能够避免重复建设，减少浪费，提高共享和应用的价值。要实现优质的信息服务，必须整合信息资源，引入高新技术企业，在原来离散、孤立的信息技术平台上构造一个开放统一公共信息服务平台，在这个平台上政府部门和各个加盟企业相互协作，实现公共信息的交换和流通。使之发挥最大的经济效益和社会效益。公共信息资源采集的途径有两个，一是通过购买数据提供商提供的数据，二是建立专门的机构，来采集和加工数据。作为公共信息资源共享的核心内容，包括基础政务信息资源、基本经济信息资源、教育及科普信息资源、文学艺术类信息资源等。而公共基础信息资源库的建设必须遵循相应的规则规范，方能取得事半功倍的绩效。充分发挥网络无限延伸、无限扩展的潜

力,利用网络能够跨越时空的优势,把力量真正集中到增加网络的有效资源,消除任何层次上的重复建设。在这种观念的指导下,我国网络信息资源的建设应打破条块分割,倡导全国共享的观念。

2. 统筹规划、统一标准、共建共享

信息产业部应担负起宏观调控网络信息资源建设的重任,坚持"统筹规划、重点突破、国家主导、统一标准、互联互通、资源共享"的指导方针,加强网络信息资源的基础设施建设,促进网络信息资源建设向产业化方向发展,加快网络信息资源的共享建设。加强生产、流通、科技、人口、资源、生态环境等领域的信息采集,加强信息资源深度开发、及时处理、传播共享和有效利用"。结合区域公共信息发展的实际需求,统筹规划基础信息资源体系。①统一制定基础库建设、应用和管理的规则和标准;要解决异构数据的转换和"一数一源"问题,研究制定切实有效的数据元规范和数据交换规范,为后期数据整合和服务奠定良好的基础①。②落实参建部门责任制。参与公共信息资源库建设的部门必须各负其责,共建共用。根据依法开发建设的要求和部门职责分工,在信息化主管部门的统筹协调下,牵头部门和相关参与部门必须协同开展基础库的建设、应用和更新维护。③集约化建设和服务。公共基础信息资源库的参与建设部门负责提供基础信息资源并及时更新各自提供的数据,确保数据的准确性、完整性和一致性,由牵头建设单位提供"一站式"基础信息资源共享服务。要彻底扭转目前信息资源配置、开发利用、经营服务孤军作战、各自为政的局面,走集约化、联合开发的路子,发挥大系统的整体功效和联合体的群体

---

① 张维华:《电子政务信息资源体系互联互通研究》,《情报杂志》2007年第11期。

优势。④注重信息安全、保护隐私秘密。基础信息资源库建设必须确保安全、保护隐私。人口、法人、空间地理等基础信息资源涉及个人隐私、商业秘密、国家安全等信息资源共享应用的"禁区",处理不好会造成不必要的行政诉讼、泄密等给国家和社会带来危害的后果,因此,必须正确处理基础信息资源共享与保障安全、保守秘密的关系,保护国家安全、企业秘密和公民隐私。

基础信息资源建设必须根据法律法规的规定和履行职责需要,明确界定基础信息资源提供部门、管理部门、应用部门的职责,建立基础信息资源的提供、交换、处理、存储、更新、应用和服务等机制,制定基础信息资源标准规范,建设和完善基础库,构建基础信息资源应用服务和管理体系,为国家基础信息资源建设提供支撑,为政务部门和社会公众提供标准化、规范化且及时更新的基础信息资源服务,为领导决策提供准确可靠的数据支撑,为进一步提高宏观决策能力、城市管理和公共服务水平,为各类跨部门的业务协同提供有效支持。

(三)加快建设各区域行业机构信息库

我国行业信息资源的开发应做到3个突破:①突破文献信息资源开发的限制,加强不同类型信息资源的开发。如实物样品信息资源、网络信息资源的开发。②突破学术性信息资源开发的限制,重视实践性、生活性信息资源的开发。③突破本机构信息资源开发的限制,重视国内外其他信息机构和非信息机构中信息资源的开发。包括各行业企业信息数据库、产品数据库、行业研究报告等。信息资源开发不能停留在二次信息资源开发上,而要充分利用现代信息技术,做好零次、一次、二次和三次信息资源的开发。

我国数据库的建设还存在着严重的经费不足问题,是信息产业的弱项。在数据库建设中,政府要在宏观上起主导作用,规划和承担基础性大型数据库的开发。有关部门要给予协调,重点支持基础性、公益性、大型综合性的数据库建设,支持培育精品数据库,支持提高数据库的网络化程度和规模化产业经营。政府既是信息资源开发利用的主要组织者,又是信息资源重要的提供者和使用者,在促进信息资源开发及共享中扮演着重要的角色。

在加快区域行业机构基础信息库进程中,应强化各区域政府和行业协会职能。政府应尽快提高其掌握信息资源的信息化水平,并对社会起到引导示范作用,提高全民信息意识,实现地区行业网络信息资源开发利用中最大程度的资源共享。政府要加强对行业基础信息数据库建设的规划和资金支持力度,加强政策支持力度。坚持信息自立政策,制定发展数据库产业的整体战略与发展规划,把地区、行业、机构数据库建设作为各地信息基础设施建设的重要组成部分,对体现国家意志的公益性、战略性信息资源开发和信息基础建设,政府要适当增加投入,加大扶持力度。目前,上海市社会保障和市民服务信息系统的共享数据库已具备存放 4000 万人口基础数据的能力,能完全支持整个上海的社会保障和市民服务信息系统。

(四)加速我国学术数据库的建设

学术数据库的建设是网络信息资源建设的重要组成部分,与社会各种信息资源共同构建成一个完备的信息资源体系,为信息消费的发展提供丰富的信息产品。近年来,国内自行开发网络各类学术数据库已形成一定规模,有事实型数据库、统计数据库、知识库、科学技术、工程、文献型数据库等。特别是近年来由文化部领导的"国家数字图书馆"带动了全国图书馆的数字化;由教育部领导的"中国高等教育文献保障系统"联合了全国 61 所重点大学开发的"联合目录数据库"和以各个院校专业特点建起的"特色数据库",科技部领导的"国家科技图书文献中心"整合 8 家图书、信息机构的资源,提供数据库检索和原文提供服务;中国科学院担任的"国家科学数字图书馆"收录的文献库,学科范围涉及科学技术各个学科,收录的文献类型包括期刊论文、会议文献、图书专著、科技报告、专利文献和学位论文等,建立了19个数据库。由原国防科工委组织下属单位联合建立的中国工程技术网站上直接提供的数据库有76个,多数涉及行业特点;农业部主管的各院所,提供了颇具农业特点的近百个农牧渔业数据库等。针对当前国内学术数据库产业竞争的现状,从国家战略的高度,提出建立国家学术数据库的构想及振兴国内学术数据库产业的对策与建议。

1. 成立国家学术数据库产业领导机构,协调产业发展

由国家数据产业机构制定产业宏观发展规划和相关政策,引导企业协调发展,优化产业结构。

(1)制定产业保护政策。我国数据库产业发展时间短,实力不强,而国外的竞争对手非常强大,国家需要出台扶持政策。在策略上,先由政府扶持学术数据库,再向商业化发展。尽管数据库因为知识产权而具有独占性,但国内市场应采取措施,坚决反对和惩治垄断行为,创造公平公正的竞争环境,保证产业的发展具有良好的外部环境。

(2)制定产业发展政策与法规。政府制定数据库市场运行规则是解决数据库企业之间竞争无序的有效措施。通过制定学术数据库发展政策与法规,引导国内数据库实行战略重组,优化数据库结构,建立国家级战略数据库,改变数据产业小而弱、散而乱的现状,使数据库产业更加规范化。组建国家级战略数据库的方法有两种:一是依托现有规模较大、具有国际化潜质的优质数据库,通过并购、控股等方式,在短期内形成几个具有国际竞争力的大型综合性学术数据库;二是新建国家级数据库,按照国际一流大型综合

数据库的标准来组建和发展改变当前我国数据库现状,构建新的数据库产业结构,保证其健康有序地发展。坚持产业国际化战略。一是聘请国外人才,学习先进国家数据库发展和管理经验,二是在组建新型数据库的基础上,推动它们进入国际数据库市场;三是效仿欧洲国家和加拿大等国,实施海外并购战略,直接进入国际市场。

(3)妥善解决好数据库的知识产权保护问题。加强数据库内容的法律保护、技术规范和信息安全。从政策措施、行政管理措施、技术措施和伦理道德规范措施等方面入手加强我国信息安全。加强学术型数据库产品知识产权的保护,解决好信息资源共享与安全保密的关系问题,尽快制定有关学术型数据库的国家标准。

2. 提高学术数据库建设品质

建设一流高品质超大型国际化数据库。一流的数据库主要表现在其信息量、权威性、学术性及检索功能等方面。

(1)数据库的建立要有序进行。第一,建立数据库产业基地。由于数据库建设技术复杂,投资较多,可考虑先在北京、上海等经济较发达、信息资源较丰富的地区,建立数据库产业基地,采用委托、合作、招标等形式,以标准化、结构化和规模化为目标,开发数据库产品,培植数据库品牌产品,形成规模,带动全国数据库产业快速发展。第二,加大学术期刊数据库开发的比重。学术性数据库对我国社会经济发展和科学技术进步具有直接的促进和推动作用,开发这类数据库需要大量的投资,且技术性强。因而,数据库厂商应当尽可能扩充其文献量,力争收录高质量的期刊和文献,保证数据库的学术性和权威性,同时,优化数据库的检索功能,提升数据库品质。

(2)采取突出质量兼顾数量的发展战略。国内数据库建设应当实施差别化的竞争战略,突出自身特色。一方面,可以避免重复建设,避免不必要的浪费;另一方面,可以扩大数据库某一领域的信息量,增强其权威性,这也有利于特色的形成,增强了数据库的竞争力。首先,要严格控制全文数据库所收录源文献的质量,坚持以质取胜,突出其"精",不要单纯追求收录文献的数量。其次,对公认的高质量的学术期刊,如核心期刊、权威期刊,要尽量收齐,突出其"全"。当然,也要适当收录一些质量较高、学术性较强的一般性学术期刊,以保证数据库收录数据的完整性。再次,要切实提高数据更新的速度,突出其"快"。

(3)出版商与数据库厂商合作建库。国外许多数据库供应商如 Elsevier、Thomson,它首先是学术期刊的出版商,自身拥有优势的科技资源。我国大多数学术数据库都不具备这样的优势,因而数据库厂商应采取多种方式加强同出版商的战略合作。与此同时,政府应担当起改革学术评价体系的责任,引导更多的高质量的论文在国内发表,改变高质量论文发表的"外向型"道路,提高期刊的学术水准。通过建立论文—期刊—数据库利益链,形成一体化的优势,进而提升数据库的品质和竞争力。国内自行开发主要的大型学术数据库有中国知网(CNKI)、人大报刊复印资料、万方数据、维普资讯、超星电子图书、中国数字图书馆、国研网、新华财经网、书生之家、中国专利公报数据库等,《中国学术会议论文全文数据库》是国内唯一的学术会议文献全文数据库,主要收录1998 年以来国家级学会、协会、研究会组织召开的全国性学术会议论文,数据范围覆盖自然科学、工程技术、农林、医学等领域,是了解国内学术动态必不可少的帮手;中国科技论文在线是纯网络版数据库,在这些数据库的基础上,数字图书馆逐渐发展起来。我国的数据库产业还在蓬勃地发展过程当中,网络信息资源开发和建设工作进入了一个新阶段。

（五）基于个性化需求开发网络信息产品

个性化的信息产品和服务成为当今服务的主导潮流之一,其目标就是满足特定用户在特定时间所需要的特定信息和服务。个性化信息服务是基于信息用户的信息使用行为、习惯、偏好、特点及用户特定的需求,即根据用户提出的明确要求提供信息服务,或通过对用户个性、使用习惯的分析而主动地组织信息资源,创建个性化的信息环境,向用户提供其可能需要的信息服务。其次,个性化信息服务还应该是一种培养个性、发现个性,引导需求的服务,促进社会信息消费的多样化和多元化发展。个性化服务是创新信息服务的一种主要表现形式。个性化服务的形式有 3 种:一是按照特定用户请求,为用户提供定制的 Web 页面、信息频道或信息栏目,实施查询代理服务。二是按照特定主题,指引文献源或提供文献全文,实施个性化文献性信息服务。三是按照特定主题,提供相对完整的方案知识,实施个性化决策支持服务。实现个性化服务,必须要经历以下的过程:构建个性化用户动态需求模型;搜索、挖掘,针对特定需求的相关信息;按照特定主题,将搜索、挖掘到的信息进行过滤、加工和组合,整合成完整的信息集合,并以在线或离线形式主动发送到用户或服务代理,实现信息支持;按照特定主题,融合、激活相对完整的信息集合,产生新的方案知识,并以在线或离线形式,主动发送到用户,实现创新服务①。

1. 构建基于互联网的个性化信息服务平台

目前基于 Internet 的个性化信息服务是比较常见的方式。这种方式所需要的支撑技术已经基本成熟。如:Web2·0 技术可以为信

---

① 付玉生:《基于数据挖掘实现信息服务质量的提升和服务形式的拓展》,《农业图书情报学刊》2009 年第 7 期。

息服务平台增添许多新型的信息资源和虚拟环境。信息服务平台始终把用户的需求放在第一位,强调用户主导性,坚持根据用户实际需要不断提高服务质量。突出了信息服务平台的"开放性"、"分享性"、"协作性"特点。个性化信息服务平台整合了各种资源,将所有的数字资源库(多种类、多媒体、多结构、分布式存储)整合成一体,并形成一套既科学全面,又富有层次性的信息内容分类体系,建立跨库检索平台,以及创建配套的服务体系。目标是要搭建一个面向信息消费者的网络服务系统,拥有装载各类型文献数据库的服务器,连接各信息机构的自动化集成管理系统,竭力为信息消费者提供一站式、个性化和交互式服务。用户只需要通过这个平台就可以享受来自各方面的信息服务,获得各种信息资源和帮助。

2. 开发基于个性化的信息推荐服务产品

个性化信息推荐服务中的关键点包括:用户兴趣的获取,用户兴趣与信息类别的匹配。目前,用户个人数据的获取主要分为两种方式:即显式的手工输入用户个性化特征和隐式的通过 Web 挖掘来跟踪用户的行为,自动获取用户的个性化特征。在获取了用户兴趣之后,我们需要对此建立一个模型,以方便将用户兴趣与资源类别对应起来。用户模型是指对用户的个人兴趣建立的模型,也称为"用户兴趣模型"。相应地,Web 文档模型是对文档内容的抽象描述,在 Web2.0 中不仅有文档内容,还包括音频视频等多种形式,我们暂且称其为资源模型。最后通过将用户模型与资源内容进行匹配,进行个性化信息的推荐①。

个性化信息服务产品是针对个人用户开发的,是私人产品,它

---

① 田莹颖:《基于社会化标签系统的个性化信息推荐探讨》,《图书情报工作》2010 年第 1 期。

的单位产品开发成本高、需求量小、有偿购买价格高,但它是最能满足个体信息需求的消费产品。它以用户为中心,采用数字化的信息集成服务手段,则更加强调面向用户需求,甚至结合用户的信息行为和活动,一切围绕用户需求来实现服务要素和功能的集成。

二、提高信息资源管理水平

信息资源管理内涵主要包括:信息管理的对象是各种信息资源;人是信息管理的核心,是信息管理中最活跃、最主动的因素;信息技术是信息管理的工具。信息管理是信息服务的前提和条件,同时也是信息服务机构面向终端客户提供个性化、专业化、系统化服务的手段,二者相互依托,不可或缺,目的是实现信息的利用价值。提高我国信息资源管理水平应从几个方面着手进行。

(一)加强信息资源管理法制建设

我国学者孟广均认为:信息资源管理是为了确保信息资源的有效利用,以现代信息技术为手段,对信息资源实施计划、预算、组织、指挥、控制、协调的一种人类管理活动。它是介于信息资源生产和信息资源消费之间的一种人类活动。作为一种特殊的战略性资源,信息资源虽然被我们所认识,但是由于信息资源管理制度建设的相对滞后,制约了信息资源的开发和利用,阻碍了信息产业的发展,严重影响我国经济的增长和社会的进步与可持续发展。目前我国对信息资源管理的研究,更多的是关注信息技术的作用,而忽略信息资源管理的法律制度建设。有鉴于此,采取以下对策。

1. 健全信息资源管理的政策法规体系

信息法律与政策是信息资源管理制度建立的法律依据。从国家和政府信息的公开,到个人信息隐私的保护,都要通过信息政策和法律来规范。我国先后出台了一些信息资源管理的法规,制定了相关的政策,但是在很多方面基本的制度框架还没有建成。目前我国已经通过三种途径构筑信息法律体系,形成信息资源管理制度的三个部分,一是在现有的国家法律中作相应的修改与补充,如我国《合同法》(1999)中承认了以数据电文形式签订的电子合同;颁布实施一些有关法规文件和政府规章,如《互联网信息服务管理办法》(2000),但是这与信息政策法律体系目标还有较大距离,尤其是信息获取法律规范方面不够完善。尽管我国已经出台了《著作权法》、《信息网络传播权保护条例》、《中华人民共和国政府信息公开条例》(2008)等制度规范,但在相当大的程度上尚不能满足数字信息资源开发利用与共享的需求。二是通过非正式制度来调整信息行为关系。非正式制度是指人们在长期的信息活动中逐步形成的信息习惯、信息传统、信息伦理以及价值观念等对人们的信息行为产生非正式约束的规则,是指那些对人的行为的不成文的限制,是与法律等正式制度相对的概念;非正式制度建设比正式制度更有普遍意义,它反映整个社会对于某一种东西的接受程度。正式制度是人们针对信息资源管理活动有意识创造的一系列政策法规,从成文法到不成文法,再到特殊的细则,它们共同约束着人们的信息行为,具有强制性。三是构建信息资源管理实施机制。即指依照相关政策法规的精神所建立起来的一系列标准规范体系、实施规程和实施机构等。

网络资源的信息组织过程是一个动态发展的过程,从网络信息资源的组织建设到网络信息的传输以及最终被用户所利用,涉及社会的方方面面。在这个过程中时刻会涉及信息的法律与规范问题。从民事行为和民事责任的角度,网络信息资源政策法规需要有相应的民法作为保障,从知识生产和传播的角度,网络信息资源政策法规则要涉及相关的知识产权法律,诸如著作权、商标权、专利权;从信息的商品属性的角度,网络信息资源的开发组织必然涉及相应的商法及规范,不仅包括民商法,也包括国际商法等;从社会对信息责任者的保护的角度,网络信息资源政策法规不仅涉及网络安全法律,也包括个人隐私权等相关的法律;从信息传播的区域看,网络信息资源政策法规不仅涉及诸多的国际法律体系,也同样涉及国家多边条约或双边条约等规范;如果再从网络信息资源共享的角度看,网络信息资源政策法规还应该涉及反垄断法等一系列的法律及规范,据此,我们在进行网络信息资源组织与开发利用的过程中,必须依据相应的法律规范,否则将会形成侵权。这就要求我们尽快加强信息方面的立法,以充分保障我国网络信息资源的组织、建设与开发利用。加强网络信息的引导和监控,进一步完善有关制度,规范网络运行,如对局域网、校园网等进行有效的管理。专题论坛要有人负责,对违规文章和散布不良信息的用户予以警告,严重的坚决追究法律责任。进行网络实名注册登记,通过必要技术、行政、法律等手段,阻止不良信息进入网络。

2. 加快数字信息资源产权保护的制度建设

针对数字信息资源管理,要从经济和人文方面研究其管理所涉及制度问题。因此,要进一步完善知识产权法。只有在知识产权真正得到保护,信息资源共享也才能切实得以实现。数字信息资源知识产权保护制度,涉及两个方面的内容,其一为激励数字信息资源生产与创造的知识产权法律制度的建立,2000年以来,我国修订了《中华人民共和国著作权法》,制定了《互联网著作权行政保护办法》,以及审理涉及计算机网络著作权纠纷案件的相关司法解释,为保护数字知识产权提供了基本法律依据。国家著作权行政管理部门负责查处互联网侵权盗版行为。针对反复侵权、群体性侵权以及大规模假冒、盗版等行为,政府有关部门联合开展了一系列管理行动。中国将继续探索互联网环境下的知识产权保护工作,努力实现保障公共利益和促进创新之间的平衡。其二为平衡数字信息资源保护与共享的制度构建。即使网络建设的主要目标是实现信息共享,但数字信息资源建设与管理中的知识产权保护原则是应当坚持的。其中的核心问题是著作权保护问题,诸如信息资源数字化中的著作权问题;数字资源素材收集、整理、编辑中的著作权问题;数字信息资源内容链接中的著作权问题;不同类型数据库的著作权管理;信息网络传播中的著作权问题;数字信息资源技术保护措施的著作权问题等等。如何建立一种社会秩序,使权利人信息或知识的合法权利得到承认和尊重,同时也保障信息资源建设事业在充分体现权利人利益的前提下能合法地传播和共享信息资源,是当前资源共享实践中遭遇的两种文明的冲突。数字信息资源的开发利用需要跨部门、跨行业、跨地区的协同努力,需要国家综合部门进行有效的管理、规划与协调。我国的数字信息资源管理涉及国务院诸多部委,如工业和信息化部、文化部、科技部等,还有新闻出版总署、知识产权局、广电总局等直属机构以及为数不少的直属事业单位和部、属、局(如新华社、档案局)等。由于多头管理、专门机构缺位,导致数字信息资源政策和管理办法缺乏系统性、信息资源的开发与利用水平不高等问题,因而组建跨部委的横向管理机构,成为信息资源宏观管理的现实制度需求。

3. 积极倡导互联网行业自律和公众监督

目前,我国信息网络行业缺乏自律的表现主要包括四个方面:一是部分信息网站言论权威性不高,缺乏必要的信息质量监管手段。二是大量的垃圾信息弥漫网络空间,缺乏严格的信息过滤监管手段。三是急功近利思想严重,置法律法规于不顾。四是网络

信息过分商业化,严重骚扰网民的正常网络生活。在规范与管理
信息网络媒体过程中,如果不对信息网络行业内部提出必要的自
律要求,仅依靠法律法规等手段来惩罚网络犯罪分子或网络肇事
者,将难以制止或消除信息网络不良行为的发生。在以因特网为
核心的现代信息网络日益高速发展的时代,信息网络工作人员肩
负着重要的政治和社会职责。不仅需要运用法律手段来治理网络
空间秩序,而且还需要通过建立健全信息网络行业自律机制,促进
信息网络工作人员自我规范和自我塑造,引导和鞭策信息网络工
作人员自觉地遵守信息网络管理工作的基本原则和职业道德规
范,自发地维护信息网络的公信力,树立信息网络行业良好的社会
形象,从信息网络行业内部切实有效地提高信息网络规范与管理
的效果,这是全面治理信息网络运行环境的重要前提。

　　2001 年 5 月,中国互联网协会成立,这是全国性互联网行业
组织,其宗旨是服务于互联网行业发展、网民和政府的决策。该协
会先后制定并发布了《中国互联网行业自律公约》、《互联网站禁
止传播淫秽色情等不良信息自律规范》、《抵制恶意软件自律公
约》、《博客服务自律公约》、《反网络病毒自律公约》、《中国互联
网行业版权自律宣言》等一系列自律规范,促进了互联网的健康
发展。中国互联网协会为治理垃圾邮件作出了不懈努力,使中国
的垃圾邮件占全球垃圾邮件的比例从 2002 年的 23% 下降到 2009
年的 4.1%。为加强公众对互联网服务的监督,2004 年以来,中国
先后成立了互联网违法和不良信息举报中心、网络违法犯罪举报
网站、12321 网络不良与垃圾信息举报受理中心、12390 扫黄打非
新闻出版版权联合举报中心等公众举报受理机构,并于 2010 年 1
月发布了《举报互联网和手机媒体淫秽色情及低俗信息奖励办
法》。中国政府将进一步支持互联网行业组织的工作,为行业组

织发挥作用提供服务,并依法保障公众举报网上违法信息和行为的正当权利。全社会的法制和道德素养关系互联网环境建设,中国政府支持开展互联网法制和道德教育工作,鼓励各类媒体和社会组织积极参与,积极推动把互联网法制和道德教育纳入中小学日常教学内容。中国政府十分重视青年组织、妇女组织等在提高全民网络素养中的作用,鼓励相关组织开展有利于普及互联网知识和正确使用互联网的公益活动。

4. 制定未成年人上网安全的管理法规

未成年人已成为中国网民的最大群体,截至 2009 年底,中国 3.84 亿网民中,未成年人约占 1/3,互联网对未成年人成长的影响越来越大。同时,网络淫秽色情等违法和有害信息严重危害青少年的身心健康,成为社会普遍关注的突出问题。中国政府高度重视依法保护未成年人上网安全,始终把保护未成年人放在维护互联网信息安全的优先地位。《中华人民共和国未成年人保护法》规定,国家采取措施,预防未成年人沉迷网络;禁止任何组织、个人制作或者向未成年人出售、出租或者以其他方式传播淫秽、暴力、凶杀、恐怖、赌博等毒害未成年人的电子出版物以及网络信息等。国家鼓励研究开发有利于保护未成年人上网安全的网络工具,鼓励提供适合未成年人的网络产品和服务。保护未成年人上网安全,家庭、学校和社会各界应共同努力,营造有利于未成年人健康成长的网络环境。中国政府将积极推进"母亲教育计划",帮助家长引导未成年人正确使用互联网。

(二)合理配置社会信息资源

信息资源管理的关键是信息资源的合理配置和共享,这其中,信息资源配置在信息资源管理活动中起到更为基础的作用,因为良好的共享有赖于合理的配置。

传统信息资源配置主要表现为政府主导下的国家信息资源体系的规划和建设以及信息资源购置经费在不同信息服务机构间的切分和调整；随着社会信息环境的变化，数字信息资源日益取代传统的印刷型信息资源而成为当今社会信息资源的主体，我国相对封闭的信息资源体系结构发生了根本性变化，信息已从行业组织部门向社会化应用发展，我国信息资源配置的模式已经不适应社会化信息需求的发展，因此，如何科学、合理地配置信息资源已成为新时期信息资源管理工作面临的一项重要课题，这一问题的解决不仅关系到全社会信息资源管理工作的成效，而且会直接影响到我国当前和今后信息利用的效率。信息资源配置的社会化转型势在必行。信息资源配置模式转型取向是政府公益型配置与市场引导型配置相结合的思路。

1. 信息资源配置原则

（1）社会利益最大化原则

在社会信息系统中，每一经济利益主体既与其他经济利益主体相联系，又保持相对独立。配置信息资源势必涉及各经济利益主体之间以及信息系统和系统环境之间的经济利益分配关系。判断信息资源配置是否有效，不能单纯地从某一或某些经济利益主体出发，而必须站在全社会的高度，以社会经济福利最大化为判定标准。

（2）信息需求导向原则

信息资源不论是在时间、空间矢量上的配置，还是在品种类型上的配置，最基本的依据都是用户对信息资源的需求性。按需配置信息资源才能使社会经济福利最大化，用户信息需求的每一变化都会影响到各种资源配置模式的效益，并进而影响到配置模式的调整和选择决策。

（3）公平原则

公平是指人们对某种社会现象的一种道德评价,认为它是否应当如此,是否公正合理。公平意味经济福利在所有相关的个人或组织之间的分配达到均衡状态。这里所说的均衡分配与平均分配有截然不同的含义,它要求资源配置者在按照社会经济福利最大化原则和需求导向原则配置资源的时候,要做到公正合理地对待信息系统中每一个用户。

2. 信息资源配置模式的调整和决策

（1）公共信息产品资源配置

作为公共物品的信息资源应采取由政府主导的多主体协作配置模式,在这种配置模式中,政府既是配置战略、政策法规的制定者,又是某些领域信息资源投入的主体,在国家信息资源配置中起着不可替代的主导作用。各参与配置的主体既受国家统一规划管理,又在国家政策法律允许范围内独立自主地开展工作。在具体配置环节上,他们既有分工合作,又有平等竞争,促进了彼此间的信息资源功能渗透和相互传递,实现了资源的共建共享。在此基础上形成了一个将企业、高校与科研机构,政府与市场,微观规范和宏观调控等有机结合、紧密相连、协同发展的配置体系。政府免费向社会提供公共信息产品。

（2）一般信息商品资源配置

近年来,随着我国信息服务业的快速发展,信息资源商品化、共享化的趋向已越来越明显。可以预见,信息共享和市场交换将成为各传统信息服务机构及其用户获取、利用信息资源的主要途径。对于一般信息资源的配置,必须符合市场需求和投入产出确定开发内容和形式,只有根据市场用户信息需求的变化,策划并组织信息资源的生产,才能形成具有较高质量的信息产品,如优质网络数据库。实践证明,市场机制驱动的网络信息资源配置可能极大地提高数据库生产商和联机服务商的经营管理水平和竞争力,也可以形成一些大型信息企业集团,这对实现网络信息资源的优化配置将起到重要作用。

3. 信息资源配置形式

(1)信息资源所有权配置

传统文献资源的配置主要通过对文献资源"所有权"的简单再分配来实现。传统环境下,我国文献资源配置虽然也强调共享,但由于受印刷型文献传递不便的影响,再加上我国信息服务行业一直缺少高效的文献传递系统,因此在实际工作中,文献资源的共享范围和程度受到了很大的限制,通常只能在一定范围内进行极其有限的共享。在这种情况下我国文献资源存量配置总体上仍以存量资源的简单再分配为主。信息资源配置内容的变化使信息资源配置的关注点从对印刷型文献资源转移到对网络信息资源网络化共享机制和市场交换方式的探求上①。

(2)信息资源使用权配置

就网络信息资源而言,通过网络存取和检索传递而共享或交换网络信息资源是实现其存量配置的主要方式。网络信息资源的出现和网络技术的发展使这种状况发生了根本的变化,在新的网络载体与技术条件下,网络信息资源的存量配置正由存量资源的简单再分配向通过网络存取和检索传递而共享或交换(买卖)网络信息产品的方向转变。对现代信息服务机构来说,信息资源的保障能力正被具体化为信息资源的可获知能力和可获得能力。在

---

① 李宝强等:《数字信息资源配置中的资源共享机制与市场交换方式》,《图书情报工作》2007 年第 7 期。

这种情况下,充分利用网络信息资源的特点,积极探求有效的信息资源配置机制和市场交换方式,根据用户千差万别且不断变化的信息需求,动态搜寻与联结整个社会的网络信息资源,成为网络环境下实现网络信息资源合理配置的关键。

4. 信息资源配置的措施

（1）行政手段

在我国公共信息资源配置中,政府根据我国国情提出信息资源配置的总体战略目标,同时通过制定相关政策制度来约束其他配置主体的具体行为,明晰信息资源的产权关系,规范信息资源的配置程序和分配标准,引导各配置主体在稳定、有序的环境中共同开展信息资源配置工作。政府还综合应用财政和税收工具对信息资源配置进行宏观调控。特别是在社会基础资源投入量有限的情况下,政府通过财政拨款加大对文化教育、科学研究（尤其是基础研究）和公共信息服务等关键领域的资源投入来发挥信息资源的最大效用。

（2）经济手段

运用各种经济杠杆（价格、税率、利率等）的利益诱导作用,促使信息资源的开发和利用活动向信息资源配置的目标靠拢。市场经济体制下,经济配置手段的应用更加强调市场化运作、配置经费的市场化投入和信息成果的市场化应用。市场化是推动作为一般信息商品资源配置趋于合理的基本动力。市场经济环境下,市场在资源的配置中起主导作用,它能促进优胜劣汰,合理有效地配置资源结构,是通过市场机制促使信息提供商利润最大化目标和社会经济目标保持最大限度的一致性来实现的,使信息生产要素实现最佳组合。

（3）技术手段

传统文献信息资源的配置与共享主要通过资源存储机构间的

联合采购、统一编目、出版联合目录和馆际互借等技术手段来实现。信息技术和互联网的广泛应用给信息资源的开发、加工、处理、传递、组织等各个环节提供了全新的途径。互联网高速性、交互性和低成本的特点极大地提高了信息资源在创新主体间的共享效率与交换速度；网格技术、跨系统互操作技术的应用使分布式信息资源的集成整合与综合调度变得轻而易举；密钥技术、安全控制技术（包括访问控制技术、数字签名、鉴别技术）、安全防范技术（包括防火墙技术、病毒防治技术、信息泄漏防护技术）的推广保障了信息资源传输中的安全性与有效性；Web2.0 的出现更从本质上改变了信息资源的管理与配置手段，使信息资源配置技术全面迈入多元化、智能化的新时代。

5. 各类网络信息资源的均衡配置

合理配置网络信息资源对促进信息消费有重要作用。通过对我国网络信息资源的现状进行简要分析，目前的数据表明，商业机构、企业、政府机构是网络信息资源配置的主体，我国的网络资源配置水平仍存在着极大地区差异。数据库分布结构不均衡、质量不高、拳头产品少。网民的信息需求只得到了部分满足，非常满意和比较满意的占 48.5%，一般满意的占 39.3%，不太满意和很不满意的占 12.2%。我国网络信息资源存在分布不均衡的供求矛盾问题是比较突出的，表明网络信息资源配置方面存在着一定问题。就网络信息资源来说，其增量配置可以有更多的手段，即不仅可以通过政府行政手段对其生产进行指导和调控，而且可以通过市场机制的调节来实现新增网络信息资源的配置。在市场机制下生产什么样的信息资源，生产多少，都由用户市场的实际需求来决定，因而，通过市场机制配置网络信息资源更能体现以用户需求为导向的配置原则。而为了保障整个国家网络信息资源储备的完备性,为了确保某些与国家安全或社会经济科技发展有重要关系的战略性信息资源的生产,在新增网络信息资源的生产过程中,我们依然需要政府的适当调控来发挥作用。

(三)完善信息网络安全管理机制

信息网络安全是一个关系国家安全和主权、社会稳定、民族文化继承和发扬的重要问题,其重要性正随着全球信息化步伐的加快越来越重要。网络信息安全是一门涉及计算机科学、网络技术、通信技术、密码技术、信息安全技术、应用数学、数论、信息论等多种学科的综合性学科。它主要是指网络系统的硬件、软件及其系统中的数据受到保护,不受偶然的或者恶意的原因而遭到破坏、更改、泄露,系统连续可靠正常地运行,网络服务不中断。信息网络安全是威胁网络健康发展的重要因素。技术手段不是解决问题的唯一方式。解决信息网络安全问题应该从多角度着手。2006 年 5月,中共中央办公厅、国务院办公厅印发的《2006—2020 年国家信息化发展战略》明确指出,要不断提高信息安全的法律保障能力,建立和完善维护国家信息安全的长效机制。从实际情况看,国家相关法规的制定难以跟上网络的高速发展,这些法规对很多新突显出来的信息安全问题没有一个详细的定论。同时,很多网民法律意识不强,有法不依的现象屡见不鲜,只有不断加强互联网信息安全立法和打击不法行为的力度,规范和净化互联网信息环境,使网络世界健康有序地发展。目前应从以下五方面着手,才能有效地解决信息网络安全管理问题。

1. 完善信息网络安全法规体系

我国政府主张依据相关法律法规,参照国际通行做法,主张合理运用技术手段遏制互联网违法信息传播,防范对国家安全、社会公共利益和未成年人的危害。根据互联网的特性,针对计算机网络出现的各种安全问题,从有效管理互联网的实际需要出发,先后发布了一系列法规条例,按发布机构级别从高到低形成四个层次部分。①一般性法律规定。如宪法、国家安全法、国家秘密法,刑法、治安管理处罚条例、著作权法,专利法等。这些法律法规并没有专门对网络行为进行规定,但是它所规范和约束的对象中包括了危害信息网络安全的行为。②规范和惩罚网络犯罪的法律,除刑法中一般性法律规定外,如《全国人大常委会关于维护互联网安全的决定》等。③直接针对计算机信息网络安全的特别规定,这类法律法规主要有《中华人民共和国计算机信息系统安全保护条例》、《中华人民共和国计算机信息网络国际联网管理暂行规定》、《计算机信息网络国际联网安全保护管理办法》、《中华人民共和国计算机软件保护条例》等。④具体规范信息网络安全技术、信息网络安全管理等方面的规定,主要有《商用密码管理条例》、《计算机信息系统安全专用产品检测和销售许可证管理办法》、《计算机病毒防治管理办法》。《计算机信息系统保密管理暂行规定》,《计算机信息系统国际联网保密管理规定》、《电子出版物管理规定》、《金融机构计算机信息系统安全保护工作暂行规定》、《互联网安全保护技术措施规定》等。我国现行信息安全法律体系仍然存在一些问题:一是现有法律法规立法层次低下,以部门规章为主,缺乏系统性和权威性,二是法律法规庞杂,其间的协调性和相通性不够,各部门颁布的法规、规章之间缺乏统筹规划,现行法律法规也过于原则或笼统,缺乏可操作性。我国的信息网络安全法规体系存在着立法滞后,缺乏开放性、兼容性问题。

目前我国已加快网络信息安全立法的步伐,《信息安全条例》即将出台,信息网络安全法律体系的建立和完善应当着眼两个方面:①要做好基础性的信息安全法律体系构建,要从完善国家信息安全组织体系,建立国家信息安全技术保障体系等多方面进行全面规划、不断完善,加紧制定出台个人隐私保护法、数据库保护法、数字媒体法、数字签名认证法、计算机犯罪法以及计算机安全监管法等信息空间正常运作所需的配套法规;②要着眼国家安全战略目标的实现,对涉及国家安全、国计民生、社会稳定的关键基础设施和重要信息系统及信息资源的安全保障,制定专门的法规加以规范,从而保证社会经济的稳定运行。

具体内容应重点考虑下几个方面,首先,信息安全法确定国家在建立数字信息资源中的地位,明确数字信息交流与保密的范畴,保护数字信息的法律责任,规范数字信息系统的安全保护要求,规定对数字信息系统安全维护管理必要的人员配置及责任义务等;第二,电子信息个人隐私法保护公民的个人隐私。本法应当规定在电子商务中涉及的个人以电子信息方式存在的隐私,在不违反国家安全利益的原则下享有隐私权,侵犯他人隐私权将依法受到惩处;第三,互联网络安全法规定对网络的正当使用,防止越权访问网络,保护网络用户的合法利益;第四,网络犯罪法、刑法和全国人大《关于维护互联网安全的决定》虽然规定了一部分网络犯罪及其刑事责任,但还是难以控制复杂多变的网络犯罪,因此必须进行立法完善;第五,电子信息出入境法作为主权国家对电子商务中涉及需要进出口边境的电子信息必须进行相应的规定,规定哪些信息可以进出境,哪些信息国家有权查扣,违法的事项以及处罚依据等;第六,电子信息出版法明确规定电子出版的权利、义务、审批、管理和法律责任等;最后,电子信息知识产权保护法明确规定以电子信息方式存在的、以多媒体等介质表述的文教、卫生科技、工农业、商贸等各领域的发明、创造的知识产权的归属主体的权利、义务、责任以及违反法规的法律后果等。总之,法律是信息网络安全的制度保障。我国法制体系中就网络信息安全问责中主要是针对违法犯罪的自然人，而忽略了网站的法律责任，因此，要建立网络信息安全的保护，需要强化个人与网站双方的法律责任。在网络违法犯罪过程中，网站则起着不可忽视的帮助作用，但目前对于网站传媒仅仅从道德上予以谴责，而缺乏法律约束及相关法律责任的追究。网站传媒作为社会组织，是公民权利的代言人，是网络信息安全的管理者与执行者，理应具有职业操守与社会责任感，如在维护网络信息安全的过程中成为了公民私权的侵犯者，除了予以道德谴责之外，还要承担一定的法律责任，即相应的连带民事法律责任。

2. 依法强化信息网络监管

在维护信息网络安全过程中，网络监管是关键，并且应由一定的法律来强制保障实行。我国网络安全监管体系已初步形成，已建立了网络违法犯罪举报网站、互联网违法和不良信息举报中心、12321 网络不良与垃圾信息举报中心、中国扫黄打非网、国家计算机网络应急中心、中国信息安全测评中心、中国计算机安全专业委员会等机构。在网络建设、互联互通、市场监管、电信资费、普遍服务等方面都有相关的政策出台，但在业务分类监管，促进资源有效利用方面的细化政策有待进一步加强。例如上传网络信息的法律约束与管理，无论是个人还是集体要利用网络上传信息应受到一定的法律约束，不能随意上传，应有特定的监管程序通过网络实名制的信息库检验其身份资格的合法性才能进行。加强网络实名制、电子签名、网络信息安全等级评价等一系列法律的建立与完善，是强化网络信息安全监管的保障。离开了法律这一强制性规范体系，信息网络安全技术和管理人员的行为都失去了约束。即使有完善的技术管理手段和安全机制也不可能完全避免非法攻击和网络犯罪行为。信息网络安全措施只有在法律的支撑下才能产生约束力。法律对信息网络安全措施的规范主要体现在对各种计算机网络提出相应的安全要求,对安全技术标准、安全产品的生产和选择作出规定,赋予信息网络安全管理机构一定的权利和义务,规定违反义务的应当承担的责任,将行之有效的信息网络安全技术和安全管理的原则规范化等。信息网络安全法律告诉人们哪些网络行为不可为,如果实施了违法行为就要承担法律责任,构成犯罪的还须承担刑事责任。法律也是实施各种信息网络安全措施的基本依据。首先它是一种预防手段,其次它也以其强制力做后盾为信息网络安全构筑起最后一道防线。

3. 建立网络安全管理基础设施与基本规章制度

建立完整的网络及信息安全基础设施,包括网络安全预警与应急处理中心、网络信息内容监管中心、网络犯罪监管中心和网络及信息安全发展战略研究中心等。为加强计算机网络的维护和管理,确保网络安全、可靠、稳定地运行,促进网络的健康发展,要根据操作者所在团体的实际情况,参照有关的法规、条例,制定出切实可行又比较全面的各类网络机房安全管理制度。主要有:操作安全管理制度、场地与实施安全管理制度、设备安全管理制度、操作系统和数据库安全管理制度、计算机网络安全管理制度、软件安全管理制度、密钥安全管理制度、计算机病毒防治管理制度等。在计算机网络中,绝对的安全是不存在的,制定健全的安全管理体制是计算机网络安全的重要保障,只有依靠人的安全意识和主观能动性,才能不断地发现新的问题,不断地找出解决问题的对策。运用一切可以使用的工具和技术,尽一切可能去控制、减小一切非法的行为,尽可能地把不安全的因素降到最低。2005 年 12 月,公安部发布了《互联网安全保护技术措施规定》,明确要求互联网服务提供者和联网使用单位应当落实"防范计算机病毒、网络入侵和攻击破坏等危害网络安全事项或者行为的技术措施"。2007年公安部等部门共同发布《信息安全等级保护管理办法》，为提高信息安全保障能力和水平，维护国家安全、社会稳定和公共利益，保障和促进信息化建设发挥作用。

4. 加强网络安全管理技术的研发

针对网络安全实际情况，根据网络安全问题轻重缓急，考虑技术难度及经费等因素，重点研究开发以下安全技术：①漏洞扫描技术，该技术对重要网络设备进行风险评估，保证信息系统尽量在最优的状况下运行。②防火墙技术，构筑防御系统。网络防火墙技术是一种用来加强网络之间访问控制，防止外部网络用户以非法手段通过外部网络进入内部网络，访问内部网络资源，保护内部网络操作环境的特殊网络互联设备。它对两个或多个网络之间传输的数据包如链接方式按照一定的安全策略来实施检查，以决定网络之间的通信是否被允许，并监视网络运行状态。现代防火墙技术已经逐步走向网络层之外的其他安全层次，不仅要完成传统防火墙的过滤任务，同时还能为各种网络应用提供相应的安全服务。另外还有多种防火墙产品正朝着数据安全与用户认证、防止病毒与黑客侵入等方向发展。③数据加密技术。数据加密技术是最基本的网络安全技术，被誉为信息安全的核心，最初主要用于保证数据在存储和传输过程中的保密性。它通过变换和置换等各种方法将被保护信息置换成密文，然后再进行信息的存储或传输，即使加密信息在存储或者传输过程为非授权人员所获得，也可以保证这些信息不为其认知，从而达到保护信息的目的。④入侵检测技术。入侵检测技术是一种能够发现并报告系统中有未授权、异常现象或违反安全规则行为的技术。对来自外部网络和内部网络的各种行为进行实时检测,及时发现各种可能的攻击企图,并采取相应的措施。⑤防范网络病毒的技术。在网络环境下,病毒传播扩散快,仅用单机防病毒产品已经很难彻底清除网络病毒,必须有适合于局域网的全方位防病毒产品。⑥实时响应与恢复技术,制定和完善安全管理制度,提高对网站攻击等实时响应与恢复能力。⑦实现分层管理和各级安全管理中心技术。该技术帮助建立多级安全层次和安全级别。将网络安全系统应用分为不同的级别。包括:对信息保密程度的分级(绝密、机密、秘密、普密);对用户操作权限、网络安全程度、系统实现结构的分级等。从而针对不同级别的安全对象,提供全面、可选的安全算法和安全体制,以满足网络中不同级别信息安全的实际需求。

5. 完善信息网络安全教育与人才培养机制

信息安全是信息消费稳定可靠的重要保障,涉及相关技术、法律、管理等多个领域的专业知识,需要进行专门人才的教育与培训。要不断地加强计算机信息网络安全规范化管理教育的力度,大力培养网络安全技术人才,强化使用人员和管理人员的安全防范意识。目前我国信息安全存在的突出问题是人才严重匮乏,同时,信息安全人才教育与培养还不够完善。要科学设计网络安全培训课程,采取多种形式,与时俱进,应对不同的网络环境,针对不同的情况,不同的对象,开设不同的课程。同时,注重理论与实践相结合,在实践中,提升公民网络安全水平。完善网络安全教育内容,提高网络管理人员的素质,注重对公民网络安全意识的培养。要正确认识信息安全问题的表现和危害,培训要注重加强思想教育活动,增强工作人员的责任感。提高工作人员的业务技能,丰富安全知识,树立正确的安全观念。认识到信息安全是动态的,安全风险在不断变化,安全防御措施也在不断变化,没有一劳永逸的安全措施,因此不要认为安装了一个正版的杀毒软件,或者有强力的防火墙就可以放心了。同时政府信息安全也是相对的,世界上没有绝对的事物,信息安全也是如此,不能过分强调安全而大幅度提高系统成本,使系统背着沉重的安全防护措施包袱,而影响网络信息真正要达到的目标。

加大宣传力度、多渠道、多方面加强网民网络安全教育,充分利用互联网建立安全网站和论坛,通过网上视频、语音等图文并茂、丰富多彩的形式,最大限度地扩大受教育面。在网络应用安全中,大多数网民对信息安全的感性认识主要来自计算机病毒给网民带来的危害,对计算机病毒的关注高于其他方面。为此,我们可以从计算机病毒防范工作教育入手,在网上以专题讲座、病毒通报、案例讲解等形式开展信息安全教育培训,并逐渐扩大网络安全教育的其他方面。总之,网络安全教育内容一定要紧紧把握与信息技术发展和信息安全有关的新问题、新要求同步,形式上要贴近教育培训对象实际需要,制度上要有利于促进网络安全教育,只有这样网络安全教育事业才能不断发展。

(四)创新网络信息资源组织与管理方式

网络信息呈指数增长,造成信息过载、质量参差不齐,很多信息缺乏有效的组织和管理,信息资源处于高度分散及无序的状态,极大地影响了用户对信息的有效获取和资源的高度共享。网络信息资源组织的主要目的就是对网络信息资源实施有效的整合,以形成结构化、有序化的资源系统,建立统一的信息资源访问和检索路径,为用户提供高质量的可利用的信息资源的服务和保障。网络信息组织有两层含义,一是某种特定网络服务器(网站)的信息组织,是网络局部、节点的信息组织,是由各个节点的网站开发和维护人员来完成的;二是对整个网络的信息组织,是网络全局的信息组织,由专门的信息服务公司,通过搜索引擎来完成 。

1. 网络信息资源各种组织方式

网络信息组织,不仅包括网络信息的序化,而且包括把序化的结果进行合理的存储和再现,其实质是知识组织。知识分类和主题标引依然是网络信息组织的主流方法。

网络信息资源按其加工程度分为一次网络信息资源、二次网络信息资源和三次网络信息资源。一次网络信息资源,是指网上传输的原始信息资源是未经过加工处理的第一手信息资源,其组织方式包括数字文件方式、自由文本方式、数据库方式、超文本链接方式、超媒体组织方式、主题索引方式、主页方式、镜像站点方式、非结构化数据库组织方式;二次网络信息资源是指将一次网络信息资源按某种规则进行描述、揭示、分析和存储后,形成了有序化、系统化的网络信息资源,组织方式包括搜索引擎方式、指示数据库方式、浏览器书签方式、中心网站组织方式、语词方式与范畴层次方式、元数据库方式、分类主题一体化方式;三次网络信息资源是指对二次网络信息资源再次进行组织而形成的专业性更强的信息,组织方式包括网络数字图书馆组织方式、网络信息资源评价网站组织方式、元搜索引擎目录组织方式。

2. 网络信息资源各种组织方式的综合运用

无论哪一种方式在网络信息资源的组织中都存在一定的缺陷和不足,所以在网络信息资源的发展实践中,由于广泛的异构数据环境的客观存在,大多数网络信息资源的组织结构都不是唯一的,而是将各种信息资源组织方式结合起来使用,扬长避短,充分提高网络信息资源结构的合理性。目前最普遍的方式是以 web 和数据库为基础,以其他方式为补充来构造网络信息组织结构,形成一种混合模式,能够有效组织各种不同类型的信息源,以满足不同层次网络用户的检索需求。网络学术信息组织的方式采用以下混合组织方式：

（1）学科信息门户

学科信息门户是对特定学科或主题领域，按照一定的资源选择和评价标准规范的资源描述和组织体系，对具有一定学术价值的网络资源进行搜集、选择、描述和组织，并提供浏览、检索导航等增值服务的专门性信息网站。作为一个新型的信息服务平台，它通过灵活的整合、科学的组织，无缝的链接用户所需的学科信息资源和信息服务，将一个分布式的纷繁复杂的信息空间组织成一个相对集中的方便用户利用的信息系统，提供浏览和检索双重功能来满足用户科学研究和教育等方面的信息需求，并在此基础上支持个性化集成定制服务，其最主要的特点就是专业性、集成性、智能性、针对性和知识性。

（2）全文数据库

全文数据库也是网上学术信息组织的一种主要方式，它集文献检索与全文提供于一体，是近年来发展较快和前景看好的一类数据库。全文数据库的优点之一是免去了检索书目数据库后还得费力去获取原文的麻烦，优点之二是多数全文数据库提供全文字段检索，这大大有助于文献的查全。目前，我国主要有以下几种全文数据库：中国知网全文数据库，万方全文数据库、重庆维普中文科技期刊全文数据库以及超星数字图书、书生之家等。面向用户的网络全文检索系统，其服务大致可分为以下两种类型：一是超链接服务。用户在数据库中检索到所需文献后，系统提供直接到网上电子期刊中的原文链接，通过该链接可以阅读或下载全文。二是全文传递服务，这种服务方式是目前全文数据库最主要的服务方式。传递方式之一是服务商通过设置镜像站点、建立光盘塔等方式将全文数据通过商业渠道安装到用户的局域网中,并定期更新,使用户直接获得全文数据。方式之二是数据库具备网上检索和发送原文传递请求的功能,用户检索到所需文献后,将索要全文的请求直接发送给数据库提供商,由提供商将原文传递给用户。

(3)学术资源导航

学术资源导航是以学科为单元对 Internet 上的学术信息资源进行搜集、评价、分类、组织和有序化整理,并建立分类目录资源组织体系、超链接、学科资源数据库和检索平台,为用户提供网络学科信息资源导引和检索线索的导航系统。如中国高等教育文献保障系统(CALIS,China Academic Library&Information System)的"重点学科网络资源导航库";国外最早的网络学术资源导航是美国加州图书馆的 LII(Librarians' Internet Index)导航系统(http://li.iorg),它由美国加州图书馆创建于 20 世纪 90 年代初,内容十分丰富,包括艺术与人文、商业与金融、信息技术、法律政治、疾病与健康、建筑与园艺、新闻与媒体等 14 个大类 300 多个专题的学科导航。

(4)个人数字图书馆

个人数字图书馆首先应该满足信息用户的个性化需求,实现个人信息管理、知识管理,其次,在实现个人知识管理的基础上,应更注重体现实现资源共享。以个人的个性化信息需求为基础,搜集或链接各种电子化资源、网络信息和数字化的个人信息,结合某些在线服务形成的个性化信息资源和服务体系,或构成这种体系的软件或系统。有两种类型个人数字图书馆,一种是个人在自己的计算机上采用免费或基本免费的全文数据库软件,将有关的网上信息和自创的数字化信息资源进行采集、存储,使之成为有组织的信息集合,以供个人利用的数字图书馆,也就是文献信息资源是存储在个人自己本地的计算机上的数字图书馆。另一种是用户通过个人终端机借助网络访问和管理属于自己的信息资源，这是建立在面向公众的数字图书馆或专业网站网页上的个人数字图书馆。

（5）Web2.0环境下网络信息组织方式创新

Web2.0的信息组织方式则是以个人对信息的组织为主，是为了更有效的满足个体信息用户的信息需求。Web2.0的出现给信息组织带来了新的契机，为信息组织注入了新的活力。Web2.0信息技术的快速发展大大扩充了网络信息用户所能够拥有的信息资源，用户成为信息制造的中心，拥有更多点对点传递信息的渠道。网络社会化、自组织等传播特点日益凸显。出现"知识社区"类型的信息组织方式，其形式包括 BBS、Blog、Wiki、Podcast 和图片库等；搜索引擎、新闻组、邮件列表等各有特色的组织方式。这些信息组织方式的对象较为宽泛，不单局限于学术信息。以上类型迥异、各有特色的信息组织方式，为获取和利用互联网络中的各种信息提供了便利。

3. Web2.0 环境下用户参与的网络信息组织方式的特点

Web 2.0 是 Web 技术的新应用，其核心的精神就是个性化的表达，降低技术门槛和个性化信息链接、组织、聚合等，以促进更广范围的用户信息共享。这些服务往往具有非常个性化的观点和应用，以及个性化的信息组织。在 Web2.0 的相关技术中，直接应用于信息组织的主要有 Blog、RSS、SNS、Tag 和 Wiki 等，它们都为网络用户提供了创建、组织、发布、更新和共享信息的开放式平台，同时在信息组织方式上呈现新的特色。

（1）信息组织方式的多元化。在 Web2.0 中，有以用户体系组织信息的"博客"方式，有以知识点体系组织信息的 Wiki 组织方式,有以消除信息孤岛、促进用户之间信息共享的社会性标签组织方式,有以"人的关系"体系组织信息的 SNS 组织方式等。这些新的信息组织方式并不是孤立的应用,往往呈现出互相融合、互相交叉的复杂、多元化发展趋势。

(2)以"个体"内容为基础的信息组织。在 Web2.0 时代,信息来源建立在"个体内容"基础之上,信息组织以个人为中心,信息围绕个人来组织、呈现。信息组织方式强调以人为中心的个性化、自组织信息传递方式。例如通过 BLOG 和 RSS 聚合的配合使用可以完善个人的信息环境。突出的表现形式有"My library"等。

(3)强调"人的社会关系"在信息组织中的作用。对于互联网来讲,web2.0 的转变是重视"人"及其"人与人"之间的关系,将人的关系作为互联网信息组织的一部分。这种"人与人"之间的关系不仅包括个人的行为和社会关系,还包括一个人的行为和社会关系与其他人的行为和社会关系之间的相互影响、制约,并将这种人与人之间的社会关系融入到人们获取信息的过程中,使组织信息更好地围绕用户进行。社会性特征是 Web2.0 服务所普遍具有的特征,由于 Web2.0 以用户为中心, 必然会产生社会性的需求。社会性为网站带来更多的用户互动并产生丰富内容, 使网站服务的使用价值与吸引力都大为增加。

(4)网络信息的自组织性。Web2.0 环境下的 Internet 是一个复杂的自组织的信息系统。Web2.0 通过某个主题把用户联系起来,用户之间通过开放式的信息沟通方式分享、互动,建立一定的人际关系,依据某些共享的规则协作推动互联网从无序变为有序①。Web2.0 环境下用户参与的架构,将网站变成可读写的服

---

① 　熊回香:《Web2.0 环境下的网络信息组织》,《情报资料工作》2007 年第 5 期。

务，改变了以往"只读"的属性，是一种鼓励用户参与和贡献的架构。用户不但可以创造内容，如博客、音乐；还可以添加、修改内容，如标签、维基，整个网站是由用户共同参与创建的。

4. 网络信息资源组织方式发展趋势

与传统的信息组织方式比较，网上信息组织还存在信息分类体系不统一、类名不规范、分类缺少提示、无分类代码、层次不尽合理等问题。综合性搜索引擎的分类体系扩充性不好、对不同层次用户的个性化需求满足有限、分类体系和分类标准不够规范等问题。网络信息分类体系在创建过程中还需从传统分类体系中吸取有利的因素，加强信息组织标准化研究，充分运用信息技术的新进步、新进展，在技术和管理两个层面克服网上信息组织存在的不足，并结合新环境 新要求能够有所创新与发展，不断提高网络信息组织的层次和水平。

（1）主题指南与分类法的结合。用主题指南和分类法对网络资源进行组织，有助于为网络资源构造基本结构和框架，从而使信息分布有序化。但是现有的主题指南和分类法在涵盖网络信息的数量和规模上还是有限的，现在有些网站已经使用分类主题一体化方式来组织信息，它反映了网络信息组织的一个重要趋势，而且分类主题一体化方式在现有的基础上也将不断得到完善。

（2）数据库方式与超媒体方式的结合。超媒体技术是超文本与多媒体技术的结合，它使人们可通过高度链接的网络结构在各种信息库中自由航行，找到所需要的信息。但当超媒体网络过于庞大时，就不可避免会出现"迷航"现象。因此，现代网络信息资源组织的方式最好是数据库方式和超媒体方式的结合，这也是网络信息资源组织方式的发展趋势。

（3）建立信息资源专业导航库。从近几年的网上信息组织方式发展来看,网络信息组织明显缺乏有序化和深度,虽然有一些综合性网络搜索引擎,可以为不同用户解决一些问题,对于那些专业用户来说,这些综合性网站并不能起到很好的导航作用。专业导航库,是指所建立的信息库,它存放的是有关主题的数据库或服务器的地址等信息,可指引用户到特定的地址获取所需的信息。专业导航库类似于网络专业搜索引擎,它将因特网上与某主题相关的站点进行集中,按照用户熟悉的方式组织起来,向用户提供这些资源的分布情况,指导用户查找。它可以弥补搜索引擎的不足,从被动使用到主动查找,更适应用户的需求。

(4)建立后控词表,提高网络信息资源检索率。后控词表类似于入口词表,它是一种转换工具和扩检工具,是一种罗列自然语言检索表提供选择的工具。建立后控词表是非常有益的。后控词表的控制词并非直接用于索引,而是对作为检索标识的自然语言词汇进行控制,建立等同、等级、相关关系,可根据检索的需要将新概念和新术语及时地加入词表中,用户在检索时可通过浏览词表选择检索词,或由系统自动执行扩缩减检索式,这样既减轻了用户的负担又提高了系统的易用性和检索效率。

(5)建立学科中心网站。就是根据特定的目标,选定某学科领域的信息资源,对有关的网站网页进行搜索和收集,加以鉴定核实,并对核实后的网址进行合理的组织,使之能够提供检索,浏览和链接的信息集合。与搜索引擎相比,它属于专题性和学科性的,系统性和易用性更加突出。也就是说,它的查询结果有一定的选择推荐性,包含着信息工作者的劳动,对专业用户的网上查询效果更好。

(6)网络信息挖掘。网络信息挖掘是指在已有数据样本的基础上,通过归纳学习,机器学习,统计分析等方法得到数据对象间的内在特性,据此采用信息过滤技术在网络中提取用户感兴趣的信息或者更高层次的知识和规律。Google 便是采用网络挖掘技术判断网站的重要程度并据此排列检索结果的。网络信息挖掘在人工智能技术和信息推送技术的促使下向更高层次地发展,以更好地满足用户的各种需求,它不断更新用户的资料库,提供个性化的主动信息服务,以更利于网络信息资源的组织与管理,应该成为网络信息组织与服务的方向。

5. 建立统一的中文搜索引擎分类体系

随着中文网络信息的增加,中文搜索引擎也随之增多。但值得注意的是,现有中文搜索引擎的分类体系,其大类设置与划分、类名的表述与类目的排列等各不相同,这对知识组织与信息交流都不利。用户网上查询信息一般使用多种搜索引擎,因此要熟悉多种不同的分类体系,而不同的搜索引擎,即使搜索分类名称相同,其搜索内容的外延也不同,因而造成用户理解和运用的困难。例如,雅虎的"社会文化"类包括饮食、服饰、时尚等内容,而搜狐则将这些内容列在"生活服务"类。网络信息资源的最大特点就是它的共享性,搜索引擎分类法趋向统一将是信息资源共享趋势的必然结果。网络知识组织方法的相对统一,是网络信息共享利用的重要条件,众多搜索引擎如果使用相同的分类系统组织信息,将对用户十分便利。网站信息瞬息万变,纷繁杂乱,需要对数据进行挖掘以实现精确分类。虽然目前有许多的搜索引擎,但还没有一个统一严格的分类方法来管理,制定一个统一的分类标准势在必行,这个标准应当是传统分类标准与当前网络信息分类方法相互融合的产物,兼备了传统文献分类的科学性与目前网络信息分类方法的灵活性。可以参照国际标准,也可以制定国内标准,还要规范网络术语,使其与常规术语接轨,提高资源共享的程度。

6. 研发专业信息检索浏览工具

随着网络信息资源的迅速增加,综合性的搜索引擎在满足用户的专业搜索提问时却显得力不从心。由于综合性搜索引擎没有对专业信息进行优化处理,检索出的查询信息数量极大,而且重复过多,相关性差,利用率低,不适合专业化的信息检索。研发网络专业搜索工具是必要的,专业搜索引擎较之综合性搜索引擎,具有重复率低、相关性好、准确率高的优点,专业搜索引擎以权威分类法(或其中的某些类)为基础,经过一定的改造后用于网上信息的组织和检索,因为其科学的体系和严密的结构是非专业人员所不能独立完成的。将浏览器和搜索技术结合起来,创造新型的搜索模式,能带给用户更好的上网体验。

信息部门应建立专业的网络信息分类机构,其职能是对网络信息进行搜索、审评、筛选出精良的网络信息,按其学科或某种属性分门别类地进行二次重组、整合过滤处理。在此基础上建立起虚拟中间网站,使其具有科学的分类、规范的界面、有效的组合和高效的链接功能。根据这一指导思想,创建专业信息检索浏览器,用户通过这种检索浏览器所检索到的信息,应是经过分类并去伪存真信息,从而实现真正意义上的高效快速精确检索,把用户从浩瀚迷茫的网络世界中解脱出来。

第三节　提高信息服务水平和质量

一、加快发展现代信息服务业

现代信息服务业与居民生活质量密切相关,其发展对城镇居民收入和消费水平的提高以及消费结构的改善具有正向促进作用,我国现代信息服务业发展很快,但总体水平落后发达国家20—30年。据我国权威机构预测,我国信息服务市场在未来15年内,将会达到25%—27%的增长率,甚至会更高。因此,发展信息消费要把现代信息服务业摆在重要的战略地位上将其抓紧抓好。信息服务业的发展不仅仅是一个行业、一个产业的问题,它关系到国民经济与社会发展的全局。加快发展信息服务业有利于带动整个服务业发展。一方面,信息服务业是现代服务业的重要组成部分,信息服务业的快速发展对于提高服务业在国民经济中的比重意义重大;另一方面,发展信息服务业是促进传统服务业转型和发展的重要基础和手段,现代信息服务业与传统的服务行业相互融合,推进物流、交通、商贸、旅游等传统服务行业的改造,派生出电子金融、电子商务、连锁经营、现代物流、虚拟旅游等新的业务形态。信息服务业已成为国民经济的重要组成部分和新的经济增长点,并且是其中最具活力和带动效应的领域之一,信息服务业的发展水平已经成为决定国家现代化水平和综合国力的关键因素。

　　现代信息服务业的发展,不仅有赖于信息设备制造业的发展和现代信息基础设施的建设,更有赖于全民信息意识和信息利用能力的提高,还要有与现代信息服务业发展要求相适应的政策法律法规等软环境、有效的管理体制、运行机制和一批掌握现代信息知识与现代信息技术的信息服务人才。我国要充分认识信息服务产业的重要性,在全面摸清我国现代信息服务业发展现状的前提下,依据比较优势法则,把我国信息服务产业放在世界统一大市场的背景中去科学定位,把建立在高新技术基础之上的现代信息服务业作为第三产业发展的战略重点,作为发展服务产业的突破口和战略重点。

（一）扶持信息服务业的政策思考

在新形势下，信息服务业要持续健康发展，政策法规的建设工作应该先行，并在其中发挥重要促进和保障作用。多年来信息服务业的发展实践充分显示，加强宏观指导和政策法规支持是实现信息服务业又好又快发展的重要保障。新形势下，全盘考虑信息服务业在整个社会经济发展中作用，找到政策切入点，尤其需要引导扶持传统信息服务业务转型；应该根据信息内容服务业的重要性制定分类发展指导政策。建立有效的信息服务业政策评估指标体系，以此约束和强化所有信息服务业相关政策相互衔接、相互协调，发挥政策的最大合力，实现统一的政策目标。政策评估可以发现政策的不完备性、不周密性，了解政策实施效果，为制定新的政策提供依据。根据信息技术和业务发展的演变规律，对下一步可能出现的新趋势和新情况，对相应的管理政策进行调整或研究出台新政策；对比较复杂的问题，需要多个机构协调的，如电信与广电、互联网媒体、文化、娱乐等业务的管理等，应该超前进行反复研究和论证；对不确定性或者可能突发性的问题，应事先提出多种可供选择的政策方案和应急解决措施，如各种灾害应急通信保障方案。加快研究制定服务业务促进政策，抓好行业准入管理和市场环境规范，推动信息技术服务企业提升服务能力，支持信息技术服务业务向高端化迈进。应从以下几个方面考虑制定相关政策：

①采取各种措施积极推动信息服务业产业结构调整。针对不同门类的信息服务业采取不同的发展措施和投入力度，在政策层面保障信息服务业在未来实现产业结构调整和转型升级。大力促进信息分析与咨询业发展，进一步提高信息处理服务业和经纪与代理业的发展水平，努力提升公益信息服务机构的数量和规模，稳步推动信息传输服务业转型提升。

　　②加大对中小信息服务机构的政策扶持力度。强化政府对信息服务业中小企业的服务和支撑力度,充分发挥信息服务业行业联盟的作用,进一步加大对信息服务业中小企业的技术创新与技术转移的扶持力度。

　　③探索信息服务高端专业人才培养新模式。鼓励企业与高校联合培养高端信息服务业人才,缩短信息服务业领域的高等教育与产业实践的距离。尝试建立信息服务业高级专业人才培养体系,在适当时候推出针对信息服务业实际需求的紧缺型人才职业培训项目和专业能力水平认证项目①。

　　④从资源、市场和服务等关键环节入手,综合运用财政投入、税收、金融优先优惠等扶持政策和宏观引导调控手段,完善法律体制,有计划、有组织、有步骤、有重点地推进我国信息服务现代化进程,使之成为带动整个服务产业发展的主导产业。

　　⑤对国家分散投资的文教、科研及政府的官方信息机构,要根据具体条件和社会经济信息需要进行重新定位,分别制定不同的政策促进其发展。一部分机构继续从事公益性研究和服务,由政府保障工作经费,其任务是主要向政府、社会机构等各种信息用户无偿或有偿地提供研究成果和所拥有的大量信息资源(有关国家安全和商业秘密等信息除外);大部分机构则创造条件逐步转变运营机制,使其成为新型的、能与国外规范形式接轨的信息服务公司。其中,现有综合性科技信息机构转变为非营利公益型机构,要继续完成政府交办的任务,而行业性的科技信息机构可以转变为信息服务中心或企业。

---

　　① 《信息服务业发展的国际比较研究》课题组:《我国信息服务业与发达国家差距明显》,http://www.zgxxb.com.cn/xwzx/201101190009.shtml。

（二）创新完善信息服务业管理机制

首先，加强对信息服务业管理的宏观调控。信息服务业的管理是一个系统工程，支持信息服务业发展首先要符合国家服务业发展的总体战略，同时也要结合新形势、新业务，提出新举措和新思路。加快发展信息服务业包括电信体制改革、信息化建设、软件产业发展、服务外包与国际合作等多个领域，牵涉到财税、金融、海关、科研开发等多个方面，需要各部委加强沟通、密切合作。其次，改革行政管理体制，提升政府的行政效率和公共服务能力，为信息服务业的发展营造良好环境；现代信息服务业是一个涉及许多管理部门和众多行业与产业的复合型的新产业，政府从中央到地方建立全国统一的跨部门的信息服务业归口管理机构，通过行政手段对全国信息服务业进行统一管理和宏观调控，是发展我国信息服务业的组织保证。各省要克服过去多个部门各自为政、重复建设的弊病；信息服务行业管理机构的职能应具体化、实体化，真正起到制定规划和政策、规范和调节市场以及组织实施的作用。各级信息管理机构要充分发挥统一规则、促进竞争、奠定基础三大作用，降低信息服务市场准入条件，在确保国家通信网络的完整性、统一性和先进性、保障国家信息安全和普遍服务的前提下，加大垄断行业的改革力度，建立电信通信网络有序竞争机制；要继续加快信息基础设施的建设，缩小地区之间的"数字鸿沟"，促进电信网、有线电视网和计算机网等三个网络融合。要发挥行业协会对信息服务业的规范自律，但协会能真正发挥作用的前提是先"以行政手段打破行政垄断"，要政府管理机构调控先行，协会管理跟上。

（三）统筹制定各地区信息服务业发展规划

在对全国信息服务业进行全面摸底的基础上，认真研究制定和完善我国信息服务业发展的指导思想和总体目标，对信息服务业发展作出统一规划,确定发展的步骤、规模和策略等。现代信息服务业的发展规划要克服重硬轻软的倾向;部门规划要突出重点,加强薄弱环节;地区规划要贯彻重点推进、协调发展的原则。要科学合理地构建我国信息服务体系和确立发展目标,长江三角洲和珠江三角洲要在国内起龙头作用,尽快赶上发达国家,积极参与国际竞争;处于工业化中后期的省份要在国家的支持下稳步发展;经济欠发达地区要积极抓好基础设施建设,特别要加大西部信息基础设施建设。在发展我国现代信息服务业的重点任务方面,要继续完善信息传输服务业的基础设施,迅速扩大以咨询业、数据库和软件与系统集成为重点的信息服务业,积极推进电子商务等应用系统建设,健全法制环境,规范服务市场,逐步形成信息服务业的基本格局,努力扩大信息服务业在国民经济中的比重。信息服务业发展规划要通过加快产业结构、企业结构、技术结构和投资结构的调整与优化,尽快形成我国自己的跨国公司、国际品牌和有国际竞争力的产品,这关键在于加快机制转换和结构升级,提高企业综合素质和国际竞争力;另外,要加强研究开发,不断推出新产品投放市场,并能形成产品系列,创立有规模效应的国际品牌,增强参与国际竞争的实力。

(四)全面提升信息服务机构的专业水平和职业道德

1. 明确信息服务从业机构社会职责

信息服务从业机构的社会职责是提供信息服务,其核心是商业道德,现代信息服务机构数量庞大,除法律、文化观念的冲突和差异之外,明确其社会职责和公共道德意识是有效提供信息服务的基础和前提。信息服务行为应遵守规定的社会职责和公共道德,不同信息服务机构的社会职责有所差异,应当根据不同的法律制度和社会文化习惯建立各具特色的现代信息服务社会责任体系与道德标准。在从事信息服务活动时,应当遵循当地的法律、文化和道德习惯。否则,必然会与当地法律机制和文化传统产生冲突。

2. 对网络信息服务实行市场准入控制

面向公众提供信息服务从业机构应当获得政府的特许并接受政府的监督和管理,就像创办电视台和报纸杂志一样,非经特许不得对社会开展信息服务,否则,应予以取缔。严格的现代信息服务许可制度,规范网络信息服务市场准入条件和程序,控制网络信息服务机构总量,提高规模经营门槛,特别是对交互性网络信息服务应实施特别许可,这是治理网络信息污染问题的基础。在传统信息从业资格和程序方面要求极为严格,而且在其后期的经营和管理中也保持严格的监督机制,如对广播影视内容的监督审查,对出版物、报纸杂志内容乃至音像出版的市场管理等。因此,在信息内容方面总体上能够避免和克服信息污染,即便出现信息污染问题,也能够及时纠正和消除。

我国现在的网络信息服务提供者被分为经营性和非经营性两大类,前者从事网络信息服务需要符合一定的法定条件,并必须经过政府主管部门的特许审批;而后者则无须经过政府的特许或审批即可从事非经营性网络信息服务。有关报告显示,到 2008 年底,在我国全部 229.07 万个备案网站中,非经营性网站 228.21 万个,经营性网站只有 8650 个。即以经营性服务机构的名义接受资格审查并获得经营许可的网站只占 0.38%,而 99.6% 以上的网络信息服务机构声称自己是非经营性从业机构,只需备案,无须进行实际审查,政府对超过 99% 的网络信息服务机构的真实情况不掌握,自然也就无法对其进行有效管理。因此,从事网络信息服务,无论是经营性还是非经营性,都应当符合《公司法》等法律法规规定的条件或资格,包括从业人员的资信能力、从业资格、资产规模、经营机构所在地等,并严格按照规定实施许可管理①。

3. 对信息服务机构进行服务能力及诚信评价

对信息服务机构的服务能力进行评价,找出存在的问题和薄弱环节,制定有效的改进措施,这对专业信息服务能力的提高有着十分重要的现实意义。评价内容主要有:服务基础设施与环境、信息资源、服务技术与方式、服务效果。信息服务机构诚信评价应包括 4 方面内容:对服务用户的诚信、对政府的诚信、对投资者的诚信、对社会公众的诚信。信息服务机构诚信行为的 4 个方面是整合一体的,集中体现在对信息服务用户的诚信上,所以对客户的诚信是信息服务机构诚信行为的基本落脚点。

4. 加强信息服务机构人才培养和管理

国际竞争,归根结底是人才的竞争,信息服务人员是保证信息服务活动质量的重要因素。要从信息服务人员的资格认定、培训、考核出发,制定信息服务人员资格认定方法及考核的标准,提高信息服务人员的专业与道德水平,同时要努力留住人才,并吸引人才。建立人才评估机制,并通过提高工资、福利和给予股权等来建立合理的利益机制,为人才的发展提供有利的环境。近年来,信息服务业发生了深刻的变革,大量新技术、新媒介、新服务方式层出不穷。国内业界本来就存在知识更新、人员素质亟待提高的问题,与此同时,现代信息环境对信息服务人员提出了更高的要求。如果没有高素质的人才,我国信息服务业就无法同国外企业竞争。因此要把信息服务人才队伍建设摆在发展信息服务业的重要位置,借鉴发达国家企业吸引人才的做法,提供优厚的、良好的工作

---

① 杨晓娇、杨君佐:《网络信息服务机构社会责任问题》,《科技与法律》2011年第 1 期。

环境和完善的培训计划,注意各类专业型人才的合作互补配合,建设具有开发利用信息资源能力、经验丰富的信息专家队伍。

(五)重点支持一些现代信息服务领域

基于我国信息产业长期发展的角度,政府要加大资金投入与政策支持力度,在政府设立的产业引导资金中,保证有一定比例的资金用于信息服务业,为重大研发和产业化项目以及促进信息企业兼并重组、建立投融资体系、培育新型信息服务业务、扩大市场应用、建设公共信息服务平台等提供资金支持。有意识地重点支持一些信息服务领域,在公益数据库、具有国际竞争性行业领域数据库建设、事关我国国家安全的领域加大政府扶持力度,在投资上适当倾斜。要重点支持有一定基础和服务能力的综合信息服务机构,要通过重点项目、关键项目、先导项目等形式培育信息服务业新的增长点,大力促进信息服务机构能力建设。要进一步改进信息服务基础设施,提高信息应用水平,为广大居民提供廉价优质的信息服务,进一步加强信息技术知识普及义务教育工作,引导企业为社会提供丰富的适应社会需要的信息技术产品;继续大力发展文化服务产业,为不同需求层次的消费群体提供不同层次的精神文化服务。与发达国家相比,我国信息消费落后主要体现在文化娱乐方面,因此要把大力发展文化服务业,进一步为广大人民群众提供丰富的文化产品和服务,作为"十二五"期间发展信息服务业、促进经济增长方式转变的重点任务。

二、注重现代信息服务实践问题的研究

现代信息服务主要是以计算机硬件和通信设备为依托,以应用软件为手段,以数据库信息资源为利用对象,将信息提供、信息发布和咨询服务与中介统一起来,最大限度地实现面向用户的个

性化信息服务。发展信息服务业是一项综合性、系统性、长期性的任务，涉及众多领域和部门，需要各方面的共同努力和推进。要根据国家"十二五"发展规划的有关内容，对信息服务实践中存在主要问题，需要重点关注研究。

（一）基于信息技术应用的信息服务研究

信息内容服务业具有高技术性、高智能性和高增长性特征，是一个知识集约型产业群。其发展动力源于满足人们日益增长的对各种信息及其服务的需求，这就要求信息内容产品的服务具有整合性。针对目前网络信息检索中面临的网络信息泛滥且网站质量良莠不齐、搜索引擎存在缺陷、检索效率低、个性化需求满足率低等问题，有关部门要制定加强对信息服务技术研究、统一搜索引擎分类标准、提高网络信息检索技术水平、完善用户指导等相应的对策。

1. 数据挖掘技术的应用研究

所谓数据挖掘就是从大量的、不完全的、有噪声的、模糊的、随机的实际应用数据中，提取隐含在其中的、人们事先不知道的但又是潜在有用的信息和知识的过程。这些数据可以是结构化的，如关系数据库中的数据，也可以是半结构化的，如文本、图形、图像数据，甚至是分布在网络上的异构型数据。数据挖掘根据其主要研究对象的数据结构形式的不同，分为数值数据挖掘、Web数据挖掘和文本数据挖掘3类。数据挖掘通过预测未来趋势及行为做出前瞻的、基于知识的决策。数据挖掘主要有以下5类功能：自动预测趋势和行为、关联分析、聚类、概念描述、偏差检测。数据挖掘技术对信息服务质量的提升、服务形式的拓展、服务结构的完善，能够达到以下效果：

（1）提高信息获取速度和准确性

在信息参考咨询过程中，用户提出的检索任务和信息需求不再满足于对相关信息、信息线索、文献书目数据或信息参考数据的获取,而更注重获取有深度的信息内容、文献全文或针对查询问题的全面深层解答。采用数据挖掘技术能够对大量的数据信息进行深层次的挖掘,分析它们之间的相关关系,并保证数据的一致性、完整性和安全性,能迅速满足用户特定的信息需求。①利用关联规则挖掘算法找到访问频率超过给定值的专题(项目)集,进而用分类算法把客户的浏览模式与频繁项目集进行相似匹配,将具相似浏览模式的客户组织到一个服务器上,从而减少服务器缓存和传输页面的数量②找到事务库中被频繁访问的专题集,利用关联分析得到专题之间的关联规则存入服务器知识库,当用户浏览某页时,代理服务器根据规则预先连接其关联页,从而提高响应速度③也可利用 Web 挖掘得到用户访问序列模式,根据预测预先传输用户可能阅读的页面。

(2)提供对信息内容进行深度分析服务

数字信息服务是一种依赖于现代高新技术支持的数据信息系统,这一系统不但拥有内容丰富、形式多样的数字化信息资源,而且能高效地满足用户的需求。目前,数字信息内容包括大量的数字化文献、种类繁多的数据库、全文 Web 资源链接以及互联网上的大量信息。这些数据只有在通过有序化组织、分析和挖掘,找出数据背后有价值的知识信息后,才能真正满足用户的实际需要。采用数据挖掘技术,将其用于网络资源的信息发现、信息提供等全过程,就可以向用户提供更有价值的信息服务。信息分析服务,正如专家指出:对文本的探索性数据分析(EDA)才是真正的文本挖掘,它是指直接对文本数据及其相互间的关系进行分析 从而识别出未知的、有用的知识的过程,例如,利用文本 EDA,形成一些科学假设等,可提供面向商业用户的信息分析,帮助它们确定发展和竞争策略,实现自身的收益。

(3)提高跨媒体信息检索的质量和效率

传统的信息检索技术主要针对结构化的数据库或文本型数据,使用的多为布尔逻辑检索或全文检索技术,缺乏对其他媒体数据的检索手段,而数据挖掘中对复杂类型数据的检索技术大大丰富了信息检索的技术手段,如图像识别技术、语音识别技术、基于相似性的检索技术以及对时序数据采取的关联检索的技术等,数据挖掘中的多媒体检索技术完全能够用于信息检索,实现跨媒体检索,从而使信息检索技术取得全面突破,因此,数据挖掘技术的应用能大大提高咨询服务的效率和质量。

2. 数字资源整合技术的应用研究

数字资源整合就是运用各种集成技术和系统把各种类型的数字资源透明无缝地连在一起,同时把整合的数字资源纳入到统一的信息服务体系中,做到资源与服务的无缝结合,实现"一步到位"的检索,使用户能够方便快速地利用资源,获得高效、个性化的信息服务;通过将相对独立的数字资源系统中的数据对象、功能结构及其相互关系进行融合、类聚和重组,重新结合为一个新的有机整体,形成一个性能更好、效率更高的新的数字资源体系,以方便用户的查阅使用。数字资源整合技术包括异构数据库资源整合技术、链接访问技术、元数据整合技术等,主要应用于数字文献跨库统一检索平台的建设。数字资源整合技术需要多种技术的支持,一般常用到的技术有:检索技术、网络存储管理技术、WEB2.0技术、XML技术、安全访问控制、数据加工技术、搜索引擎技术。

3. Web2.0技术的应用研究

(1)Web2.0应用于信息服务的优点

以 Blog,Wiki 为代表的 Web2.0 应用具有以用户为中心的信息发布与获取的主动性、信息组织与管理的自组织性、信息利用与共享的低成本性等显著特点,是信息资源组织与管理的新的思想体系和技术组合,为信息服务机构有效实施信息资源管理与组织服务提供了新的可行方法,提升了信息服务质量和效率。所以,国内外信息机构和部门积极推动这些技术的实践与应用①。Web2.0技术给信息服务带来新的服务理念与手段。在面向用户的信息服务组织中,为用户提供了参与信息服务的平台,增加用户主动参与信息服务积极性,最重要的是拉近了用户与用户、用户与服务者、用户与系统和资源的距离,产生了良好的服务效益。

(2)Web2.0在信息服务中存的一些不足

由于Web2.0用户本身层次不一,从而导致在用户参与信息资源建设与服务过程中提供的信息资源质量差异较大;对用户的行为缺乏监督,Web2.0赋予了用户比以往任何时候都要大的自主权利,让用户能够主导信息资源的建设与服务,因此,也就引发了对用户的行为管理和监督问题。在应用层,基于Web2.0的信息服务不能提供整合传统信息资源服务的统一检索界面,不能够共享多个网络资源。

4. 各种信息技术的综合应用研究

利用Web数据库技术,完成用户登录、身份认证、数据存储等;利用数据推送技术,实现主动服务,利用网页动态生成技术可根据用户数据动态生成网页;利用过程跟踪技术(如cookie等),起到跟踪、监控作用;网络安全与数据加密技术,提供安全严密的身份认证管理,保障数据在网络环境下的安全传输。数据挖掘是

---

① 胡昌平:《面向用户的信息资源整合与服务》,武汉大学出版社2007年版,第154—156页。

近年新兴的计算技术与方法,并应用于个性化信息服务领域,使信息的个性化服务有了可靠的数据支持。

通过对数据挖掘技术、数字资源整合技术以及 Web2.0 技术等信息技术的综合利用,可实现以下智能化信息服务内容:以信息为对象,以网络为平台,利用一定的知识和推理方法,通过对用户特征、习惯的分析,主动预测用户潜在信息行为,并有针对性地向用户提供所需的信息和知识服务。它主要包括三层含义:首先是针对不同的用户需求提供不同的服务;其次是预测潜在用户及用户的潜在需求,进行主动的信息服务;再次是在服务过程中自我学习并不断调整,以适应用户需求的变化。智能信息服务本质上是智能咨询专家的完全个性化的信息服务,信息系统完全根据用户的个性化需求提供信息服务。智能信息服务具有开发性、多维性、交互性、指导性、动态性和主动性特点。

(1)智能化信息检索与推荐服务

面对浩如烟海的信息资源,要想快速准确地找到用户所需的信息,就需要在检索实践中注意总结及掌握一些服务技巧,要充分分析需求内容,选择合适搜索引擎、构造检索式,准确表达检索要求,掌握一些高效率检索的技巧。智能信息检索服务根据不同用户的专业知识、表达能力、学科领域、工作活动和习惯,采取不同的信息检索服务模式,改进用户的检索策略、检索方法并对检索结果进行分析、处理、过滤和优化,将能满足用户真实需要的检索结果和相关知识提交用户的服务。传统的检索工具缺乏结果的友好性、理解性和交互性,往往将一大堆查询结果线性呈现,令用户不知所措;智能化的信息检索不仅支持概念检索、模糊检索、联想检索及多语言检索等,而且能迅速利用聚类算法将查询结果分析聚类,使之条理化呈现,方便用户筛选,同时在此基础上确定进一步的检索定位,从而实现交互式检索。

智能化是网络信息检索未来主要的发展方向,智能检索是基于自然语言的检索形式,采用人工智能进行信息检索的技术,它可以模拟人脑的思维方式,分析用户以自然语言表达的检索请求,自动形成检索策略进行智能、快速、高效的信息检索。近几年来,智能信息检索作为人工智能的一个独立研究分支得到了迅速发展,目前已有一些搜索引擎支持智能检索,但其智能化程度还不高,在这方面如果多做一些研究,一定会更好地满足用户的需求。智能信息推荐服务主要是利用数据挖掘工具对网站信息资源和用户资源进行获取、建模、加工、组织和处理,根据用户的信息需求偏好产生推荐文本信息并按一定的方式提交给用户的服务过程。智能信息推荐服务除具有个性化信息推荐服务的一般功能以外,其服务过程无需人工的干预,并且具有用户信息需求的纠偏性、预测性、开发性和信息资源的挖掘性,必要时可以为用户的决策提供推荐信息和决策参考意见或建议。智能信息推荐服务采用的主要技术手段是数据挖掘方法中的联机分析法、聚类分析方法、分类分析法和协助过滤法。

(2)智能化咨询服务研究

智能服务具有三个特点:①即时性。智能服务具有即时性,消费者对信息内容服务产品要求快速、随时更新等相关服务较为关注,及时才能满足用户的消费需求。②服务个性化。网络时代的消费者不再满足于基本的、标准的、大众化的需求实现,他们的注意力更多地投向那些新颖、独特的个性化产品和服务上。③整合性。一是平台依托性。网络技术的高速发展是促进信息内容服务业繁荣的主要因素,也是该产业发展的主要依托。二是技术关联性。信息及数字化技术既是催生信息内容服务业的重要动力,又是信息内容服务业存在与发展的技术基础。智能咨询服务就是针对网络信息用户的具体信息需求提供决策参考信息的服务。智能咨询服务是未来发展的重要研究目标之一,也是信息服务的重要形式。通过建立基于资源重组的知识化咨询服务系统为用户提供信息咨询,系统在知识库以及有效推理机制和算法的支持下完成问题的分析,智能并及时地给出问题答案。因此,信息服务机构有必要开发基于网络环境下的智能化咨询服务系统,为读者提供实时、动态、智能、便捷、高效、权威、准确的信息咨询。因为网站积累的信息资源只能为网络信息用户提供最基础的信息,如果用户想了解资源背景、来源和价值等具体信息,或者针对自身的某项工作活动或工作目标获取充分的决策信息就要用到智能信息服务手段。

（3）加强自主创新,突破关键技术

当今世界是信息爆炸的时代,新技术、新知识像潮水般涌入信息部门,如果没有现代化的信息处理手段,信息的吞吐就无法实现。所以,必须坚持以信息技术进行装备和以现代化方法进行管理,积极鼓励企业承接和参与国家科技重大专项;鼓励体制、机制创新,支持开展以企业为主体的自主创新活动,在云计算、物联网、基础软件、可信计算等重点和新兴产业领域,加大研发投入力度,支持技术联盟发展,共同突破关键技术。

（二）基于消费者感知的信息服务质量评价研究

信息服务质量本身具有无形性的特征,较之实体产品的评价更为复杂,这就增加了消费者购买过程中的风险性。因此,如何选取科学手段评价信息机构的服务质量,以提高顾客满意度和忠诚度,是信息服务企业面临的一个现实问题。

1. 基于用户角度的信息服务质量评价理论与实践

1982 年,瑞典著名服务市场营销学专家克·格鲁诺斯提出了

"顾客感知服务质量模型",认为顾客对服务质量的评价过程实际上就是将其在接受服务过程中的实际感觉与他接受服务之前的心理预期进行比较的结果,如果实际感受满足了顾客期望,那么顾客感知质量就是好的,如果顾客期望未能实现,即使实际质量以客观的标准衡量是不错的,顾客可感知质量仍然是不好的。美国营销学家 L.L.Betty、A.Parasturaman 和 V.A.Zeithanl 三人提出"服务质量评价(SERVQUAL)"的方法,其核心思想是:顾客感知服务质量评价是建立在对顾客期望服务质量和顾客接受服务后对服务质量感知的基础之上的。要对某项服务质量进行评价,就要依据顾客的知觉,着眼于顾客的期望,这样才能准确衡量服务提供者的表现。在研究过程中,这三位学者经过大量定量和定性的分析,提出了服务质量五维度的观点,这就是:有形性(Tangibles):包括实际设施、设备、人员和交流资料的外在形式;可靠性(Reliabilty):可靠而准确地履行承诺的服务能力;响应性(Responsiveness):帮助用户并提供快捷服务的能力;保证性(Assurance):指员工所具有的知识、礼节及传递信心和信用的能力;情感移入(Empathy):对顾客寄予关切和提供个性化服务。并根据五个维度构建了具有 22个问题的调查表,每个问题设立了三个值:①用户可接受的最低值;②用户对服务的感知;③服务期望。以上服务质量的评价最初并不是为信息服务所提出的,但是它所提出的评价角度及其指标体系对信息服务是一种借鉴与启示。

2. 网络信息服务质量评价的研究进展

我国学术界对信息服务质量评价问题开展了一些研究,为了对网站进行客观的用户满意度评价,丁念(2006)分析了用户的搜索过程和各类网站的特点,并找出影响用户满意度的因素。然后从用户和网站的交互过程着手,研究了用户的搜索行为,总结出用户评价网站的一些标准，提出了用户满意度的评价模型和体系结构。最后，结合从第三方监测机构得到的数据，提出了一套评价网站用户满意度的方法和公式。焦玉英、雷雪从用户满意度出发，在借鉴有关的 e-服务质量评价模型的基础上，提出相应的研究假设，并以信息资源类网站为对象，就其便捷性、信息内容质量、个性化、站点美学等影响用户整体满意度的因素进行问卷调查、数据统计与分析，建立基于用户满意度的网络信息服务质量评价指标体系。杨慧通过对比 ITIL 和 CSI 网站信息服务质量评价体系的优点和局限性，将两者进行互相取长补短，建立了更加全面系统的的网站信息服务质量综合评价指标体系；赵杨根据行业信息中心网站信息服务质量评价目标，从信息可用性、信息充足性、专业性、易用性、交互性五个层面构建了一个信息服务质量评价指标体系，并以高新技术行业为实证研究对象，综合运用多维尺度法和多目标决策分析方法从多角度评价了该行业十个主要信息中心网站的信息服务质量，最后根据评价结果提出了可行性改进建议。裴玲、武丽丽分别在分析相关服务质量评价模型的基础之上，从用户的角度对网站的服务质量进行评价，建立了以用户为中心的交互式信息服务质量评价模型，此模型既可用于评价以用户为中心的交互式信息服务质量的高低，为网站服务质量的改进提出了方向。从众多学者专家研究中得到启示，构建科学的、系统的、行之有效的服务质量评价体系和运行机制，了解信息服务工作与消费者满意度之间的差距，对于加强信息服务质量管理、提高服务质量具有重要的意义。从消费者的视角和立场去评价信息机构服务质量在评价中占主导地位，也就是说，消费者的需求和信息行为将引导着信息服务的发展方向。

3. 网络信息服务质量评价内容

（1）网络信息服务质量评价因素分析

目前常见的网络信息服务（或称 web2.0 应用）不仅包括几乎所有可由传统媒介提供的服务，还包括许多新的类型，如社区论坛、网络互动游戏、网络即时通信、在线信息搜寻、个人主页、在线交友；还包括博客、维基、视频分享、图片分享、网页书签、SNS（Social Network System，社会网络系统）在线办公、在线日程安排、互动问答等。与网络信息服务质量相关因素有以下几类

①可用性质量因素。可用性是用来衡量用户使用网络服务完成其使命的难易程度的指标。用户从进入网站起就在与人机界面进行互动，可用性的高低直接影响用户使用服务的绩效以及感受，很大程度上会影响用户对网络服务的评价。网络信息服务的系统使用和系统设计质量、响应、反应时间、理解难度、直觉操作等因素都可以归结为可用性范畴。可用性是网络服务中的一个关键因素。

②信息检索质量因素。以国际互联网络为平台的服务同以本地或局域网为平台的服务的一个显著不同是：用户必须同远程服务器交换数据，因此保证这种信息数据交换的畅通以及便利，或者说网络服务的信息检索质量势必成为网络服务质量的一个重要因素。随着以 Google 为代表的全文搜索引擎的兴起，大量用户获取信息的方式由导航向搜索转变，因此搜索功能、速度，以及其结果质量也将成为保证用户成功检索和获取所需信息的重要方面。

③内容质量相关因素。网络作为信息服务系统，最终目的是要提供给用户高质量的信息服务，因此网站的内容质量必然是网络信息服务质量的重要因素。从以往信息服务质量、信息质量、信息相关性以及关于网络信息服务质量的专门论述中，都反映了内容质量在网络服务中不可或缺的重要性。此外，由于社会网络越

来越多地强调用户之间的互动以及信息的分享,我们将用户个人信息的保护以及对有害内容的过滤审查也作为衡量网络内容质量的项目。

④用户消费感知因素。包括用户对信息服务满意度、消费的性价比因素。性价比是用户消费满意的重要因素之一,它是用户主观效益(效用)与所支出的成本之比。信息服务性价比越高,用户感知服务质量越高。

⑤其他特性因素。包括行业、学科、专业特性,社会网络特性等。同传统网络服务相比,社会网络的特点在于其社会特性。如用户之间对知识信息的分享、用户分享的内容之间存在的交互关系、用户之间对共同目标的合作完成、用户和用户之间建立人际关系、用户对他人内容的评论,服务给用户提供自我展示的平台从而让用户拥有自我存在意识、用户通过努力能获取权力、声望、经济收入或者权威的可能,社会性无疑是社会网络服务的关键质量因素之一。

⑥用户隐私关心因素。包括对用户个人信息的保护,对用户兴趣、偏好信息的挖掘等。

(2)网站信息服务质量客观科学评价

网站的质量决定了网民获取服务的质量。网站数的增加一方面加剧了网站之间的竞争,另一方面也加大了用户选择合适的信息来源的难度。客观科学的网站评价,可以将优秀的网站呈现给用户,减少其网站甄别的成本,从而提高他们获取网上信息的效率。而网站设计者通过了解影响其服务质量的主要因素,可以优化网站资源配置,从而提高网站的竞争力。本书综合其他学者的部分观点,提出从网站使用者的角度来对网站服务质量进行评价。该评价体系适用于不同类型的网站,评价对象范围广泛。该体系不仅包括评价指标体系,还包括用户评价过程的规范。影响网站信息服务质量的 6 个主要因素,以及各因素的影响因子及其重要性排序,见表 7-1。

表 7-1　网站信息服务质量影响因子及其重要性排序

可用性质量因素	网页运行稳定程度;网络资源安全性;网页正确率;使用便利性;站点接入速度;资源下载速度;未来客户量
检索质量因素	用户服务及时性;页面布局合理性;资源有效性;网页链接有效率
信息内容质量因素	个性化服务程度;信息更新速度;信息种类丰富程度;信息的真实性;信息浏览量;信息下载量;栏目设计内容
用户消费感知因素	服务满意度;消费性价比
用户隐私关心因素	用户信息挖掘;联系方式有效性;用户隐私保护
其他特性因素	专业、学科特性

该评价体系参考了服务质量管理、指标设计和统计分析的相关原理和方法,从用户的角度对网站的服务质量进行评价,是对从技术角度进行的网站评价体系的补充。这是一个定性和定量方法相结合的评价体系,不仅能向网站管理人员提供其服务质量的评价,得出该网站的优势与劣势,而且可以对其所做决策的正确性进行判断,因为网站信息服务的内在机理要求信息服务的出发点和立足点是用户信息活动,而不是信息资源,信息服务应基于用户信息活动而不是信息资源来开展。网络信息资源的指数级膨胀使得用户在获得自己所需要的信息资源时要花费大量的时间和精力。目前的网站中虽不乏一些优质的网站,但一些质量差的网站也大量存在,国家应制定相关法律来加强网站管理监督,严格把关,对

质量较差的加以限制,甚至于取缔。同时,制定相关政策,提高网络规范程度,以保证用户的检索效率。网站的设计者与开发者也应加强自身素质,掌握信息检索的发展动向,虚心听取用户建议和要求,客观地评价自己的网站,有目的有重点地不断改进自己的网站,提高自己的职业道德水平,努力为用户奉献一个优质的网站。

(三)重视网络环境下信息用户研究

随着社会信息化程度的不断提高,用户对信息的需求也呈现出了多样化、个性化的趋势。个性化服务具体来说就是指以用户为中心,有针对性地为用户提供服务。不同的用户有着不同的信息需求,若要每一位用户都感到满意,仅仅提供网络信息获得途径或者是直接从网上获得信息是远远不够的,只有针对不同用户的不同需求"对症下药",才有可能使每位用户都感到满意,信息的价值才能得以实现。

1. 信息用户分类及其需求研究

通过网站用户访问行为分析对信息用户进行分类,将信息用户划分为网上用户、注册用户和正式用户,划分依据实质上是用户与信息服务机构之间的交互程度。建立了网络环境下的信息用户分析体系,为网络环境下信息用户研究提供了启发借鉴作用[①]。网络对信息需求的影响表现在对需求数量、需求内容、需求速度、需求满足形式、需求层次、需求载体、需求理念及需求方式的影响,对不同用户的需求影响结果也是不同的,通过对这些问题的研究。可以获得对用户信息需求的不同的分类,获得不同信息用户的特点,为网络个性化信息服务提供科学依据。

---

① 赖院根:《网络环境下的信息用户分析体系研究》,《情报理论与实践 》2011 年第 1 期。

2. 不同信息用户信息行为研究

网络时代,用户信息检索活动更多是在人机交互环境下进行,因此原本通过人与人之间交流而获得咨询、帮助、代理等服务来完成的信息搜索过程一跃变为现在的自助形式,这包括对检索资源功能的理解、使用方法的学习、合理的检索策略的选择等,因此研究用户对界面信息的认知、研究基于用户认知的检索系统及其界面构建就成为因特网时期信息用户问题新的聚焦点。网络时代信息服务已具有更广的内涵,一切依赖因特网提供各类信息的机构都可纳入信息服务行列,包括电子商务、搜索引擎等,因此这些领域信息用户的问题也都将进入我们的研究视野。南京理工大学用户研究团队,从用户对网站评价、认知行为;从为了争取用户、使信息资源利用更加有效;从如何构建网络信息服务平台,对现代信息用户进行了研究;王庆稳、邓小昭对网络用户信息浏览行为进行研究,分析了网络用户信息浏览行为的影响因素和动机,介绍了网络用户信息浏览的不同方式,探讨了网络用户信息浏览的心理模式及具体的应用,并对将来网络用户信息浏览行为的研究趋势进行了预测。

三、打造信息服务知名企业

发展我国信息服务业需要有大批专业化、多种类型服务特色的中小型的信息服务机构活跃市场,并同大型信息服务企业相配套;同时,更需要具有综合服务能力的知名信息服务集团。采取以下几种方式促成信息服务知名企业。

(一) 促进信息服务机构的联合

总的来说,我国现有的信息机构数量繁多,各个信息机构都有各自的优势和劣势,但由于信息机构之间缺乏合作,没有做到协调发展,因此总体服务效率和服务质量不高。而信息服务战略合作则蕴涵着长期的优势互补合作承诺,这种变化带来的直接结果是企业的经营者们都日益看重通过企业与企业之间的协同来达到双赢的目的,将更有效也更有利于自己的长远发展。在建立多元共存的信息服务产业机构的同时,要着重加强信息服务机构之间的合作与联合,引导信息服务业向集约化方向发展,实现信息服务的网络化和集团化,组建大型的信息服务企业集团参与国际竞争。信息服务走市场化、品牌化道路势在必行。品牌战略应成为现代信息服务机构的战略重点,品牌经营也应成为信息企业经营管理的重心所在;品牌不仅是产品或服务的名称,更涵盖了企业的文化、形象、产品的质量、服务等方方面面的内容,是一个企业或者组织在某个领域地位的重要标志之一。如中国电子信息产业发展研究院隶属信息产业部,其全资组建的赛迪集团(CCID)是我国最具权威的,为政府和企业提供全方位服务的大型 IT 信息服务企业集团之一。各地要效仿赛迪集团的做法,打破行业界限、地区界限,通过各种形式的合作形成品牌产品、品牌服务,带来规模效益,促进各部门共享利益,共同打造我国信息服务知名企业。

(二)鼓励特色经营与公平竞争

要鼓励各类型信息企业自主创新,经营具有特色的信息产品,尤其是数量最为庞大的企业型信息机构,它们完全是在市场中参与竞争,优胜劣汰,其收益主要来自于市场,要引导这些企业利用互联网平台进行公平竞争,获得社会认可的知名度而脱颖而出,如各类搜索引擎网站、数据库公司和信息咨询公司等。目前国内外著名的企业型网站有搜狐、网易、新浪、百度和 Google 等,这类网站的搜索引擎具有强大的信息检索功能。国内著名的数据库公司有维普、万方和中国知网等,它们在国内文化和教育界已经占据了巨大的市场。信息咨询公司的业务包括决策咨询、科技咨询、工程咨询和商业咨询等,其业务收入主要是咨询费,著名的信息咨询公司国外有兰德公司、野村综合研究所等,国内有纵横、赛迪顾问等。赛迪顾问凭借自身在行业资源、信息技术与数据渠道等竞争优势,能够为客户提供公共政策制定、产业竞争力提升、发展战略与规划、营销策略与研究、人力资源管理、IT 规划与治理等现代咨询服务,服务对象既包括政府各级主管部门与各类开发区,又涵盖电子、电信、能源、金融与汽车等行业与企业用户,致力成为中国本土的政府决策第一智库、企业战略第一顾问、信息化咨询第一品牌。中经控股(中经社控股有限公司)是全球最具影响力的金融信息服务机构之一,自主研发的亚洲第一个、全球第三个金融信息平台,以终端形式为经济管理部门、金融机构和大中型企业参与国内外债券、外汇、证券、黄金、期货和产权交易,提供交易前的信息收集和分析,交易中的订单递交和风险管理,交易后的清算结算和信息反馈,是将实时资讯、行情报价、历史数据、研究工具、分析模型和在线交易融为一体的金融信息综合服务系统。用户已覆盖国家部委,各级政府,大型国企,银行、证券公司等金融机构和高校科研机构,海外用户也积极使用。

北京网通实施从传统电信运营商向综合信息服务企业战略转型,转型的视野已经超出传统电信运营商的范畴,更加关注信息时代对综合信息服务企业的现实需要。在商业模式上实现从"连接",向基于"连接"、面向"信息"的商业模式转型。面向"信息",突出的是"应用为王、内容为王",通过自主制作、内容聚合等多种方式为客户提供信息。在此资源的基础上,充分挖掘和引导客户的信息需求,拓展新的市场。有些网站的主营业务不是信息咨询,而是提供信息检索、新闻网页、视频、图片和博客等广义上的信息,借以提高访问量,其业务收入主要来源于广告。

(三)加大财税政策对信息机构扶持力度

在发达国家,政府直接资助或间接补贴信息咨询服务等机构企业是一种普遍的做法。优惠的税收、信贷政策对促进尚处于起步阶段的我国现代信息服务业的发展是非常重要的。当前的税收政策,应着眼于推进信息服务的产业化,鼓励创办各种独立核算的企业法人公司,鼓励各种事业型专业信息机构向经营型和效益型转变;在一定时间内,对原有信息服务企业缓征或减征所得税;进入高新技术开发区的信息服务企业,可享受高新技术开发区的税收优惠政策;根据情况,尽量减少或免征信息服务企业税收,使信息服务企业的收益高于一般企业。对信息服务企业在信贷的额度和利用率方面尽可能提供优惠,允许其收入在税前还款等。

政府应该制定一系列扶持涉外信息服务机构发展的政策法规,促进其发展。如资助向国外承揽项目的咨询机构,为国际咨询提供担保,通过咨询的外汇留成予以优惠,对承担国外咨询项目的咨询机构,政府应在财政和税收上给予优惠。另外,国家还应制定有关政策,对国外贷款和资助项目,应由我国信息机构或中外合资机构承担信息服务;对与国外合作的信息项目,应维护中方利益,规定双方信息机构和人员享受同等工作条件和报酬等。

政府必须尽快制定有关财税优惠政策和措施,促进信息服务业的发展。①扩大资金投入渠道,实现投资主体的多元化,形成国家、地方、企业、个人和外商多元投资并存的局面,形成全社会共同投资机制。②在广泛吸引各方资金的基础上,建立和完善基金制度,以各种补贴和贷款的方式支持信息服务业的发展。③采取财政补贴的办法,培育信息服务市场,刺激企业对信息服务的需求。对于大企业和收益较好的企业,其信息服务项目开支应允许列入成本;对于中小企业和效益较差的企业,接受信息服务可给一定比例的补贴。④可设置"企业咨询基金",对信息服务机构、中小企业和乡镇企业用户双方都给予补贴,要制定相应的管理制度和方法。⑤可设立"信息服务风险基金",对承接风险性高的重大项目的信息服务企业给予一定的资助。⑥对信息服务机构成本核算给予必要的财政优惠,使其服务收费标准放开,实行双方议价和自行定价。

第四节　营造良好的信息消费环境

营造良好的信息环境,就要从信息环境系统的要素出发,树立新的信息环境观,即这种信息环境观应该是一种以加强信息人的主体作用、合理利用信息技术,建立规范的信息伦理、以强有力的信息政策和信息法规为保障的安全的信息环境观,以确保人类更好的开发信息资源,促进信息环境系统的协调发展。信息环境的保护不仅仅是靠技术、政策与法律能够完成的,许多信息负效应的预防与解决还要依赖于信息道德的确立。在信息环境中,信息形式具有多样性,媒体内容具有不确定性,信息组织形式灵活多变,这些使得对于信息环境的保护具有复杂性。我们必须制定强有力的信息政策、合理利用信息技术,建立有效的信息法规和树立规范的信息道德,这样才能保证人类能够充分有效地开放和利用网络资源,协调和解决互联网信息环境中存在的各种问题,引导信息环境向着平衡、安全和健康的方向发展。

一、加强信息商品市场的调控

信息商品市场是信息社会实现信息资源优化配置的方式之一,是社会整个市场体系的一个重要组成部分。信息商品的特性决定了信息商品市场的经济活动必须遵循市场经济的基本规律。要保证信息商品市场健康有序的可持续发展,就必须在遵守市场经济规律的基础上,加强对市场的法律调控,并根据市场的发展状况来进行适时的国家宏观调控。

(一)信息商品市场的自我调节

信息商品市场是信息社会实现社会信息资源合理配置的基础。信息商品市场的自我调节是通过市场主体间的相互作用来实现社会信息资源的合理流动,并以价格为杠杆来引导信息商品的生产与流通。信息商品的价格将以市场需求为基础,而社会信息资源的配置则通过市场来得到优化。信息商品市场调节着信息社会整个的信息商品的生产与流通,充分保证信息商品市场自我调节功能的顺利实现,可以极大促进信息社会信息商品的生产与流通,同时也将有利于信息商品在市场的公平竞争中实现优胜劣汰。信息商品市场的自我调节,属于市场经济环境的自我调节。其存在着明显的缺点,主要表现为:①市场经济中有不同类型的市场,有完全竞争型市场、垄断型市场以及部分垄断型市场。现实中完全竞争型信息市场几乎不存在,而在垄断型市场或部分垄断型市场中,个别公司或政府能够控制价格,在这种情况下,则不能实现消费者福利的最大化。垄断型市场的现实存在,要求政府进行必要的干预,以保证消费者的利益不受到损害。②经济外部性的存在,也需要政府对市场经济进行调控。从市场机制上看,由于市场经济竞争的排他性,单靠市场本身并不能从总体上确保信息商品的总供求在充分利用社会资源的水平上达到均衡。③最后,交易成本的存在,也需要政府对市场进行必要的干预。商人追求利益的最大化和社会公共利益间的矛盾,使社会公共利益难以得到保证。因此,在充分保证信息商品市场公平竞争的基础上,应适当地对市场进行有计划的调节,使计划作用于市场,市场受计划指导。让计划指导和市场自我调节能在平衡中进行,从而确保信息商品市场的稳定和健康发展。

(二)信息商品市场的法律规范

市场经济本质上是一种法治经济。信息商品市场必须按照市场经济的规则和秩序来实现市场的经济活动。因此,建立完善的法律规范保障制度,是保证信息商品市场健康发展与平稳运营的基础。政策法规对信息商品市场的调控具有以下特点:①普遍约束力。法律法规是国家制定的行为准则,适用于任何人和单位,因而具有普遍的约束力。商品信息市场中任何违法行为,都将承担相应的法律后果。②高度的强制性。法律调控信息商品市场是通过严格的法律执行而实现的,法律对信息商品市场的经济活动具有巨大的强制作用。③事前明确性。法律是通过明确的法律条文来对信息商品市场主体在市场中的经济行为进行明确规定,使市场参与者在进入信息商品市场之前就必须明确和了解,在一定条件下,能做什么,不能做什么,以通过市场主体的依法经营,使信息商品市场的运营符合国家大的经济发展要求。④相对稳定性。信息商品市场的法律法规是市场主体在市场中必须遵守的准则,其本身具有绝对的权威性和不可更改性。为维护信息商品市场发展的相对稳定,其任何变动都应当是谨慎的,必须通过严格的法律程序,也只有在相对稳定的信息商品市场法律环境下才能保证市场经济活动的相对稳定①。信息商品市场的发展除了政策引导和必要扶持外,更重要的是要在健全的法律法规环境下,依靠市场机制,优化配置相关的资源,加强规范商品与服务市场环境是提高居

---

① 梁爱东:《网络信息商品市场研究》,《现代情报》2009 年第 4 期。

民信息消费水平的保障。在发达国家。信息消费的立法都比较完善。而我国在信息消费立法很多方面都是空白。所以,国家要建立健全完善的法律、法规,加强对信息市场的管理和监督,对信息消费涉及的信息产品、技术、电子商务、安全、隐私保护、资金安全、消费者权益保护等方面都要有法可依,防止信息消费市场的垄断行为。对非法暴力、恶性竞争、侵害消费者权益的行为要严格执法打击。从而营造出公平、公正、合理的信息消费市场环境,促进我国居民信息消费水平的提升。

(三)信息商品市场的宏观调控

尽管市场是推动作为商品的信息资源配置趋于合理的基本动力。但是,我国信息市场存在的问题主要有:全民信息意识淡薄,地区经济发展存在差距,信息市场运行机制不完善,信息人员素质偏低,缺乏政府政策法规的监管等。由于信息商品市场存在商品垄断、恶性竞争等情形,常常会使信息商品市场的价格机制失灵,价格信号在信息商品市场中无法表达真正的市场供求关系。信息市场管理当前还是一个薄弱环节,一定意义上它直接造成了信息市场经营秩序混乱、质量监督体系缺失等后果。为此,在这种情况下信息商品市场就需要国家干预力量的介入。信息商品市场的宏观调控是国家对信息商品市场的发展速度、规模、结构进行干预和引导。国家宏观调控是信息商品市场自身的内在发展要求,并且它是以信息商品市场的自我调节功能充分发挥为基本条件。国家的宏观调控是作为对市场自我调节功能不足的补充,其对市场的稳定和健康发展有着积极指导性作用。但这并不意味着国家的宏观调控是对市场的完全控制,国家在其中只起监督和引导的作用。国家宏观调控并不是国家直接对信息商品市场具体的经济活动进行干预,而是利用国家的政策导向去引导市场参与主体,使其经济活动与国家的宏观经济发展目标相一致①。当务之急是要让管理者"归位",加快制定规范信息市场的法规,如主体资格、经营范围、收费标准、质量监督、纠纷仲裁等方面的政策法规,统一规划,协调管理,避免重复建设,打破垄断、营造竞争氛围。此外,应该建立信息市场管理、监督预警机制,防患于前、治理在后,尽量避免事后采取行动可能带来的一些损失。政府的宏观调控作用突出表现在两个方面:其一,政府综合运用政策、税收、法律等手段营造一个健康、有序的市场环境和公正的社会环境,以保护各经济主体的合法权益,防止发生侵害行为,这是国家宏观调控的主要内容;其二,履行出资人职责。无论在信息设施建设、信息生产,还是通用标准资源管理和信息服务领域,国有企业都是重要的市场参与者。

(四)培育优化信息消费市场结构

目前,我国信息产品制造商和服务商要利用国家对信息化战略的实施机遇,在我国占据有利竞争地位之机,积极创造有效需求,刺激信息消费,培育新的信息消费市场,以此促进我国信息产业的发展、推进信息化建设。由于信息消费受多种因素的影响和制约,这客观决定了信息消费是动态发展的,信息产业发展必须适应信息消费的变化趋势。信息企业除采用价格以及非价格手段以外,应加强对社会信息消费需求的调查研究,了解社会信息消费现状、潜在消费需求以及信息消费的发展趋势,及时开发适销对路的信息商品和服务,并通过广告、公共关系、价格等营销手段,创造新的消费需求,有效地加以引导,诱导信息消费,满足社会信息消费需要,从而激发信息消费的不断增长②。如以灵活的计费模式推

---

①　梁爱东:《网络信息商品市场研究》,《现代情报》2009 年第 4 期。

②　潘安敏、曾令泰:《入世后我国信息产业和信息消费市场面临的问题及其对策》,《消费经济》2003 年第 2 期。

动宽带发展,是运营商发展新一代业务的着力点而受到各国运营商的重视。在国外,随着宽带进入高速发展阶段,运营商为加强对宽带网络的有效控制,区分不同的细分市场客户,根据客户价值及消费习惯推出了差异化的计费模式,计费模式不断朝着多元化方向发展。实证分析表明,我国目前的信息消费结构在层次上由粗放型结构主导,在内容上表现为"三重三轻"的倾斜型消费结构①。基于带动信息经济整体发展,满足消费群体多元信息需求的视角,信息消费结构升级具有很大的必要性和现实可行性。调整和优化信息消费结构内容包括:培育高素质的信息消费主体,促进信息消费知识化和丰富化;培养自主性信息消费理念,推动信息消费文明化和健康化;全面提升信息产业,改善信息供求关系。近年来,我国消费结构发生很大改变,消费结构升级明显加快。随着人们文化素质的提高和对信息需求的认知,信息消费正逐步成为生活基本需求。科技的进步及国家对信息产业的重视,使我国信息产业近年来得到了长足发展,宽带网入户、通讯工具的更新换代,特别是通讯工具及通讯服务水平的提高、价格的走低,为居民信息消费增长提供了物质基础。从"九五"后期开始,移动通讯消费成为城镇居民新的消费热点。居民信息消费渠道日益拓宽,网络继广播、电视、报纸之后成为居民获取信息的第四大"媒体",极大地刺激了居民信息消费需求,使城镇居民信息消费结构进一步优化。

二、健全信息服务政策与法规体系

所谓信息政策法规,就是与信息的创造、搜集、存储、处理、传

---

① 即重娱乐性、消遣性休闲消费,轻发展性、智力性休闲消费;重非自主性休闲消费,轻自主性休闲消费;重被动性休闲消费,轻主动性休闲消费。

播与利用等信息活动有关的所有的指导原则、法令、指南、规则、条例、制度和计划,是一个国家为开发信息资源,发展信息产业,协调信息利用而采取的措施和战略。从性质上讲,信息政策是一种行政手段,信息法规是一种法律手段;从作用范围讲,信息法律的问题对象比信息政策通常更基本、更普遍、时效更长、相对更稳定;而信息政策内容原则及解释余地广泛,针对性较强;从可操作性讲,信息法规比信息政策可操作性强。信息政策法规涉及信息产品的生产、分配、交换和消费等各个环节以及整个信息产业的相关问题。国家信息政策与法规是国家对信息活动进行宏观管理的重要手段,其目标是在权益上追求平衡和在经济上追求效率。国家信息政策法规的作用,①在宏观上改善信息环境,通过各种措施调整信息系统的结构和协调信息工作各个环节。②在微观上引导信息机构和个人根据国家的要求对信息工作的开展进行决策,将自己的行动与国家的总体设想有机地衔接起来。③未来的信息政策法规通过鼓励信息服务中的竞争和消除国内信息服务的现有的和潜在的障碍,强化信息市场的作用,以促进产业化信息服务的发展;以保证国内科技与经济信息的自由流动、交换,对侵犯个人信息权益的行为进行约束,对国家信息资源的安全等予以维护。

(一)合理的信息服务政策与法规设计

我国是发展中国家,在制定信息政策上存在着不足,诸如政策制定原则还不成熟、内容体系并不完善,政策导向不够合理,政策研究比较薄弱,反馈渠道不够畅通。在信息政策的制定、实施和评价方面,和发达国家相比也还存在较大差距。针对以上问题,制定国家信息政策与法规应该遵循政策导向上有所侧重、政策与法规分工协调、立足现实与长远发展相结合等原则。设计信息政策法规必须要坚持科学性、系统性、协调性、稳定性和衔接性、导向性、周期性原则;一定要考虑我国的基本国情,适当超前于国内信息化的实践发展,尽快完善国内立法,保证国内立法的前瞻性和世界性;还要充分借鉴国外有益经验,在加强政策法规研究工作的基础上,逐渐完善信息政策法规体系,健全信息政策法规手段,改进信息政策法规实施和评价环节,完善信息政策法规的反馈机制,从而为我国信息服务及信息消费的发展创造良好的政策法规环境。针对目前我国信息服务政策法规发展中存在的不足,可以采取以下对策:

1. 完善信息服务政策体系

从作用范围看,信息政策可分为国家信息政策、地区信息政策、组织信息政策、国际信息政策。我国的信息政策主要围绕着所要解决的问题来展开,形成了一个广度与深度兼具的体系,其框架和内容如下:信息机构管理政策、信息技术政策、信息系统和信息网络政策、信息市场政策、信息资源政策、信息服务业政策、信息人才政策、信息投资政策、信息标准化政策、国际信息政策。马费成等运用共词分析,聚类并划分出了我国信息政策5个主要子领域分别为:公众获取政府信息、信息社会与基础设施、信息保护、邮电通信和大众传播。

与发达国家相比,我国信息政策没有形成科学合理的信息政策目标和评价标准体系,所以,应尽快确定我国信息政策的总体目标和政策评价的标准系统,要立足于发展,以求得信息政策与现实改革目标协调。目前从我国信息政策整体来看,宏观规划多于微观规划,定性的目标性的阐述多于定量的具体措施;只注意政策的制定而不注意政策实施效果的反馈。因此,在制定信息政策时,必须实事求是的分析政策作用范围、政策要素现状和制定依据(我国市场经济基础、科技发展基础、信息技术与基础设施、信息产业基础、信息用户情况、国家总体科技与经济等方面的发展政策），由于各地区经济、科技、文化等发展水平不同，地区政策应从实际出发、因地制宜、量力而行、有所差别；同时，在坚持本国信息政策基本原则的前提下应尽量向国际惯例靠拢，了解信息政策的制定呈现出的发展趋势，充分吸收信息政策研究的成果。

2. 完善信息服务法规体系

为了最大限度地保障我国信息产业的合理、健康发展，我国从1997年到2003年，总计颁布相关法律法规6701件（包括各种信息边缘法），信息法律法规数量从1997年的56件增加到2003年的3571件，7年累计增加3515件，平均每年增加500余件①。但这些信息法律、法规文件，有如下三个特点：①数量庞大、政出多门。国家级立法较少，部门行业主管部门的行政规定较多。②缺乏体系。针对信息产业某个领域、某个现象的法律法规较多，而在某些方面如隐私保护方面立法存在缺失的情况比较严重，从宏观上对信息产业的全局性进行把握的法律法规较少。③参差不齐。有形规则与无形规则共存，有形的成文的信息法律法规较少，而无形的非成文的信息规则较多。针对我国信息法规的现状，必须加强有关可持续发展的信息立法，制定系统而完备的信息法律制度和规范体系。信息服务法规体系由三个部分构成：一是主要法律，是制定一部完整的、长期起作用的专门的信息法律；二是辅助法，即根据主要法律再颁布有关的细则；三是必要的单行法规、条例、章程等法律文件。具体内容包括：信息安全法、信息公开法、新闻出版与传播法、电信法、电子商务法（电子签名与数字认证法）、知识产权（专利法、著作权法、商标法）、有关计算机犯罪的法

---

① 李东业：《中日国家信息政策比较研究》，《兰台世界》2009年第4期。

律等。在完善信息法律体系过程中,根据我国现有国情,始终坚持市场驱动,政府放松规制的原则,吸收国外市场经济信息法律的合理部分,应抓紧起草调整有关信息服务的专门法规,建立和完善与信息消费相关的法规,发挥市场和政府的作用,打破独家垄断,开放通信运营市场,规范信息服务业的市场行为,重视保护软件、信息产品的知识产权和企业的合法权益,坚决打击盗版。加快对突出问题(如隐私保护方面)立法进程,及时补充修改部分相关法规,废除不适用法规,促成我国的信息法律同国际接轨,兼收并蓄建设有中国特色的信息法律体系。

3. 协调各项信息政策法规、发挥最大社会效益

信息政策与法规是信息环境的重要组成部分,信息政策的制定不仅是为了满足信息环境自身发展的要求,更重要的是为了满足国家信息化和社会经济发展的需求,满足提高国家综合竞争实力的要求。国家信息政策法规的作用,①在宏观上改善信息环境,通过各种措施调整信息系统的结构和协调信息工作各个环节。②在微观上引导信息机构和个人根据国家的要求对信息工作的开展进行决策,将自己的行动与国家的总体设想有机地衔接起来。③未来的信息政策法规通过鼓励信息服务中的竞争和消除国内信息服务的现有的和潜在的障碍,强化信息市场的作用,以促进产业化信息服务的发展;以保证国内科技与经济信息的自由流动、交换,对侵犯个人信息权益的行为进行约束,对国家信息资源的安全等予以维护。信息政策法规在与现实改革实践的相互作用中,必然存在着一些不可避免的冲突和矛盾;由此产生一些负面作用,如信息自由流通和信息安全的矛盾问题,这就需要协调并完善信息产权的保护与信息公开政策。根据互联网信息服务管理的战略目标和任务,针对互联网发展中存在冲突和矛盾问题,制定网络信息服

务的有关政策时,要确保政策法律法规之间的协调,防止其"撞车"产生负面影响,达到社会利益最大化;为建立一个完善的信息网络安全管理机制,通过立法程序把一些最基本的政策规范上升为法律,强制性地要求遵守,才能保证起码的网络社会秩序,促进网络信息服务健康有序地发展。通过信息法规可对信息政策可能引起的负效应进行控制,只有借助于信息法规,信息政策才能真正得以贯彻与实施。有鉴于此,我国应该设立国家级的信息政策管理机构,唯有国家机构能够代表全社会成员利益来制定国家信息政策法规,同时具有制定政策的独立性和专业性,由国家信息政策管理机构对各行业和部门之间的信息政策进行分工协调,运用各种政策手段在宏观上实施管理,明确各级信息管理机构的职能,协调解决中央各信息机构、各行业机构、不同所有制信息机构和企业之间的信息活动、公平竞争、和谐发展,实现全社会信息资源均衡配置。同时,及时了解政策反馈情况,建立有效的信息政策评估指标体系,对信息政策的实施条件、实施效果进行评估,为制定新的政策提供依据。

(二)加强信息政策法规的研究工作

对信息政策进行科学研究,是制定正确信息政策的前提和基础。我国信息政策的研究基础比较薄弱,在这方面可以开展三项工作:第一,设立信息政策研究机构,专门研究关于制定国家信息政策的问题。第二,要加强信息政策研究。引进自然科学、社会科学的理论手段和思维方法,如预测式信息政策研究等;借助政策科学的研究方法和成果,完善信息政策体系。第三,要加强信息政策研究人员的培养,全面提高其素质。

1. 信息政策研究发展现状

近年来,在理论研究上,我国立足于国情和信息政策的发展状况,吸收外国先进理论,同时进行独立研究,取得了较大的进步。近十年来,取得了不少颇具价值的研究成果。如周庆山的《信息法教程》(2002 年)及《信息法》(2002 年),马海群的《信息法学》(2002 年),朱庆华、杨坚争的《信息法教程》(2003 年),黄瑞华的《信息法》(2004 年),查先进的《信息政策与法规》(2004 年),等等。以上论著更多地从法学理论的角度来研究信息活动中的法律关系,侧重研究信息法律规范的制定、完善和发展。马海群教授等编著的《信息资源管理政策与法规》(2008 年),则对信息资源管理政策与法规的理论与实践进行了全面、系统的论述。该书特别强调从信息资源管理的过程及领域出发,通过分析和研究大量的信息资源管理活动的现象去透视和揭示信息政策法规的作用及规律[①]。我国学者在注意研究信息政策实践问题的同时,对信息政策的基本理论问题也给予了一定的关注。如代表性的论文《我国信息政策体系结构研究》(马费成等)、《信息政策的体系结构》(黄纯元)、《试论国家信息政策与法规体系》(黄先蓉 2002)《试论国家信息政策与法规体系》(黄先蓉 2002)、《论网络信息政策》(燕金武 2004)、《中、美及欧盟信息政策法规建设比较研究》(杜佳、马费成 2006)、《我国信息政策法规国际兼容性研究——电子政府》(邱晓琳 2003)、《论国家信息政策法规的制定需求》肖勇 2003、《我国开放存取(OA)资源建设政策研究》(张新鹤、肖希明 2009)以及《试析信息政策与法规在信息资源配置中的介入和作用》(周毅)。马海群通过完成国家社会科学基金项目"以效率为导向的网络信息资源建设的政策法规调控与配置问题研究"的系

[①]　肖红凌:《广域信息资源管理政策法律问题的实践跟踪与学术探讨——评(信息资源管理政策与法规)》,《图书馆建设》2009 年第 8 期。

列研究成果,探讨了与网络信息资源建设有关的政策问题,对于从效率导向视角关注网络信息资源建设与配置的政策法规建设、价值与实施优化,具有一定的理论价值和现实意义。还有很多学者对我国数字产业信息政策、信息产业的风险投资政策、信息产业优惠政策、信息服务业政策、信息劳动力的培养与发展政策、信息资源的优化配置政策、信息利益分配的信息公平政策等进行了多方面的研究,并提出了许多意见。随着国家信息基础设施和全球信息基础设施计划的相继提出和实施,网络信息政策电子商务政策、电子政府政策受到广泛关注,成为国家信息政策的"热点",内容涉及网络信息服务、网络信息的调控、网络信息安全、网络信息隐私权、计算机犯罪等。通过中国法律信息网检索,截至 2011 年底。我国发布有关信息政策法规题目中包含"信息服务"的法规达 407件,题目中包含"互联网"的法规达 646 件,包含"网络信息"的法规有 45 件,其中包含一系列互联网立法性文件,这在一定程度上引发了学者们对网络信息政策的研究高潮。2002 年国家出台《我国电子政府建设指导意见》,2003 年国家颁布《行政许可法》和《政府信息公开条例》,2004 年公布《电子签名法》。这在一定程度上引发了 2003—2004 年电子商务和电子政府研究的高潮。

2. 信息政策研究方向

随着我国对外信息交流的迅速发展,需要深入探讨和研究国际信息交流中的各种政策问题,加强我国信息政策的国际衔接能力,要在符合我国基本国情和坚持我国信息政策基本原则的前提下,来探讨我国与国际信息政策的"接轨"问题。在全球化和知识经济的背景下,知识产权已经成为国家竞争的重要武器。知识产权领域的政策研究越来越受到研究者的重视。国内有关知识产权理论的研究成果也大量涌现。随着人们的信息意识迅速提高,各种信息公司、咨询公司大量涌现,在各种信息服务实践中,一些信息政策的空白凸显,未来我国信息政策的研究,将围绕以下几个方面展开:①信息安全。2008年《中国信息化发展趋势白皮书》数据显示,信息安全已成为中国信息化一大重点主题①,而目前我国还没有一部统一的全国性的《信息安全管理法》,为此,我国在立法中要加强国家信息安全相关政策法规体系的建设,完善国家信息安全的法律保障体系。②信息孤岛,信息孤岛现象体现为数据标准不一致或难以实现信息共享等技术问题。信息孤岛问题产生的根本原因则来源于制度因素的影响。其中,既受到部门权力分割的影响,也有对信息化推进方式与推广意义的认识误区的原因。信息孤岛现象是体制上相互分割的产物。要想解决信息孤岛问题,只有进一步推进信息化,从制度上进行创新,政府可以在推广信息标准化方面出台相应政策,促进互联互通、实现信息共享。③网络话语权。网络时代的媒体常常被称为是行政、立法、司法之外的"第四权力"。谁掌握了网络媒体的话语权,谁就左右了社会舆论和环境力量。从目前来看,论坛上发帖、写博客、上传视频是网民表达观点最常用的三种方式,也是网络话语权的集中体现。网络上的话语权还需要趋利避害的引导,需要国家制定相关的政策来引导建立一个良性运作、真正反映社情民意的网络话语平台,这一主题已引起了学者们的关注

三、缩小地区间数字鸿沟

在信息消费支出方面,存在地区与收入差距。因此,要给信息

---

①　IBM全球信息科技服务部、计世资讯:《中国信息化发展水平报告(2008年)》,www.ccwresearch.com.cn。

消费落后地区、弱势人群提供必要的帮助。如果放任信息贫富分化的趋势发展,信息消费的差距便永远难以消除。因此,在我国全面建设小康社会的进程中,务必重视信息脱贫的问题。

(一)缩小地区间信息基础设施建设差距

从信息产业部的统计来看,我国地区间信息基础设施建设上存在很大差距,如固定和移动电话数、互联网和宽带量,包括电信网络、移动网络等设施等。信息基础设施建设的差距也是导致居民信息消费差距的一个原因。首先,各级政府有关部门加大对中西部贫困和偏远地区的信息基础设施建设,加大信息化投入的支持力度,缩小地区差距,提高信息产品和信息服务在偏远地区的可获得性。2006年以来,以《2006—2020年国家信息化发展战略》颁布实施为主要标志,中国信息化发展进入了全方位、多层次推进的新阶段。配合战略的落实推进,各地区、各部门制定并实施了"十一五"信息化专项规划,国民经济和社会发展各领域的信息技术推广应用也取得了新的进展。其次,政府应进一步完善公共政策,加大信息公开程度,扩大弱势群体的公共参与,保障公民的"数字权利",使每个公民都能享有基本的数字信息服务。完善电子政务建设,提高信息公开化和社会共享程度,扩大老年人和妇女、贫困地区弱势群体、受教育程度低者、失业人口、残疾人以及"欠发展地区"弱势群体等对信息通讯技术的运用,改善公共部门给他们提供的公共服务。同时,大力加强公共网络端口建设,努力将学校、图书馆、社区中心等接入因特网,使不能通过市场接入因特网的群体能够享受到因特网服务,直到这些群体能够重返市场为止。第三,应该大力推动志愿组织和非政府组织、社区组织等公民社会组织的社会创新,倡导它们积极参与数字鸿沟治理,为弱势、边缘化及有特殊需求的群体提供信息服务。第四,在全社会倡导公私合作伙伴关系，齐心协力共同解决数字鸿沟问题。在政府的领导之下，通过私营企业和民间团体的紧密合作，制定和实施符合国实际的数字融合战略①。在进一步完善立法，通过法律手段鼓励电信和有线电视、网络等实现数字融合，同时加强市场监管，为公正有序的市场竞争提供制度保障。第五，有必要通过财政转移支付、加大公共投入等手段对信息消费的落后地区和弱势人群进行扶助。例如，对城市低收入群体开展信息消费所必需的物质条件的创造以及信息消费培训等，都可以考虑由政府统筹解决。要研究和推广由政府出资或补贴的方式兴建接入互联网的"信息中转站"，鼓励学校或其他机构将计算机室在周末或晚间转变为临时的"信息中转站"，向享受低保者、老年人、残疾人等特定群体免费或象征性地收费开放；在"信息中转站"的布局上，要注意偏远地区倾斜。

（二）建立居民最低信息消费资源保障机制

目前，我国的数字鸿沟问题客观存在。社会和市场已经不能通过自我调节自然实现信息资源配置和解决数字鸿沟问题二者的平衡。作为公共利益代表的政府，有义务加强对信息资源的宏观配置。要缩小数字鸿沟，政府的推动和政策的导向是最重要的推动力。政府应该加大投入，通过许可证管理、税收政策、政府采购等措施来保障信息资源产权所有人的利益；另一方面，政府制定信息公开、信息资源共享等公共政策实现信息资源的优化配置和保障信息资源的公共获取，特别是在信息贫乏地区，政府可以通过政府投资的方式解决信息资源获取问题。另外，建立有序的信息资

---

① 丁开杰：《消除数字鸿沟：社会融合视角》，《当代世界与社会主义》2009年第3期。

源利用秩序的关键也在于政府的制度建设和执法力度,特别是建立信息资源产权保护和信息资源共享配套机制。全国文化信息资源共享工程(以下简称"文化共享工程")是 2002 年起,由文化部、财政部共同组织实施的国家重大建设工程。它利用现代信息技术,将中华优秀文化资源进行数字化加工整合,通过互联网、卫星、电视、手机等新型传播载体,依托各级图书馆、文化站等公共文化设施,在全国范围内实现共建共享。作为我国公共文化服务体系的基础工程,是政府提供公共文化服务的重要手段,是实现广大人民群众基本文化权益的主要途径,是改善城乡基层群众文化服务的创新工程,对缩小数字鸿沟承担着重要作用。在党中央、国务院的正确领导下,在各级党委、政府的大力支持下,八年多来特别是"十一五"期间,全国文化信息资源共享工程建设取得了显著的进展,已初步建立了层次分明、互联互通、多种方式并用的数字文化服务网络。截至 2010 年底,"文化共享工程"已建成 1 个国家中心,33 个省级分中心(覆盖率达 100%),2867 个县级支中心(覆盖率达 95%),22963 个乡镇基层服务点(覆盖率达 67%),59.7 万个村基层服务点(覆盖率达 98%),累计为 9.6 亿人次提供了服务。通过广泛整合图书馆、博物馆、美术馆、艺术院团及广电、教育、科技、农业等部门的优秀数字资源,"文化共享工程"数字资源建设总量已达到 108TB,整合制作优秀特色专题资源库 207 个①。

在当前时期,尤其要充分发挥公共图书馆的作用, 提高弱势群体获取信息资源、处理和运用信息资源的能力。使相对落后地区的基层群众集中到图书馆、文化站等公共服务机构享用信息服

---

① 《全国文化信息资源共享工程介绍》,http://www.ndcnc.gov.cn/libportal/main/libpage/gxgc/index.htm。

务是解决数字鸿沟问题的有效措施。经过信息技术改造后的公共图书馆、文化站或社区中心,将成为其辐射地区的信息中心,在这里,一些弱势群体,如失业者、收入较低、受教育程度较低的人群可以获得网络接入服务或其他信息服务,从而保障弱势群体平等获取信息的权利。要缩小数字鸿沟,使公众认识到信息技术带来的益处,就要从提高公众的信息技术基本知识和技能入手。提高弱势群体的信息应用能力,最终实现信息共享。世界各国政府已普遍认识到这一点,财政部门除了投资于基础设施之外,也重点加大了培训投入,为缩小数字鸿沟和实现资源共享提供了智力支持。在搭建好资源传输及服务平台的基础上,文化共享工程重点建设了大量优秀文化信息资源,其中包括由"文化共享工程"国家中心建设的普适性资源和各省级分中心建设的特色资源构成。在基础条件较好、已经接入到互联网的地区,文化共享工程已将有序整理的数字资源推送到广大群众面前。

四、积极推进三网融合

三网融合是指电信网、互联网、广播电视网三大网络通过资源共享、信息共享、优势互补等方式融合起来,共同提供统一的业务。是指电信网、广播电视网、互联网在向宽带通信网、数字电视网、下一代互联网演进过程中,其技术功能趋于一致,业务范围趋于相同,网络互联互通、资源共享,能为用户提供话音、数据和广播电视等多种服务。2010 年 1 月 13 日,国务院常务会议明确提出 2013—2015 年全面实现电信网、广播电视网和互联网三网融合发展。1 月 21 日国务院下发《推进三网融合的总体方案》,方案明确了三网融合的时间表,2010 年至 2012 年广电和电信业务双向进入试点,2013 年至 2015 年,全面实现三网融合发展,给予金融、财政、税收等支持,将相关产品和业务纳入政府采购,标志着我国三网融合自上而下开始进入实质性推进阶段。"三网"融合后,网络层上可以实现互联互通、业务层上相互渗透和交叉、应用层上趋向统一。

(一)三网融合的社会意义和效用

1. 战略意义重大

三网融合发展的本质,可以用五个词来概括:务实、服务、惠民、协作和共享。三网融合具有重要的战略意义,它不仅是将现有网络资源有效整合、互联互通,而且会形成新的服务和运营机制,有利于信息产业结构的优化,以及政策法规的相应变革。融合以后,不仅信息传播、内容和通信服务的方式会发生很大变化,企业应用、个人信息消费的具体形态也将会有质的变化,"三网融合"将使话音、数据和视频这三大基本业务的界限逐渐消失,也使网络层和业务层的界面变得模糊进而走向物理上的融合,以最大限度发挥现有信息基础设施的价值。三网融合对于促进信息和文化产业发展,提高国民经济和社会信息化水平,满足人民群众日益多样的生产、生活服务需求,拉动国内消费,形成新的经济增长点,具有重要意义。

2. 应用范围广泛

三网融合应用广泛,遍及智能交通、环境保护、政府工作、公共安全、平安家居、智能消防、工业监测、老人护理、个人健康等多个领域。三网融合包含跨终端融合,同一个业务应用,通过不同接口,以同一个模式可以覆盖电视、电脑、手机等终端;三网融合后,由于应用广泛,催生崭新的业务,使社会各界都可以享受优质廉价的信息服务。人们可以用电视遥控器打电话,在手机上看电视剧,随需选择网络和终端,只要拉一条线、接入一张网,甚至可能完全无线接入的方式就能满足通信、电视、上网等各种应用需求。三网融合给用户带来益处：一是方便，三项服务一次办理，用户不需向三家公司申请；二是价格便宜，一般情况下，三网融合的"捆绑服务"费用每月要比单独申请服务的费用便宜；三是多种信息服务同时进行。将电话与电视结合起来，看电视时如有电话进来，电视机屏幕上将会显示出电话号码。此外，电视与电脑的结合，使用户可以通过电视机上网，也可在电脑上看电视节目。

3. 拓展了信息服务业务范围

业务融合可以从两个层面上理解，一是原有的业务可以在不同的网络上提供，例如，电信网和广电网上分别出现了原本属于对方的业务形态；二是出现了新的可以在广电网上和电信网上提供的业务形态。比如 IPTV（ Internet Protocol Televison）、手机电视等。电信业与传媒、娱乐、金融、电子商务等行业不断的融合，移动媒体化、手机多用化比较明显，手机终端已经成为影响越来越大的"第五媒体"①

融合后的网络用户在业务使用过程中只需关心他所获得服务的质量，而无需关心正在为他提供服务的是哪一个网络。三网融合具有以前任何一种网络都无法比拟的优势，它既能够通过一套终端平台同时向用户呈现多种业务，有效地降低操作难度和复杂性，减少用户的购买成本，降低业务的使用门槛，又能够简化网络业务管理；它不仅继承了原有的话音、数据和视频业务，而且通过网络的整合，衍生出了更加丰富的增值业务类型，如图文电视、VoIP 网络电话、视频邮件和网络游戏等，极大地拓展了业务提供

---

① 　徐国飞等:《三网融合的现状及发展趋势》,《通信与广播电视》2010 年第 Z1 期。

的范围。信息服务将由单一业务转向文字、话音、数据、图像、视频等多媒体综合业务；移动终端能够集成更多的内容，包括通信、计算机和消费电子产品等固定终端（即3C）融合，原本分属三个产业的终端产品，具有很多相似的技术特征，通过屏幕、终端可以为用户提供不同种类的服务。

4. 降低运营维护成本、打破恶性竞争状态

实现三网融合，运营商将使网络从各自独立的专业网络向综合性网络转变，网络性能得以提升，资源利用水平进一步提高。有利于极大地减少基础建设投入，并简化网络管理，降低运营维护成本。随着新电信、新联通和新移动的正式成立，我国电信运营主体都具有全业务资质，必然导致固网与移动通信的管制界限日趋淡化，多业务运营将成为企业发展的战略选择；将打破电信运营商和广电运营商在视频传输领域长期的恶性竞争状态，在国家政策调控下，形成良性竞争，通过合作寻求共同发展。各大运营商将公平竞争，在同一个市场发展用户，在同一网络中开展业务，在同一资费标准下发展壮大自己，实现发展和共赢。三网融合是业务的整合，同时，运营商扩大了服务市场、降低了成本、增加了收入；用户得到了方便，享受到了廉价的优质信息服务。它既能够解决电信运营商业务发展瓶颈，又能够解决广播电视网络盈利模式匮乏的问题；又能够增强业务安全性。

5. 带动信息产业链发展

我国信息产业链是由是生产信息设备、提供信息服务和信息内容产品的若干个同类企业，以及为上述企业提供设备和原材料的上下游企业和相关服务业，高密度地聚集在一起而形成的产业链。三网融合将带动产业链向广度和深度延伸，在广度上是指产业链主体不断增加，在深度上是指产业链业务的融合扩展，例如广

电和电信业务提供者的逐渐融合。不少运营商既可以提供电信业务，又可以提供广电业务。三网融合的快速发展，带动网络技术、内容供应商和设备提供商的快速发展，其中内容提供商将成为最大的受益者。三网融合为科技创新和移动多媒体创造新的发展空间，带动发展新兴信息技术产品、下一代广播电视网技术研发和制造，开发适应三网融合业务需求的集成电路、软件和关键元器件等基础产品，研发双向数字电视、多媒体终端、智能化家庭设备等应用产品，推动宽带信息技术产品的研发和产业化进程。三网融合催生出一批具有核心竞争力的新兴产业，将信息设备制造产业链、信息服务产业链和信息内容产业链与三网融合相关业务的应用融合在一起，发展成新型信息产业链。

（二）政府应从五方面推进三网融合

三网融合是一项系统工程，需要政府、产业链各环节、用户等群体的共同努力才能够实现。政府应加快从五方面开展工作：首先，要鼓励新兴业务的发展，促进IPTV、互动电视、CMMB移动电视等新兴的三网融合业务加快发展，规范并明确业务开展的许可条件，鼓励竞争，营造健康的业务发展环境。其次，建立统一的监管体制。实现电信、互联网、广电三网业务的统一监管。第三，加强技术创新，重点攻克新一代网络体系架构的关键技术。第四，推进建立三网全业务运营商。推进全国有线电视网络运营商整合，推进广电业政企分离、网台分离、制播分离，在电信改革重组成果基础上，推进成立全业务运营商，构建公平、健康的市场竞争环境，减少重复建设，实现国家有限资源的最佳配置。第五，制定并出台完善的法律保障体系。为保障三网融合的可持续发展，相关部门应加快相关法律的制定和出台，为三网融合提供完善的法律保障体系。以上前四个方面的融合都属于产业和技术层次上的，而体制和政策的融合属于制度层次上的。以上五个方面相辅相成、相互影响、相互促进。但所有的工作最终都要体现到业务的融合上，以业务融合为根本目标。

（三）抓住三网融合契机优化信息环境

三网融合并不单纯是一种技术现象，而是包括技术、产业、文化和社会变迁等多种因素的复杂过程，表现在对信息传输、内容生产、网络监管等方方面面的深刻影响。三网融合带来的颠覆性影响包括五大方面：即技术融合、网络融合、内容融合、终端融合和产业融合。技术融合和网络融合带来运营商板块重组和利益调整；终端融合将改变受众的媒体使用方式和使用习惯；内容融合为各类内容提供商带来一次重新洗牌的机会；而产业融合则是真正意义上的终极变革。"三网融合"对于国家信息化建设及国家新兴战略性产业发展，意义重大，影响深远。

优化信息环境应抓住三网融合契机，突破传统媒体行业内部及与电信等相关行业的技术壁垒，广电与电信互联互通、业务双向进入，为新媒体的发展创造良好机遇。到2015年所有城市将基本完成数字化，同时加速建设下一代广播电视网，提高网络业务承载能力和对综合业务的支撑能力，努力建成全功能、全业务网。实现从单向传播向双向交互传播转变，从单一终端向多终端转变，走多媒体综合集成的发展道路。从内容生产的视角看，三网融合也是"渠道稀缺"时代终结和"内容稀缺"时代的开始，更有吸引力、有价值的内容将成为融合时代的"核心竞争优势"。在三网融合的信息环境下，信息消费者的内容获取能力、信息解读能力、内容整合能力将有较大提升。

附表 1 1995—2010 我国不同地区城镇居民人均信息消费支出

	1995	1996	1997	1998	1999	2000	2001	2002	2003	2004	2005	2006	2007	2008	2009	2010
全国	400.7	477.9	569.9	641.8	740.7	860.6	971.5	1261.1	1358.4	1487.4	1594.6	1743.2	1927.4	1971.0	2114.5	2356.5
北京	639.8	801.6	1093.3	1172.6	1405.0	1658.2	1930.2	2395.6	2728.0	2869.4	3029.4	3455.9	3311.3	3210.4	3539.8	3949.8
天津	457.5	573.4	685.2	804.4	911.8	1002.8	1171.6	1479.2	1509.1	1697.4	1776.4	2024.4	2260.7	2286.9	2494.5	2746.7
河北	370.9	433.9	539.4	585.4	691.3	732.5	744.4	914.2	1009.2	1054.2	1182.5	1249.6	1383.4	1452.4	1496.8	1523.4
山西	295.3	382.3	397.5	436.7	530.6	678.2	777.0	1048.1	1132.1	1297.2	1348.4	1478.6	1537.7	1520.8	1640.1	1831.5
内蒙古	279.6	332.6	371.2	451.9	596.3	674.7	778.8	982.1	1140.0	1260.2	1404.3	1522.8	1755.8	1855.4	2039.9	2214.3
辽宁	315.3	393.3	458.1	521.0	594.2	700.8	820.2	1020.6	1158.9	1271.8	1311.4	1321.3	1599.6	1761.2	1865.1	2189.3
吉林	248.6	319.6	395.0	435.1	583.2	635.7	748.3	938.2	1089.8	1154.4	1214.6	1307.1	1457.3	1510.6	1505.6	1782.3
黑龙江	299.8	328.6	371.1	427.8	515.6	651.5	752.4	853.3	969.7	1103.0	1166.6	1247.1	1362.7	1306.0	1403.1	1573.1
上海	620.6	1048.1	999.6	1056.6	1316.7	1611.8	1823.5	2227.9	2471.3	2903.2	3095.2	3369.0	3728.3	3926.0	4211.8	4548.9
江苏	396.1	463.9	575.1	678.2	758.4	908.3	960.3	1168.6	1309.2	1401.0	1706.5	1923.5	2190.4	2303.3	2517.2	2869.0
浙江	504.6	692.8	860.7	984.6	1060.2	1265.9	1492.4	1895.8	2070.7	2306.1	2648.2	2809.9	3100.6	3133.6	3226.1	3534.4
安徽	362.6	419.5	484.9	626.0	666.8	703.0	804.7	756.7	855.2	989.2	1084.3	1367.8	1664.8	1643.1	1746.7	2103.9
福建	336.7	355.9	650.3	697.3	718.6	915.9	977.3	1277.3	1472.1	1673.8	1771.4	2030.2	2195.4	2301.2	2395.6	2691.1
江西	302.1	320.5	443.0	440.7	521.3	589.5	717.0	966.0	1003.8	1142.2	1181.6	1305.1	1464.0	1417.1	1535.5	1717.1
山东	351.8	460.4	554.9	650.6	732.6	908.5	1014.2	1229.9	1297.2	1379.4	1465.5	1673.7	1697.4	1789.7	1860.5	2017.6
河南	253.6	278.8	389.7	428.9	464.4	559.2	635.9	920.2	1036.6	1096.2	1264.6	1349.8	1474.2	1513.7	1582.2	1698.4

续表

	1995	1996	1997	1998	1999	2000	2001	2002	2003	2004	2005	2006	2007	2008	2009	2010
湖北	432.7	534.7	555.4	636.7	747.3	758.4	889.1	1178.9	1218.3	1338.4	1311.8	1439.8	1609.7	1490.8	1693.0	1762.6
湖南	529.0	567.4	717.2	780.4	883.5	997.8	1132.6	1285.9	1413.0	1548.0	1643.8	1696.2	1821.0	1627.0	1740.3	2063.3
广东	849.2	918.3	998.7	1126.4	1297.8	1474.0	1547.8	2009.3	2157.9	2326.2	2444.5	2614.8	2948.3	2941.0	3207.4	3547.0
广西	532.5	610.4	646.0	680.2	762.1	762.9	934.7	1161.5	1124.4	1301.1	1384.5	1220.5	1470.7	1676.2	1715.4	1886.5
海南	431.9	460.6	490.5	527.6	633.8	646.6	741.9	1053.5	947.2	1036.9	1029.4	1225.2	1302.1	1398.2	1472.7	1632.0
重庆			792.2	793.7	963.2	1034.3	1124.2	1429.9	1522.7	1738.2	1996.6	2089.0	1835.8	1841.1	1948.4	2169.3
四川	393.6	455.0	554.1	663.8	715.0	816.2	927.2	1136.6	1171.4	1263.3	1334.0	1474.5	1574.0	1520.0	1815.0	1965.7
贵州	334.1	372.4	420.6	482.3	581.3	660.1	764.3	962.2	1062.5	1175.4	1217.7	1434.1	1544.7	1405.7	1693.2	1918.7
云南	418.7	476.9	628.0	736.4	746.1	901.1	899.9	1222.3	1187.6	1258.1	1315.5	1301.0	1261.5	1263.7	1357.1	1693.8
西藏		280.3			623.2	727.5	971.0	1249.2	1405.0	1356.4	1467.8	859.6	1021.7	1029.1	1089.8	1139.8
陕西	316.6	388.7	494.1	516.8	624.7	729.0	878.4	1189.9	1304.5	1405.2	1494.5	1730.9	1686.8	1787.5	1984.1	2218.8
甘肃	264.1	307.5	377.7	442.3	564.4	726.3	803.8	1078.4	1115.1	1207.8	1338.1	1461.1	1521.0	1373.2	1479.6	1736.0
青海	292.9	323.4	404.7	509.9	612.6	669.0	840.6	976.0	1040.2	1086.7	1147.2	1208.5	1389.1	1279.1	1309.5	1410.5
宁夏	370.7	393.9	425.5	511.7	587.7	764.7	831.5	1035.0	1026.6	1055.5	1184.3	1297.2	1303.4	1547.9	1554.4	1830.8
新疆	362.7	425.5	566.6	573.1	676.3	797.7	886.9	1228.6	1168.2	1209.3	1122.7	1240.8	1337.4	1263.3	1310.6	1525.6

（城镇居民人均信息消费支出等于人均通信支出、人均教育支出、人均文化娱乐支出、人均文化娱乐用品支出四项之和。资料来源：中华人民共和国国家统计局（网站），http://www.stats.gov.cn/tjsj/ndsj/）。

附表 2　1995—2010 年我国各地区城镇居民人均教育消费支出

教育	1995	1996	1997	1998	1999	2000	2001	2002	2003	2004	2005	2006	2007	2008	2009	2010
全国	165.7	204	237.61	275.01	323.33	363.75	428.28	495.24	514	558.95	571.33	611.99	638.4	622.16	645.89	661.34
北京	203.21	276.83	332.46	459.68	493.2	616.27	751.91	880.32	971	974.45	924.75	974.61	876.92	809.25	926.67	1028.89
天津	181.32	230.16	282.17	309.21	360.45	393.82	497.07	660.6	638.4	699.44	716.38	749.54	773.62	715.24	717.22	752.54
河北	152.8	186.73	219.7	248.61	324.73	319.15	338.24	336.84	361.99	381.62	408.63	416.11	395.69	386.6	360.98	420.52
山西	163.01	223.94	193.85	187.94	245.43	309.53	382.24	490.92	467.46	541.44	548.83	539.9	582.34	570.79	548.13	607.82
内蒙古	135.77	176.66	180.08	221.7	279.43	302.16	355.08	402.12	432.52	440.15	504.77	515.7	553.34	568.35	629.46	645.02
辽宁	168.71	202.88	230.54	255.26	277.45	321.29	385.53	433.56	476.16	572.15	529.13	511.24	609.51	670.13	734.09	732.35
吉林	105.49	144.96	177.14	209.19	279.53	295.3	343.53	414.96	471.74	481.26	502.08	491.85	580.57	576.17	661.37	664.24
黑龙江	131.1	142.43	158.08	192.54	240.23	314.39	377.97	381.84	396.55	475.29	479.85	484.25	557.2	551.73	523.92	528.50
上海	176.29	280.56	309.96	374.6	462.76	585.45	731.48	820.8	936.67	1102.19	1136.15	1225.29	1203.57	1165.96	1191.24	1167.89
江苏	145.19	184.25	232.26	284.36	333.97	378.43	419.63	471.96	549.97	557.73	656.29	721.73	726.46	750.97	844.28	831.71
浙江	193.29	250.3	320.7	384.94	412.63	489.63	636.4	735	801.66	859.55	972.69	1052.63	1197.9	1178.54	1181.49	1234.09
安徽	153.01	201.46	238.93	327.81	340.57	316.58	414.08	273.84	300.98	363.05	352.79	543.11	667.93	633.45	637.88	696.88
福建	142.27	137.88	247.34	271.7	276.56	324.58	351.86	423.96	472.05	499.87	531.4	632.87	628.76	686.35	597.47	605.27
江西	137.46	142.99	215.59	203.81	254.4	265.3	329.38	399.48	371.16	428.3	392.81	420.53	473.6	388.48	424	473.81
山东	147.69	203.77	239.38	271.28	342.36	405.76	466.14	514.92	500.3	555.96	546.64	632.53	576.35	580.1	572.65	606.57
河南	105.81	118.89	164.3	183.57	190.87	234.2	253.86	279.48	332.79	370.3	421.72	423.26	455.28	464.35	477.64	396.34

续表

教育	1995	1996	1997	1998	1999	2000	2001	2002	2003	2004	2005	2006	2007	2008	2009	2010
湖北	204.12	283.95	266.18	328.73	407.06	417.24	480.43	521.88	524.78	559.72	517.28	557.05	591.5	570.99	628.43	607.30
湖南	249.96	314.5	342.95	387.84	433.56	473.47	567.47	471.24	545.95	608.33	582.16	573.25	622.45	543.5	576.9	605.47
广东	313.02	372.45	396.8	443.8	518.76	473.47	565.87	691.32	678.88	720.99	755.94	803.63	812.03	720.58	778.59	825.40
广西	253.9	318.39	305.74	314.82	380.19	348.93	419.41	446.76	442.08	516.97	528.13	398.29	449.39	483.61	403.58	454.47
海南	181.73	293.8	257.43	252.47	305.19	328.01	332.03	471.96	382.17	372.9	347.11	439.09	432.85	459.74	458.47	481.67
重庆			298.63	289.77	428.3	496.94	543.31	633	565.07	667.79	772.52	816.61	596.13	536.43	538.88	472.43
四川	161.26	201.49	232.47	275.72	304.84	367.92	417.21	467.64	450.63	467.71	449.68	480.19	513.85	422.07	525.05	435.13
贵州	139.34	129.26	154.87	171.32	230.37	252.51	322.31	371.28	378.23	399.36	383.02	423.95	490.01	436.24	435.63	494.03
云南	160.06	181.91	225.12	246.59	291.27	332.13	333.59	430.92	334.36	336.7	337.42	321.59	301.68	294.29	278.9	323.00
西藏		149.52			181.19	256.36	257.83	310.44	430.7	400.93	428.09	271.9	263.58	205.45	200.71	198.22
陕西	135.05	165.17	198.6	234.07	287.12	317.97	428.37	542.52	627.11	634.53	701.82	773.45	685.95	697.29	679.91	752.05
甘肃	116.76	132.79	175.77	187.28	228.17	264.44	332.77	404.16	455.1	461.11	505.9	545.11	523.07	428.4	426.73	477.39
青海	138.03	159.62	185.05	268.11	305.86	313.71	381.11	336.96	366.69	367	360.52	336.66	419.19	388.96	367.26	349.73
宁夏	127.31	136.91	134.61	151	207.45	255.99	297.39	385.56	320.56	314.88	388.3	326.47	375.92	465.08	438.34	484.40
新疆	162.78	170.19	212.46	232.82	298.47	332.21	381.21	479.04	504.87	521.11	456.25	461.98	489.01	417.06	403.95	433.34

资料来源：中华人民共和国国家统计局（网站），http://www.stats.gov.cn/tjsj/ndsj/。

附表 3　1995—2010 年我国各地区城镇居民人均通讯消费支出

通讯	1995	1996	1997	1998	1999	2000	2001	2002	2003	2004	2005	2006	2007	2008	2009	2010
全国	87.97	102.95	121.54	142.37	173.69	232.79	281.48	358.8	424.01	454.56	497.09	540.2	598.28	612.71	641.7	728.90
北京	129	102.46	202.96	208.42	263.15	374.31	501.05	586.44	763.77	753.52	842.82	941.18	927.38	826.89	882.83	1047.84
天津	121.31	137.85	131.26	146.64	175.86	215.17	274.58	328.68	425.18	464.6	492.74	572.25	620.88	677.88	753.64	847.21
河北	108.55	97.49	135.72	149.43	150.75	203.1	246.29	310.56	348.65	371.33	387.08	421.87	488.33	506.05	514.58	522.41
山西	39.21	65.59	75.43	70.71	115.83	176.45	209.12	266.28	332.79	395.81	415.84	470.71	483.61	478.86	569.52	601.79
内蒙古	55.25	62.79	80.9	95.27	133.23	186.1	230.61	303.36	369.47	401.83	435.44	470.15	510.74	471.86	535.53	573.08
辽宁	64.91	89.66	94.93	115.75	148.96	209.92	245.13	323.52	411.45	426.41	461.83	467.33	546.68	615.74	581.39	693.40
吉林	65.95	76.28	86.17	98.83	123.61	176.77	219.69	282.36	347.66	359.39	414.42	416.91	459.58	438.78	477.53	537.74
黑龙江	67.89	81.86	96.06	111.8	138.74	193.94	218.16	262.92	325.24	340.54	364.12	403.16	424.5	399.79	446.25	571.62
上海	154.7	268.84	215.53	213.4	281.76	384.14	463.75	559.68	637.5	708.03	822.39	937.29	1074.66	1051.41	1072.85	1185.61
江苏	101.29	126.59	126.28	147.82	173.2	237.71	268.77	301.2	337.32	369.84	418.61	456.17	491.16	503.58	549.17	735.77
浙江	181.88	154.8	190.41	213.44	264.34	348.67	427.28	488.88	584.02	625.04	798.46	863.78	942.3	938	930.83	948.30
安徽	98.63	117.13	126.04	149.56	153.57	194.35	219.26	277.08	318.98	365.68	417.89	498.61	494.79	482.92	521.3	624.10
福建	98.82	110.58	185.25	225.28	256.93	331.17	378.31	402.12	573.54	623.46	664.42	708.85	769.02	847.99	890.61	905.07
江西	76.5	73.86	89.95	112.41	127.3	177.75	228.8	305.04	339.43	356.52	376.14	411.15	490.57	471.12	468.6	537.25
山东	75.18	82.47	101.74	119.11	133.21	196.07	236.44	300.72	365.78	396.75	425.61	471.74	506.23	512.28	527.55	615.85
河南	53.39	67.39	90.74	107.98	126.68	151.89	207.98	333.84	406.72	401.68	459.5	502.64	537.69	524.75	534.04	561.21

续表

通讯	1995	1996	1997	1998	1999	2000	2001	2002	2003	2004	2005	2006	2007	2008	2009	2010
湖北	79.23	97.8	105.78	115.17	129.57	151.4	190.25	315.72	374.6	399.73	407.06	442.02	489.36	453.56	484.49	499.44
湖南	120.65	106.54	140.82	137.72	186.31	243.92	305.74	402.36	419.03	456.69	505.08	514.01	535.72	516.92	532.62	644.49
广东	165.08	171.64	240.03	327.53	424.72	552.58	585.96	623.04	720.8	748.54	775.45	800.89	953.46	1004.65	1038.49	1171.05
广西	70.21	79.9	97.64	119.13	140.34	177.22	230.16	292.32	326.61	340.36	385.63	369.64	420.62	594.64	604.27	642.80
海南	56.82	75.29	108.94	130.7	156.66	173.67	215.96	309.36	317.1	350.12	377.33	433.98	464.25	467.36	510.75	627.40
重庆			166.03	188.95	233.18	248.53	274.04	364.8	496.68	537.67	605.49	639.46	598.42	574.04	596.52	761.30
四川	64.49	74.67	93.96	116.89	139.86	189.04	252.37	306.36	347.63	388.95	424.99	498.17	542.17	572.96	664.29	740.95
贵州	56.33	84.8	83.12	128.86	135.73	199.66	241.54	286.8	348.23	381.98	405.93	495.68	508.7	470.96	546.89	664.15
云南	95.23	112.7	125.37	147.94	184.15	251.72	304	367.32	451.71	533.03	539.86	546.28	556.39	530.77	558.43	679.39
西藏		31.63			252.12	308.61	476	804.48	808.07	739.03	789.51	500.28	580.65	609.54	623.94	661.81
陕西	70.98	94.46	110.44	110.79	133.77	179.79	235.91	308.4	353.62	379.4	412.54	450.77	456.02	505.88	553.89	622.98
甘肃	51.9	57.96	73.82	91.02	114.69	163.24	211.08	283.8	321.93	354.51	395.3	426.65	462.35	436.85	454.09	599.33
青海	60.92	78.96	74.5	104.37	133.04	173.67	246.61	292.56	326.94	339.8	344.11	414.78	435.22	398.2	420.12	502.39
宁夏	123.69	131.31	113.28	138.47	162.91	228.36	289.1	324	381.92	404.33	414.32	450.46	440.06	504.17	478.47	544.56
新疆	71.91	102.27	105.38	117.35	134.96	197.33	260.3	347.64	361.65	404.33	381.32	421.03	440.6	450.95	455.07	513.26

资料来源：中华人民共和国国家统计局（网站），http://www.stats.gov.cn/tjsj/ndsj/。

附表4　1995—2010年我国各地区城镇居民人均文化娱乐服务消费支出

文化娱乐服务	1995	1996	1997	1998	1999	2000	2001	2002	2003	2004	2005	2006	2007	2008	2009	2010
全国	69.14	81.15	98.26	98.4	108.39	117.15	122.36	161.88	155.91	217.2	245.93	280.78	347.59	381.27	445.56	559.34
北京	173.59	214.52	256.01	239.84	273.35	300.53	316.66	403.8	411.33	534.64	584.43	730.74	718.21	774.16	909.58	1039.90
天津	85.85	109.28	127.23	133.84	151.26	166.34	149.94	141.36	126.88	180.09	184.81	269.88	367.53	395.98	467.75	579.38
河北	42.08	56.95	68.47	59.3	66.53	66.32	62.53	84.6	84.4	107.08	152.1	167.7	186.51	185.9	251.62	312.44
山西	32.98	39.76	55.25	66.75	62.79	78.75	78.88	112.2	84.44	145.71	168.22	207.44	223.87	256.74	268.95	334.22
内蒙古	44.55	58.94	68.81	73.72	95.53	100.3	108.99	83.28	107.13	163.02	200.8	229.48	339.91	381.66	462.49	540.21
辽宁	37.52	46.81	56.02	62.57	70.51	73.05	79.82	81.12	73.17	105.53	126	136.01	152.96	188.33	235.98	413.43
吉林	40.86	59.3	72.48	71.89	83.01	87.39	94.56	74.76	79.75	110.56	121.26	163.1	174.23	211.34	167.97	316.87
黑龙江	51	54.05	57.87	62.9	72	82.93	86.03	88.32	94.72	121.07	141.75	149.99	158.15	167.87	203.34	243.45
上海	146.22	171.3	172.98	166.69	200.17	234.26	240.6	306.48	310.07	474.39	489.44	503.6	709.11	873.88	990.26	1139.48
江苏	79.56	95.92	114.83	115.02	120.3	130.59	130.8	133.8	152.89	207.65	269.59	341.02	498.5	548.73	607.39	743.65
浙江	104.17	120.31	147.57	145.62	161.53	163.73	177.42	263.76	295.66	406.91	464.54	444.94	495.34	578.61	643.32	821.69
安徽	54.15	60.05	64.55	76.48	80.6	88.69	94.26	84.72	75.41	110.9	119.59	125.42	242.15	276.37	303.95	462.10
福建	42.6	51.36	93.85	81.74	82.35	106.87	116.37	156.48	138	271.06	256.2	317.84	427.2	430.96	497.09	729.78
江西	39.95	52.37	64.88	61.39	62.32	72.67	78.73	102.6	119.93	172.98	228.11	261.53	284.09	322.77	395.61	427.41
山东	65.78	84.75	107.58	112.14	120.31	133.9	143.11	121.32	96.58	141.19	165.22	214.86	231.38	262.34	307.28	372.59
河南	45.88	53.1	69.25	70.75	70.88	72.87	84.26	134.52	109.06	156.95	174.7	192.24	245.5	246.26	285.83	396.33

续表

文化娱乐服务	1995	1996	1997	1998	1999	2000	2001	2002	2003	2004	2005	2006	2007	2008	2009	2010
湖北	71.32	73.8	94.64	86.07	100.09	103.5	106.16	141.96	120.38	187.17	194.74	219.39	284.91	250.54	310.61	426.92
湖南	77.93	86.05	103.15	96.11	112.92	128.96	137.33	181.68	201.72	268.63	305.25	339.29	374.77	322.43	375.3	512.22
广东	135.22	150.41	165.84	168.15	183.68	192.76	195.42	361.44	380.78	494.98	559.22	604.23	714.08	759.31	918.18	1017.79
广西	76.19	80.6	100.91	92.68	94.28	103.31	116.41	154.92	138.05	210.63	219.82	221.85	299.22	319.48	366.21	399.92
海南	77.39	61.28	81.46	75.83	85.39	80.1	102.03	124.68	101.25	153.72	142.26	145.31	188.37	229.35	245.72	296.75
重庆			174.9	170.02	161.24	152.45	156.26	194.64	210.68	229.71	259.03	278.06	320.18	359.97	441.69	591.61
四川	68.19	82.05	107.34	114.37	126.77	125.08	133.38	149.64	135.9	190.62	228.83	274.85	296.67	308.27	359.42	471.59
贵州	56.3	78.48	76.03	87.92	91.84	97.36	99.18	143.76	136.77	205.93	223.89	287.84	310.01	276.76	401.43	491.18
云南	65.83	79.48	111.92	111.87	122.39	108.67	94.29	191.16	147	194.74	224.96	242.22	240.42	254.77	306.34	444.63
西藏		26.11			54.69	57.55	50.8	30.24	31.86	86.57	128.59	51.5	88.74	104.59	113.53	135.10
陕西	61.1	69.82	82.21	82.96	88.35	103.08	106.55	119.04	110.19	155.85	169.13	226.36	260.05	297.49	404.45	465.40
甘肃	47.74	58.75	73.85	80.36	112.05	115.87	120.42	139.08	114.62	142.78	179.76	211.93	297.06	253.25	292.2	345.94
青海	54.92	64.58	61.91	63.15	63.41	89.18	110.02	163.8	128.25	176.86	223.57	257.73	260.98	245.91	244.54	283.40
宁夏	62.01	72.12	77.97	89.47	91.86	112.14	96.16	119.88	104.69	121.51	162.11	236.07	223.53	277.62	285.59	430.64
新疆	74.14	81.18	118.8	108.03	118.09	129.98	143.79	141.6	89.41	135.73	102.33	127.29	166.62	143.53	195.79	273.64

资料来源:中华人民共和国国家统计局(网站),http://www.stats.gov.cn/tjsj/ndsj/。

附表 5 1995—2010 年我国各地区城镇居民人均文化娱乐用品消费支出

文化娱乐用品	1995	1996	1997	1998	1999	2000	2001	2002	2003	2004	2005	2006	2007	2008	2009	2010
全国	77.87	89.8	112.5	125.99	135.33	146.92	139.35	245.16	264.47	256.65	280.21	310.26	343.17	354.82	381.32	406.96
北京	133.98	207.8	301.83	264.66	375.28	367.05	360.57	525.12	581.85	606.79	677.36	809.41	788.83	800.12	820.73	833.14
天津	68.97	96.12	144.57	214.72	224.25	227.49	250.01	348.72	318.63	352.86	382.5	432.74	498.69	497.75	555.89	567.58
河北	67.18	92.7	115.49	128.08	149.33	143.89	97.3	182.16	214.2	194.17	234.71	243.91	312.87	373.89	369.61	268.05
山西	60.08	53.03	72.98	111.3	106.5	113.5	106.72	178.56	247.45	214.25	215.48	260.58	247.85	214.38	253.52	287.64
内蒙古	44	39.18	41.45	61.18	88.13	86.15	84.14	193.44	230.85	255.21	263.24	307.47	351.84	433.52	412.4	455.95
辽宁	44.19	53.92	76.58	87.37	97.24	96.5	109.72	182.4	198.09	167.69	194.4	206.67	290.47	287	313.61	350.12
吉林	36.25	39.03	59.2	55.21	97.08	76.23	90.53	166.08	190.66	203.22	176.88	235.27	242.95	284.3	198.72	263.45
黑龙江	49.76	50.21	59.08	60.54	64.59	60.23	70.22	120.12	153.22	166.13	180.88	209.7	222.86	186.59	229.59	229.53
上海	143.37	327.43	301.11	301.95	372.05	407.99	387.67	540.96	587.06	618.57	647.16	702.85	740.99	834.7	957.49	1055.87
江苏	70.01	57.1	101.75	130.99	130.97	161.53	141.07	261.72	269.04	265.76	362.03	404.61	474.3	500.05	516.36	557.89
浙江	125.3	167.39	201.97	240.63	221.71	263.87	251.28	408.12	389.31	414.63	412.5	448.58	465.09	438.42	470.5	530.30
安徽	56.77	40.86	55.35	72.16	92.02	103.34	77.1	121.08	159.81	149.53	194.04	200.7	259.91	250.33	283.53	320.77
福建	52.98	56.08	123.84	118.62	102.75	153.32	130.72	294.84	288.52	279.38	319.35	370.62	370.38	335.87	410.4	450.95
江西	48.14	51.27	72.61	63.08	77.26	73.75	80.14	158.88	173.23	184.39	184.49	212.52	215.7	234.75	247.33	278.67
山东	63.1	89.44	106.18	148.08	136.76	172.76	168.53	292.8	334.59	285.93	328.13	354.57	383.45	434.99	453.05	422.60
河南	48.48	39.41	65.46	66.56	76.01	100.19	89.76	172.44	188.07	167.3	208.65	231.62	235.78	278.34	284.68	344.49

续表

文化娱乐用品	1995	1996	1997	1998	1999	2000	2001	2002	2003	2004	2005	2006	2007	2008	2009	2010
湖北	77.99	79.15	88.8	106.77	110.6	86.27	112.29	199.32	198.49	191.73	192.73	221.3	243.89	215.71	269.42	228.95
湖南	80.48	60.33	130.28	158.72	150.75	151.4	122.09	230.76	246.26	214.33	251.25	269.64	288.02	244.17	255.52	301.16
广东	235.85	223.81	196	186.86	170.62	203.24	200.49	333.6	377.4	361.73	353.93	406	468.75	456.49	472.12	532.78
广西	122.15	131.48	141.68	153.56	147.27	133.43	168.76	267.48	217.69	233.16	250.92	230.76	301.42	278.45	341.34	389.32
海南	115.95	30.27	42.67	68.62	86.58	64.84	91.86	147.48	146.63	160.13	162.66	206.84	216.61	241.78	257.77	226.20
重庆			152.69	144.99	140.51	136.36	150.58	237.48	250.24	303.02	359.55	354.83	321.04	370.63	371.34	343.98
四川	99.61	96.83	120.33	156.8	143.49	134.18	124.22	213	237.2	216.03	230.52	221.29	221.29	216.68	266.26	318.00
贵州	72.12	79.87	106.56	94.16	123.38	110.57	101.25	160.32	199.29	188.12	204.82	226.57	235.94	221.73	309.29	269.35
云南	97.57	102.77	165.59	229.99	148.25	208.53	168.03	232.92	254.52	193.65	213.22	190.87	163.41	183.89	213.45	246.78
西藏		73.01			135.16	105.01	186.36	103.92	134.34	129.89	121.58	35.93	88.7	109.54	151.6	144.64
陕西	49.43	59.25	102.82	88.98	115.43	128.2	107.53	219.84	213.54	235.39	210.97	280.33	284.74	286.8	345.85	378.36
甘肃	47.7	58	54.23	83.62	109.47	182.79	139.52	251.4	223.48	249.43	257.1	277.38	238.53	254.68	306.54	313.37
青海	39.01	20.19	83.24	74.26	110.27	92.44	102.9	182.64	218.33	203.02	218.99	199.33	273.7	245.99	277.53	274.94
宁夏	57.67	53.54	99.64	132.72	125.44	168.17	148.84	205.68	219.47	214.76	219.56	284.18	263.91	301.01	351.95	371.16
新疆	53.86	71.88	129.98	114.9	124.75	138.14	101.58	260.4	212.25	183.75	182.77	230.45	241.16	251.77	255.8	305.39

资料来源：中华人民共和国国家统计局（网站），http://www.stats.gov.cn/tjsj/ndsj/。

附表6 1995—2010年我国不同地区城镇居民人均可支配收入资料

(元)

人均可支配收入	1995	1996	1997	1998	1999	2000	2001	2002	2003	2004	2005	2006	2007	2008	2009	2010
全国	4283.0	4838.9	5160.3	5425.1	5854.0	6280.0	6859.6	7702.8	8472.2	9421.6	10493.0	11759.5	13785.8	15780.8	17174.7	19109.4
北京	6235.0	7332.0	7813.2	8472.0	9182.8	10349.7	11577.8	12463.9	13882.6	15637.8	17653.0	19977.5	21988.7	24724.9	26738.5	29072.9
天津	4929.5	5967.1	6608.4	7110.5	7649.8	8140.5	8958.7	9337.6	10312.9	11467.2	12638.6	14283.1	16357.4	19422.5	21402.0	24292.6
河北	3921.4	4442.8	4958.7	5084.6	5365.0	5661.2	5984.8	6679.7	7239.1	7951.3	9107.1	10304.6	11690.5	13441.1	14718.3	16263.4
山西	3306.0	3702.7	3989.9	4098.7	4342.6	4724.1	5391.1	6234.4	7005.0	7902.9	8913.9	10027.7	11565.0	13119.0	13996.6	15647.7
内蒙古	2863.0	3431.8	3944.7	4353.0	4770.5	5129.1	5535.9	6051.0	7012.9	8123.0	9136.8	10358.0	12377.8	14432.6	15849.2	17698.2
辽宁	3706.5	4207.2	4518.1	4617.2	4898.6	5357.8	5797.0	6524.5	7240.6	8007.6	9107.6	10369.6	12300.4	14392.7	15761.4	17712.6
吉林	3174.8	3805.5	4190.6	4206.6	4480.0	4810.0	5340.5	6260.2	7005.2	7840.6	8690.6	9775.1	11285.5	12829.5	14006.3	15411.5
黑龙江	3375.2	3768.3	4090.7	4268.5	4595.1	4912.9	5425.9	6100.6	6678.9	7470.7	8272.5	9182.3	10245.3	11581.3	12566.0	13856.5
上海	7191.8	8178.5	8438.9	8773.1	10931.6	11718.0	12883.5	13249.8	14867.5	16682.8	18645.0	20667.9	23622.7	26674.9	28837.8	31838.1
江苏	4634.4	5185.8	5765.2	6017.9	6538.2	6800.2	7375.1	8177.6	9262.5	10481.9	12318.6	14084.3	16378.1	18679.5	20551.7	22944.3
浙江	6221.4	6955.8	7358.7	7836.8	8428.0	9279.2	10464.7	11715.6	13179.5	14546.4	16293.8	18265.1	20573.7	22726.7	24610.8	27359.0
安徽	3795.4	4512.8	4599.3	4770.5	5064.6	5293.6	5668.8	6032.4	6778.0	7511.4	8470.7	9771.1	11473.6	12990.4	14085.7	15788.2
福建	4507.0	5172.9	6143.6	6485.6	6859.8	7432.3	8313.1	9189.4	9999.5	11175.4	12321.3	13753.3	15506.1	17961.5	19576.8	21781.3
江西	3376.3	3780.2	4071.3	4251.4	4720.6	5103.6	5506.0	6335.6	6901.4	7559.6	8619.7	9551.1	11451.1	12866.4	14021.5	15481.1
山东	4264.1	4890.3	5190.8	5380.1	5809.0	6490.0	7101.1	7614.4	8399.9	9437.8	10744.8	12192.2	14264.7	16305.4	17811.0	19945.8
河南	3299.5	3755.4	4093.6	4219.4	4532.4	4766.3	5267.4	6245.4	6926.1	7704.9	8668.0	9810.3	11477.1	13231.1	14371.6	15930.3

续表

人均可支配收入	1995	1996	1997	1998	1999	2000	2001	2002	2003	2004	2005	2006	2007	2008	2009	2010
湖北	4028.6	4364.0	4673.2	4826.4	5212.8	5524.5	5856.0	6788.5	7322.0	8022.8	8785.9	9802.7	11485.8	13152.9	14367.5	16058.4
湖南	4699.2	5052.1	5209.7	5434.3	5815.4	6218.7	6780.6	6958.6	7674.2	8617.5	9524.0	10504.7	12293.5	13821.2	15084.3	16565.7
广东	7438.7	8157.8	8561.7	8839.7	9125.9	9761.6	10415.2	11137.2	12380.4	13627.7	14769.9	16015.6	17699.3	19732.9	21574.7	23897.8
广西	4791.9	5033.3	5110.3	5412.2	5619.5	5834.4	6665.7	7315.3	7785.0	8690.0	9286.7	9898.8	12200.4	14146.0	15451.5	17063.9
海南	4770.4	4926.4	4849.9	4852.9	5338.3	5358.3	5838.8	6822.7	7259.3	7735.8	8123.9	9395.1	10996.9	12607.8	13750.8	15581.1
重庆		4482.7	5322.7	5466.6	5896.0	6276.0	6721.1	7238.0	8093.7	9221.0	10243.5	11569.7	12590.8	14367.6	15748.7	17532.4
四川	4002.9	4221.2	4763.3	5127.1	5477.9	5894.3	6360.5	6610.8	7041.9	7709.9	8386.0	9350.1	11098.3	12633.4	13839.4	15461.2
贵州	3931.5	4978.0	4441.9	4565.4	4934.0	5122.2	5451.9	5944.1	6569.2	7322.1	8151.1	9116.6	10678.4	11758.8	12862.5	14142.7
云南	4085.1	6556.3	5558.3	6042.8	6178.7	6324.6	6797.7	7240.6	7643.6	8870.9	9265.9	10069.9	11496.1	13250.2	14423.9	16064.5
西藏					6908.7	7426.3	7869.3	8079.1	8765.5	9106.1	9431.2	8941.1	11130.9	12481.5	13544.4	14980.5
陕西	3309.7	3809.6	4001.3	4220.2	4654.1	5124.2	5483.7	6330.8	6806.4	7492.5	8272.0	9267.7	10763.3	12857.9	14128.8	15695.2
甘肃	3152.5	3353.9	3592.4	4009.6	4475.3	4916.3	5382.9	6151.4	6657.2	7376.7	8086.8	8920.6	10012.3	10969.4	11929.8	13188.6
青海	3319.9	3834.2	3999.4	4240.1	4703.4	5170.0	5853.7	6170.5	6745.3	7319.7	8057.9	9000.4	10276.1	11640.4	12691.9	13855.0
宁夏	3382.8	3612.1	3836.5	4112.4	4472.9	4912.4	5544.2	6067.4	6530.5	7217.9	8093.6	9177.3	10859.3	12931.5	14024.7	15344.5
新疆	4163.4	4649.9	4844.7	5000.8	5319.8	5644.9	6395.6	6899.6	7173.5	7503.4	7990.2	8871.3	10313.4	11432.1	12257.5	13643.8

资料来源:中华人民共和国国家统计局(网站),http://www.stats.gov.cn/tjsj/ndsj/。资料来源:中华人民共和国国家统计局(网站),ht-tp://www.stats.gov.cn/t

附表7 1985—2010年我国人均可支配收入和人均各类信息消费支出

（元）

	人均可支配收入（市价）	实际人均可支配收入	总信息消费（市价）	实际总信息消费	教育消费（市价）	实际教育消费	通信消费（市价）	实际通信消费	文化娱乐消费（市价）	实际文化娱乐消费	文娱用耐用消费品（市价）	实际文娱用耐用消费品支出
1985	739.10	2367.17	72.00	199.32	11.04	76.12	0.6	1.93	8.40	74.43	51.96	66.58
1986	899.60	2692.73	77.08	202.84	12.48	78.51	0.72	2.31	9.40	73.38	54.48	69.32
1987	1002.20	2757.20	75.87	198.85	14.98	87.34	0.82	2.63	10.49	69.63	49.58	61.13
1988	1181.40	2692.80	102.48	222.26	23.29	106.76	0.97	3.04	11.54	59.29	66.68	69.73
1989	1373.90	2692.66	115.95	208.79	30.43	100.86	1.26	3.79	14.21	58.41	70.05	63.54
1990	1510.16	2921.73	119.16	194.53	33.61	101.09	1.79	3.65	15.72	55.89	68.04	64.82
1991	1700.60	3130.52	131.58	204.11	40.83	113.70	2.82	3.56	19.25	52.77	68.68	68.52
1992	2026.60	3435.21	157.97	240.51	63.67	146.78	10.52	13.13	33.17	71.26	50.61	52.87
1993	2577.44	3763.00	165.63	255.96	95.35	156.67	28.27	29.73	42.01	54.21	56.65	58.01
1994	3496.24	4083.56	246.31	321.99	112.83	142.39	62.85	63.01	70.63	70.81	67.29	66.01
1995	4282.95	4282.95	400.7	400.68	165.70	165.70	87.97	87.97	69.14	69.14	77.87	77.87
1996	4838.90	4447.52	477.9	421.13	204.00	158.82	102.95	102.74	81.15	67.18	89.80	92.39
1997	5160.30	4600.31	569.9	468.26	237.61	153.71	121.54	112.05	98.26	78.44	112.50	124.05
1998	5425.10	4865.57	641.8	525.14	275.01	161.72	142.40	134.86	98.40	76.56	125.99	152.00
1999	5854.00	5319.39	740.7	602.83	323.33	170.68	173.70	172.34	108.39	81.96	135.33	177.85

续表

年份	人均可支配收入（市价）	实际人均可支配收入	总信息消费（市价）	实际总信息消费	教育消费（市价）	实际教育消费	通信消费（市价）	实际通信消费	文化娱乐消费（市价）	实际文化娱乐消费	文娱用耐用消费品（市价）	实际文娱用耐用消费品支出
2000	6279.98	5661.18	860.6	700.28	363.75	161.16	232.79	241.35	117.15	86.76	146.92	211.02
2001	6859.60	6140.70	971.5	776.95	428.28	166.99	281.48	301.35	122.36	89.07	139.35	219.54
2002	7702.80	6965.18	1261.1	1124.97	495.24	186.24	358.80	395.37	161.88	116.39	245.16	426.96
2003	8472.20	7592.57	1358.4	1279.06	514.00	185.26	424.01	486.07	155.91	110.71	264.47	497.02
2004	9421.60	8173.67	1487.4	1402.55	558.95	194.85	454.56	538.36	217.20	152.61	256.65	516.73
2005	10493.00	8959.80	1594.6	1570.89	571.33	189.56	497.09	609.31	245.93	170.81	280.21	601.21
2006	11759.45	9892.81	1743.2	1789.85	611.99	203.00	540.20	687.04	280.78	193.01	310.26	706.79
2007	13785.81	11098.10	1927.4	2072.63	638.40	212.69	598.28	783.40	347.59	236.50	343.17	840.04
2008	15780.80	12030.43	1971.0	2242.95	622.16	206.17	612.71	839.54	381.27	256.10	354.82	941.14
2009	17174.65	13211.94	2114.5	2532.51	645.89	210.73	641.7	913.35	445.56	291.85	381.32	1116.58
2010	19109.44	14244.83	2356.5	2761.01	661.34	213.20	728.90	1068.45	559.34	362.75	406.96	1116.60

资料来源：根据历年中国统计年鉴计算所得，实际消费用价格指数（1995＝100）调整的我国城镇居民信息消费实际支出。

主要参考文献

白振田、江宣华:《我国城市家庭信息消费结构浅析》,《农业图书情报学刊》2006 年第 2 期。

曹俊文:《精神文化消费统计指标体系的探讨》,《上海统计》2002 年第 4 期。

曹孟谊等:《国外信息质量评估指标体系研究》,《军事运筹与系统工程》2004 年第 12 期。

曹树金、杨涛:《国外用户信息需求及满意研究进展》,《图书馆论坛》2006 年第 6 期。

查先进、严亚兰:《再论信息市场失灵与政府干预》,《中国图书馆学报》2001 年第 4 期。

查先进:《论信息市场失灵与政府干预》,《中国图书馆学报》2000 年第 4 期。

陈男:《关于信息消费的思考》,《信息化建设》1999 年第 5 期。

陈炜:《我国信息消费与经济增长的计量分析》,《金融经济》2008 年第 20 期。

崔建华:《信息消费力几个理论问题研究》,《消费经济》2006 年第 4 期。

崔松:《时间成本研究》,华中科技大学 2007 年硕士学位论文。

杜佳、马费成:《中、美及欧盟信息政策法规建设比较研究》,《中国图书馆学报》2006 年第 1 期。

丁莉:《试论信息消费与信息差别定价》,《情报科学》2003 年第 21 期。

丁芹:《信息消费过程中的信息不对称及相关对策分析》,《图书情报知识》2004 年第 3 期。

冯花朴:《用户信息需求研究发展》,《图书情报工作》2006 年第 2 期。

冯雪梅:《我国网络咨询业的现状及发展对策》,《情报探索》2008 年第 4 期。

高鸿业:《西方经济学》,中国人民大学出版社 2007 年版。

高志仁、瞿海燕:《信息不对称与我国信息消费》,《消费经济》2004 年第 2 期。

郭天威:《信息消费的转变对世界经济的影响——对信息产业的新划分》,吉林大学 2006 年硕士学位论文。

郭文平:《信息产品与服务的定价模型及其研究》,华中科技大学 2007 年硕士学位论文。

何爱琴:《信息产品市场逆向选择问题分析》,《情报杂志》2007 年第 8 期。

何佳讯:《消费者的信息消费类型研究综述》,《情报理论与实践》1995 年第 3 期。

胡伦赋、王志云:《技术成果转化的信息消费》,《情报探索》2001 年第 2 期。

胡祎、娄策群:《信息产品的锁定效应及其策略研究》,《情报杂志》2007 年第 2 期。

黄彬、况能富:《企业技术创新的信息消费评价》,《中国软科学》2002 年第 6 期。

蒋文锋、涂艳红:《我国居民信息消费的发展及原因分析》,《湘潭大学学报(哲学社会科学版)》2005 年第 1 期。

蒋序怀:《略论我国居民信息消费的现状及存在的问题》,《消费经济》2000 年第 5 期。

郎益夫:《信息化和谐指数测量(2001—2007 年》,《图书情报知识》2010 年第 2 期。

黎婷、刘勇:《信息消费界定评述与研究》,《图书馆理论与实践》2007 年第 1 期。

李必祥:《试论信息消费者权益保护的理论建设》,《图书情报知识》1996 年第 3 期。

李超平:《论情报消费》,《情报理论与实践》1993 年第 5 期。

李东、罗琼芳:《基于生活方式的网络消费市场细分实证研究》,《学术交流》2009 年第 4 期。

李贵孚等:《我国信息产品特征价格模型研究——以有线数字电视产品为例》,《现代情报》2007 年第 4 期。

李桂华:《我国市民信息需求十三年变迁》,《情报资料工作》2008 年第 4 期。

李静:《信息市场信任问题分析》,《情报探索》2008 年第 6 期。

李君君:《试析网络经济下的信息消费》,《情报杂志》2006 年第 4 期。

李霞:《信息商品效用的模糊综合评价研究》,《情报理论与实践》2009 年第 12 期。

刘海霞:《信息消费心理及行为分析》,《情报杂志》2004 年第 2 期。

卢小宾:《信息消费动力及其行为分析》,《情报资料工作》2002 年第 3 期。

卢小宾:《信息消费对我国信息产业发展的影响研究》,《图书信报工作》2002 年第 11 期。

罗光灿:《我国网络信息政策法规体系构建研究》,中南大学2008 年硕士学位论文。

马费成等:《我国信息政策体系结构研究》,《情报学报》2011年第 1 期。

赖院根:《网络环境下的信息用户分析体系研究》,《情报理论与实践》2011 年第 1 期

马秀霞:《我国少数民族地区信息市场与信息消费水平计量分析》,《图书馆理论与实践》2009 年第 11 期。

马哲明:《信息消费机制及效益研究》,吉林大学 2007 年博士学位论文。

马哲明:《信息消费外部性研究》,《图书情报工作》2007 年第4 期。

马哲明、靖继鹏《我国城镇居民信息消费与收入关系研究》《图书情报工作》2009 年第 20 期。

彭伟斌:《BtoC 模式下的信息消费及其运作障碍探析》,《图书馆》2000 年第 6 期。

邱晓琳:《我国信息政策法规国际兼容性研究——电子政府》,《情报理论与实践》2003 年第 2 期。

任曙彪:《消费者购买决策中的信息搜寻行为》,《科协论坛》2007 年第 3 期。

沙勇忠:《关于信息消费的几个理论问题》,《图书情报工作》2001 年第 5 期。

沙勇忠:《信息环境演化对信息消费的影响》,《情报科学》2001 年第 19 期。

沈小玲:《论影响信息消费的商品及服务因素——以网络信息商品及其服务为例》,《情报理论与实践》2006 年第 6 期。

粟慧:《从用户界面看数字信息产品的可用性》,《图书与情报》2009 年第 3 期。

孙晓玲:《论新时期信息产品服务》,《现代情报》2005 年第 2 期。

唐军荣:《我国消费者的信息消费行为研究》,华中师范大学 2006 年硕士学位论文。

唐亮:《网络消费者信息搜寻行为研究》,《图书与情报》2008 年第 2 期。

唐亮:《消费者网络信息搜寻行为建模与调查研究》,合肥工业大学 2008 年硕士学位论文。

唐挺、马哲明:《信息消费过程中的信息加工模型研究》,《图书情报工作》2007 年第 10 期。

田艳平、黄震艺:《知识消费的统计指标体系探讨》,《大众科技》2006 年第 5 期。

田媛、张成:《基于网络经济的消费者行为分析》,《北方经济》2007 年第 18 期。

王琦:《在线数据库建设现状研究》,《情报科学》2008 年第 3 期。

王桂云:《影响用户信息消费行为因素分析》,《冶金信息导刊》2002 年第 1 期。

王燕:《云南省大学生信息消费的调研报告》,《云南民族大学学报(哲学社会科学版)》2008 年第 3 期。

王煜:《信息消费者权益保护研究》,西安交通大学 2003 年硕士学位论文。

王则柯等:《瓦里安谈信息市场和信息管理》,《国际经济评论》2001 年第 3—4 期。

危家凤、许皓:《面向循环经济发展的信息消费探析》,《情报探索》2009 年第 1 期。

隗玲、武翔宇:《我国网络信息消费现状分析》,《山西财经大学学报(高等教育版)》2008 年第 1 期。

吴钢华、杨京英:《信息消费系数及其测算方法研究》,《图书·情报·知识》2007 年第 3 期。

吴尚:《基于知识产权保护的数字鸿沟问题研究》,《情报探索》2011 年第 1 期。

乌家培、谢康、肖静华:《信息经济学》,高等教育出版社 2007 年版。

吴薇、宋立瑛:《对我国居民信息消费问题的分析》,《中国管理信息化》2006 年第 5 期。

吴正荆:《网络环境下信息市场结构与规模变化研究》,《情报资料工作》2008 年第 4 期。

武丽丽:《以用户为中心的交互式信息服务质量评价模型的研究》,《现代情报》2010 年第 3 期。

肖勇:《论国家信息政策法规的制定需求》,《图书情报工作》2003 年第 12 期。

肖泽群、程德理:《基于主成分分析的上海信息力发展水平研究》,《价值工程》2009 年第 12 期。

肖泽群:《信息力概念研究综述》,《科技信息》2007 年第 32 期。

肖泽群等:《区域信息力及其与区域经济发展相关性》,《系统工程》2008 年第 6 期。

肖泽群等:《现代信息对生产力提升的作用机制研究》,《综合管理》2008 年第 1—2 期。

谢亮:《信息市场不对称问题的多级委托/代理分析》,《图书情报知识》2006 年第 1 期。

徐德云、徐海俊:《论信息消费及其函数决定》,《生产力研究》2003 年第 1 期。

许春芳:《网络信息商品研究》,《图书馆学研究》2007 年第 1 期。

杨诚:《我国农民信息消费力现状与提升对策》,《安徽农业科学》2010 年第 8 期。

杨京英等:《2008 年中外信息化发展指数(IDI)研究报告》,《中国信息年鉴》2009 年。

姚虹霞:《我国网络信息资源建设中存在的问题及对策建议》,《北京邮电大学学报(社会科学版)》2009 年第 6 期。

余颂:《论精神消费的特征》,《中共贵州省委党校学报》2006 年第 1 期。

燕金武:《论网络信息政策》,《图书情报工作》2004 年第 3 期。

张登兵:《信息耦合与信息消费研究》,《集团经济研究》2005 年第 12 期。

张鹏:《我国城镇和农村居民信息消费的比较分析》,《统计与信息论坛》2001 年第 16 期。

张结魁等:《网络数字信息搜寻行为研究内容及进展综述》,《现代图书情报技术》2007 年第 10 期。

张瑞:《网络信息老化的理论与实证研究》,华东师范大学,2009 年。

张同利:《我国居民信息消费问题研究》,《审计与经济研究》2005 年第 6 期。

张修志、黄立平:《基于消费者偏好的信息产品定价策略分析》,《商业研究》2007 年第 5 期。

张远:《信息与信息经济学的基本问题》,清华大学出版社 1992 年版。

张泽梅:《国内在线数据库的现状及其在信息服务中的利用》,《图书馆工作与研究》2007 年第 2 期。

张新鹤、肖希明:《我国开放存取(OA)资源建设政策研究》,《图书情报工作》2009 年第 16 期。

钟楚玲:《试论我国信息市场经营的现实问题与发展策略》,《商场现代化》2007 年第 12 期。

周文波:《信息产品的市场交易分析》,《价格月刊》2007 年第 9 期。

朱红:《信息消费水平测度方法研究》,《情报科学》2006 年第 2 期。

朱炎:《我国居民信息消费问题研究》,《财贸研究》2002 年第 3 期。

[美]卡尔·夏皮罗、哈尔·瓦里安:《信息规则》,张帆译,中国人民大学出版社 2000 年版。

[美]马克·波拉特:《信息经济论》,李必祥等译,湖南人民出版社 1987 年版。

[美]C.E.香农:《通信的数学理论》,上海市科学技术编译馆 1978 年版。

［美］维纳:《人有人的用处 控制论的社会》,陈步译,商务印书馆 1978 年版。

Andrew D.Gershoff,Susan M.Broniarczyk,Patricia M.West.:Recommendation or Evaluation?

Anne Hoag. "Measuring Usage and Satisfaction: Cable Modems and Internet." *D-Lib Magazine*,1998(3).

Bailetti,Antonio J.Litva,Paul F. "Integrating Consumer Requirements into Products Designs", *Journal Product's Innovation Management*, 1995.

Bhatnagar A,Ghose S. "Online Information Search Termination Patterns across Product Categories and Consumer Demographics". *Journal of Retailing*,Vol.80 No.3,2004.

Bulletin of the American Society for Information Science,Vol.22 No.6,pp.19-25.

Byström K,JärveLin K. "Task Complexity Affects Information Seeking and Use". *Information Processing & Management*, Vol. 31 Vol 2,1995.

Chi E H, Pirolli P, Chen K, et al.: *Using Information Scent to Model User Information Needs and Actions on the Web.*Proceedings of the SIGCHI Conference on Human factors in computing systems, Washington,USA,2001.

Chittibabu,Brian J.A model of end user attitudes and intentions toward alternative sources of support.*Information & Management*,Vol. 37 No. 2, 2000. actors in Computing Systems, Proceedings of the SIGCHI Conference on Human Factors in Computing Systems: Washington,USA,2001.

Crawford.: Information needs and uses. *Annual Reviewd Information Science and Technology*, 1978,(13).

Dan Ariely: "Controlling the information Flow: Effects on Consumers' Decision Marking and Preferences". *Journal of Consumer Research*, Vol.27 No.9,2000.

Diane Kelly, Xin Fu. Eliciting better information need descriptions from users of information search systems. *Information Processing & Management*, Vol.43 No.1,2007.

E. Orna, "Information Products and Presentation In organisations: Accident or Design?", *International Journal of Information Management*, Vol.16, No.5,1996, p.345.

Eric J. Johnson.: "Digitizing Consumer Research". *Journal of Consumer Research*, Vol.28 No.2,2001.

Ford N, Wilson T D, Foster A, et al.: "Information Seeking and Mediated Searching. Part 4. Cognitive Styles in Information Seeking". *Journal of the American Society for Information Science and Technology*, Vol.53 No.9,2002, pp.728−735.

Ford N.: "Modeling Cognitive Processes in Information Seeking: From Popper to Pask". *Journal of the American Society for Information Science and Technology*, Vol.55 No.9,2004.

Franziska Rischkowsky, Thomas Döring: "Consumer Policy in a Market Economy: Considerations from the Perspective of the Economics of Information, the New Institutional Economics as well as Behavioural Economics". *Journal of Consumer Policy* (2008) Vol.31.

Gao Y, Koufaris M.: "Perceptual Antecedents of User Attitude in Electronic Commerce". *SIGMIS Database*, Vol.37 No.2−3,2006.

Gefen D.: E-commerce: The Role of Familiarity and Trust. *Omega*, Vol.28 No.6, 2000.

http://www.virmalsociety.sbs.ox.uk/projects/lunt.html.

J.B.Horrigan: *There is a trend setting technology elite in the U.S. who chart the course for the use of information goods and services.* Embargoed until 6pm Eastern on 23 November 2003.

Jonathan M.Smith Active Networks: A2020 Vision.IEEE Communications Magazine.

Joyce Routson: "Experts Ponder Internet's Future Stanford Report", *D-Lib magazine*, 1998(3).

Kalyani Ankem. Factors influencing information needs among cancer patients: A meta-analysis. *Library & Information Science Research*, Vol.28 No.1, 2006.

Kellerman.: Information society. *The information Society (TIS) Journal*, No.3, 1999.

Koufaris M.: Applying the Technology Acceptance Model and Flow Theory to Online Consumer Behavior. *Information Systems Re search*, Vol.13 No.2, 2002.

Lee H.Y., Ahn H, Han I.: Analysis of Trust in the E-Commerce Adoption.In: Proceedings of the 39th Hawaii International Conference on System Sciences: Hawaii, USA, 2006.

Liu, Chang and Kirk P.Arnett.2000. "Exploring the Factors Associated With."

M.J.Norton.: "Evolving information Economics; Responses to the Digital Revolution."

ManagementVol.38 No.1.

Michael J.Albers："Communication of Complex Information：User Goals and Information Needs for Dynamic Web Information（Book Review）." *IEEE Transactions on Professional Communication* , Vol.49 No.1 ,2006.

Money R B , Crotts J C.："The Effect of Uncertainty Avoidance on Information Search, Planning, and Purchases of International Travel Vacations". *Tourism Management*, Vol.24 No.2 ,2003.

Novak T P , Hoffman D L , Yung Y F.Measuring the Customer Experience in Online Environments：A Structural Modeling Approach. *Marketing Science* , Vol.19 No.1 ,2000.

Paisley W.J.Paisley.：Information needs and uses.*Annual Review of Information Science and Technology* , No.3 ,1968.

Peter Lunt. Ms Liz Moor.：The virtual consumer；Broadening the Scope of Teleshopping.

Pharo , N.："A new model of information behaviors based on the Search Situation Transition schema".*Information Research* , Vol.10 No.1 ,2004.

Pharo , N.："*The Search Situation and Transition method schema：a tool for Analyzing Web information search Proeesses*" 2002 ,Acta Universitatis Tamperensis：TamPere , Finland.

Pirolli P , Card S K. Information foraging. *Psychological Review* , 1999（106）.

Rieh S.Y.*Investigating Web Searching Behavior in Home Environments*.In：Proceedings of the 66th Annual Meeting of the ASIST：New Jersey , USA ,2003.

Saadé R.G , Kira D.：The Emotional State of Technology Acceptance. *Issues in Informing Science and Information Technology*, No. 3,2006.

Shirk,John C.: "The Costs Benefits of Lifelong learning": Consumer Behavior.Research Report,1998.

Spink A,Cole C.: "Human Information Behavior: Integrating Diverse Approaches and Information Use." *Journal of the American Society for Information Science and Technology*,Vol.57 No.1,2006.

Takacs,Scott.J. "The frequent information consumer" ,*Dissertation*,1997(6).

Task Sensitivity in Information Source.*Journal of Consumer Research*,Vol.28 No.12,2001.

Taylor,R.: " Question-negotiation and Information Seeking in Libraries".*College & Research Libraries*,Vol.29 No.3,1968.

Tsuang Kuo,Iuan-Yuan Lu,Chiung-Hui Huang et al.: Measuring Users'Perceived Portal Service Quality: An Empirical Study. *Total Quality Management*, Vol.16,No.3,2005.

Vogt C A,Fesenmaier D R.Expanding the Functional Information Search Model.*Annals of Tourism Research*, Vol.25 No.3,1998.

Weijts W,Widdershoven G,Kok G,et al.: "Patients' Information Seeking Actions and Physicians'Responses in Gynaecological Consultations".*Qualitative Health Research*, Vol.3 No.4,1993.

Wilson T.D,Ford N,Ellis D,et al.: "Information Seeking and Mediated Searching.Part 2. Uncertainty and Its Correlates".*Journal of the American Society for Information Science and Technology*,Vol.53, No.9,2002.

Wilson T D.: Information needs and uses: fifty years of progress?

http://informationr.net/tdw/publ/Papers/1994JDocRev.html.

Wilson T D.:"On User Studies and Information Needs".*Journal of Documentation*,Vol.37 No.1,1981.

Zhang J,Pu P,Viappianni P.A Study of User's Online Decision Making Behavior. http://hci. epfl. ch/website/publications/2006/Zhang_TechnicalReport_2006. pdf.